Nils Bahlo / Tabea Becker /
Zeynep Kalkavan-Aydın / Netaya Lotze /
Konstanze Marx / Christian Schwarz /
Yazgül Şimşek

Jugendsprache

Eine Einführung

Mit Abbildungen und Grafiken

J. B. Metzler Verlag

Die Autoren
Nils Bahlo ist Studienrat im Hochschuldienst am Germanistischen Institut der Universität Münster.
Tabea Becker ist Professorin am Deutschen Seminar der Universität Hannover.
Zeynep Kalkavan-Aydın ist Professorin für Deutsch als Zweitsprache / Deutsch als Fremdsprache an der PH Freiburg.
Netaya Lotze ist akademische Rätin am Germanistischen Institut der Universität Münster.
Konstanze Marx ist Professorin für Linguistik des Deutschen an der Universität Mannheim.
Christian Schwarz ist Akademischer Oberrat am Germanistischen Institut der Universität Münster.
Yazgül Şimşek ist Wissenschaftliche Mitarbeiterin am Germanistischen Institut der Universität Münster.

ISBN 978-3-476-04766-3
ISBN 978-3-476-04767-0 (eBook)
https://doi.org/10.1007/978-3-476-04767-0

Die Deutsche Nationalbibliothek verzeichnet diese Publikation in der Deutschen Nationalbibliografie; detaillierte bibliografische Daten sind im Internet über http://dnb.d-nb.de abrufbar.

J. B. Metzler
© Springer-Verlag GmbH Deutschland, ein Teil von Springer Nature, 2019

Das Werk einschließlich aller seiner Teile ist urheberrechtlich geschützt. Jede Verwertung, die nicht ausdrücklich vom Urheberrechtsgesetz zugelassen ist, bedarf der vorherigen Zustimmung des Verlags. Das gilt insbesondere für Vervielfältigungen, Bearbeitungen, Übersetzungen, Mikroverfilmungen und die Einspeicherung und Verarbeitung in elektronischen Systemen.
Die Wiedergabe von allgemein beschreibenden Bezeichnungen, Marken, Unternehmensnamen etc. in diesem Werk bedeutet nicht, dass diese frei durch jedermann benutzt werden dürfen. Die Berechtigung zur Benutzung unterliegt, auch ohne gesonderten Hinweis hierzu, den Regeln des Markenrechts. Die Rechte des jeweiligen Zeicheninhabers sind zu beachten.
Der Verlag, die Autoren und die Herausgeber gehen davon aus, dass die Angaben und Informationen in diesem Werk zum Zeitpunkt der Veröffentlichung vollständig und korrekt sind. Weder der Verlag noch die Autoren oder die Herausgeber übernehmen, ausdrücklich oder implizit, Gewähr für den Inhalt des Werkes, etwaige Fehler oder Äußerungen. Der Verlag bleibt im Hinblick auf geografische Zuordnungen und Gebietsbezeichnungen in veröffentlichten Karten und Institutionsadressen neutral.

Einbandgestaltung: Finken & Bumiller, Stuttgart (Foto: shutterstock.com)

J. B. Metzler ist ein Imprint der eingetragenen Gesellschaft Springer-Verlag GmbH, DE und ist ein Teil von Springer Nature
Die Anschrift der Gesellschaft ist: Heidelberger Platz 3, 14197 Berlin, Germany

Inhaltsverzeichnis

Vorwort		VII
1	**Einleitung**	1
1.1	Adoleszenz, Postadoleszenz und Sprache	1
1.2	Zu diesem Band	9
1.3	Weiterführende Literatur	9
2	**Historische Entwicklung der Jugendsprachforschung**	13
2.1	Von der Lexikographie zur Ethnographie – erste Fragestellungen	13
2.2	Sondersprachforschung: Lexikologie der Studenten- und Pennälersprache	14
2.3	Jugendsprache und ihre Erforschung in den deutschen Diktaturen des 20. Jahrhunderts	18
2.4	Jugendsprachforschung im Nationalsozialismus	18
2.5	Jugendsprachforschung in der DDR	24
2.6	Weiterentwicklungen der Sondersprachforschung: Das Schülerdeutsch der Nachkriegszeit	36
2.7	Paradigmenwechsel zur Ethnographie des Sprechens: Authentische Jugendsprache	40
2.8	Weiterführende Literatur	41
3	**Konzepte der Jugendsprachforschung**	45
3.1	Jugendsprache als Varietät	46
3.2	Jugendsprache als Stil	49
3.3	Integrationsversuch: Jugendsprache zwischen Varietät und Stil	50
3.4	Weiterführende Literatur	52
4	**Merkmale von Jugendsprache**	55
4.1	Formale Merkmale gesprochener Jugendsprache	56
4.2	Semantische Verschiebungen	61
4.3	Syntax und Routinekonstruktionen	62
4.4	Gruppenübergreifende Diskursphänomene	65
4.5	Funktionen von Jugendsprache	69
4.6	Weiterführende Literatur	73
5	**Jugendsprache und Medien**	79
5.1	Jugendstile im massenmedialen Spiegel	82
5.2	Adoleszente Identitätskonstituierung im digitalen Zeitalter	84
5.3	Praktiken in den Sozialen Medien	91
5.4	Formale Merkmale medial vermittelter Jugendsprache	102

5.5	Realität und Fiktion: Zur Wechselwirkung von empirischer Jugendsprache und medialer Umsetzung	106
5.6	Zusammenfassung und Ausblick	119

6 Jugendsprache und Sprachkontakt ... 129

6.1	Dynamik mehrsprachiger Gesellschaften	129
6.2	Sprachkontaktphänomene im Jugendalter	133
6.3	Multiethnische Stile: Kiezdeutsch als neuer Dialekt?	157
6.4	Multikulturelle Sprechweisen im Spiegel der öffentlichen Meinung	159
6.5	Zusammenfassung	164

7 Methoden der Jugendsprachforschung ... 173

7.1	Analyseverfahren	174
7.2	Forschungsansätze und Methoden	196
7.3	Didaktische Vermittlungsmethoden	202
7.4	Weiterführende Literatur	206

8 Jugendsprache im Unterricht ... 211

8.1	Ziele und didaktische Grundlagen	211
8.2	Jugendsprache als Thema im Deutschunterricht	218
8.3	Jugendsprache und Sprachkompetenz	233

9 Sachregister ... 239

Vorwort

Diese Einführung in die germanistische Jugendsprachforschung kann im Studium ebenso wie in der Schule, in der Weiterbildung von Lehrer/innen und im (außeruniversitären) Deutsch-als-Fremdsprache-Unterricht verwendet werden.

Dem thematischen Umfang des Untersuchungsgebiets ist es geschuldet, dass an diesem Buch sieben Autor/innen gemeinsam gearbeitet haben. Im Fokus des Interesses stand dabei, den aktuellen Forschungsstand möglichst vielfältig zu umreißen und Informationen zur eigenständigen Beschäftigung – in Form von Literaturhinweisen, Aufgaben mit Lösungen und Vorschlägen für Hausarbeiten – anzuregen. Viele Kapitel sollen darüber hinaus Akzente für die kommende Jugendsprachforschung setzen.

Einer generellen Einführung in die Jugendsprache(forschung), die Nils Bahlo verfasst hat, folgt eine historische Auseinandersetzung mit Jugendsprachen in Deutschland von Christian Schwarz (Kap. 2). Nils Bahlo konzentriert sich im dritten Kapitel auf die Verortung von Jugendsprache in und zwischen den beiden (sozio-)linguistischen Konzepten ›Varietät‹ und ›Stil‹. Im vierten Kapitel bespricht er Merkmale der Form und der Funktionen von Jugendsprache. Eine erste Beschäftigung mit jugendlicher Gebärdensprache plädiert für eine Ausweitung des Forschungsgebiets. Das anschließende Medienkapitel (Kap. 5) wurde von Konstanze Marx und Netaya Lotze verfasst. Es geht auf die Kommunikation Jugendlicher in den sogenannten ›Neuen Medien‹ ein. An konkreten Beispielen aus unterschiedlichen Kommunikations(platt)formen wird gezeigt, welche Gemeinsamkeiten und Unterschiede zur in erster Linie mündlich geprägten Kommunikation Jugendlicher bestehen. Im sechsten Kapitel widmen sich Zeynep Kalkavan-Aydın und Yazgül Şimşek Jugendsprache als Sprachkontaktphänomen. Im siebten Kapitel machen Nils Bahlo, Tabea Becker, Zeynep Kalkavan-Aydın, Netaya Lotze, Konstanze Marx und Yazgül Şimşek die Leser/innen mit Methoden der Jugendsprachforschung vertraut. Im letzten, von Tabea Becker verfassten Kapitel wird die Didaktisierung von Jugendsprache im Unterricht diskutiert. Ergänzt wird das Lehrbuch durch Aufgaben zur Beschäftigung im Unterricht, die unter https://springer.com/de/book/9783476047663 zur Verfügung stehen.

Die Auswahl und Struktur der Kapitel beruht auf jahrelanger Lehrerfahrung. Vielfach flossen auch Anregungen Studierender in die Kapitel des Buchs ein. Der Umfang des Forschungsfelds ›Jugendsprache‹ bedingt im Rahmen einer solchen Einführung eine gewisse Selektion, wir hoffen aber, die zentralen Bereiche und Aspekte erfasst zu haben. Versäumnisse bitten wir zu entschuldigen.

Den vielen Studierenden verschiedener Universitäten, die Ideen eingebracht haben, sei an erster Stelle herzlich gedankt. Dieser Band hätte ohne die Hilfe und Unterstützung der folgenden Personen nicht entstehen können. Wir danken für (auch unbewusste) anregende Diskussionen, bekräftigende Worte, Korrekturen und kollegiale Kommentare, Hinweise, Kritik oder das fleißige Lesen: Norbert Dittmar, Peter Eisenberg, Christian

Fischer, Susanne Günthner, Ute Hechtfischer, Wolfgang Klein, Stefanie Krain, Eva Neuland (und ihrem Team), Georg Obersdorfer, Jürgen Erich Schmidt, Angelika Storrer und Heike Wiese (mit ihrem Team). In Gedanken sind zwei Autoren bei Janet Spreckels, die schon vor fast zehn Jahren zu dieser Einführung ermuntert hat. Leider hat sie die Veröffentlichung nicht mehr erleben dürfen. Sie fehlt uns und der deutschen Jugendsprachforschung sehr.

Im Februar 2019
Nils Bahlo, Tabea Becker, Zeynep Kalkavan-Aydın, Netaya Lotze, Konstanze Marx, Christian Schwarz und Yazgül Şimşek

1 Einleitung

1.1 Adoleszenz, Postadoleszenz und Sprache
1.2 Zu diesem Band
1.3 Weiterführende Literatur

1.1 | Adoleszenz, Postadoleszenz und Sprache

Wie wir sprechen und welche Kenntnisse wir über unsere Sprache, »Kommunikative Gattungen« des Alltags (vgl. Günthner/Knoblauch 1994) und über Normen und Werte haben, ändert sich im Laufe des Lebens eines Menschen. Mit dem Spracherwerb beginnend, mögen diese Veränderungen besonders groß sein. Der Spracherwerb und – in unserer Kultur etwas später – der Schriftspracherwerb eröffnen die Möglichkeit zur Kommunikation mit anderen, zum Wissenserwerb und zur vollen Teilhabe am sozialen Alltag der Gesellschaft. Mit dem Eintritt in die sekundäre Sozialisation außerhalb des Elternhauses werden neue Rollenerwartungen an die Jugendlichen gestellt. Mit diesen wachsen die kommunikativen Aufgaben: Geschlechtsidentitäten werden erprobt, man inszeniert sich als Freund oder als Gegner, verfolgt Hobbies, beginnt zu lieben, streitet usw. Wie es nun um die Sprache in dieser Zeit bestellt ist, die wir als Erwachsene so gerne kritisch betrachten und die wir uns oftmals so sehnlich zurückwünschen, soll Thema dieser Einführung in die Jugendsprache sein.

Der Begriff ›Jugend‹ als Teil des Kompositums ›Jugendsprache‹ regt zum Nachdenken an: Was ist überhaupt ›Jugend‹? Eigentlich müsste uns die Antwort leichtfallen. Wir waren schließlich alle jung. Eine einfache Antwort scheint es jedoch nicht zu geben. Das Ausmaß des »Wolkenparadoxons« (Kallmeyer 1995: 10 mit Verweis auf Humboldt) und des damit verbundenen definitorischen Problems wird uns nach kurzer Recherche schnell bewusst. Von außen gesehen sind die Grenzen der ›Wolke Jugend‹ recht klar. Je weiter wir uns aber mit ihr beschäftigen, desto diffuser wird unser Blick, da die Grenzen aufgrund der Unüberschaubarkeit zu schwinden scheinen.

Das Wolkenparadoxon

Die Heterogenität der Jugendphase hat ganz unterschiedliche Gründe: Bei der ›Großgruppe Jugend‹ unterscheiden sich individuelle und überindividuelle Sozialisationsbedingungen, Hobbies, Milieus, Freundeskreise, Rollenerwartungen etc. teilweise drastisch. Wenn wir uns also im Folgenden mit dem Phänomen ›Jugendsprache‹ beschäftigen wollen, sollten wir uns zunächst mit ihren Produzent/innen auseinandersetzen und den Versuch wagen, die Lebensphase ›Jugend‹ genauer zu beschreiben.

Das deutsche Gesetz legt die Zeitspanne der Jugendphase apodiktisch fest. Sie umfasst die Zeit vom 14. bis zum 18. Lebensjahr. Üblicherweise wird davon ausgegangen, dass sie zwei Jahre früher beginnt und zwei Jahre später endet. Die Übergänge sind gleitend und bei den Einzelnen verschieden. Wir können uns dem Phänomen besser nähern, wenn wir die biologische und soziale Dimension, Entwicklungsschritte und Rollenerwartungen betrachten und die zeitlichen Grenzen der Phase nicht ganz so starr auffassen.

Entwicklungsschritte

Vier Entwicklungsschritte müssen im Kindesalter abgeschlossen sein, um in die Jugendphase einzutreten:
1. **Körperliche Entwicklung:** Man wächst, Gehirnzellen vernetzen sich zunehmend, die Pubertät setzt ein.
2. **Kognitive Reifung:** Wir sammeln Wissen in dem immer weiter strukturierten Gehirn an. Wir lernen dieses Wissen im Alltag adäquat anzuwenden.
3. **Soziale Entwicklung:** Wir werden Mitglieder sozialer Gemeinschaften, von Gruppen Gleichaltriger (sog. ›Peergroups‹), der Verwandtschaft, einer Fangruppe, eines Dorfes, einer Stadt, eines Volkes etc.
4. **Sprache:** Im Kontakt mit anderen erwerben wir ein oder mehrere Sprachsysteme und verwenden sie zur Verständigung, dabei bauen wir unsere Sprachbiographie sukzessive auf und aus.

Kognitive, soziale und sprachliche Entwicklung wirken in sozialen Gruppen und ihren Individuen eng zusammen. Ohne soziale Kontakte können wir keine Sprache erlernen. Man kann vielleicht sogar sagen, dass kognitive, soziale und sprachliche Entwicklung Teile eines Prozesses sind, die von der biologischen Entwicklung getragen werden (vgl. Bahlo/Klein 2017). Tenbruck (1965: 66) konkretisiert diese soziologische Sichtweise, wenn er treffend schreibt:

> [Jugend ist] wesensmäßig eine soziale Gruppe. Gewiss existiert sie im strengen Sinne nicht kompakt als eine einzige Gruppe, die alle Jugendlichen einschließt, sondern tritt in einer Mannigfaltigkeit von jugendlichen Gruppenbildungen in Erscheinung, die aber nun ihrerseits auf mannigfache Weise durch das Bewusstsein gemeiner Art, die Gleichaltrigkeit der sie ins Leben rufenden und auf sie einwirkenden Kräfte und Bedingungen, sowie durch Überschneidung zwischen den Gruppen, verbunden sind.

Rollenerwartungen

Die »Mannigfaltigkeit«, von der Tenbruck im Zitat schreibt, zeigt sich folglich beim Blick auf unterschiedliche Jugendgruppen mit all ihren sprachlichen und außersprachlichen Ausprägungen. Der auffällige Wortschatz, der immer wieder in den Medien in den Fokus gerückt wird, ist ein Beispiel für die sprachliche Variation. Zur außersprachlichen Dimension gehören die sich verändernden Rollenerwartungen, die an die Jugendlichen herangetragen werden. Man kann dies gut beobachten, versucht man die Jugendphase ›nach oben‹ hin – zu den Erwachsenen – abzugrenzen.

Altern aus soziologischer Sicht: Im Gegensatz zum psychischen Altern, das daran gemessen wird, wie sich ein Individuum an gewohnte wie neue äußere Umstände anpassen kann und inwieweit es fähig ist, seine Umwelt zu verändern bzw. auf sie einzuwirken (Deitersen-Wieber/Meck 2002: 15), misst sich das soziologische Altern an der Erfüllung von Rollenerwartungen, die ein Mensch erfüllt bzw. erfüllen muss. Das soziale Alter misst sich an subjektiven Orientierungen und Handlungen in der Lebenswelt. Diese speisen sich u. a. aus dem Ich-Index laufender Erfahrung, dem Wissen über Lebensverläufe und Rollenaktivitäten sowie dem zugehörigen Wissen über verfestigte Muster, Routinen und Verhaltensregeln, die an unterschiedliche Rollen geknüpft sein können (vgl. Schütz 1974). Deitersen-Wieber/Meck (2002: 10) stellen fest:

> Das soziale Alter wird durch die sozialen Rollen bestimmt, die den verschiedenen Altersgruppen entsprechend ihrer Schicht- und Geschlechtszugehörigkeit zugeordnet werden.

Soziales Alter kann somit als transitorischer Wechsel sozialer Rollen in ihrer schicht-, situations- und geschlechtsspezifischen Prägung angesehen werden. Hurrelmann und Quenzel (2016: 24–25) bestimmen mit ihrem sozialtheoretischen Konzept die Anforderungen für den Eintritt in die Erwachsenenphase und damit Kriterien für die Endphase der Jugend. Sie berufen sich dazu auf die Entwicklungsaufgaben nach Havighurst (1974) und halten fest, dass das Jugendalter zielgerichtet abgeschlossen und der Übergang in den Erwachsenenstatus vollzogen ist, wenn vier Anforderungsbereiche erfolgreich bewältigt worden sind. Unter diesen verstehen sie

> [...] für die verschiedenen Altersphasen typische körperliche, psychische und soziale Anforderungen und Erwartungen, die von der sozialen Umwelt an die Individuen der verschiedenen Altersgruppen herangetragen werden [...]. (Hurrelmann/Quenzel 2016: 24)

Vier Anforderungen und Aufgaben müssen von den Jugendlichen erkannt und durch angemessene Verhaltens- und Handlungsweisen umgesetzt werden. Dazu zählen
1. die **ökonomisch-berufliche Eigenständigkeit** (Qualifizieren),
2. die **Ablösung vom Elternhaus** und damit einhergehend die Gründung eines eigenen Familienlebens mit Nachwuchs (Binden),
3. die **Übernahme eines Konsumenten- und Freizeitverhaltens** (Konsumieren und Darstellen) und
4. das **Verhalten eines politisch mündigen Bürgers** mit eigenem Normen- und Wertesystem (Partizipieren) (vgl. Hurrelmann/Quenzel 2016: 40).

Während der Übergang von der Kindheit zur Jugend durch biologische Marker leichter zu erkennen ist, da dort die Gesamtheit der somatischen Veränderungen, wie beispielsweise die sexuelle Reife, stattfinden, sind die Grenzen zwischen Jugend und Erwachsenenphase schwieriger zu ziehen. Der Übergang in die Phase des Erwachsenseins ist nicht an körperlichen Markern auszumachen und die Bewältigung der Entwicklungsaufgaben schwer zu prüfen.

Marker der Altersphasen

Die vier Entwicklungsaufgaben beginnen und enden zu inkongruenten Zeitpunkten. Infolgedessen kommt es zu einer Statusinkonsistenz. Ein Beispiel hierfür sind frühe sexuelle Beziehungen bei später Heirat oder der späte Eintritt in das Berufsleben bedingt durch langjährige Ausbildungsphasen. Die Bildungsanforderungen müssen von angehenden Akademiker/innen zwangsläufig erledigt werden, da ihnen sonst ein hochqualifizierter Bildungsabschluss verwehrt bleibt. Eine konträre Entwicklung zeigt sich dagegen in der anerkennenden Rolle des Konsumenten und des politischen Bürgers. In beiden Kategorien können die Jugendlichen früh eigenmächtig aktiv werden, ohne sich dabei als vollwertiges, gesellschaftliches Mitglied auszuweisen (vgl. u. a. Zinnecker 1981).

Das ›Moratorium Postadoleszenz‹ ist als Phase vor allem dadurch gekennzeichnet, dass die angehenden Erwachsenen selbst entscheiden, wie schnell sie in die Phase des Erwachsenseins eintreten möchten.

Eine interaktional ausgerichtete Soziolinguistik sieht Alter und seine sprachlichen Indikatoren nicht als feststehende, objektive Größe. Mittels verschiedener (sprachlicher) Verfahren und der Übernahme unterschiedlicher sozialer Rollen machen Interaktionsbeteiligte ihr Alter relevant und indizieren sich als jünger oder älter.

Die analytische Herausarbeitung dieser (sprachlichen) Indizierungen, die zu einer differenzierten Sicht auf die ›Großphase Jugend‹ führen könnten, ist in der germanistischen Linguistik lange Zeit vernachlässigt worden. Oftmals wurden Daten Postadoleszenter mit Daten Adoleszenter gleichgesetzt, oder die Daten wurden nicht in Hinblick auf die Abgrenzungsmerkmale zwischen den Phasen betrachtet. Jannis Androutsopoulos (2001) hat dies früh bemängelt und darauf hingewiesen, dass eine stark biologische Sicht der Jugendsprachforschung auf das Alter vorherrscht.

Mythos Jugendsprache

Das Forschungsinteresse an Jugendsprache ist mit der wissenschaftlichen Betrachtung von ›Jugend‹ eng verbunden. Eine Vielzahl internationaler Konferenzen und Tagungen, Berichterstattungen im Fernsehen und in den Tageszeitungen zeugen nicht erst nach den PISA-Studien davon, dass sich das Interesse an dem ›Mythos Jugendsprache‹ vergrößert hat. Neben den kontinuierlich erscheinenden Forschungspublikationen gibt es immer mehr populärwissenschaftliche Arbeiten, die sich Jugendsprache zu Nutze machen. Nicht allein die Linguistik interessiert sich für die Jugendsprache, die mittlerweile als interdisziplinäres Forschungsfeld bezeichnet werden kann. Soziologen, Psychologen und Pädagogen ergänzen und fördern den Forschungsstand zur Sprache der Jugendlichen ungemein.

Vier Ebenen der Jugendsprachforschung

Die linguistische Jugendsprachforschung ist eine recht junge Forschungsrichtung. Helmut Henne veröffentlichte 1986 seine Arbeit *Jugend und ihre Sprache* und gilt damit als Wegbereiter der modernen Jugendsprachforschung. Das erste Modell der Jugendsprache behandelt vier Ebenen, die die Leser/innen auch in unserer Einführung – teilweise unter anderen theoretisch-methodischen Überlegungen – finden werden:

1. **Die strukturelle Ebene des Jugendstils** umfasst Sprüche, (Sprech-)Syntax, Redensarten, Wortbildung, Wortschatz, Prosodik und Graphie. Merkmale sind dabei
    - Eigenwillige Grüße, Anredeformen und Partnerbezeichnungen: *Tussi*, *Macker*
    - Griffige Namen und Spruchwelten: z. B. *Schwachmaat* (Dummkopf); *Was läuft denn hier für ein Film* (Ausdruck des Erstaunens)

- Flotte Redensarten und stereotype Floskeln: z. B. *Ganz cool bleiben*; *Alles easy*; *Etwas am Start haben*
- Metaphorische, zumeist hyperbolische Sprechweise: z. B. *Sklaventreiber* (Lehrer oder Chef); *megageile Party* (gelungene Fete)
- Repliken mit Entzückungs- und Verdammungswörtern: z. B. *galaktisch* (fantastisch, Entzückungswort); *assig* (schlecht, Verdammungswort)
- Lautwörterkombinationen: z. B. *Zuck zusammen* (Wurzelwörter für den Zustand des Erschreckens); *Basch* (lautnachahmendes Wort für das Schlagen auf ein Schlagzeug o. Ä.)
- Prosodische, die Lautstruktur betreffende Sprechweisen: z. B. *WAhnsinn, IRRe*
- Wortbildungen (Neubedeutungen, Neuwörter), Worterweiterungen (Präfix- oder Suffixbildung), Kurzwörter: z. B. *Keule* (Neubedeutung für Mädchen); *Mucke* (Neuwort für Musik); *Abhängen* (Worterweiterung mit einem Präfix); *Musi* (Kurzwort für Musik)

Den Jugendton unterteilt Henne nochmals in drei systematisch-strukturelle Ebenen: Die lexikalische Ebene, die syntaktische Ebene und die Lautebene mit morphologischen Besonderheiten. Bei der Lautstruktur wird die Jugendsprache als ›versprechsprachlicht‹ beschrieben. Lautkürzungen und Schwächungen in der gesprochenen Sprache schmelzen jeweils zusammen (z. B. *so'n Scheiß*). In der Schrift dienen graphostilistische und prosodische Mittel, die zur fingierten Lautebene zählen, dazu, hyperbolische Sprechweisen anzuzeigen (z. B. *DIE schon wieder*). Die lexikalische Ebene beinhaltet Wortbildungen. Die syntaktische Ebene beschreibt die Satzstrukturen der Sprüche, die dem Sprechen Schnelligkeit und Leichtigkeit verleihen. Satzbruch, häufige Partikelnutzung, Dehnungsphrasen und Satzverkürzungen sind nach Henne typisch für den Jugendton.

Diese sprachlichen Besonderheiten werden auf drei handlungsorientierten Ebenen realisiert:

2. Die funktionale Ebene: Am häufigsten wird die Funktion der Sprachprofilierung genannt Die Identifikation mit der eigenen Gruppe und die Findung eigener Identitäten steht dabei ebenso im Vordergrund wie die Abgrenzung (Distinktion) zu anderen Gruppen Gleichaltriger oder Eltern.

3. Die pragmatische Ebene behandelt die inhaltlichen Bereiche der Jugendsprache. Henne unterteilt dabei in sieben Sektionen, die jugendsprachlich geprägt sind:
  - Kommunikative Beziehungen in der Gruppe (im Beruf, in der Freizeit, in der Schule)
  - Befindlichkeit (z. B. Lässigkeit, Erstaunen, Begeisterung)
  - Verbindlichkeit (z. B. Verstehen, Drohung, Aufforderung, Spott, Zurückweisung)
  - Musik
  - Reizobjekte (z. B. Kneipe, Disco, Kleidung, Medien, Sport)
  - Schule (z. B. Personal der Schule, Unterricht)
  - Weltanschauung und Politik

4. Die innere Mehrsprachigkeit stellt die dritte Ebene dar. Henne geht damit auf die metasprachliche Funktion der Sprache ein. Die innere Mehrsprachigkeit wird durch das sogenannte Code-Switching ermöglicht. Somit ist es möglich, über mehrere Varianten der Muttersprache zu verfügen (Schlobinski 1988). Kritiker der Jugendsprache führen an, dass Jugendsprache eine Variation der Standardsprache ist, die nicht benutzt werden muss, da sie in Gesprächen mit Lehrern oder auch Eltern meist abgelegt wird. Ob diese Kritik heute noch haltbar ist, ist zumindest fragwürdig.

Fragebogenuntersuchung

Die Kritik an Hennes Vorgehen bliebt trotz seiner umfangreichen Pionierarbeit zum ›Jugendton‹ nicht aus. Henne gewann seine Ergebnisse aus Fragebogenuntersuchungen, die einen tatsächlichen Sprachgebrauch nicht klären konnten. Letztendlich wurden in seiner Arbeit Sprachwissensstrukturen abgefragt (vgl. Neuland 1987 sowie die Arbeiten im Band von Januschek/Schlobinski 1989). Durch die Kritik fand Ende der 1980er Jahre eine Neuorientierung in der Jugendsprachforschung statt. Ein Paradigmenwechsel von der Lexikologie zur Ethnographie des Sprechens wurde initiiert. In verschiedenen Verhaltenskontexten wird bei diesem Ansatz das tatsächliche Sprachverhalten analysiert.

Methodisch hat sich die Jugendsprachforschung in viele Richtungen (weiter-)entwickelt. Dies mag auch damit zusammenhängen, dass sich das Untersuchungsfeld erweitert hat. Wurde in den 1990er Jahren in der Jugendsprachforschung der Blick auf die Face-to-Face-Kommunikation unter Jugendlichen gerichtet, stehen heute auch schriftliche und nonverbale Kommunikate Jugendlicher in unterschiedlichen Formen (z. B. WhatsApp-Gespräche, Snapchat-Postings, Facebook-Einträge, Jodel, Gestik, Mimik, Proxemik, Gebärden, Kleidung etc.) im Interesse der Wissenschaft.

Die Jugendsprachforschung der Zukunft müsste sich aus unserer Sicht stärker auf die differenzierte Beschreibung unterschiedlicher sozialer Rollen in der Jugendphase konzentrieren. Sie muss dabei zwingend multimodal vorgehen, da die Analyse von ›Sprache pur‹ nur Teilaspekte des kommunikativen Haushalts abdecken kann. Ein erstes Beispiel postadoleszenter Kommunikation aus Bahlo/Krain (2018) soll dies kurz anreißen:

Beispiel

Transkript: Begrüßung eines Paars

```
0044    P2:    ((zu P6)) halLÖle;
0045    P2:    bist du NASS geworden? (2.0)
0046    P6:    hhh°; ((es folgt ein Kuss auf den Mund))
```

Das Beispiel stammt aus einer Studie zu Begrüßungsroutinen (Höflichkeit) Postadoleszenter. Es zeigt eine Szene zu Beginn einer WG-Party. Der Gastgeber erwartet einen Gast an der Tür der Wohnung. Der sich nähernde Partygast lächelt P2 beim Erreichen der Wohnungstür an. P2 grüßt P6 mit dem juventulektal variierten und teilweise dialektal markierten Begrüßungswort »halLÖle« (Z. 0044).

Eine Begrüßung stellt in den Termini der Konversationsanalyse den ersten Teil einer Paarsequenz (Adjazenzpaar) dar, dem in der Regel ein zweiter Teil – ein Gegengruß – zu folgen hat. Die konditionelle Relevanz spiegelt Routinewissen und weist u. U. kulturabhängige Unterschiede auf (vgl. Kirsch 2002). Der normalerweise zu erwartende Gegengruß von P6 bleibt hier jedoch aus, da sich P2 unmittelbar nach dem Gruß mit der »Candidate-Answer-Question« (vgl. Pomerantz 1988) »bist du NASS geworden« (Z. 0045) nach dem Zustand – und implizit nach dem Wohlbefinden – von P6 erkundigt. Die explizite Antwort bleibt jedoch aus. P6 atmet stark aspiriert und betont aus (Z. 0046), dokumentiert durch einen kohärent möglichen Antwortkandidaten (»hhh°«, Z. 0046) zunächst implizit das Verstehen des Interpretandums (vgl. Deppermann 2008) und gibt durch die Intonation der Interjektion holophrastisch Aufschluss über ihren angespannten Gemütszustand. P2 beugt sich in ihre Richtung, anschließend küssen sich die beiden auf den Mund und indizieren dadurch eine intime Verbindung (Binden).

Abb. 1.1: Begrüßung Postadoleszenter

Mit Blick auf weitere (außersprachliche) Merkmale stellen wir fest, dass Raum und Interagierende selbst das soziale Alter mehr oder weniger stark indizieren. Aus unseren teilnehmenden Beobachtungen wissen wir, dass der Gastgeber ein WG-Bewohner ist, der studiert (Qualifizieren). Die Indizierung des Status erfolgt nur indirekt, indem P2 sich durch die Übernahme der Rolle eines Gastgebers und durch das Öffnen der Tür als ›Hausherr‹ inszeniert. Der Flur der Wohngemeinschaft mit Fotos und Bildern an der Wand, einer Blume und einem Spiegel an der rechten Außenseite erscheint auf ästhetische Aspekte bedacht eingerichtet (Konsumieren und Darstellen).

Gebrochen wird die erwachsen anmutende Gestaltung des Flurs durch die Bildcollage, die fast ausnahmslos aus Fotos – teils nackter, unbekannter – Frauen besteht. Der Erwartung eine Bildcollage von Freunden, Familie oder Bekannten vorzufinden, wird die öffentliche Darstellung von Sexualität entgegengesetzt. Die Bilderwelt ist dabei im Einklang mit der klassisch-prototypischen Inszenierung von Rollen, die heranwachsenden Männern zugeschrieben wird (vgl. Bahlo 2012). Die Summe der Merkmale und das Wissen über die Kombination (Alter und Gestaltung der Umgebung mit ihren Brüchen aber auch dem teils erwachsen anmutenden Charakter) derselben scheint für die Indizierung von Postadoleszenz als Teil der Jugendphase in westlichen Kulturen nicht unerheblich zu sein.

Postadoleszenz zeichnet sich folglich nicht als ›Entweder-Oder-‹ sondern als ›Sowohl-Als-Auch-Phase‹ aus. Die Möglichkeiten der jugendlichen Rollen können in ihr mit den Vorzügen und Erwartungen des Erwachsenseins kombiniert werden.

Die innere Variation der ›Großphase Jugend‹ ist oftmals durch verschiedene Rollenerwartungen bestimmt, die es zu erfüllen gilt. Sie werden in der alltäglichen Sozialisation an die Jugendlichen herangetragen

Rollenerwartungen

und habitualisiert. Sichtbar werden sie durch sprachliche und außersprachliche Merkmale in der Interaktion unter Jugendlichen.

Unser Beispiel hat bereits an dieser Stelle sehr knapp deutlich gemacht, dass Jugendsprache mehr sein muss als die Sammlung von Wörtern oder Phrasen. Jugendsprache umfasst verschiedene Merkmale auf allen Ebenen unseres sprachlichen (und außersprachlichen) Systems. Auch die von der Linguistik bislang weniger beachteten Merkmale der Rollenaktivitäten, der Raumgestaltung, der Kleidung, der Gestik, Mimik, Gebärden, der inneren Differenzierung der Phase etc. zählen dazu. Sie machen deutlich, dass es Gemeinsamkeiten aber auch Unterschiede in der Kommunikation Jugendlicher gibt, die sich durch Menschenkonstellationen, Individuen, Situationen, Sozialisation, Zeitabschnitte, Alter, Orte, Situationen, Medien, Kulturen etc. eventuell hinreichend klären lassen können.

Zur Vertiefung

Jugendsprache als internationales Phänomen

Jugend- und Jugendsprache als internationales Phänomen zu sehen, hat spätestens seit den 1990er Jahren Tradition. Gemeinsamkeiten, Unterschiede und vor allem Alleinstellungsmerkmale innerhalb verschiedener Varietäten unterschiedlicher Länder und Kulturen wurden seit dieser Zeit auf den internationalen Konferenzen der Jugendsprachforschung und in einigen der anschließenden Tagungspublikationen vorgestellt (1992 Leipzig, Heidelberg 1997, Osnabrück 1998, Wuppertal 2001, Zürich 2004, Kopenhagen 2008, Freiburg 2011, Karlsruhe 2014 und Graz 2016).

Die internationalen Konferenzen zur Jugendsprachforschung

Die Herausforderungen der internationalen Jugendsprachforschung liegen vor allem darin, der Dynamik von Einzelsprachen und der damit verbundenen noch schnelleren Dynamik jugendlicher Stile vor dem Hintergrund unterschiedlicher Faktoren – wie zum Beispiel kulturelle Einflüsse, innere und äußere Mehrsprachigkeit, Sozioökonomik, Bildung etc.) – bei gleichzeitig immer wiederkehrenden verfestigten Routinen und Rollenaktivitäten (vgl. Ziegler 2018) Rechnung zu tragen. Ziel der internationalen Jugendsprachforschung ist es, den gemeinsamen Kern kultur- und sprachübergreifend zu beschreiben, dabei aber nicht das Besondere innerkultureller Jugendsprache außer Acht zu lassen.

Kritik an kontrastiver Jugendsprachforschung äußert besonders Neuland (2007). Überzeugend argumentiert sie, dass die Suche nach vergleichbaren Merkmalen juventulektaler Stile – abgesehen von sprachtypologischen Spezifika – Gemeinsamkeiten zeige, die sich oftmals nur aus den Sozialisations- und Lebensbedingungen Jugendlicher erklären ließen. Von sprachlichen oder habituellen Universalien der Jugendlichen dieser Welt kann also nicht ausgegangen werden.

Eine Systematik internationaler Jugendsprachforschung in einem Band wie diesem zu präsentieren, stößt an die Grenzen des Machbaren. Gemeinsamer Nenner mag der Wunsch sein, sprachliche Merkmale Jugendlicher zu beschreiben. Da sich aber empirisches und methodisches Vorgehen in den verschiedenen ›Forschungskulturen‹ unterschiedlich ausprägen, lassen sich auch die Ergebnisse nur schwer einheitlich in der gebotenen Kürze darstellen. Die unten aufgelisteten weiterführenden Literaturvorschläge zur internationalen Jugendsprachforschung bieten jedoch einen ersten Einstieg.

1.2 | Zu diesem Band

Der zweite Teil des Kompositums ›Jugendsprache‹ betrifft das kommunikative System ›Sprache‹. Vor knapp 40 Jahren war der Begriff Teil einer wegweisenden Ausschreibung: »Sprechen Jugendliche eine andere Sprache?« Es handelt sich dabei um die Preisfrage von 1982 der Deutschen Akademie für Sprache und Dichtung, die damit die moderne Jugendsprachforschung in Deutschland initiierte. Ziel war es, diese Frage u. a. mit den Mitteln der Wissenschaft klären zu können. Leicht war es jedoch nicht, da die Quellenlage oftmals nicht über subjektive Einzelerfahrungen hinausging. Auch heute gestaltet sich die Datenerhebung nicht einfach, da sich nicht jeder gerne in seinem (sprachlichen) Verhalten beobachten lassen möchte. Datenschutzrechtliche Bestimmungen und wissenschaftliches Forschungsethos setzen ebenfalls große Hürden. Wenn man dann doch Proband/innen gefunden hat, die sich auf die Wissenschaft und ihre Neugier einlassen, dann verhalten sie sich oftmals anders als im natürlichen Umfeld. Labov (1970: 47) hat dies vor vielen Jahren als »Beobachterparadoxon« beschrieben.

Die zweite Schwierigkeit besteht darin, möglichst Daten auszuwählen, die das Gesamtbild des Sprachhaushalts einer sehr heterogenen Lebensphase gut wiedergeben. Mit Blick auf das vorangegangene Kapitel scheint hier die größere Schwierigkeit zu bestehen, da wir von ›diversen Jugendsprachen‹ und nicht ›einer Jugendsprache‹ ausgehen müssen.

Die Autor/innen dieser Einführung haben sich Mühe gegeben, in möglichst viele Bereiche jugendlicher Kommunikation und ihrer wissenschaftlichen Betrachtung einzuführen. Dass es dabei zu didaktischen Reduktionen oder gar zu Kürzungen kommen musste, liegt in der facettenreichen Natur der Sache begründet und sollte den Leser/innen bewusst sein. Mit Kästen zur Vertiefung, Aufgaben zur Beschäftigung im Unterricht (https://www.springer.com/de/book/9783476047663) und Vorschlägen für Hausarbeiten bietet diese Einführung jedoch weiterführende Hinweise.

Lösungen der Aufgaben

1.3 | Weiterführende Literatur

Altersphase Jugend: Lesenswert sind besonders die Sinus-Milieu-Studien (http://www.sinus-institut.de), die Menschen anhand bestimmter Variablen wie Lebensweise, Lebensauffassung, Alter, Geschlecht, soziales Niveau usw. kategorisieren. Grundlegende Wertorientierungen werden dabei ebenso berücksichtigt wie Alltagseinstellungen (zu Familie, Freizeit, Konsum, Medien etc.).

Internationale Jugendsprachforschung: Zur Einführung in das umfangreiche Themengebiet empfehlen wir die Sammelbände der letzten internationalen Jugendsprachtagungen: Ziegler (2018), Spiegel/Gysin (2016), Kotthoff/Merzlufft (2014) und Jørgensen (2010). Einen sehr guten (historischen) Überblick bietet auch Neuland (2007), da in diesem Band u. a. Beiträge mit Daten aus den 1990er Jahren publiziert wurden.

Literatur

Androutsopoulos, Jannis (2001): Von fett zu fabelhaft: Jugendsprache in der Sprachbiografie. In: *Osnabrücker Beiträge zur Sprachtheorie* 62, 55–78.

Bahlo, Nils (2012): Let's talk about sex. Sexualisierte Sprache Jugendlicher als Thema im (Projekt-)Unterricht? In: *aptum* 12 (1), 48–60.

Bahlo, Nils/Klein, Wolfgang (2017): Jugendsprache. In: Deutsche Akademie für Sprache und Dichtung/Union der deutschen Akademien der Wissenschaften (Hg.): *Zweiter Bericht zur Lage der deutschen Sprache*. Tübingen: Stauffenburg, 145–190.

Bahlo, Nils/Krain, Stefanie (2018): Indexing social age – Multimodale Begrüßungsroutinen Postadoleszenter als Index alternierender Lebensphasen. In: Neuland, Eva/Könning, Benjamin/Wessels, Elisa (Hg.): *Jugendliche im Gespräch. Forschungskonzepte, Methoden und Anwendungsfelder aus der Werkstatt der empirischen Sprachforschung*. Frankfurt a. M.: Peter Lang, 127–149.

Deitersen-Wieber, Angela/Meck, Sabine (2002): Alterssoziologie. In: Endruweit, Günter/Trommsdorff, Gisela (Hg.): *Wörterbuch der Soziologie*. Stuttgart: UTB, 7–16.

Deppermann (2008): *Gespräche analysieren. Eine Einführung*. Wiesbaden: Verlag für Sozialwissenschaften.

Günthner, Susanne/Knoblauch, Hubert (1994): ›Forms are the food of faith‹. Gattungen als Muster kommunikativen Handelns. In: *Kölner Zeitschrift für Soziologie und Sozialpsychologie* 4, 693–723.

Havighurst, Robert J. (1974): *Developmental tasks and education*. 3. Aufl. New York: Addison-Wesley Longman.

Henne, Helmut (1986): *Jugend und ihre Sprache: Darstellung, Materialien, Kritik*. Berlin/New York: De Gruyter.

Hurrelmann, Klaus/Quenzel, Gudrun (2016): *Lebensphase Jugend. Eine Einführung in die sozialwissenschaftliche Jugendforschung*. 13. Aufl. Weinheim/Basel.

Januschek, Franz/Schlobinski, Peter (Hg.) (1989): Thema Jugendsprache. In: *Osnabrücker Beiträge zur Sprachtheorie* 41.

Jørgensen, J. Normann (Hg.) (2010): *Vallah, Gurkensalat 4U & me! Current Perspectives in the Study of Youth Language*. Frankfurt a. M.: Peter Lang.

Kallmeyer, Werner (1995): Zur Darstellung von kommunikativem sozialem Stil in soziolinguistischen Gruppenporträts. In: Keim, Inken (Hg.): *Kommunikative Stilistik einer sozialen Welt »kleiner Leute« in der Mannheimer Innenstadt*. Berlin/New York: De Gruyter.

Kirsch, Virginia (2002): Shaking Hands Around the World. Students read about the greeting customs of people in different parts of the world and take a short quiz. In: https://www.wisc-online.com/learn/generaleducation/psychology-of-human-relations/phr3102/shaking-hands-aroundthe-world.

Kotthoff, Helga/Mertzlufft, Christine (Hg.) (2014): *Jugendsprachen: Stilisierungen, Identitäten, mediale Ressourcen*. Frankfurt a. M.: Peter Lang.

Labov (1970): *Language in the inner City: Studies in the Black English Vernacular*. Philadelphia: The University of Pennsylvania Press.

Neuland, Eva (1987): Spiegelungen und Gegenspiegelungen. Anregungen für eine zukünftige Jugendsprachforschung. In: *Zeitschrift für Germanistische Linguistik* 1, 58–82.

Neuland, Eva (1999): *Jugendsprache*. Heidelberg: Julius Groos Verlag.

Neuland, Eva (2007): *Jugendsprache: mehrsprachig – kontrastiv – interkulturell*. Frankfurt a. M.: Peter Lang.

Nothdurft, Werner/Schwitalla, Johannes (1995): Gemeinsam musizieren. Plädoyer für ein neues Leitbild für die Betrachtung mündlicher Kommunikation. In: *Der Deutschunterricht* 47 (1), 30–41.

Pomerantz, Anita (1988): Offering a candidate answer: An information seeking strategy. In: *Communication Monographs* 4, 360–373.
Schlobinski, Peter (1988): Code-switching im Berlinischen. In: Dittmar, Norbert/Schlobinski, Peter (Hg.): *Wandlungen einer Stadtsprache. Berlinisch in Vergangenheit und Gegenwart*. Berlin: Spiess, 83–102.
Schütz, Alfred (1974): *Der sinnhafte Aufbau der sozialen Welt: Eine Einleitung in die verstehende Soziologie*. Wien: Springer.
Sinus Markt- und Sozialforschung (2018): *Sinus-Milieus*. In: https://www.sinus-institut.de/sinus-loesungen/.
Spiegel, Carmen/Gysin, Daniel (Hg.) (2016): *Jugendsprache in Schule, Medien und Alltag*. Frankfurt a. M.: Peter Lang.
Tenbruck, Friedrich H. (1965): *Jugend und Gesellschaft. Soziologische Perspektiven*. Freiburg: Rombach.
Ziegler, Arne (Hg.) (2018): *Jugendsprachen/Youth Languages*. Berlin/New York: De Gruyter.
Zinnecker, Jürgen (1981): Jugend 1981. Porträt einer Generation. In: Jugendwerk der Deutschen Shell (Hg.): *Jugend ›81. Lebensentwürfe, Alltagskulturen, Zukunftsbilder*. Wiesbaden: Leske + Budrich, 80–114.

Nils Bahlo

2 Historische Entwicklung der Jugendsprachforschung

2.1 Von der Lexikographie zur Ethnographie – erste Fragestellungen
2.2 Sondersprachforschung: Lexikologie der Studenten- und Pennälersprache
2.3 Jugendsprache und ihre Erforschung in den deutschen Diktaturen des 20. Jahrhunderts
2.4 Jugendsprachforschung im Nationalsozialismus
2.5 Jugendsprachforschung in der DDR
2.6 Weiterentwicklungen der Sondersprachforschung: Das Schülerdeutsch der Nachkriegszeit
2.7 Paradigmenwechsel zur Ethnographie des Sprechens: Authentische Jugendsprache
2.8 Weiterführende Literatur

2.1 | Von der Lexikographie zur Ethnographie – erste Fragestellungen

Wie die Sprache insgesamt, so sind besonders auch die jugendsprachlichen Spielarten stetem Wandel unterworfen. Wir können selbst in der jüngsten Sprachgeschichte der letzten 20 bis 30 Jahre beobachten, wie sich typisch jugendsprachliche Begriffe verändert haben. So wurden besonders positive Dinge in den 1980er Jahren noch als *dufte* oder *knorke* bezeichnet, während heute von den Jugendlichen Wörter wie *porno* oder *gediegen* bevorzugt werden. Und wenn Sie diesen Text lesen, werden womöglich auch diese Begriffe schon wieder durch neue ersetzt sein. Jugendsprache ist also ein sich schnell veränderndes Phänomen, das gleichzeitig in sich selbst sehr stark variiert.

Schneller Wandel von Jugendsprache: Im Vergleich zum Wandel der Jugendsprache kommt der Wandel im Sprachgebrauch einer kompletten Sprachgemeinschaft geradezu behäbig daher. Der jugendsprachliche Wandel unterscheidet sich dabei insofern vom Gesamtwandel einer Sprache, als dass er eine beschleunigte Version, quasi einen sprachlichen Durchlauferhitzer desselben darstellt. Er zeichnet sich durch eine geringere Orientierung an Normautoritäten aus, wodurch wiederum der sprachlichen Kreativität kaum Grenzen gesetzt sind und neue sprachliche Praktiken entwickelt werden können. Nimmt man an, dass die Phase der Jugend in etwa zehn Jahre umfasst und diejenige einer ganzen Generation ca. 30 Jahre, so wird die Sprache von Jugendgeneration zu Jugendgeneration also ungefähr dreimal so schnell weitergegeben wie diejenige von Generation zu Generation. Nicht ohne Grund wird deswegen angenommen, dass die sprachliche Kreativität der Jugend erheblich zum Wandel einer Gesamtsprache beiträgt. Gerade dem Bereich der Lexik wurde dabei in der Forschung besondere Aufmerksamkeit zuteil (vgl. Androutsopoulos 2008: 1499), wie wir in der folgenden Darstellung zur historischen Entwicklung der Jugendsprachforschung sehen werden.

2.2 | Sondersprachforschung: Lexikologie der Studenten- und Pennälersprache

Erste jugendspezifische Sprachformen: Es war die Sprache der Studenten des 18. und 19. Jahrhunderts, die erstmals in den Fokus der Sprachreflexion geriet. Zu diesem studentischen Sprachstil liegt eine ganze Reihe ausführlicher Studien vor, die teilweise noch aus der jeweiligen Zeit stammen. So setzt Robert Salmasius mit seinem im Jahr 1749 erschienenen *Kompendiösen Handlexikon der unter den Herren Purschen auf Universitäten gebräuchlichsten Kunstwörter* den Anfang sprachreflektorisch-lexikographischer Tätigkeit in Bezug auf die damalige Studentensprache. Weitere Wörterbücher folgen, wie beispielsweise das 1795 herausgebrachte *Idiotikon der Burschensprache* von Christian Friedrich Bernhard Augustin (s. Abb. 2.1; zu didaktischen Aspekten s. auch Kap. 8).

Dick[2] ist ein affirmirendes Wort z. B. willst du heute nicht nach Passendorf? — dick! d. h. allerdings. Sonst bedeutet es überhaupt die Stärke einer Sache. Er ist dick besoffen. Er zwingt es dick, heißt er hat viel Geld. Dies ist ein altes Wort und hieß ehedem soviel als oft, daher dickbelobter Herr N. N. Kindleben.

Donnerbesen[3] heißt eine große Perücke. Eine solche giebt ein finsteres Ansehn, wie die Wolken bei einem Gewitter und ist in Absicht ihrer äußern Form oft einem Besen sehr ähnlich.

Abb. 2.1: Ausschnitt aus Augustins (1795: 40) *Idiotikon der Burschensprache* mit den beiden Worteinträgen »Dick« und »Donnerbesen«.

Die Anfänge der wissenschaftlichen Untersuchung historischer Studentensprache datieren nach Neuland (2008: 129) in das späte 19. Jahrhundert. Zu nennen sind aus dieser Zeit u. a. die Untersuchungen von Meier zur *Hallischen Studentensprache* (1894) sowie Kluges *Deutsche Studentensprache* (1895) und Götzes etwas später erschienene *Deutsche Studentensprache* (1928). Alle diese Werke sind recht knappe Abhandlungen, die sich v. a. auf die Auflistung spezifisch studentischer Lexik mitsamt Beschreibung und etymologischer Herleitung konzentrieren. Sie beinhalten insbesondere bei Götze (1928) Erläuterungen zur Geschichte der Studentensprache und deren Einordnung in das Gefüge der deutschen Varietäten. So wird die Studentensprache in diesem Zusammenhang von Meier (1894: 2, 4) als »Standessprache« bzw. »Kastensprache« bezeichnet. Des Weiteren behandeln die genannten Studien kontaktlinguistische Phänomene, so beispielsweise Entlehnungen aus dem Französischen oder aus dem als »Gaunersprache« bezeichneten Rotwelsch (vgl. Kluge 1895: 59–63).

Erste Untersuchungen

Alle oben genannten älteren Abhandlungen über die Studentensprache sind in einer monumentalen sechsbändigen Sammlung von Henne/Objartel (1984) zusammengestellt und stellen nur einen Teil der in diesem Werk insgesamt enthaltenen 21 Wörterbücher, Wörterbuchfragmente sowie Monographien und kürzere Beiträge zur Studenten- und Schülersprache des 18. und 19. Jahrhunderts dar. An Arbeiten aus der jüngeren Vergangenheit bzw. der Gegenwart sind insbesondere die Einführung von Neuland (2008) sowie die Forschungsarbeit von Objartel (2016) zu nennen.

Aufkommen der Jugendphase: Es stellt sich nun die Frage, weshalb lediglich die Studentensprache in den Fokus der Sprachforscher des 18.

und 19. Jahrhunderts geraten ist und nicht etwa auch andere jugendsprachliche Spielarten. Dies mag daher rühren, dass Studenten offensichtlich die einzige jugendliche Gruppe waren, die überhaupt spezifisch jugendsprachliche Stile ausbilden konnten. Schließlich waren Jugendliche noch bis Anfang des 20. Jahrhunderts in aller Regel kleine Erwachsene, da das Erwerbsleben früh begann und damit der Jugendphase keine große Bedeutung zukam (vgl. Hurrelmann 2012: 82–83). Die Kindheit ging also gewissermaßen direkt in das Erwachsenenleben über. Insofern konnte es vor allem bei den Studenten, denen eine Übergangsphase zwischen Kindheit und Erwerbsleben vergönnt war, zu einer Abnabelung vom Elternhaus kommen. Dies sorgte für die notwendige Ungezwungenheit und Freiheit des Lebens, durch die sich wiederum spezifische Verhaltensweisen und Stile unter den Studenten entwickeln konnten.

Soziale Merkmale der Studentenschaft waren ihr jugendliches Alter, ihre bildungsbürgerliche Herkunft sowie ihr männliches Geschlecht (Frauen war in jener Zeit ein Universitätsstudium verwehrt). Des Weiteren kreierte die institutionelle Bindung an die Universität, die damals nur wenigen zugänglich war, ein Biotop, in dem sich eigene kommunikative Praktiken sowie nach außen auffallende Lebensstile und Traditionen entwickeln konnten.

Sozialstruktur und Sprache der Studenten

Die Studentenschaft war nicht homogen: Am einen Pol befanden sich die sogenannten *Renommisten*, die einen ausgesprochen »freiheitlich-burschikosen« Lebensstil pflegten, sich rauften, der Sauferei frönten und deren Stil sich auch in ihrer Kleidung und Miene ausdrückte. Am anderen Pol können die sogenannten *Crassen* identifiziert werden, die zwar fleißig, aber doch zugleich unbeholfen waren und von den anderen Studenten kaum Anerkennung bekamen. Eine Zwischenposition nahmen die *petits maîtres* ein, die sich durch ihr höflich-förmliches Benehmen, ihre Studienbeflissenheit und artige ›Herausgeputztheit‹ hervortaten. Gerade durch die Renommisten wurde das Benehmen der *petits maîtres* gerne als »schofele petimäterei«, d. h. als ein schlechtes, für die *petits maîtres* typisches Verhalten verspottet (Laukhard 1792, zit. nach Neuland 2008: 133).

Sprachliche Manifestationen des studentischen Lebensstils konnten insbesondere bei den freiheitlich-burschikosen Studenten beobachtet werden. Denn gerade ihnen war ein burschikoser Lebensstil und das Bedürfnis nach Außenabgrenzung wichtig, was sich beispielsweise in der Verwendung entsprechender Begriffe zeigt, die außerdem zumeist wertend sind. So werden nicht-studentische Bürger als *Philister* bezeichnet, nicht-studentische Jugendliche als *Gnoten* oder nicht-burschikose Studenten als *Mucker*, *Klösse* oder *Finken*. Allgemeine Merkmale des studentischen Wortschatzes sind nach Neuland (2008: 135) zum einen seine lexikalische Differenzierung sowie die oftmals stark von der Standardkonvention abweichenden sozialen Wertungsbegriffe.

Beispiele aus dem Wortschatz sind positiv wertende Adjektive wie *famos, flott, humorig, forsch*, negativ wertend sind u. a. *ledern, nass, traurig, trist*. Als verstärkende Adjektive in adverbialer Funktion können Ausdrücke dienen wie *klobig, ochsig, unbändig* oder *viehisch*.

Charakteristische Interaktions- und Kommunikationsmuster ergänzen die Besonderheiten des studentischen Wortschatzes. Um diesen Ansatz erweitert Objartel (2016) die Untersuchung der historischen Studentensprache und stellt damit auch einen Bezug zu ihrem Gebrauchszusammenhang her. Solche Gebrauchsstile untersucht Objartel besonders anhand von Studentenliedern, Memorabilien, Vernehmungen von Studenten vor Universitätsgerichten und anhand des Interaktionsmusters ›Komment‹. Darunter versteht man ein Regelwerk, nach dem beispielsweise festgelegt war, wie mit Beleidigungen umgegangen werden sollte. Hier spielten die Handlungsaspekte Ehre, Beleidigung und Satisfaktion (Duell) die tragende Rolle. Bei Beleidigungen spricht man auch von sogenannten ›Verbalinjurien‹, die gemäß Komment nach bestimmten Schweregraden klassifiziert waren. Folgende Beispiele für konventionalisierte Beleidigungen und ihre Schweregrade lassen sich nach Objartel (2016: 163) anführen:

(1) *erbärmlich*, *jämmerlich*, *komisch* (verständnisklärendes Nachfragen notwendig)
(2) *dummer Junge, infam, Hundsfott* (Replik notwendig)
(3) *einfältig, sonderbar, absurd* (Forderung möglich bzw. notwendig)

Beleidigung und Eskalation: Je nachdem welche Beleidigung ausgesprochen wurde, konnten dieser weitere festgelegte Handlungskonsequenzen folgen, die jedoch fast grundsätzlich in einer Eskalation mündeten und letztlich zur Forderung und Satisfaktion in Form des Duells führten. Zwischen Beleidigung und Forderung konnten dabei weitere interaktionale Handlungsschritte stehen, die aus dem verständnisklärenden Nachfragen (*Koramation*) oder einer Replik auf die Beleidigung (*Avantage*) bestehen konnten. Auch in regionaler Hinsicht waren die Komments keineswegs einheitlich. Insgesamt zeigt sich also, dass Beleidigungen hochkomplexe Praktiken waren, die im Übrigen nicht nur in jener Zeit vorkamen, sondern mit heutigen Beleidigungsritualen, wie etwa dem Cybermobbing vergleichbar sein können (s. Kap. 5). Als Quellen für Objartels Untersuchungen zur Studentensprache dienen ihm Texte, die von Studenten an Studenten oder von Studenten an Universitätsbehörden gerichtet wurden. Ein weiterer Typus besteht aus Texten, denen zum Teil Reflexe gesprochener Sprache entnommen werden können, wie beispielsweise Vernehmungsprotokollen der Universitätsgerichte.

Innerhalb der freiheitlich-burschikosen Studentenszene besteht also ein traditionsreiches und verfestigtes Inventar des Wortgebrauchs, mit dem sie sich als Gruppe nach außen absetzt. Aus diesem Grund können wir hier auch von einer Sondersprache sprechen.

Definition

> Als **Sondersprachen** sind nach David (1987: 3) Sprachformen zu verstehen, »die von sozialen, sachlich-begrifflichen, geschlechts- und altersspezifischen Sonderungen herrühren«. Als weiteres Merkmal wird die Funktion der sprachlichen Verdunklung genannt, die einerseits der nach innen gerichteten Gruppenfestigung, andererseits der nach außen gerichteten Gruppenprofilierung dient (Siewert 2003: 15). Sondersprachen können somit auch als Geheimsprachen verstanden werden.

Da für die historischen Studentensprachen gerade der soziale (bürgerliche Bevölkerungsschicht) und der altersspezifische Aspekt zutreffen und eine Abgrenzungsfunktion ebenfalls erkennbar ist, erscheint eine Zuordnung zu den Sondersprachen plausibel.

Die Pennälersprache kann ebenfalls zu den Sondersprachen gerechnet werden. Sie ist die Sprache eines Teils derjenigen Schüler, die ein ›Pennal‹, d. h. eine weiterführende Schule, insbesondere ein Gymnasium besuchten. Die Publikationen, die sich mit der Pennälersprache befassen, stammen aus den ersten Jahrzehnten des 20. Jahrhunderts (vgl. Eilenberger 1910; Melzer 1931; Schladebach 1904). Die Autoren gehören zumeist der gymnasialen Lehrerschaft an (vgl. Neuland 2008: 145). Eilenberger (1910: 4) beklagt, dass historische Abhandlungen, die vor diese Zeit reichen, aufgrund der ausgesprochen dürftigen Quellenlage nicht existieren. Merkmale der Pennälersprache sind gemäß Eilenberger in erster Linie im lexikalischen Bereich zu finden. So besteht auch seine Abhandlung aus einer Sammlung von typischen Pennäler-Wörtern, die nach Gebersprachen und semantischen Bereichen geordnet ist. Im Hinblick auf die Gebersprachen hebt Eilenberger insbesondere die Studentensprache und das Rotwelsche hervor, aus denen Begriffe wie beispielsweise *Pauker / Steißklopper / Arschpauker* (Lehrer), *verhauen* (eine schlechte Arbeit liefern), *abwichsen* (abschreiben), *Fraß* (Mahlzeit) oder *Kaff* (Dorf, Schule, Schulstube; von hebr. *kaphar*: Dorf) stammen.

Einordnung und Merkmale der Schülersprache

Eine etwas weiter gefasste Sichtweise hat Melzer (1931) in seiner Abhandlung zur Breslauer Pennälersprache, in der er neben (silben-)phonologischen Strategien der Vergeheimsprachlichung auch über Sprachverhalten und Wortgebrauch der Pennäler in verschiedenen Situationen reflektiert, so z. B. bei Sport und Spiel, gegenüber dem Lehrer oder den Mitmenschen im Allgemeinen:

Die sogenannten ›Flegeljahre‹ wirken hier sehr mit. [...] Der Schüler benimmt sich wie ein Flaps. Steht eine Bande oder Blase beisammen, und tritt ein anderer Kerl hinzu, so wird er bepfotelt und begrunzt: Na, du altes Reff! Vertraute Anreden sind: olle Socke! und mein lieber Spiez, mein lieber Scholly. (Melzer 1931: 353)

Die (silben-)phonologischen Strategien der Vergeheimsprachlichung sind besonders interessant, da sie ein zentrales Charakteristikum der Pennälersprache darstellen. Melzer führt vier dieser Verfahren in seiner Abhandlung zur Breslauer Schülersprache auf (vgl. Melzer 1931: 337–345):

- **Verfahren der Wortverlängerung**, aus denen je nach eingesetztem phonologischem Element z. B. die ›B-Sprache‹ oder die ›P-Sprache‹ etc. resultieren. Die B-Sprache funktioniert folgendermaßen: Hinter jeden Vokal wird ein /b/ sowie ein weiteres Mal der vorhergehende Vokal gesetzt. Anstelle von *Schule* würde man nun also *Schubulebe* sagen.
- **Verfahren der Wortverkürzung**, die weniger aus Gründen der Verheimlichung als vielmehr der Sprachökonomie Verwendung finden. Oftmals handelt es sich hierbei um Fachwörter, wie beispielsweise aus der ›X-Sprache‹ hervorgeht: *Direx* (Direktor), *Rex* (Rektor), *Kondex* (Konditorei) etc.
- **Verfahren der Lautvertauschung**, wie z. B die »U-Sprache«, die Melzer zufolge besonders bei Jungen sehr beliebt war. Die phonologische

Regel ist etwas komplex und lautet folgendermaßen: »Der anlautende Konsonant tritt an das Ende des Wortes mit einem folgenden /ä/. Der erste Vokal im Wort wird zudem durch ein /u/ ersetzt.« So wird beispielsweise aus dem Satz »Ich gehe in die Schule« die geheimsprachliche Version »Uchä uhegä unä udä Uleschä«.
- **Verfahren der Silbenvertauschung** sind weniger häufig und stellen zwei ganze Silben eines Wortes um, wie z. B. *Unterschied* zu *Schiedunter* oder *Taktik* zu *Tiktak* etc.

2.3 | Jugendsprache und ihre Erforschung in den deutschen Diktaturen des 20. Jahrhunderts

Forschungsstand: Zu den undemokratisch geprägten Systemen, die während des 20. Jahrhunderts auf deutschem Boden existierten, zählen neben dem Deutschen Kaiserreich (1871–1918) insbesondere der NS-Staat (1933–1945) sowie die DDR (1949–1989). Die Sprache Jugendlicher innerhalb der beiden letztgenannten Systeme wird in Einführungen zur Jugendsprache eher am Rande erwähnt. So weist Neuland (2008: 148) darauf hin, dass die Untersuchung von Jugendsprache im Zeitraum 1930 bis 1960 eine Forschungslücke darstellt, die es zu schließen gilt. Damit hat sie sicherlich Recht, denn tatsächlich ist der Stand der Jugendsprachforschung insbesondere für die Zeit des Nationalsozialismus äußerst unbefriedigend. Besser sieht es schon mit der Erforschung der Jugendsprache in der DDR aus, obwohl Neuland auch hier zu Recht auf die schwierige Dokumentationslage hinweist und diesem Thema in ihrer Einführung dementsprechend nur wenig Platz einräumt. Sie hebt dabei besonders die Arbeiten von Margot Heinemann hervor, die sich zu DDR-Zeiten mit der dortigen Jugendsprache befasst hat und »ohne die das Wenige, was wir über den Sprachgebrauch Jugendlicher in der DDR wissen, bis heute wohl noch unbekannt wäre« (Neuland 2008: 171). Obwohl Heinemann in der Jugendsprachforschung zur DDR sicherlich hervorsticht, war es nicht nur sie, die zu diesem Thema publiziert hat.

Auch zur vorhergehenden Periode des Nationalsozialismus existieren zwar sehr wenige, aber durchaus erwähnenswerte Publikationen, mit denen ein ungefähres Bild der jugendsprachlichen Umstände in diesen beiden Perioden der deutschen Geschichte skizziert werden kann. Gerade weil NS und DDR in bisherigen Einführungen zur Jugendsprache kaum Erwähnung fanden, wird der Fokus in der folgenden historischen Darstellung besonders auf diesen beiden Perioden liegen.

2.4 | Jugendsprachforschung im Nationalsozialismus

Obwohl Reflexionen und Studien zur Sprache des Nationalsozialismus durchaus existieren (vgl. Berning 1960–1963; Klemperer 1947; Schlosser 2013), fehlen Darstellungen speziell zu jugendspezifischen Sprachstilen

Jugendsprachforschung im Nationalsozialismus

weitgehend. Diese Nichtbeachtung mag damit zusammenhängen, dass man in der Forschung der Nachkriegszeit schlichtweg von einer ohnehin gleichgeschalteten Jugend während des Nationalsozialismus ausging, die in der straff organisierten Hitlerjugend (HJ) keinerlei Möglichkeiten hatte, aus dem ideologischen Korsett auszubrechen und alternative sprachliche Praktiken zu entwickeln.

Variation in der HJ-Sprache: Dass es aber selbst in der HJ sprachlich nicht immer so zuging, wie es sich die NS-Ideologen gewünscht haben, geht aus einem zeitgenössischen Dokument zur Jugendsprache hervor, das von Erhard Manthei (1941) verfasst wurde. Der Autor war selbst Funktionär der HJ und publizierte seine Abhandlung zur Sprache der Hitlerjugend im ersten Band des 1941 gegründeten *Jahrbuchs der Deutschen Sprache*. Natürlich handelt es sich dabei um einen hochgradig durch die nationalsozialistische Ideologie kontaminierten Aufsatz. Dennoch liefert er Eindrücke zum Sprachgebrauch Jugendlicher, die einen deutlichen Hang zu sprachlichen Spielarten durchschimmern lassen. Was Manthei beschreibt, wurde also vermutlich nicht nur innerhalb der HJ gepflegt, sondern betraf (erst recht) auch andere Bereiche jugendlichen Zusammenseins. So hebt er selbst hervor, dass die Sprache der HJ keineswegs eine starre Form besitzt, wie aus den folgenden beiden Auszügen hervorgeht:

Uneinheitlichkeit der HJ-Sprache

Man kann deshalb [wegen der Einflussbereiche außerhalb der HJ] nicht von einer Sprache der Hitlerjugend reden, wie man etwa von einer Sprache des Soldaten sprechen kann. Dazu müßten die Einflußgebiete ausgeschaltet werden. (Manthei 1941: 185)

Die Umgangs- und Alltagssprache der Hitlerjugend wird sich in ihren äußeren Formen immer wieder verändern, da sie zu mannigfaltig in ihrer Zusammensetzung ist und der heranwachsende Jugendliche allen möglichen sprachlichen Einflüssen ausgesetzt bleibt. Das ist kein Mangel, sondern ihr Vorzug. (Ebd.: 189–190)

Gerade die Lektüre des zweiten Zitats dürfte den NS-Zensoren wenig gefallen haben, konstatiert darin der Autor doch nicht nur die Vielfalt und den steten Wandel der Jugendsprache, sondern hebt dies auch noch ausdrücklich als Vorzug hervor. Nur zwei Sätze weiter beschwichtigt er jedoch und schreibt: »Was sich in der Sprache der Hitlerjugend nicht ändern kann, ist ihre geistige Wesenheit, die ihren Grund im Glauben an Führer und Volk findet.« In seiner Abhandlung führt Manthei des Weiteren eine ganze Reihe von Merkmalen der HJ-Sprache mit Beispielen auf. Seine Daten bestehen ausschließlich aus Wörtern sowie Phrasen und speisen sich aus eigenen Beobachtungen. Seinen Angaben zufolge nennt er dabei nur Beispiele, die er zumindest mehrfach gehört hat. Außerdem muss in Bezug auf sein Datenkorpus beachtet werden, dass er dieses in seinem Wohnort Berlin zusammengestellt hat und daraus also nicht auf den Sprachgebrauch in der HJ insgesamt generalisiert werden darf.

2.4.1 | Merkmale der (Hitler-)Jugendsprache

Als hervorstechendes Merkmal der (Hitler-)Jugendsprache wird das Vorkommen von Übertreibungen angeführt, die sich z. B. in der Verwendung von Humor und Spott oder durch den Gebrauch von Metaphern, Schimpfwörtern, Spitznamen oder Abkürzungen manifestieren.

- **Humor und Spott** finden ihren Ausdruck in Wörtern und Phrasen wie: *Brüllaffe* (Lautsprecher), *Wasserstoffhexe* (Blondine), *Qualmtopp* (Ofen) oder *Löffelt immer rin, im Magen ist's dunkel!* (wenn das Essen nicht schmeckt).
- **Übertreibungen** sieht Manthei bei Befehlsausrufen, wie in *Auf die Bäume, ihr Affen, der Wald wird gefegt!*. Hieraus geht gleichzeitig die Tendenz zum Gebrauch von Tiermetaphern in der Anrede gegenüber den Hitlerjungen durch ihre jeweiligen Führer hervor. Unkonkretes Reden wird als *Sülzen* bezeichnet oder Personen, die mit der Verwaltung zu tun haben als *Geldknechte*, *Schieber* oder *Tintenkulis* tituliert. Die zuvor genannte Form der Übertreibung klassifiziert Manthei als »Ehrlichkeit«, nennt ihm zufolge die Jugend die Dinge hier doch »beim Namen«. Er wertet dies also als etwas Positives, da es von einem »gesunden Empfinden der Jungen gegen jeden Schein« zeugt. Die Funktion von Übertreibungen sieht Manthei höchst ideologisch. Sie führen seines Erachtens nämlich dazu »daß alle Schwierigkeiten, die zwischen jugendlichen Führern und ihren jugendlichen Kameraden entstehen könnten, auf diese Weise überbrückt werden« (Manthei 1941: 186, 189). Der übertriebene sprachliche Umgang miteinander soll demnach offensichtlich etwas Scherzhaftes implizieren, durch das die Bande zwischen den Angehörigen der HJ verstärkt wird.
- **Den Gebrauch grober Wörter** durch Jugendliche sieht Manthei kritisch. Ihm zufolge verfügen oft schon die Kleinsten über ein erhebliches Repertoire solcher Ausdrücke.
- **Abkürzungen (sog. ›Aküsprache‹)** erfreuen sich unter den Hitlerjungen ebenfalls großer Beliebtheit. Als Beispiele nennt Manthei u. a. folgende: *Baf* (Bannführer), *Justaf* (Jungstammführer), *Schaf* (Scharführer), *Hauptschaf* (Hauptscharführer). Der Gebrauch solcher Abkürzungen wird von ihm beklagt:

> Die verbreitete modische Sucht, verständliche Wörter zu verstümmeln und die sogenannte Aküsprache um zweifelhafte Neuschöpfungen zu bereichern, hat leider auch nicht vor der Hitlerjugend haltgemacht. (Manthei 1941: 189)

Abgrenzung von HJ-Sprache und Jugendsprache: Am oben angeführten Zitat ist sehr schön zu erkennen, dass die Grenzen zwischen HJ-Jugendsprache und ›Normal‹-Jugendsprache nicht trennscharf sind, sondern die gleichen Praktiken offensichtlich unabhängig von der institutionellen Einbindung wirksam werden. Außerdem ist diesem kritischen Kommentar zu entnehmen, wie stark die sprachliche Kreativität bei Jugendlichen – selbst unter totalitären Bedingungen – ausgebildet ist. Klönne (1982: 140–141) beschreibt im Hinblick auf die HJ-Sozialisation der Jugendlichen, dass »die Wirklichkeit des HJ-Betriebs und der HJ-Erziehung unten auch nicht annähernd dem Bild entsprach, das der NS-Staat und die NS-Jugendführung als Anspruch entworfen hatten«. Diese Erkenntnisse zum Sozialverhalten der Jugend passen zu den Beobachtungen, die Manthei (1941) zum Sprachverhalten gemacht hat: Selbst die HJ während des Nationalsozialismus ist keineswegs ein leicht formbarer Teil der Gesellschaft gewesen, sondern zeigte sich in ihrem gesamten sozialen und sprachlichen Gebaren recht autonom.

2.4.2 | Jugend(-sprache) außerhalb der Hitlerjugend

Während der Zeit des Nationalsozialismus bildeten sich auch außerhalb der HJ und dem BDM (Bund Deutscher Mädel) Jugendgruppen heraus, man denke nur an die Münchner *Weiße Rose*. Diese Gruppen werden in der historischen und sozialgeschichtlichen Fachliteratur gebührend gewürdigt, doch ob sich innerhalb der diversen Jugendgruppen eigene sprachliche Praktiken und Stile entwickelt haben, ist durch die Forschung bislang kaum zutage gefördert worden. Insofern werden sich die folgenden Ausführungen hauptsächlich auf eine sozialgeschichtliche Beschreibung der wesentlichen Widerstandsgruppen konzentrieren und – soweit möglich – linguistische Charakteristika bzw. Möglichkeiten zu deren Erforschung aufzeigen.

Politisch ausgerichtete Jugendgruppen standen weniger in direkter Opposition zur HJ als vielmehr zum Nazi-Regime an sich. Gerade bei Gruppierungen der politisch links ausgerichteten Arbeiterjugendbewegung war dies der Fall. Hierzu gehörten beispielsweise die Sozialistische Arbeiterjugend (SAJ), der Kommunistische Jugendverband Deutschlands (KJVD) oder auch kleinere Gruppierungen wie die Widerstandsgruppe G (Gemeinschaft) aus Stuttgart. Diese Gruppen waren besonders in den Jahren 1933 bis 1935 aktiv, wurden durch das rigide Vorgehen des NS-Regimes und die Verhängung drakonischer Strafen jedoch schnell zerschlagen.

Typen oppositioneller Jugendgruppen

Konfessionelle Jugendverbände waren weniger politisch ausgerichtet, wurden durch ihre Organisation außerhalb der HJ aber dennoch bald als Bedrohung eingestuft und somit schnell zur Zielscheibe von Repressionen durch das NS-Regime. Hierzu gehörten insbesondere evangelische und katholische Jugendverbände, in denen 1933 mehr als 2,5 Millionen Jugendliche organisiert waren. Trotz dieser beachtlichen Zahl mussten gerade die evangelischen Jugendverbände schon nach kurzer Zeit ihre Verbandsarbeit einstellen und sich in den innerkirchlichen Raum zurückziehen. Katholische Jugendverbände vermochten es hingegen, selbst nach ihrem ausnahmslosen Verbot im Jahr 1938, weiter zu existieren und sogar Zulauf – selbst aus den Reihen der HJ – zu verzeichnen. Gründe für das vergleichsweise zähe Bestehen der katholischen Jugendverbände können u. a. in der starken Verankerung des Katholizismus in der Landbevölkerung gesehen werden. Des Weiteren konnten die katholischen Verbände durch das 1933 unterzeichnete Reichskonkordat zwischen dem Vatikan und der NS-Regierung zunächst noch mit einer gewissen Rechtssicherheit rechnen. Es ist also auch die zentralistische Organisationsstruktur der katholischen Kirche mit ihrem außerhalb der nationalen Grenzen befindlichen Zentrum, das eine bedeutende Rolle für das Überleben ihrer Jugendverbandsstrukturen im NS-Staat gespielt hat.

Die ›Bündische Jugend‹ wurde neben den sozialistisch und konfessionell ausgerichteten Jugendgruppen durch die NS-Führung ganz besonders als Opposition wahrgenommen. Diese Gruppierungen gingen aus der Pfadfinderei und der Ende des 19. Jahrhunderts entstandenen »Wandervogelbewegung« hervor. Sie übte während der Zeit des Nationalsozialismus eine enorme Anziehungskraft auf die Jugendlichen aus und war nach Klönne (1982: 198) durch ein Milieu geprägt, »das vor allem in Fahrten, Liedern, Kleidung, Aufmachung der eigenen ›Bude‹, Vorliebe für ›exotische‹ Literatur und einem spezifischen Stil des Verhaltens und des Umgangs seinen Ausdruck fand«. Die Bündische Jugend bestand aus zahlreichen Splittergruppen, die Namen wie beispielsweise »Graues Corps«, »Deutscher Pfadfinderbund«, »Deutsche Freischar«, »Deutsche Jungentrucht«, etc. trugen (Klönne 1982: 204). Sie erhofften sich nach der Machtübernahme der Nationalsozialisten ein Weiterbestehen in oder außerhalb der HJ, zumal sie zunächst dem Nationalsozialismus nicht grundsätzlich ablehnend gegenüberstanden.

Anlehnung an russische Kulturelemente

Repressionen gegen die ›Bündische Jugend‹: Da das NS-Regime auf der Integration der Bündischen Jugend in die HJ bestand, hörten bereits im Sommer 1933 die meisten Gruppen auf zu existieren. Die verbliebenen Jugendgruppen widersetzten sich der Selbstaufgabe und gingen weiter im Geheimen auf Fahrt. Um diese noch existierenden Gruppen zu bekämpfen, verfolgte die NS-Propaganda eine Verleumdungstaktik, durch die die Bündische Jugend ihren Zuspruch in der Bevölkerung verlieren sollte. Zu den eingesetzten Mitteln gehörte die Verbreitung falscher Informationen, in der den Mitgliedern der Bündischen Jugend homoerotische Neigungen und die Zuwendung zum östlich-bolschewistischen Kulturkreis unterstellt wurden. Die letztgenannte Beschuldigung gründete sich auf die Verehrung des Exil-Russen Serge Jaroff, der für viele der bündischen Jugendlichen ein Musik-Idol darstellte. Für die bündischen Jugendlichen avancierten seine Konzerte mit dem Donkosakenchor zu beliebten Treffpunkten, wobei das Tragen von Kosakenkleidung durch manche Jugendliche diese Zuneigung einmal mehr unterstrich (vgl. Lange 2015: 25).

›Wilde Jugendgruppen‹ bildeten sich nach den polizeilichen Verboten gegen die Bündische Jugend im Jahr 1936 besonders in den Großstädten heraus. Sie übernahmen wesentliche Stilelemente der Bündischen Jugend und pflegten einen typischen Kleidungsstil, hörten englische Musik oder übten gemeinsam bestimmte sportliche Aktivitäten aus (z. B. Eisbahn-Laufen). Zu einem in Leipzig entstandenen Verband, den sogenannten ›Meuten‹, wird in einem Gestapo-Bericht das einheitliche Outfit dieser Gruppe beschrieben:

> Die Gleichtracht besteht im Sommer aus Bundschuhen, weißen Kniestrümpfen, äußerst kurzen Lederhosen, buntkarierten Schihemden, Koppel, und im Winter aus Bundschuhen, weißen Kniestrümpfen, besonders langen Knickerbocker- bzw. Louis-Trenker-Hosen und grauen Slalom-Jacken. Daneben finden sich noch eine Übersteigerung dieser Tracht der Art, daß ohne weiteres der Eindruck erweckt wird, man habe es mit Russen zu tun. (Lange 2015: 35)

Weitere in Deutschland verbreitete Gruppen nannten sich »Kittelbachpiraten« (Rheinland) oder »Edelweißpiraten« (Westdeutschland).

Die ›Swing-Jugend‹ stellt eine weitere Gruppierung dar, die während der Kriegsjahre neben den bündischen Gruppen besonders großen Zulauf erhielt. Sie definierte sich vor allem über das Hören englischer und amerikanischer Musik, pflegte einen entsprechend legeren Kleidungsstil und trug das Haar gerne lang (vgl. Beyer/Ladurner 2011). Der Kleidungsstil lehnte sich dabei an denjenigen amerikanischer Filmstars oder englischer Politiker an. Der zentrale Identifikationspunkt war jedoch die Musik, die in Form eines tragbaren Grammophons zu jeder Swing-Gruppe gehörte. Ähnlich wie bei heutigen Jugendlichen das Smartphone oder in den 1980er Jahren der Kassettenrekorder bzw. Walkman bildete für die Swing-Jugend der 1930/40er Jahre also der tragbare Plattenspieler als Medium für die geliebte Musik einen zentralen Kristallisationspunkt der Identitätsbildung. Entsprechend ihren hauptsächlichen Sozialpraktiken, die aus Swing-Hören und Tanzen bestanden, wurden die Swing-Jugendlichen von Außenstehenden als *Swings* oder *Swingheinis* bezeichnet, in Österreich als *Schurfs* oder *Schlurfe*. Neben diesen Bezeichnungen werden in der Forschungsliteratur auch sprachliche Charakteristika erwähnt, die innerhalb der Swing-Gruppen Geltung hatten: So sprach man gerne Englisch und Anreden wie *Swing-Girl* oder *Old-hit-Boy* waren üblich. Das Grammophon als zentrales Element einer jeden Swing-Gruppe wurde als *Hotkoffer* (›heißer Koffer‹) bezeichnet.

Anlehnung an angelsächsische Kulturelemente

Swing-Jugend gestern und heute: Die Nationalsozialisten sahen den Swing als Symbol ›kultureller Entartung‹ an und verboten das Hören dieser Musik. Die Swing-Jugendlichen lehnten den Nationalsozialismus ihrerseits ab, was sich u. a. in sprachlich-polemischen Äußerungen zeigte, wie beispielsweise dem Beenden von Briefen mit dem Gruß »Swing Heil« (Klönne 1982: 245). Interessanterweise erlebt gegenwärtig der Swing auch in jugendlichen Kreisen eine Renaissance, obwohl die heutigen gesellschaftlichen Bedingungen im Vergleich zu denen der 1940er Jahre anders nicht sein könnten. Es wäre eine vielversprechende Forschungsaufgabe herauszufinden, worauf diese Renaissance zurückgeht, inwiefern sich die heutigen Swing-Jugendlichen auf ihre 70 bis 80 Jahre älteren Vorgänger/innen berufen und ob die dabei auftretenden Sozialpraktiken auch im sprachlichen Bereich zum Ausdruck kommen.

Zur Problematik der Forschung: Zu den sprachlichen Praktiken der beschriebenen Gruppierungen ist bislang wenig bis nichts bekannt. Das Schließen dieser Forschungslücke dürfte sich durch das Fehlen noch lebender Zeitzeugen schwierig gestalten. Ein Zugang, der sich allerdings als fruchtbar erweisen könnte, ist die Analyse des erhaltenen Schriftverkehrs zwischen den Angehörigen dieser Gruppierungen sowie das Heranziehen der Berichte der Reichsjugendführung und der Gestapo. Auch die »Gedenkstätte Deutscher Widerstand« in Berlin, die sich u. a. der Erforschung jugendlicher Widerstandsgruppen verschrieben hat und über Zugänge zu den entsprechenden Quellen verfügt, stellt einen wichtigen Anlaufpunkt dar (vgl. http://www.gdw-berlin.de/home/ sowie das Informationsheft *Widerstand von Jugendlichen* aus dem Jahr 2014).

Auch wenn wir zum jetzigen Zeitpunkt kaum über empirische Erkenntnisse zu den sprachlichen Praktiken der beschriebenen Jugendgruppen verfügen, dürfen wir doch davon ausgehen, dass sich innerhalb der jeweiligen Gruppierungen durch das Zusammengehörigkeitsgefühl und vor dem Hintergrund der feindseligen äußeren Umgebung eigene Kommunikationsformen herausgebildet haben. Fast allen erwähnten Jugendgruppen ist gemeinsam, dass sich ihr sozialer Zusammenhalt neben z. T. gleichen politischen Haltungen auf der Grundlage bestimmter sozialer Praktiken manifestierte. So sind gemeinsame soziale Aktivitäten – hier insbesondere das Wandern und Tanzen – und damit zusammenhängend ein Hang zu bestimmten Musikrichtungen sowie typische Kleidungs- und Verhaltensstile stets wiederkehrende Muster. Da wir aus anderen Epochen und der Gegenwart wissen, dass solche gemeinsamen Aktivitäten und Interessen als Kristallisationspunkte jugendlicher Identitätsbildung dienen und dass diese stets Auswirkungen auf bestimmte sprachliche Spielarten der jeweiligen Gruppe haben, ist davon auszugehen, dass dies auch für die Jugendgruppen zur Zeit des Nationalsozialismus galt.

2.5 | Jugendsprachforschung in der DDR

Historische Entwicklung: Die Erforschung bzw. die Diskussion des Phänomens Jugendsprache kam in der DDR nur zögerlich im Lauf der 1970er Jahre auf. Dabei ist die Terminologie zur Bezeichnung dieses Phänomens keineswegs einheitlich. Nach Beneke (1985a: 253) finden insbesondere die Termini ›Jargon‹, ›Slang‹ und ›Sprache‹ Verwendung. Er selbst benutzt in seiner Dissertation zumeist den Begriff »jugendspezifische Redeweise« (Beneke 1989). Heinemann (1987, 1989, 1990) präferiert in ihren Schriften den Terminus ›Sprache‹, da ihrer Meinung nach den Bezeichnungen ›Jargon‹ und ›Slang‹ negative Konnotationen anhaften. Oschlies (1981, 1989) schließlich verwendet durchgehend den Begriff ›Jargon‹.

Zögerliches Aufkommen der Jugendsprachforschung

Der Beginn der ›modernen‹ Jugendsprachforschung kann als relativ holperig charakterisiert werden, da sich gerade die DDR-Linguistik mit der Anerkennung einer Jugendsprache jahrelang schwertat. Für diesen Umstand können vor allem ideologische Gründe verantwortlich gemacht werden. So war die Existenz eigener jugendsprachlicher Praktiken mit dem Klassenverständnis der marxistisch-leninistischen Weltordnung schlichtweg nicht vereinbar. Weshalb war das so? Zitate aus der einschlägigen Forschungsliteratur aus jener Zeit geben hierüber Auskunft, so schreiben beispielsweise Bock et al. in ihrer Abhandlung aus dem Jahr 1973:

> Wie H. Marcus (1962) behauptet, »verfechten die Teenager [in der BRD] kein politisches Programm; sie wollen lediglich Geselligkeit in der ihnen zusagenden Form pflegen und stehen dabei gern in Kampfstellung zu den Regeln gesellschaftlicher Konvention«. Aber aus diesen Sätzen spricht unverkennbar das Bemühen der herrschenden Klasse im staatsmonopolistischen System der BRD, die Jugendlichen vom Kampf um ihre politischen Grundrechte, ja überhaupt von der Beschäftigung mit politisch-ideologischen Problemen abzulenken. (Bock et al. 1973: 525)

Verneinung einer DDR-Jugendsprache: Dem oben aufgeführten Zitat ist zu entnehmen, dass jugendsprachliche Spielarten ein westdeutsches Phänomen seien und auf die dortige ›bourgeoise‹ und auf Kommerz ausgerichtete Gesellschaftsstruktur zurückzuführen sind. Die Jugendlichen sind quasi genötigt, mit eigenen sprachlichen Mitteln gegen die ›herrschende Klasse‹ vorzugehen. Im Umkehrschluss bedeutet dies für die (aus Sicht der DDR-Staatsideologie) sozial ausnivellierte Gesellschaft in der DDR, dass Jugendliche ein derartiges sprachliches Instrument für den ›Klassenkampf‹ gar nicht benötigen, denn schließlich ist das Ziel der gesellschaftlichen Evolution (= soziale Gleichheit) ja bereits erreicht. Das zeigt, wie schwer sich die DDR-Linguistik mit der generellen Anerkennung und der Einordnung von Jugendsprache in ein sozialistisches Weltbild tat und wie sehr sie darum bemüht war, die sprachliche Realität in die Schubladen der marxistisch-leninistischen Gesellschaftsordnung zu zwängen. Das Wegdiskutieren von offensichtlich auch in der DDR existierenden jugendsprachlichen Stilen bezeichnet der westdeutsche Sprachwissenschaftler Oschlies (1989: 130) nicht umsonst als »Eiertanz«.

Zunehmende Öffnung gegenüber dem Phänomen Jugendsprache: Auffassungen in der dogmatischen Härte von Bock et al. (1973) finden sich in der DDR-Linguistik nicht durchgehend. In einem Aufsatz von Langner aus dem Jahr 1974 werden in Bezug auf den Sprachgebrauch Jugendlicher in der DDR auch moderatere Töne angeschlagen. Hier scheint bereits eine gewisse Offenheit gegenüber einer Jugendsprachforschung in der DDR durch:

Andere Unterschiede im Sprachgebrauch werden nicht in erster Linie von der Zugehörigkeit der Sprecher zu einer bestimmten sozialen Schicht bestimmt, sondern sind mehr durch gruppenpsychologische Faktoren bedingt. So existieren innerhalb bestimmter Berufs- und Altersgruppen, besonders innerhalb von Kinder- und Jugendgruppen, sozial bedingte Sprachnormen, die der einzelne einhalten muß, wenn er von dieser Gemeinschaft voll anerkannt werden will. (Langner 1974: 103)

Es wird hier also davon ausgegangen, dass es noch eine Weile dauern wird, bis die sozialen Unterschiede in der Gesellschaft ausgeglichen sein werden. Doch selbst dann wird es noch Sprachnormen innerhalb einzelner Teilgruppen geben. Dieser Ansatz entspricht im Wesentlichen dem modernen Verständnis von Jugendsprache. In der Forschungsliteratur der folgenden Jahre ist eine gewisse Öffnung gegenüber dem Thema Jugendsprache zu erkennen, wobei es sich bei den einschlägigen Abhandlungen aber größtenteils um theoretische Diskussionen handelt, die letztlich auf keiner empirischen Basis geführt werden. Der erste Impuls zu einer Empirie-basierten Untersuchung von Jugendsprache kam schließlich nicht aus der DDR-Linguistik selbst, sondern geht auf die sowjetische Linguistin E. V. Rozen (1975) zurück. Diese versuchte in ihrem Aufsatz auf Basis von Prosaliteratur und Presseerzeugnissen für Jugendliche erstmals lexikalische Eigenschaften der DDR-Jugendsprache herauszuarbeiten.

Die allmähliche Öffnung gegenüber einer jugendspezifischen Sprechweise ist wohl auch auf den Roman *Die neuen Leiden des jungen W.* von Ulrich Plenzdorf zurückzuführen, der in der DDR im Jahr 1972 erschien und zu einem großen Erfolg wurde. Der Protagonist des Stückes ist der 17-jährige ostdeutsche Edgar Wibeau. Der Autor versucht, Edgar Wibeau in den Abschnitten innerer Monologe und Dialoge einen jugendsprachlichen Stil in den Mund zu legen. Im weiteren Verlauf kam es sogar so weit, dass der jugendsprachliche Stil Mitte der 70er Jahre in den DDR-Medien thematisiert wurde, so z. B. in der Frauenillustrierten *Für Dich* (vgl. Oschlies 1989: 131). Die Beliebtheit jugendsprachlicher Äußerungen in Literatur, Theater und Medien entging der Parteiführung natürlich nicht. Gerade deswegen wollte auch sie das positiv aufgeladene jugendsprachliche Image nutzen, um sich selbst einer Verjüngungskur zu unterziehen, war mit diesem Annäherungsversuch allerdings nicht erfolgreich.

Aufkommen empirischer Forschungsmethoden

Ausweitung der Forschungsmethoden: Zu einer Beschäftigung mit dem Thema DDR-Jugendsprache, die über metasprachliche Reflexionen und kleinere, auf Schriftzeugnisse beschränkte Korpus-Analysen hinausging, kam es erst in den allerletzten Jahren der DDR. Diese sind u. a. dem Linguisten Jürgen Beneke zu verdanken, der seit 1985 zu diesem Thema Aufsätze veröffentlichte und dessen im Jahr der Wende erschienene Dissertation *Die Stadtsprache Berlins im Denken und Handeln Jugendlicher* seine Forschungen zur Jugendsprache vereinte (vgl. Beneke 1985a, 1985b, 1989). Die letztgenannte Arbeit darf innerhalb der DDR-Jugendsprachforschung als die modernste im Hinblick auf die Grundkonzeption des Untersuchungsgegenstandes, die angewandten Methoden und die zugrundeliegende Datenbasis angesehen werden. Sie verfolgt auf Basis von Fragebögen, Einzel- und Gruppengesprächen mit Jugendlichen, Diskussionsrunden und Unterrichtsstunden das Ziel, die »im Nichtstandard liegende Berliner Umgangssprache (Berlinisch) u. a. unter dem Aspekt von Einheitlichkeit und gruppenbedingter Differenziertheit ihrer Verwendung und Bewertung« zu untersuchen (Beneke 1989: 9).

Neben Jürgen Beneke ist unser Wissen über die Jugendsprache der DDR auch Margot Heinemann zu verdanken, die u. a. in den Jahren 1987 einen ersten Aufsatz zur Variation in der Jugendsprache publizierte. Zudem erschien von ihr 1989 ein *Kleines Wörterbuch der Jugendsprache*. Im Jahr 1990 legte Heinemann ihre Dissertation vor, in der sie das Phänomen Jugendsprache klar definiert und vom institutionell eingebundenen Sprachgebrauch der Jugend abgrenzt: »Dabei muß unterschieden werden zwischen dem institutionell geleiteten Sprachverhalten und der Freizeitkommunikation Jugendlicher untereinander, letzteres verstehen wir als Jugendsprache im engeren Sinne« (Heinemann 1990: 4). Auch an der Erforschung der Jugendsprache in den Jahren nach der Wende war sie beteiligt und legte hierzu gemeinsam mit Eva Neuland im Jahr 1997 eine kontrastive Studie zur Sprache Jugendlicher in Ost und West vor. Ebenfalls auf die Zeit nach der Wende konzentriert sich die Arbeit von Kristina Reiss (2007), die jugendsprachliche Praktiken in Ost und West in der Zeit nach der Wende unter dem Gesichtspunkt von Gender-Sprachbewusstsein kontrastiert.

Jugendsprache und Deutsch als Fremdsprache: Der zum Ende der DDR einsetzende Boom in der Jugendsprachforschung zeigte sich nicht nur in einer intensiveren empirischen Untersuchung des Phänomens, sondern auch darin, dass Jugendsprache zum Gegenstand des Deutsch als Fremdsprache-Unterrichts wurde. So konstatiert die bulgarische Linguistin Stanka Murdževa:»Ein wichtiges Anliegen [...] ist die Verständlichkeit der Jugendsprache für den Ausländer« (Murdževa 1989: 97). Ebenso im bereits zwei Jahre zuvor in der Zeitschrift *Deutsch als Fremdsprache* publizierten Aufsatz von Margot Heinemann wird betont,»daß diese Sprachvariation [die Jugendsprache] auch für den Deutsch lernenden Ausländer von Bedeutung ist, einmal zur Rezeption von Jugendfilmen und -büchern, aber auch für die Produktion von kommunikativ adäquaten Texten (Gesprächen, Briefen)« (Heinemann 1987: 148).

Seit dem Beginn der 1970er Jahre hat die Forschung zur Jugendsprache in der DDR also einen Wandel vollzogen, der von der Verneinung der bloßen Existenz dieses sprachlichen Phänomens über dessen Anerkennung bis hin zur Integration in den DaF-Unterricht führte. Insgesamt fällt dabei auf, dass die liberaleren Impulse gegenüber dem Phänomen Jugendsprache zunächst nicht aus der DDR selbst stammten, sondern aus dem osteuropäischen Ausland. Die teilweise starre ›Beton-Linguistik‹ in der DDR der frühen 70er Jahre beharrte zunächst auf dogmatischen Positionen (vgl. Bock et al. 1973), während gerade die aus den sowjetischen bzw. bulgarischen Forschung stammenden Abhandlungen von Rozen (1975) oder auch Murdževa (1989) zur Etablierung des Forschungsgegenstandes Jugendsprache beitrugen.

2.5.1 | Charakterzüge der DDR-Jugendsprachforschung

Ein Spezifikum, das für Oschlies (1989: 139) das wichtigste der (frühen) DDR-Jugendsprachforschung darstellt, ist das sogenannte »Verdikt des dogmatischen Histomat«. Dies bedeutet, dass laut Auffassung der DDR-Staatsideologie keine homogene Jugendgemeinschaft existiert, die sich durch Eigenheiten im Sprachgebrauch von anderen Altersgruppen absetzen würde. Die übergeordnete Kategorie vor dem Alter ist nach marxistischer Auffassung die Klasse, weswegen es nur an Jahren junge Angehörige einer Klasse geben kann, z. B. junge Arbeiter oder junge Akademiker. Würde der Faktor Alter die primäre Rolle bei der Definition von Sprachgebräuchen Jugendlicher spielen, so würde dies die Grenzen zwischen den gesellschaftlichen Klassen verwischen. Ergo darf es keine jugendspezifische Sprache geben. Gegenüber diesem Dogmatismus klingt die Feststellung der sowjetischen Linguistin Rozen aus den 1970er Jahren geradezu unerhört:

Ideologische Vorannahmen

In diesem Sinne ist sie [die Jugendsprache] gewissermaßen ›universal‹, d. h. nicht an die weiter oben diskutierten sozial-politischen Bedingungen geknüpft, in denen der Jugendliche aufwächst und geprägt wird. (Rozen 1975: 13, Übersetzung C. S.)

Rozen behauptet also, dass die Ausformung jugendsprachlicher Praktiken nichts mit dem politischen System zu tun habe und widerspricht damit den Aussagen zahlreicher DDR-Linguisten, die einen spezifischen, primär mit dem Jugendalter korrelierenden Sprachgebrauch in der DDR nicht (an)erkennen. Sie geht von einem hohen Grad an Übereinstimmung zwischen den Jugendsprachen in Ost und West aus. Diese Auffassung teilt auch Oschlies (1989: 135), der aufgrund seiner eigenen Beobachtungen vermutet, dass »rund drei Viertel dieser [jugendsprachlichen] Ausdrücke deckungsgleich mit westdeutschen Pendants« sind.

Jugendsprache im Ost-West-Konflikt

Zur Instrumentalisierung der Jugendsprache: Ein weiterer Aspekt, der in der Forschungsliteratur zur Jugendsprache in der DDR bisweilen auffällt und der auch bereits aus den vorhergehenden Ausführungen hervorging, ist eine gewisse Instrumentalisierung der Jugendsprache als Argumentationsmittel gegen das jeweils andere politische System (DDR – sozialistisch vs. BRD – kapitalistisch).

Instrumentalisierung von Jugendsprache in der BRD: In der einschlägigen West-Literatur fällt auf, dass viele der angeführten jugendsprachlichen Beispielwörter und -phrasen polemisch Bezug auf das DDR-System nehmen. Beispielsweise trifft dies für die von dem westdeutschen (aber in der DDR aufgewachsenen) Linguisten Wolf Oschlies (1989) aufgeführten und aus eigenen Beobachtungen gewonnenen Wörter des Jugendjargons in der DDR zu einem erheblichen Teil zu. Es werden u. a. genannt: *Zone* (DDR), *Drei Gramm* (SED-Abzeichen), *Kalle Malle* (Karl-Marx-Stadt/Chemnitz), *Intersturz* (DDR-Fluglinie *Interflug*), *Protzkeule* (Fernsehturm in Ost-Berlin) etc.

Instrumentalisierung von Jugendsprache in der DDR: Gerade in umgekehrter Weise wie in der BRD wird von DDR-Linguisten die Kommunikation der Jugendlichen in Westdeutschland als Ausdruck einer Verwahrlosung angesehen, wie z. B. aus den Ausführungen von Heinemann (1989: 11) hervorgeht: Sie weist einleitend zu ihrem *Kleinen Wörterbuch der Jugendsprache* darauf hin, dass es sich bei der Jugend in der DDR im Gegensatz zu derjenigen in der BRD um keine »Null-Bock-Generation« handle, da sie in der DDR in den gesamtgesellschaftlichen Prozess eingebunden wird und ihr Möglichkeiten zur Entwicklung eingeräumt werden. In den kapitalistischen Ländern hingegen sei die Jugend der Verwahrlosung, Angst, Arbeitslosigkeit und Hoffnungslosigkeit ausgesetzt. Es ist hier also eine klar positive Wertung der DDR-Jugendkultur gegenüber der westlichen zu erkennen. Heinemann erwähnt in ihrem Wörterbuch keinerlei systembezogen-polemisierende Jugendsprachausdrücke, so wie dies bei Oschlies (1989) der Fall ist. Dies hat sicherlich mit der drohenden Zensur zu tun, die eine Publikation mit derart systemkritischen Ausdrücken nicht zugelassen hätte.

Auch Beneke (1989: 125–127) integriert in seinen Fragebogen eine Liste politisch-ideologisch stark aufgeladener Begriffe und Problemkomplexe, die von den Befragten bewertet bzw. kommentiert werden sollen. Hierzu gehören Begriffe wie z. B. *Sozialismus, Amis, FDJ, Westen, Staatsgrenze, Parteichef, DDR* etc. oder der damalige Konflikt zwischen den USA und Nikaragua. Beneke geht der Frage nach, wie die genannten Begriffe und Problemkomplexe im ungezwungenen Kontext unter Jugendlichen verbalisiert werden. Das Ergebnis weist auf eine starke Standard-Orientierung hin. Der viel wichtigere Aspekt dieser Bewertungsaufgabe dürfte aber wohl die daraus hervorgehende positive Haltung der befragten Jugendlichen gegenüber dem Sozialismus und die Ablehnung westlicher Politik sein:

Jugendliche sprechen ebenso positiv vom *Generalsekretär der SED* oder dem *Regierungschef*, wie von *Honni* oder *Erich*. (Beneke 1989: 105)

Sie betrachten die USA-Politik gegenüber Nikaragua sehr kritisch, ob sie sie nun als *Schweinerei* und *Sauerei* bezeichnen, oder sie diese Politik *verurteilen*. (Beneke 1989: 105)

Die Antworten der Jugendlichen dürfen kaum als valide gelten, denn andere als systemkonforme Antworten hätten womöglich unerfreuliche Konsequenzen gehabt. Es lässt sich demzufolge auch in der Arbeit von Beneke (1989) die Instrumentalisierung der DDR-Jugendsprache erkennen, deren Sprecherinnen und Sprecher im Rahmen einer wissenschaftlichen Untersuchung als Unterstützer der sozialistischen Gesellschaftsordnung herhalten müssen.

Ähnlichkeit von BRD- und DDR-Jugendsprache: Ob für das kommunikative Verhalten der DDR-Jugend der Bezug auf das politische System aber immer so wesentlich war, kann bezweifelt werden. Wahrscheinlicher ist, dass die Jugendsprache in der DDR insgesamt nicht mehr oder weniger politisch ausgerichtet war als diejenige in der BRD. Zusammenfassend kann festgehalten werden: Die Instrumentalisierung der Jugendsprache als Argumentationsmittel gegen das jeweils andere System (BRD vs. DDR) erfolgte vornehmlich von Seiten der DDR-Linguistik, indem Jugendsprache als ein spezifisch westdeutsches Symptom des Aufbegehrens gegen das kapitalistische System gewertet wurde. Interessanterweise hat die DDR-Linguistik somit den Jugendlichen der BRD genau diejenigen Beweggründe zum Gebrauch von Jugendsprache zugewiesen, die gerade auch bei der DDR-Jugend wirksam waren. Denn der Sprachgebrauch jugendlicher Subkulturen der DDR ist offensichtlich durch eine systemablehnende Haltung charakterisiert (vgl. Mareth/Schneider 2010).

Homogene Methodik: Ein weiterer Aspekt, der in der DDR-Jugendsprachforschung auffällt, ist die recht homogene Methodik. Ethnographisch ausgerichtete Studien, die authentisches Material der Jugendsprache (ob schriftlich oder mündlich) zugrunde legen, sind rar. Dies stellt aus methodischer Sicht natürlich einen hochproblematischen Aspekt dar. Die Studien basieren auf eigenen Beobachtungen (vgl. Oschlies 1989) oder auf prosaischen Korpora (vgl. Rozen 1975), d. h. auf jugendsprachlichen Elementen, die der fiktiven Literatur entnommen sind. Solche Merkmale sind aber letztlich auch nur den Beobachtungen bzw. der Fantasie der jeweiligen Prosa-Autoren entsprungen und somit nicht ›echt‹.

Progressive Arbeiten der späten DDR-Jugendsprachforschung stellen aufgrund ihrer methodischen Weitsichtigkeit insbesondere die Dissertationen von Jürgen Beneke (1989) und Margot Heinemann (1990) dar. Beide beziehen ihre Informationen aus verschiedenen Quellen, wie z. B. aus Studentenarbeiten, Leser- und Privatbriefen, aus der Belletristik sowie aus Funk und Fernsehen (Heinemann) oder aus umfangreichen Fragebögen, mündlichen Befragungen und mitgeschnittenen Gesprächen unter Jugendlichen (Beneke und Heinemann). Damit benutzen beide eine breiter gefächerte Datengrundlage als alle vorhergehenden Studien.

Neue Ansätze in der DDR-Jugendsprachforschung

Datenerhebung: In ihrer Dissertation geht Heinemann (1990) auf die methodischen Probleme der Datenerhebung ein, kritisiert die bis dato rein lexikographisch orientierten Studien zur Jugendsprache und fordert die Einbettung der linguistischen Daten in »übergreifende soziale und psychologisch/physiologische Zusammenhänge«. Ihr zufolge existiert Jugendsprache »im Grunde nur im direkten Kontakt Jugendlicher untereinander, vorzugsweise im Gruppengespräch, und daher kann Jugendsprache letztlich auch nur von Insidern von Einzelgruppen objektiv registriert und erfaßt werden« (Heinemann 1990: 33). Diese Erkenntnisse bewegen sie zu weiteren methodologischen Vorüberlegungen. So fordert sie zum einen Fragebögen, mit denen typisch jugendsprachliches Wortgut abgefragt werden soll, persönliche Befragungen in Form von Interviews sollen metasprachliche Aussagen zu den Sprechgewohnheiten der Jugendlichen offenlegen. Schließlich erkennt sie die Notwendigkeit des Erfassens jugendsprachlicher Spezifika in der Interaktion, hebt aber auch die Schwierigkeit bzw. Unmöglichkeit der Erhebung authentischer Daten und die Problematik der Generalisierung solcher Einzelanalysen hervor.

Forschungsmethoden bei Heinemann (1990)

Authentische Daten: Ihrer eigenen Untersuchung liegen empirische Erhebungen in 87 jugendlichen Freizeitgruppen aus dem mitteldeutschen und Berliner Sprachraum zugrunde. Sie bezieht sich inhaltlich zum einen auf die Sprechkommunikation, die sie auf der Grundlage eines Pausengesprächs analysiert. Hier kommen also tatsächlich authentische gesprochene Daten zum Zuge. Diese werden von ihr im Hinblick auf das Kontaktverhalten unter den Jugendlichen oder hinsichtlich des Ausdrucks von Werthaltungen analysiert. Nach den gleichen Kriterien wird zum anderen die Schriftkommunikation anhand von Briefen und belletristischen Texten untersucht. Eine Fragebogenerhebung zum jugendspezifischen Wortschatz ergänzt die Gesamtanalyse. Im Ergebnis lassen sich insgesamt kaum Spezifika erkennen, die unmissverständlich auf die Sozialisierung der Jugendlichen in der DDR hinweisen. Wie in der Jugendsprache generell, wird im Bereich der Lexik beispielsweise die schnelle Wandelbarkeit festgestellt, mit einer Tendenz zur Aneignung des semantischen Bereichs von Alkohol und Drogen. Zudem kommt es zu einer Vielzahl von Umdeutungen und zur Aufnahme von Fremdwörtern aus dem Englischen (Heinemann 1990: 178–179):

(4) *Piepelchen* (Kinder/Geschwister, von engl. *people*: Leute)
(5) *turn* (in Stimmung kommen, von engl. *turn*: drehen/wenden)
(6) *no future* (ohne Sinn/Verständnis, von engl. *no future*: ohne Zukunft)

Interessant im Hinblick auf die Entlehnung von Fremdwörtern ist das völlige Fehlen russischer Einflüsse in den Daten Heinemanns, obwohl Russisch als Unterrichtsfach im Schulsystem der DDR fest verankert und die DDR sprachlich gesehen Teil eines slawisch (insbesondere russisch) dominierten Bündnissystems war.

Jugendsprache und Spracheinstellung: Einen anderen Blickwinkel, der sich vor allem auf die Einstellung Jugendlicher zu ihrer eigenen Sprechweise konzentriert, nimmt Beneke mit seiner Dissertation (1989) ein. Grundlegende Fragestellungen bestehen v. a. darin, welche Ansichten Jugendliche aus Berlin (70 % der Tn.) und der übrigen DDR (30 % der

Tn.) zum Verhältnis jugendspezifischer Sprechweise und dem Berlinischen haben, welche Stellung das Berlinische im Alltagsbewusstsein der Jugendlichen besitzt und wie bedeutsam die jugendspezifischen Gruppensprachen für die Identifikation der Jugendlichen mit ihrer sozialen und urbanen Umwelt sind. Die Untersuchung fußt auf 170 Fragebögen sowie einer Vielzahl von Gesprächen mit Jugendlichen sowie Diskussionsrunden und Unterrichtsstunden. Inwieweit die mündlichen Daten aufgezeichnet wurden oder lediglich in teilnehmender Beobachtung verarbeitet wurden, geht aus der Arbeit von Beneke leider nicht immer klar hervor. Die zentralen Ergebnisse der Studie zeigen, dass sich die Jugend eines eigenen spezifischen Sprachstils bewusst ist und dass nicht von einer einheitlichen Redeweise der Jugend gesprochen werden kann:

Forschungsmethoden bei Beneke (1989)

Durch die territoriale Breite bedingt, ist diese Varietät räumlich verschieden durch unterschiedliche sprachlich-territoriale Spezifika geprägt, einend jedoch durch Jugendspezifik signalisierende Elemente markiert. (Beneke 1989: 103)

Nennenswert ist zudem die Tatsache, dass Jugendsprache von der großen Mehrheit positiv bewertet wird (insbesondere von den männlichen Befragten). Das Umfeld, in dem jugendsprachliche Stile gepflegt werden, ist insbesondere im inoffiziellen und privaten Bereich zu verorten, wobei laut Beneke auch die Dauer und Intensität der Verankerung in den entsprechenden Netzwerken von großer Bedeutung ist (er spricht hier vom ›Zeitfond‹). Von den Befragten wird größtenteils angegeben, dass sie ihre Freizeit selbst gestalten und in geringerem Ausmaß an organisierter Freizeitgestaltung teilnehmen. Weiterhin wird von ca. 25 Prozent der Befragten jugendspezifisches Sprechen mit Berlinisch gleichgesetzt. Generell scheint diese Varietät hohes Prestige unter den Jugendlichen zu besitzen, was sich auch in der Assimilation Zugezogener und durch der Berliner Varietät zugewiesene Attributen wie »Ausdrucksreichtum«, »große Klappe« und »Schlagfertigkeit« zeigt (vgl. Beneke 1989: 69–70). Generell muss bei der Studie Benekes natürlich im Hinterkopf behalten werden, dass es sich bei den Ergebnissen größtenteils um Selbsteinschätzungen der Befragten handelt. Inwieweit sich dies aber mit dem tatsächlichen Handeln in der sprachlichen Realität deckt, ist aus der Studie nicht ersichtlich.

Fazit zur Methodenproblematik: Obwohl Heinemann und Beneke einen bemerkenswerten Vorstoß über den lexikographischen Tellerrand hinweg vollzogen haben, bleiben die Untersuchungen zur DDR-Jugendsprache im Kern eben diesem Paradigma doch treu, d. h. sie gehen selten über eine alphabetische oder nach Sachgruppen geordnete Auflistung von jugendsprachlichen Wörtern hinaus (vgl. Heinemann 1989). Die Notwendigkeit einer methodischen Ausweitung wird von den Forscher/innen zumeist auch gar nicht gesehen. So führt Beneke (1985b: 111) selbst aus, dass es »die Ebene des Wortschatzes [ist], die als bedeutsamste und produktivste für die Herausbildung einer jugendspezifischen Varietät innerhalb unserer Gegenwartssprache anzusehen ist«. Die lexikalische Beschreibungsebene wird von ihm – wie auch von weiteren Forscher/innen – gleichsam als der »produktive Kern« des Phänomens Jugendsprache angesehen. Auch Heinemann bleibt im Grunde dem lexikographischen Paradigma treu. So erwähnt sie zwar, dass bisherige Studien vor allem aus Wortschatzsammlungen bestehen, folgert daraus aber, dass für eine gründlichere Untersuchung von Jugendsprache empirisch noch umfangreichere Wortschatzsammlungen angelegt werden müssten (Heinemann 1987: 145). Die Arbeiten zur Jugendsprache reihen sich mit ihrem lexikographischen Ansatz also in andere Varietäten-Dokumentationen ein, wie beispielsweise in diejenige von Schröder/Fix (1997) zum Allgemeinwortschatz der DDR-Bürger/innen.

2.5.2 | Merkmale von DDR-Jugendsprache

Merkmale gemäß Rozens Pionierstudie von 1975

Eine der ersten Studien zur DDR-Jugendsprache stammt von der bereits genannten sowjetischen Linguistin Rozen (1975). Sie kontrastiert die Jugendsprache in der DDR mit derjenigen in der BRD und sieht die unterschiedlichen gesellschaftlich-wirtschaftlichen politischen Systeme, in denen die Jugendlichen aufwachsen, als wichtigen Faktor für die Verschiedenartigkeit der jeweiligen Jugendsprachen an. Sie führt als ein wesentliches Merkmal der DDR-Jugendsprache die große Anzahl an Neologismen an, die von der Einbindung der Jugend in die sozialistischen Massenorganisationen herrühren. Als Beispiele nennt sie hierbei u. a. *Pionier, Pionierleiterstudent, Freundschaftsratsvorsitzender, FDJ-ler, Solidaritätsbasar* etc. und belegt diese anhand ihres Vorkommens in Jugendzeitungen der DDR-Staatsorgane. Dennoch sieht Rozen den Gebrauch dieser Begriffe als völlig unauffälligen und normalen Teil der alltagssprachlichen Praktiken der Jugendlichen an:

> Die sprachlich-kulturelle Praxis der jugendlichen DDR-Bürger wurde gänzlich innerhalb der Verhältnisse des sozialistischen Aufbaus geprägt. Für sie stellt sich diese Lexik keineswegs neu dar, sie ist normal und natürlich. (Rozen 1975: 11, Übersetzung C. S.)

Als Kritik an Rozen muss an dieser Stelle angeführt werden, dass es sich bei den genannten Wörtern nicht um spezifisch jugendsprachliche Begriffe handelt. Denn diese Begriffe wurden von allen DDR-Bürgern verwandt, wenn entsprechende Referenzen hergestellten werden sollten. Dennoch schreibt Rozen die genannten Wörter der DDR-Jugendsprache zu und sieht sie im Großen und Ganzen als die einzigen an, die durch die ideologischen Umstände geprägt sind. Sie nennt weitere strukturelle Merkmale der Jugendsprache, die mit der politischen Einbettung der Jugend nichts mehr zu tun haben, wie die Tendenz zur Intensivierung (z. B. durch Adjektive wie *mächtig, irre, poppig* – sehr gut), zur Übergeneralisierung in der Wortbildung (z. B. *abber Kopf* – abgetrennter, loser Kopf) oder auch zur Kreation innovativer Phrasenausdrücke (z. B. *M. war wieder mal Baldrian* – M. wirkte wie Baldrian). Als stärksten Faktor im Hinblick auf den Wortgebrauch der Jugendlichen sieht Rozen deren »altersbedingte Psychologie sowie deren Geschmäcker und die gruppenspezifischen Bedingungen des sozialen Umfelds« an (Rozen 1975: 13, Übersetzung C. S.).

Verneinung szenespezifischer Sprechstile: Diese von Rozen (1975) genannten gruppenspezifischen Bedingungen des sozialen Umfelds werden als Determinanten jugendsprachlicher Differenzierung auch in der späten DDR-Forschung anerkannt und in weiteren Untersuchungen bestätigt (vgl. Beneke 1989: 103). Allerdings wird gerade in Abgrenzung zur jugendsprachlichen Situation in der BRD von Heinemann (1987: 143) nachdrücklich darauf hingewiesen, dass »jugendspezifisches Sprachverhalten in der DDR keine Zuordnung zu einer wie immer gearteten ›Szene‹ zuläßt«. Ihr zufolge gibt es – anders als in Westdeutschland – keine Aufgliederung der DDR-Jugendsprache in ›Subkulturen‹ und damit auch nicht in ›Subsprachen‹ (z. B. Punks, Spontis, Öko-, Friedens- oder sonstige alternative Szenen). Das einzige szenenartige Sprachelement, das sich in der Lexik ostdeutscher Jugendlicher ausmachen lässt, stamme aus der westlichen Drogenszene, allerdings mit einer veränderten Semantik, z. B. *Joint* (Zigarette/Pausenkaffee) oder *Stoff* (Geld). Auch Beneke (1989: 98–99) teilt diese Position, die auf der Auswertung von 23 Gruppengesprächen mit Jugendlichen unterschiedlicher Orientierung (z. B. durchschnittliche Jugendliche, an Punks orientierte Jugendliche etc.) beruht:

DDR-Subkulturen/ Szenen und ihre sprachlichen Spezifika

> Es gibt weder einen eindeutigen, vorhersagbaren und direkten Zusammenhang zwischen dem sichtbaren, durch bestimmte Symbole markierten Bekennen zu aktuellen Modetrends (wie Punks, Teds, o. ä.), noch einen direkten Zusammenhang zwischen dem damit verbundenen Lebensstil und dem sprachlich-kommunikativen Handeln der Jugendlichen. (Beneke 1989: 98–99)

Weder Beneke noch Heinemann belegen ihre Aussagen, wonach in der DDR keine szenespezifischen Sprechstile existieren, an konkretem Datenmaterial. Hierdurch gerät ihre These natürlich in ein etwas zweifelhaftes Licht, zumal wir mittlerweile wissen, dass es Subkulturen (z. B. Punks, Skinheads, Hip-Hopper) in der DDR sehr wohl gab und in diesen jugendlichen Subkulturen spezifische Begriffe gängig waren. Da diese Begriffe oft die Funktion hatten, über das DDR-System zu polemisieren, durften sie natürlich nicht in die linguistische Fachliteratur aufgenommen werden. Kenntnis über dieses Wortgut haben wir beispielsweise aus einer Sammlung von Erzählungen, die Mitglieder eben dieser Gruppierungen in Erinnerung an ihre Erlebnisse aus den 1980er Jahren im Buch von Mareth/Schneider (2010) niederlegen. Aus ihrer Sicht sind Beispiele für systemkritische Sprache u. a. folgende Wörter und Phrasen:

(7) *Festhalte* (rechtliches Mittel, um Personen ohne richterliche Bestätigung in Polizeigewahrsam zu behalten)
(8) *Toni* (Streifenwagen der Volkspolizei)
(9) *Überfaller* (ein mit Polizisten besetzter Lastkraftwagen)
(10) *Winkelement* (Fähnchen, Tücher oder Schilder mit politischen Aufdrucken, die bei Propaganda- oder Jubelveranstaltungen von der Masse benutzt wurden)

Orientierung an Nichtnormiertheit: Ein weiteres Merkmal, das von der DDR-Jugendsprachforschung genannt wird, ist die »Orientierung an Nichtnormiertheit« (Beneke 1989: 103). Hierbei fällt vor allem die Nähe

Dialektale Einflüsse der Jugendsprache

des Jugendjargons zu den Mundarten, und hier ganz besonders zum Berliner Dialekt auf (Oschlies 1989: 138). Dass gerade diese Varietät unter den Jugendlichen hohes Prestige genießt, geht aus der Befragung Jugendlicher durch Beneke (1989: 80) hervor. Insgesamt vertritt er die Einschätzung einer auf regional unterschiedlich geprägten Umgangssprachen (v. a. obersächsisch, berlin-brandenburgisch, mecklenburgisch) basierenden Jugendsprache (Beneke 1985b: 111). Mit der regionalen und dialektalen Grundierung geht auch eine vornehmlich medial-mündliche Charakterisierung der Jugendsprache einher, denn es ist ein grundlegendes Merkmal von Dia- und Regiolekten, dass sie mündlich produziert werden (Heinemann 1987: 145). Gerade deswegen ist es erstaunlich, dass die Untersuchungen der DDR-Jugendsprachforschung nur selten mündliche Sprachsituationen in Form von Audio- oder Videoaufnahmen zugrunde gelegt haben (s. o.). Neben der Orientierung an Nicht-Standard-Varietäten des Deutschen ist schließlich der Einfluss anderer Sprachen – allen voran des Englischen – zu erwähnen.

Die Wandelbarkeit der Jugendsprache ist, wie in anderen Sprachgemeinschaften, auch in der DDR zu beobachten. Heinemann (1989: 17–23) führt dies auf die besonders starke Neigung Jugendlicher zur Aneignung von Modeerscheinungen zurück. Dieses Verhaltensmuster ist ihr zufolge eine internationale Erscheinung und gilt offensichtlich unabhängig vom politischen System.

Aus den bisherigen Ausführungen zu den Merkmalen der DDR-Jugendsprache geht also hervor, dass diese auf methodischen Grundlagen basieren, die heutzutage als fragwürdig gelten dürfen:

- oftmals keine nachvollziehbare empirische Datenbasis,
- zumeist lexikalische Herangehensweise,
- Fokussierung auf schriftliche Daten,
- Beeinflussung durch die marxistisch-leninistische Ideologie

Vor diesem problematischen Hintergrund muss auch die folgende Zusammenfassung von aus der einschlägigen Forschungsliteratur stammenden Merkmalen der Jugendsprache gesehen werden. Dabei sollte natürlich beachtet werden, dass es sich bei den genannten Beispielen nicht um Merkmale der Jugendsprache handelt, die exklusiv der DDR zugeschrieben werden können, sondern möglicherweise ebenso im Westen angesagt waren.

Die in Tabelle 2.1 aufgeführten Merkmale stellen keine erschöpfende Zusammenstellung dar. Die Einteilungen und Übergänge zwischen den Merkmalen sind außerdem fließend und dürfen nicht kategorisch gesehen werden.

Funktionen: Den Merkmalen von Jugendsprache werden in der einschlägigen Forschungsliteratur auch Funktionen zugeschrieben, also Beweggründe, weswegen sich Jugendliche dieser sprachlichen Merkmale bedienen. Genannt werden hierbei insbesondere die »Lust am Spiel mit der Sprache«, der »Drang nach Einmaligkeit und Kreativität« sowie die »Gruppenidentifizierung« (Beneke 1985b: 109). Heinemann (1989: 11) sieht die Funktion von Jugendsprache besonders in der »Darstellung ihrer [der Jugendlichen] Probleme mit ihren Freunden«. Der Ort, wo sich diese

Jugendsprachforschung in der DDR

Merkmal	Beispiele
Ungezwungen-heit	Modewörter: *prima, toll, dufte, klasse* Umgangssprachliche, vulgäre Stilschicht: *Dreck, Mist, Sau*
Emotionalität	Verstärkungen: *sich eine Saftige einfangen, affenstark, Zuckerpuppe* Ausrufe / Anreden: *Du Fisch!, Hallo (Leute/Boys)!, Ahoi!, Tschüß!, Tschö!*
Bildhaftigkeit / Umdeutungen	*heißer Ofen / alte Karre* *Zahn* (Mädchen), *Hirsch* (Motorrad) *hohl sein / Einen Riss in der Schüssel haben*
Sprachspiele, z. B. durch Analogiebildungen	*Ich denk‹ mein Schwein pfeift / mich tritt ein Pferd / mich knutscht ein Elch* etc. *Mir geht das auf den Docht / den Keks / die Ketten / aufs Schwein* etc.
Systembezogene Polemik	*Protzkeule* (Ostberliner Fernsehturm) *Winkelement* (Fähnchen, o. Ä. zum Winken bei politischen Massenveranstaltungen)
Entlehnungen aus Fremdsprachen	oft aus dem Englischen: *Story* (Geschichte), *Hallo, mein Sam!* (Hallo mein Diener), *Hallo (Leute/Boys)!, cool, Freak, Feeling* etc. selten aus dem Russischen: Suffix *-nik: Kaputtnik* (kaputter Kerl)
Regionalismen	Berlin als Umschlagplatz für neue Ausdrucksmittel, z. B. *das fetzt, poppt*
Wortbildungsmodelle	Präfigierungen, z. B.: *ab-: abducken* (schlafen), *ablachen* (sehr lachen) *rum-: rumhängen* (sich langweilen), *rummotzen* (sich aufregen, schimpfen) Konversionen, z. B.: S → A: *Das ist ne sahne Gruppe.* (Das ist eine tolle Gruppe) A → V: *Ich faule heute.* (Ich bin faul heute) Abkürzungen, z. B.: *Baume* (›Baumschulweg‹ in Berlin), *Collo* (Kino ›Colosseum‹ in Berlin)
Wandelbarkeit	Jugendsprachliche Ausdrücke kommen beständig aus der Mode und werden durch neue ersetzt: *Das fetzt* → *Das schockt*

Tab. 2.1: Merkmale von DDR-Jugendsprache gemäß Forschungsliteratur

Darstellungen vollziehen, ist ihr zufolge die sogenannte »Clique«, die sich im Wohngebiet, der Disko oder im Jugendklub bildet. Die institutionalisierten sozialen Gruppen (z. B. die Sport-AG oder die »Freie Deutsche Jugend« [FDJ]) seien hingegen keine Schmelztiegel für jugendsprachliche Stile.

Unterschiede zwischen Ost und West: Nach dem Zusammenbruch der DDR untersuchten Neuland/Heinemann (1997) in einer kontrastiven Ost-West-Studie den Sprachgebrauch Jugendlicher. Im Ergebnis geben die westdeutschen Jugendlichen als Hauptmerkmalskategorien von Jugendsprache differenzierende Merkmale an, wie beispielsweise Binnendifferenzierung oder Außenabgrenzung, während dies bei ostdeutschen Jugendlichen kaum der Fall ist. Von diesen wird mehr auf sprachlich-formale Merkmale hingewiesen, wie z. B. auf den freien, lockeren Sprachstil,

Ost-West-Kontraste nach 1989

Direktheit und Abkürzungen. Hinzu kommt, dass von den Jugendlichen in Ostdeutschland häufiger angegeben wird, unbewusster und unabhängig von der Situation jugendspezifische Ausdrücke zu verwenden. Es scheint sich also auch in den Jahren nach dem Zusammenbruch der DDR aus der Sicht ostdeutscher Jugendlicher weniger Differenzierung im Spektrum ihrer Ausdrucksweisen zu zeigen als dies bei westdeutschen Jugendlichen der Fall ist. Allerdings wird von ostdeutschen Jugendlichen durchaus nach gruppenspezifischen Sprechweisen differenziert, besonders nach politischen Richtungen (z. B. Nazis, Linke) oder Subkulturen (Gruftis, Punker, Tussis).

Bei westdeutschen Jugendlichen scheinen hingegen die soziale Herkunft oder Schicht der Jugendlichen entscheidend für ihre gruppenspezifische Sprechweise zu sein. Im Hinblick auf den Bekanntheitsgrad und den aktiven Gebrauch von jugendsprachlichen Ausdrücken ergeben sich aus der Studie von Heinemann/Neuland in etwa der Hälfte der abgefragten Wörter Übereinstimmungen (z. B. bei Wörtern wie *geil*, *Aso*, *Loser*, *Macho* etc.). Andererseits gibt es Unterschiede bei Wörtern, die vornehmlich im Westen (z. B. *Proll* – ungebildeter Angeber) oder Osten (z. B. *Glatze* – Rechtsradikaler) gebräuchlich sind. Insgesamt konstatieren Neuland/Heinemann (1997: 76) aufgrund ihrer Beobachtungen, dass jugendsprachliche Stile im Westen »früher und auch deutlicher als im Osten ausgeprägt zu sein scheinen«. Sie begründen dies besonders mit der stärkeren Abgrenzungsfunktion, die in ihrer Befragung jugendsprachlichen Stilen im Westen zugeschrieben wurde.

Gender-Aspekte: Auch zu einem späteren Zeitpunkt nach der Wende lassen sich teilweise Unterschiede zwischen Jugendlichen in Ost und West feststellen. So weisen die aus dem Blickwinkel der feministischen Linguistik gewonnenen Ergebnisse von Reiss (2007) darauf hin, dass unter westdeutschen Jugendlichen die Offenheit und Sensibilität gegenüber gendergerechter Sprache höher ist als unter ostdeutschen Jugendlichen. Gerade vor dem Hintergrund der zu DDR-Zeiten stärker vorangetriebenen Gleichberechtigung von Mann und Frau verwundert dieses Ergebnis zunächst, erscheint aber angesichts der in der DDR vornehmlich auf der ökonomischen und nicht sprachlichen Ebene propagierten Gleichberechtigung plausibel (Reiss 2007: 110–111).

2.6 | Weiterentwicklungen der Sondersprachforschung: Das Schülerdeutsch der Nachkriegszeit

Die Situation direkt nach dem Krieg

Das Jahr 1945 stellte selbstverständlich auch im Westen eine Zäsur im Hinblick auf die Jugendkulturen dar. Eine Beschäftigung mit Jugendsprache in den ersten zehn Folgejahren des Krieges ist nicht nachweisbar. Einige Informationen zu diesem »dunklen Zeitalter« liefert Lange (2015: 211–214): Das Leben der Jugendlichen, die den Krieg überlebt hatten, lag in Trümmern und war vor allem durch die Suche nach einem bewohnbaren Quartier und das Beschaffen von Lebensmitteln bestimmt. Ehemalige Freundeskreise waren oft durch Einberufung in die Wehrmacht, Kriegsgefangenschaft oder gar Tod zerrissen. Im Westen versuchten Kirchen und Parteien durch Freizeitangebote der Verwahrlosung der Jugend entgegenzuwirken. Im Osten wurde die Jugend in der 1946 gegründeten Freien Deutschen Jugend (FDJ) organisiert.

Über eigenständige Zusammenbildungen von Jugendgruppen, geschweige denn über ihre sprachlichen Praktiken ist kaum etwas bekannt. Lange (2015: 212–214) erwähnt jedoch zwei Jugendgruppen, die das Kriegsende offensichtlich überdauert hatten: die Edelweißpiraten sowie die Swing-Jugend. Heimatlose Nachkriegsedelweißpiraten scheinen nach dem Krieg ihr neues Feindbild in polnischen Displaced Persons gefunden zu haben, mit denen sie Revierkämpfe ausfochten und aufgrund der Lebensmittelbeschaffung in Konkurrenz standen. Rassistische Einstellungen gegenüber dieser Personengruppe bei den Edelweißpiraten waren verbreitet und dürften Folgen der nationalsozialistischen Erziehung während der NS-Zeit gewesen sein. Die Swing-Jugend konnte in den Besatzungszonen der Westalliierten nun unbeschwert ihren Aktivitäten nachgehen. Lange (2015: 214) berichtet jedoch, dass sich der »Swing im Nachkriegsdeutschland nicht zur dominierenden Jugendkultur entwickelte«.

Halbstarke: Anders als in der DDR, wo in der linguistischen Forschung die Existenz jugendtypischer Sprachpraktiken bis in die 1980er Jahre hinein kaum Anerkennung fand, wurden die sich herausbildenden Jugendgruppen und ihre sprachlichen Stile im Westen ab dem Ende der 1950er Jahre zum Gegenstand der Forschung. Im Mittelpunkt des Interesses standen hier die sogenannten Halbstarken, die als erste neu auftretende Jugend-Gruppierung der Nachkriegszeit um die Mitte der 1950er Jahre fassbar werden. Das Interesse an dieser Gruppe richtete sich zunächst weniger auf sprachliche, sondern vornehmlich auf pädagogische und psychosoziale Fragestellungen sowie die Sorge, diese Problem-Jugendlichen womöglich nicht mehr auf den Pfad der bürgerlichen Grundordnung zurückzubekommen.

Herausbildung neuer Jugendgruppen in Westdeutschland: Halbstarke

Die Arbeit des Psychologen Curt Bondy *Jugendliche stören die Ordnung* (1957) weist schon durch ihren Titel darauf hin, dass man die Halbstarken als Bedrohung für die herrschende Gesellschaftsordnung ansah. Interessant ist hierbei, dass Bondys ganzes Werk auf die Beantwortung der Frage abzielt, wie die Jugendlichen wieder zur Anpassung an die Gesellschaftsordnung gebracht werden können. Reformbedarf im Hinblick auf die Gesellschaftsordnung selbst wird hingegen nicht gesehen.

Dies deutet darauf hin, dass auch in den 1950er Jahren dieselben Ansichten gegenüber nicht-konformen Jugendlichen vorherrschten wie bereits während des Nationalsozialismus und davor. Außerdem geht aus zeitgenössischen Äußerungen über die Halbstarken hervor, dass man gar nicht auf die Idee kam, ihr Rebellieren als positives Symptom sozialen Wandels zu verstehen (vgl. Fischer-Kowalski 1983: 54). Im Gegenteil wird das Problem ganz allein bei den Jugendlichen gesehen, denen »Standesehre, viele nationale und religiöse Überzeugungen und Sittenregeln« nur noch als »bloße Phrasen« erscheinen (Bondy/Braden 1957: 80). Die Halbstarken werden wie folgt charakterisiert:

2 Historische Entwicklung der Jugendsprachforschung

Die Jugendlichen kennen keine Unterordnung unter die Autorität des Staates oder der Erwachsenen. Das gilt insbesondere für die Autorität der Polizei, der Eltern und der Lehrer, denn gerade gegen diese Erwachsenen sind sie herausfordernd und frech und gerissen, ohne Achtung und trotzig. Dagegen neigen sie dazu, die Autorität der Kameraden und Freunde anzuerkennen. (Bondy/Braden 1957: 18)

Merkmale von Halbstarken: Den Halbstarken werden Kontakt- und Gefühlsarmut, Überheblichkeit sowie das Fehlen von Idealen zugeschrieben. Außerdem haben sie offensichtlich eine Zuneigung zu Motoren. Das Äußere von Halbstarken ist durch bestimmte Frisuren (wie z. B. den sog. Entenschwanz, bei dem die Nackenhaare zur Mitte hin gekämmt wurden), Kleidung (z. B. Nietenhosen, Lederjacken) und charakteristische Gestik ausgezeichnet. Des Weiteren stellten Jazz- und Rockmusik sowie die damit verbundenen Idole (z. B. Bill Haley) wichtige Identifikationspunkte dar (vgl. Neuland 2008: 152–153). Über die sprachlichen Praktiken der Halbstarken ist nur wenig bekannt, systematische Untersuchungen fehlen völlig. Lediglich einige verstreute Belege lassen sich hier und da in der Literatur finden, wie beispielsweise *pfundig*, *wuchtig*, *trübe Tasse* oder *zweibeiniger Ascheneimer* etc. (vgl. Neuland 2008: 153). Teilweise sind in pseudowissenschaftlichen Publikationen oder im öffentlichen Diskurs jugendsprachliche Ausdrücke verzeichnet, werden von den Autoren jedoch stets negativ gewertet. Dies geht beispielsweise aus dem Artikel »Die Ische, die Brumme und der steile Zahn« von Siegmund Wolf (1959) hervor, in dem er den Sprachgebrauch der damaligen Jugend geißelt und die Aufnahme jugendsprachlicher Wörter in zeitgenössische Presseerzeugnisse kritisiert:

Es ist ein häßlicher Irrtum vieler Redakteure, das Wort Luthers, man müsse dem Volk aufs Maul sehen, mit dem Aufklauben von Wörtern aus der Unterwelt und aus der Gosse zu verwechseln. (Wolf 1959: 166)

Kommerzialisierung der Jugend in den 1960er Jahren

Teenager und Twens: Mit Beginn der 1960er Jahre wandelte sich das Jugendmilieu erheblich unter dem Einfluss des nun verbreitet einsetzenden materiellen Wohlstands. Die rebellische Gruppe der Halbstarken tritt zurück, stattdessen ist mit Bezug auf die Jugendlichen nun von Teenagern und Twens die Rede. Zunehmende Kommerzialisierung der Jugendkulturen und die mediale Verbreitung von Jugendstilen sind kennzeichnend für diese mit den 1960er Jahren beginnende Periode. Neuland fasst die Entwicklungen jener Zeit folgendermaßen zusammen:

Der stärker konsumorientierte Lebensstil der Teenager und Twens und seine Vereinnahmung durch Freizeitmarkt und Warenangebot der Konsumindustrie führte zu einer Entschärfung und Transformation des rebellischen und gesellschaftskritischen Kerns von Jugendsubkultur [...]. (Neuland 2008: 160)

Wörterbücher: In sprachlicher Hinsicht wiesen die Jugendgruppen der frühen 60er Jahre ebenfalls eigene Praktiken auf, die von der Fachwelt und der Öffentlichkeit durchaus kritisch betrachtet wurden. Dennoch war die Konfrontation zwischen Jugendkulturen und gesellschaftlichen Normen in dieser Zeit weit weniger heftig als noch einige Jahre zuvor in Bezug auf die Halbstarken. Im Unterschied zu den Halbstarken-Gruppierungen existieren zur Sprache der Teenager und Twens außerdem Wörterbü-

2.6 Das Schülerdeutsch der Nachkriegszeit

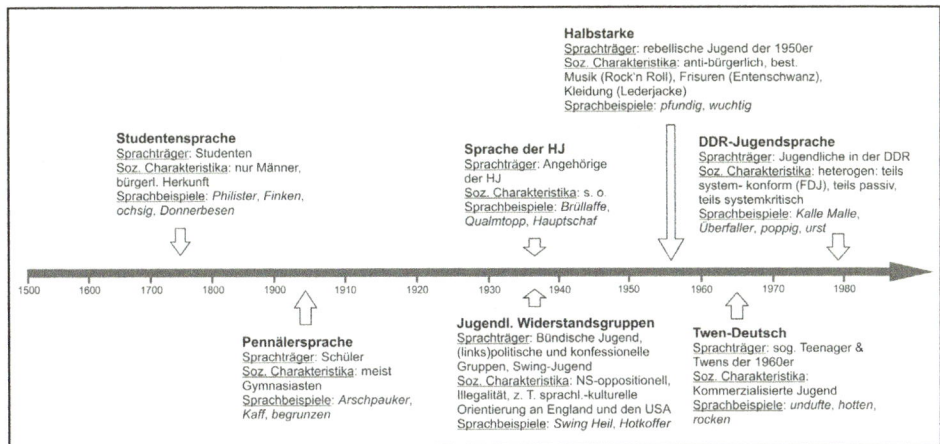

Abb. 2.2: Chronologie jugendsprachlicher Spielarten in der jüngeren deutschen Sprachgeschichte

cher, die zu Beginn der 60er Jahre erschienen. So stellt das Buch von Ernst G. Welter zur *Sprache der Teenager und Twens* (1968; Erstauflage 1961) eine ca. 25-seitige alphabetische und unkommentierte Auflistung typisch jugendsprachlicher Begriffe dar (zu didaktischen Aspekten s. Kap. 8). Ähnliches gilt für das populärwissenschaftliche Wörterbuch *Steiler Zahn und Zickendraht*, das 1960 erschien und gemäß den Herausgebern die Funktion hat, »eine Brücke zu schlagen von der älteren, oftmals verständnislosen Generation zur jüngeren, sich meist unverstanden fühlenden Generation« (Arbeitsgemeinschaft die Zentralschaffe 1960: 3).

Auch in einem Beitrag von Marcus (1962) wird ein Korpus von ca. 250 jugendsprachlichen Wörtern zusammengetragen, die er zudem in semantische Gruppen unterteilt und analysiert: Hierzu stellt Marcus fest, dass durch Wortbildung entstandene Neologismen (z. B. *sülzen, undufte* etc.) oder durch vornehmlich aus dem Englischen stammende Entlehnungen (z. B. *hotten, rocken* etc.) jugendsprachliche Merkmale darstellen. Interessant ist die weiterführende Diskussion von Marcus, in der er das »Twen-Deutsch« mit Sondersprachen, wie dem Rotwelsch, auf eine Stufe stellt. Es besteht ihm zufolge teilweise aus »Fremdkörpern, die in die Umgangssprache eingedrungen sind« (Marcus 1962: 158). Des Weiteren stellt er fest, dass dieser jugendsprachliche Stil nur von einem relativ kleinen Kreis Jugendlicher als Geheim-Code gesprochen würde, der Großteil der Jugendlichen diesen aber nicht verwendet.

Ab den 1970/80er Jahren deutet sich allmählich eine Wende hin zu neuen methodischen Zugängen der Erforschung jugendsprachlicher Stile an. Dieser Übergang soll im folgenden Abschnitt beschrieben werden und zugleich überleiten zur eigentlichen Darstellung der neuen methodischen Herangehensweise in Kapitel 7.

2.7 | Paradigmenwechsel zur Ethnographie des Sprechens: Authentische Jugendsprache

Ein methodischer Ansatz, der sich von den Anfängen der Jugendsprachforschung bis in die 1980er Jahre hinein durchzog, ist die fast ausschließlich lexikalisch ausgerichtete Herangehensweise. Außerdem ist die Datengrundlage in der Regel gar nicht oder nur ungenügend dokumentiert, d. h. die genaue Provenienz, der Entstehungskontext sowie die Art und Weise der Datenaufbereitung blieb häufig im Dunkeln. Gleichzeitig begnügte sich die Forschung größtenteils damit, eine Auflistung und semantische Kategorisierung des als jugendspezifisch identifizierten Wortmaterials vorzunehmen. Die Gebrauchskontexte dieser lexikalischen Spielarten wurden jedoch nicht näher betrachtet. Wie Androutsopoulos (1998) zusammenfassend beschreibt, wurden aufgrund der zunehmenden Bewusstwerdung dieser methodischen Problematik seit den 80er Jahren »neue Forschungsdesiderata formuliert: die Abwendung von der lexikalischen Ebene und die Hinwendung zu soziolinguistischen, pragmatischen und ethnographischen Aspekten anhand besseren empirischen Materials« (Androutsopoulos 1998: 39–40, vgl. auch Schlobinski/Kohl/Ludewigt 1993: 39).

Der Einbezug des soziopragmatischen Kontexts wird nun als notwendig erachtet und in die Untersuchung von Jugendsprache einbezogen. Ein Vergleich aus der Biologie soll diese Notwendigkeit verdeutlichen: Würde man den menschlichen Organismus aus rein anatomischer Sicht beschreiben und erklären, d. h. durch eine detaillierte Darstellung aller Organe, Knochen, Muskeln und Sehnen, so hätte man die Bestandteile des Körpers zwar genau inventarisiert, wüsste aber noch nichts über das Zusammenwirken dieser Bestandteile – und demzufolge nichts darüber, was einen Toten von einem Lebenden unterscheidet. Angewandt auf die Jugendsprachforschung ist dieses Zusammenwirken der Bestandteile in einem konkreten sozio-pragmatischen Kontext einer der wesentlichen Kerngedanken, die nun auch in neue Ansätze einfließen sollten, so wie sie insbesondere in Januschek/Schlobinski (1989) sowie von Neuland (1987) und Schwitalla (1985) formuliert wurden.

Ethnographische Herangehensweisen werden jetzt bestimmend. Der Begriff ›ethnographisch‹ bzw. ›Ethnographie‹ stammt aus der Ethnologie und bedeutet auf die Jugendsprachforschung angewendet, dass die Sprache einer Gruppe (hier also der Jugend) *in situ* beschrieben und analysiert werden muss, d. h. in ihrem realen Entstehungskontext unter Berücksichtigung möglichst aller sozialer Faktoren. Diese Anforderungen an eine neue Methodologie machen selbstverständlich auch eine völlig andere Form der Datenerhebung notwendig. Es reicht nun nicht mehr aus, eine Liste von introspektiv erhobenen Wörtern zusammenstellen und in einen selbst ausgedachten fiktiven Dialog einzubetten. Es zählt vielmehr, an authentisches Datenmaterial heranzukommen. Dieses sollte in allererster Linie aus Gesprächen bestehen, die in der jugendlichen Kleingruppe erhoben und mit Methoden der interaktionalen Soziolinguistik, der teilnehmenden Beobachtung sowie der Ethnographie des Sprechens analysiert werden (vgl. Androutsopoulos 1998: 40; Schlobinski/Kohl/Ludewigt 1993: 39–40).

2.8 | Weiterführende Literatur

Harms, Volker (2015): *Einführung in die Lexikologie*. Darmstadt: Wissenschaftliche Buchgesellschaft [besonders zu empfehlen sind hier die Kapitel 6 und 8, in denen es u. a. um Varietätenspezifik und um das Thema Wörterbücher geht].

Schlaefer, Michael (2009): *Lexikologie und Lexikographie. Eine Einführung am Beispiel deutscher Wörterbücher*. 2. Aufl. Berlin: Erich Schmidt [besonders interessant ist hier Kapitel 3.3, in dem konkrete Wörterbücher zu verschiedenen Regionalsprachen, Soziolekten etc. des Deutschen vorgestellt werden. Außerdem ist Kapitel 3.6 hilfreich, das sich der lexikographischen Praxis widmet und beim Erstellen eigener Wörterbücher unterstützen kann].

Wanzeck, Christiane (2010): *Lexikologie. Beschreibung von Wort und Wortschatz im Deutschen*. Göttingen: Vandenhoeck & Ruprecht [hier ist besonders Kapitel 2 interessant, in dem es um Arbeitsweisen/Methodisches geht. Generell finden sich in diesem Buch auch viele historische Aspekte der Lexikologie].

Aufgaben

1. Analysieren Sie die beiden folgenden Textauszüge aus Ulrich Plenzdorfs Roman *Die neuen Leiden des jungen W.*
   - Welche Merkmale von Jugendsprache lassen sich erkennen?
   - Versuchen Sie, diese den Merkmalsklassifikationen in Kapitel 2.3.1 zuzuordnen.
   - Welche Kritik lässt sich hinsichtlich der Authentizität der Jugendsprache in diesem Texten formulieren?

   > »Ich war vielleicht ein Idiot, Leute! Aber ich war echt high. Ich wußte nicht, was ich zuerst machen sollte. An sich wollte ich gleich in die Stadt fahren und mir Berlin beschnarchen, das ganze Nachtleben und das und ins Hugenottenmuseum gehen.« (Plenzdorf 1978: 30–31)
   > »Ich rannte mir fast überhaupt nicht meine olle Birne an der Pumpe und an den Bäumen da ein, bis ich das Plumpsklo fand. An sich wollte ich mich bloß verflüssigen, aber wie immer breitete sich das Gerücht davon in meinen gesamten Därmen aus. Das war ein echtes Leiden von mir. Zeitlebens konnte ich die beiden Geschichten nicht auseinanderhalten. Wenn ich mich verflüssigen mußte, mußte ich auch immer ein Ei legen, da half nichts.« (Plenzdorf 1978: 35)

2. Welche Auswirkungen hatte das politische System der DDR auf die Entwicklung der Jugendsprachforschung, deren Methoden und die Publikation der Ergebnisse?

3. Recherchieren Sie auf dem Video-Portal YouTube nach Zeitzeugenberichten der Swing-Jugendszene.
   Stellen Sie eine Sammlung der Aussagen zum Sprachgebrauch dieser Gruppe zur damaligen Zeit zusammen. Welche Beweggründe zum Gebrauch eigener sprachlicher Mittel werden genannt?

Themenvorschläge für Haus- und Abschlussarbeiten

1. Gebrauch und Funktion jugendsprachlicher Stile in DDR-Zeitschriften

2. Konstanz und Wandel der Vergeheimsprachlichung: Pennälersprache und Vong-Sprache im Vergleich

3. Wandel der Stilisierung von Jugendsprache im Film. Ein Vergleich der Filmreihen »Die Lümmel von der ersten Bank« (1967–1972) und »Fack ju Göhte« (2013–2017)

Literatur
Androutsopoulos, Jannis (1998): *Deutsche Jugendsprache. Untersuchungen zu ihren Strukturen und Funktionen.* Frankfurt a. M.: Peter Lang.
Androutsopoulos, Jannis (2008): Research on Youth-Language / Jugendsprach-Forschung. In: Ammon, Ulrich/Dittmar, Norbert/Mattheier, Klaus J./Trudgill, Peter (Hg.): *An International Handbook of the Science of Language and Society / Ein internationales Handbuch zur Wissenschaft von Sprache und Gesellschaft* (Hsk 3/2). Berlin/New York: De Gruyter, 1496–1505.
Arbeitsgemeinschaft »die Zentralschaffe« (1960): ›*Steiler Zahn und Zickendraht‹ – das Wörterbuch der Teenager- und Twensprache.* Schmiden: Verlagsdruckerei Schnelldruck.
Augustin, Christian Friedrich Bernhard (1795): *Idiotikon der Burschensprache.* In: Augustin, Christian Friedrich Bernhard (Hg.): *Bemerkungen eines Akademikers über Halle und dessen Bewohner, in Briefen, nebst einem Anhange, enthaltend die Statuten und Gesetze der Friedrichsuniversität, ein Idiotikon der Burschensprache, und den sogenannten Burschenkomment.* Quedlinburg: Germanien, 343–438.
Beneke, Jürgen (1985a): Zur sozialen Differenziertheit der Sprache am Beispiel jugendtypischer Sprechweisen. In: *Zeitschrift für Phonetik, Sprachwissenschaft und Kommunikationsforschung* 38 (3), 251–263.
Beneke, Jürgen (1985b): Die jugendspezifische Sprechweise – eine umstrittene Erscheinung unserer Gegenwartssprache. In: *Sprachpflege* 8, 109–111.
Beneke, Jürgen (1989): *Die Stadtsprache Berlins im Denken und Handeln Jugendlicher.* Berlin: Akademie der Wissenschaften der DDR.
Berning, Cornelia (1960–1963): Die Sprache des Nationalsozialismus. Mehrteilige Abhandlung. In: *Zeitschrift für deutsche Wortforschung* 16, 17, 18, 19.
Beyer, Wolfgang/Ladurner, Monica (2011): *Im Swing gegen den Gleichschritt. Die Jugend, der Jazz und die Nazis.* St. Pölten: Residenz-Verlag.
Bock, R./Harnisch, H./Langner, H./Starke, G. (1973): Zur deutschen Gegenwartssprache in der DDR und in der BRD. In: *Zeitschrift für Phonetik, Sprachwissenschaft und Kommunikationsforschung* 26 (5), 511–532.
Bondy, Curt/Braden, Jan (1957): *Jugendliche stören die Ordnung. Bericht und Stellungnahme zu den Halbstarkenkrawallen.* München: Juventa.
David, Barbara (1987): *Jugendsprache zwischen Tradition und Fortschritt. Ein aktuelles Phänomen im historischen Vergleich.* Alsbach: Leuchtturm-Verlag.
Eilenberger, Rudolf (1910): *Pennälersprache. Entwicklung, Wortschatz und Wörterbuch.* Straßburg: Trübner.
Fischer-Kowalski, Marina (1983): Halbstarke 1958, Studenten 1968: Eine Generation und zwei Rebellionen. In: Preuss-Lausitz, Ulf et al. (Hg.): *Kriegskinder, Konsumkinder, Krisenkinder. Zur Sozialisationsgeschichte seit dem Zweiten Weltkrieg.* Weinheim: Beltz, 53–70.

2.8 Weiterführende Literatur

Gillis, John R. (1980): *Geschichte der Jugend. Tradition und Wandel im Verhältnis der Altersgruppen und Generationen in Europa von der zweiten Hälfte des 18. Jahrhunderts bis zur Gegenwart*. Weinheim: Beltz.

Götze, Alfred (1928): *Deutsche Studentensprache*. Berlin/New York: De Gruyter.

Heinemann, Margot (1987): Zur jugendsprachlichen Variation. In: *Deutsch als Fremdsprache* 3, 142–148.

Heinemann, Margot (1989): *Kleines Wörterbuch der Jugendsprache*. Leipzig: VEB Bibliographisches Institut.

Heinemann, Margot (1990): *Jugendsprache. Ein Beitrag zur Varietätenproblematik*. Dissertation: Universität Leipzig.

Heinemann, Margot/Neuland, Eva (1997): »Tussis«: hüben und drüben? Vergleichende Beobachtungen zur Entwicklung von Jugendsprache in Ost und West. In: *Der Deutschunterricht* 49/1, 70–76.

Henne, Helmut/Objartel, Georg (Hg.) (1984): *Bibliothek zur historischen deutschen Studenten- und Schülersprache im 18./19. Jh*. 6 Bände. Berlin/New York: De Gruyter.

Hurrelmann, Klaus (2012): *Sozialisation: das Modell der produktiven Realitätsverarbeitung*. Weinheim: Beltz.

Januschek, Franz/Schlobinski, Peter (Hg.) (1989): Thema ›Jugendsprache‹. In: *Osnabrücker Beiträge zur Sprachtheorie* (OBST) 41, 35–68.

Klemperer, Viktor (1947): *LTI [Lingua Tertii Imperii]. Notizbuch eines Philologen*. Berlin: Aufbau-Verlag.

Klönne, Arno (1982): *Jugend im Dritten Reich. Die Hitler-Jugend und ihre Gegner. Dokumente und Analysen*. Düsseldorf: Diederichs.

Kluge, Friedrich (1895): *Deutsche Studentensprache*. Straßburg: Trübner.

Lange, Sascha (2015): *Meuten, Swing & Edelweißpiraten. Jugendkultur und Opposition im Nationalsozialismus*. Mainz: Ventil-Verlag.

Langner, Helmut (1974): Sprachschichten und soziale Schichten. In: *Zeitschrift für Phonetik, Sprachwissenschaft und Kommunikationsforschung* 1974, 93–104.

Manthei, Erhard (1941): Die Sprache der Hitlerjugend. In: *Jahrbuch der deutschen Sprache* 1, 184–190.

Marcus, Hans (1962): Zum Twen-Deutsch. In: *Zeitschrift für deutsche Wortforschung* 18/3, 151–159.

Mareth, Conny/Schneider, Ray (2010): *Haare auf Krawall: Jugendsubkultur in Leipzig 1980 bis 1991*. 3. Aufl. Leipzig: Connewitzer.

Meier, John (1894): *Hallische Studentensprache*. Eine Festgabe zum zweihundertjährigen Jubiläum der Universität Halle. Halle a. d. Saale.

Melzer, Friso (1931): Die Breslauer Schülersprache. In: *Mitteilungen der Schlesischen Gesellschaft für Volkskunde*, Bd. 31–32, 267–345.

Mertzlufft, Christine/Kotthoff, Helga (2011) (Hg.): *Jugendsprachen: Stilisierungen, Identitäten, mediale Ressourcen*. Frankfurt a. M.: Peter Lang.

Murdževa, Stanka (1989): Lexikalische Besonderheiten der Jugendsprache in der DDR. Unter dem Aspekt ihres Einsatzes im Fremdsprachenunterricht an deutschsprachigen Gymnasien. In: *Germanistisches Jahrbuch DDR-VRB*. Sofia, 90–102.

Neuland, Eva (1987): Spiegelungen und Gegenspiegelungen. Anregungen für eine zukünftige Jugendsprachforschung. In: *Zeitschrift für Germanistische Linguistik* 15, 58–82.

Neuland, Eva (2007) (Hg.): *Jugendsprachen: Mehrsprachig – kontrastiv – interkulturell*. Frankfurt a. M.: Peter Lang.

Neuland, Eva (2008): *Jugendsprache. Eine Einführung*. Tübingen: Francke.

Objartel, Georg (2016): *Sprache und Lebensform deutscher Studenten im 18. und 19. Jahrhundert. Aufsätze und Dokumente*. Berlin/New York: De Gruyter.

Oschlies, Wolf (1981): *Lenins Enkeln aufs Maul geschaut – Jugend-Jargon in Osteuropa*. Köln/Wien: Böhlau.

Oschlies, Wolf (1989): (Jugend)Jargon in der DDR oder: »Mann, echt geil, dein Kopf!«. In: Wolf, Oschlies (Hg.): *Würgende und wirkende Wörter. Deutschsprechen in der DDR*. Berlin: Holzapfel, 125–143.

Plenzdorf, Ulrich (1978): *Die neuen Leiden des jungen W.* 9. Aufl. Frankfurt a. M.: Suhrkamp.

Reiss, Kristina (2007): *Gender-Sprachbewusstsein bei Jugendlichen in Ost und West. Eine empirische Studie*. Königstein, Ts.: Ulrike Helmer Verlag.

Rossichina, Maria J. (2015): O leksikografitsheskich istotshnikach nemetskogo studentsheskogo jazyka XVIII–XIX vek. (Über die lexikographischen Quellen der deutschen Studentensprache des 18. und 19. Jahrhunderts). In: *Journal of Lexicography* 2 (8), 82–97.

Rozen, E. V. (1975): Podrostkovo-molodežnyi slovesnyi repertuar – Na materiale sovremennogo nemeckogo jazyka. In: *j* 2, 7–18.

Salmasius, Robert (1749): Kompendiöses Handlexikon der unter den Herren Purschen auf Universitäten gebräuchlichsten Kunstwörter. In: Henne, Helmut/Objartel, Georg (Hg.) (1984): *Bibliothek zur historischen deutschen Studenten- und Schülersprache im 18./19. Jh.*, Bd. 2. Berlin/New York: De Gruyter, 1–16.

Schladebach, Kurt (1904): Die Dresdener Pennälersprache. In: *Zeitschrift für den deutschen Unterricht* 18, 56–62.

Schlobinski, Peter/Kohl, Gaby/Ludewigt, Irmgard (1993): *Jugendsprache. Fiktion und Wirklichkeit*. Opladen: Westdeutscher Verlag.

Schlosser, Horst Dieter (2013): *Sprache unterm Hakenkreuz: eine andere Geschichte des Nationalsozialismus*. Köln: Böhlau.

Schophuis, Silke/Wieneke, Alexandra (2004): Jugendsprache in der DDR. In: Siewert, Klaus (Hg.): *Vor dem Karren der Ideologie. DDR-Deutsch und Deutsch in der DDR*. Münster: Waxmann.

Schröder, Marianne/Fix, Ulla (1997): *Allgemeinwortschatz der DDR-Bürger. Nach Sachgruppen geordnet und linguistisch kommentiert*. Heidelberg: Winter.

Schwitalla (1985): Kommunikation in der Stadt. Bericht aus einem Projekt. In: Stötzel, Georg (Hg.): *Germanistik. Forschungsstand und Perspektiven*. Berlin/New York: De Gruyter, 193–203.

Siewert, Klaus (2003): *Grundlagen und Methoden der Sondersprachenforschung. Mit einem Wörterbuch der Masematte aus Sprecherbefragungen und den schriftlichen Quellen*. Wiesbaden: Harrassowitz.

Stiftung Gedenkstätte Deutscher Widerstand (Hg.) (2014): *Widerstand von Jugendlichen*. Berlin: Lukas-Verlag.

Welter, Ernst Günther (1968): *Die Sprache der Teenager und Twens*. 3. Aufl. Frankfurt a. M.: Dipa-Verlag.

Wolf, Siegmund A. (1959): Die Ische, die Brumme und der steile Zahn. In: *Sprachwart. Monatsblätter für Sprache und Rechtschreibung* 9/11, 165–166.

Christian Schwarz

3 Konzepte der Jugendsprachforschung

3.1 Jugendsprache als Varietät
3.2 Jugendsprache als Stil
3.3 Integrationsversuch: Jugendsprache zwischen Varietät und Stil
3.4 Weiterführende Literatur

Was ist eigentlich Jugendsprache aus wissenschaftlicher Sicht? Da dies das Thema dieses Bandes ist, mag die Beantwortung der Frage spät kommen. Die späte Klärung hat jedoch ihren Grund: Es gibt keine eindeutige Antwort. Diese ist abhängig von den forschungshistorischen wie auch methodischen Prämissen. Unterschiedliche Phasen einer Forschungsdisziplin bringen unterschiedliche Methoden und Ansichten über den Untersuchungsgegenstand hervor, die teilweise auch kombiniert werden (können).

Zwei Konzepte haben sich In der (sozio-)linguistischen Beschreibung in den letzten 40 Jahren im Wesentlichen zur Beschreibung von Jugendsprache etabliert:

- **systemorientierte Zugänge**, die das Ziel haben, Aussagen über die Varietätenarchitektur der Sprache zu treffen und
- **sprecherorientierte Zugänge**, die Jugendsprache als kleingruppenspezifische Stile beschreiben.

Zugänge zur Jugendsprache

Man muss nicht Sprachwissenschaftler/in sein, um festzustellen, dass es Merkmale im Sprachgebrauch Jugendlicher gibt, die zum Teil *spezifisch* für diese Altersphase sind. Sie treten nur in der Jugendphase auf. Andere Merkmale mögen wiederum eher weniger stark auf die Phase der Jugend beschränkt bleiben und auch in andere Altersphasen auftreten. Diese ›Grenzgänger‹ bezeichnen wir in Abhängigkeit ihrer Auftrittsfrequenz als *charakteristisch* für den Lebensabschnitt der Adoleszenz. Das heißt, dass sie häufig und nicht ausschließlich von Jugendlichen verwendet werden und sich auch im Sprachgebrauch von Kindern oder Erwachsenen niederschlagen.

Eine stärkere Differenzierung von Jugendsprache erfordert hingegen größeres Fachwissen: Die interne Differenzierung von jugendlichen Sprechweisen erscheint deshalb so schwierig, da wir es mit einem gemeinsamen (systematischen) Kern, aber auch mit großen gruppencharakteristischen (sprecherorientierten) Variationen zu tun haben (s. Kap. 4).

Das basale Regelsystem: Gehen wir zunächst einmal von einem gemeinsamen Kern der deutschen Sprache aus. Diese Vorstellung umfasst aber auch die Kenntnis darüber, dass dieser Kern über Jahrhunderte hinweg unterschiedliche Muster ausgeprägt hat, deren Veränderungen keineswegs abgeschlossen sind. Man kann diese Muster als Variationen der deutschen Sprache beschreiben, die zwischen mehreren Dimensionen changieren. Im Gegensatz zu diesen stark konventionalisierten Varietäten, die sich nur langsam verändern, entwickeln sich andere Bestandteile des Sprachsystems individuell und gruppenspezifisch durch soziokulturelle Adaptionen schneller. Wir können sie als sprachliche Stile (ähnlich den Kleidungsstilen) verstehen, die als sendermotivierte, situations-, adressaten- und funktionsbezogene sprachliche Mittel gelten. Man kann diese Stile somit als sozial bedeutsame Art und Weise der Handlungsdurchführung ansehen. Sie unterscheiden sich von den eher unbewussten Variationen der Sprache, da sie auf eine bestimmte Informationsvermittlung mehr oder weniger bewusst abgestimmt sind.

3.1 | Jugendsprache als Varietät

Varietäten sind Ausschnitte einer Sprache, mit denen Sprechergruppen (wie zum Beispiel die Berliner/innen) interagieren. Man unterscheidet ›Vollvarietäten‹ wie z. B. die Dialekte oder die Standardsprache, die durch eigenständige lautliche oder grammatische Strukturen bestimmt sind, von ›sektoralen Varietäten‹ wie z. B. sogenannten Fachsprachen, die sich vor allem durch einen speziellen Wortschatz auszeichnen (vgl. Schmidt/Herrgen 2011: 49–53).

Die Beschreibung von Varietäten kann auf drei Ebenen erfolgen:
- Die Beschreibung der **sprachlichen Struktur** der einzelnen Varietäten,
- die Beschreibung des **Zusammenhangs** zwischen ihnen und
- die Beschreibung des Zusammenhangs zwischen den Varietäten und den **außersprachlichen Dimensionen** der Variation (vgl. u. a. Nabrings 1981).

Diese Ebenen stellen sehr unterschiedliche Anforderungen an Sprachwissenschaftler/innen: Es müssen geeignete Daten erhoben und geeignete Methoden der Beschreibung angewandt werden (s. Kap. 7). Die Herausforderung besteht vor allem darin, dass sich Sprecher/innen oft sehr unterschiedlich – aber nicht regellos – verhalten. Die Analyse dieser Verhaltensweisen, die kleingruppenübergreifende Regelmäßigkeiten aufzudecken sucht – zählt zu den Hauptaufgaben einer systemorientierten Sicht der Sprachbeschreibung.

Außersprachliche Dimensionen, die die sprachliche Variation beeinflussen, sind die:
- **diatopische Dimension** (die Gegend, in der die Sprecher/innen zu Hause/aufgewachsen sind),
- **diastratische Dimension** (die Milieus und Gruppen, denen sie sich zugehörig fühlen,
- **diaphasische Dimension** (die jeweiligen Situationen, in denen sie sprechen) oder die
- **diachrone Dimension** (die Zeit, in der sie leben).

Darüber hinaus gibt es noch weitere Faktoren, die das sprachliche Verhalten beeinflussen:
Die Diskussion über die Gewichtung medialer (diamedialer), geschlechtsbezogener (diasexueller) und sogar schulformbezogener (dia-

skolarer) Dimensionen (vgl. u. a. Endruschat/Schmidt-Radefeldt 2006: 215) wird immer wieder sehr kontrovers geführt. Unbestritten bleibt aus einer systemorientierten Sicht, dass die vier oben genannten Varietätenklassen besonders einflussreich auf die sprachliche Variation einwirken.

Die Problematik der varietätenlinguistischen Betrachtungsweise liegt darin, dass eine Gesamtsprache nicht als Summe ihrer Varietäten gesehen werden kann (vgl. Adamzik 1998: 182). Eine additive Auffassung fragt nicht nach den Schnittpunkten der Varietäten. Sie würde eine genaue Verortung von Jugendsprache innerhalb des Gesamtsystems unmöglich machen. Aus diesem Grund wurde vielfach vorgeschlagen, die vier Dimensionen auf verschiedenen Achsen in einem mehrdimensionalen Koordinatensystem anzuordnen. Die einzelnen Varietäten werden dann mit Punkten in diesem Koordinatensystem markiert. Anhand einer solchen Darstellung könnten Überschneidungen zwischen den Dimensionen abgebildet werden. Die Verortung und Ausprägung von Jugendsprache würde dann je nach Blickwinkel unterschiedlich ausfallen, da Jugendsprache, im Gegensatz zu vielen anderen Varietäten, sehr dynamisch ist und in mehreren Dimensionen variiert.

Schnittpunkte von Varietäten

Gehen wir zunächst davon aus, dass Jugendsprache (zumindest) innerhalb dieser vier genannten Dimensionen Variationen aufweisen muss. Diese drücken sich in der Varietät ganz unterschiedlich aus und sprechen gegen eine Homogenitätsannahme von Jugendsprache: Ein Jugendlicher sprach um 1950 (Dimension Zeit) in den Trümmerbergen Berlin-Weddings (Dimension Raum) beim Versteckspielen (Dimension Situation) mit den Freunden (Dimension Gruppe/Milieu) anders als ein Jugendlicher, der im Jahr 2019 in den Grünanlagen des gleichen Stadtteils Berlins mit seinen Freunden *chillt*.

Varietäten weisen je nach Betrachtungsweise unterschiedlich starke Abweichungen zu anderen Varietäten auf. Dennoch stimmen sie auch in vielen sprachlichen Merkmalen innerhalb eines Sprachraums überein. Insgesamt bilden sie ein sehr komplexes, heterogenes, aber keineswegs chaotisches System. Jugendsprache gehört zu den dynamischeren Spielarten des Gesamtsystems, die nach Neuland (2008: 138) in einem »multidimensionalen Varietätenraum« anzusiedeln sind. Eine Zuordnung zu den oben genannten Vollvarietäten, die über einen langen Zeitraum beständig (vgl. Auer 1989) und an landschaftliche Regionen geknüpft sind, ist nicht nur deshalb aus Sicht der germanistischen Linguistik problematisch: Jugendsprache weist nicht durchgängig eine gleichmäßig verteilte und stabile Verwendungsdichte spezifischer Merkmale auf (vgl. u. a. Schubert 2009: 22). Dieses Kriterium ist für echte Vollvarietäten jedoch obligatorisch. Einen Lösungsversuch bietet Jannis Androutsopoulos an.

Jugendsprache als sekundäre Varietät: Androutsopoulos (1998: 592) folgt in seiner Definition von Jugendsprache einem Konzept, das Ähnlichkeiten zur eingangs erwähnten Auffassung Schmidts (2005) zeigt. Er spricht von einer »sekundären Varietät« und macht damit deutlich, dass Jugendsprache nicht als »Vollvarietät« angesehen werden kann. Er definiert Jugendsprache als:

[...] sekundäre Varietät [...], die in der sekundären Sozialisation erworben, in der alltäglichen informellen Kommunikation im sozialen Alter der Jugend habituell verwendet und als solche identifiziert wird. Sie wird auf der Basis einer areal und sozial verschiedenen Primärvarietät [bzw. Vollvarietät, m. E., NB] realisiert und besteht aus einer Konfiguration aus morphosyntaktischen, lexikalischen und pragmatischen Merkmalen, deren Kompetenz Verwendungshäufigkeit und spezifische Ausprägung nach der soziokulturellen Orientierung der SprecherInnen variiert.

Im Gegensatz zu Vollvarietäten – die auch Primärvarietäten genannt werden – sagen die Sekundärvarietäten den Kommunikationspartner/innen nicht, wo man herkommt, sondern wer man sein möchte, mit welcher Gruppe und mit welchem Lebensstil man sich identifiziert. Die sekundären Varietäten können ›an- und ausgeschaltet‹ werden, sie funktionieren als Varietäten nur dann, wenn die Geltungsbereiche der sekundären Sozialisation aktiviert werden. Aus linguistischer Sicht stellt eine Sekundärvarietät einen Überbau zur Basis, der Primärvarietät, dar.

- Die **Primärvarietät** beinhaltet die Sprachstrukturen, die nicht oder nur kaum beeinflusst werden können.
- Die **Sekundärvarietät** kontrolliert den Wortschatz und phraseologische Strukturen, teilweise auch bestimmte morphologische und syntaktische Muster, außerdem wichtige Bestandteile des interaktiven Sprachverhaltens und der rituellen Kommunikation.

Drei Besonderheiten der sekundären Varietät ›Jugendsprache‹ sind:
1. **Das Prinzip der Variation:** Sie wandelt sich über die Jahre, d. h. sie entwickelt sich in Richtung ›Erwachsenensprache‹ in unterschiedlichen sprachlichen Ablagerungen, die einen kognitiven Reifeprozess markieren wie die Jahresringe das Wachstum der Bäume.
2. **Das Prinzip der Peergroup-spezifischen Ausprägung:** Je nach räumlich-situativen Vorgaben und soziokulturellen Orientierungen kommen unterschiedliche kommunikative Praktiken zur Anwendung. Diese bezeichnen wir als jugendliche Stile (s. Kap. 3.2).
3. **Das Prinzip der Unabgeschlossenheit:** Das unterschwellige, quasi natürliche Ziel jugendsprachlicher Entwicklung ist die kompetente (normative) Beherrschung der Erwachsenensprache, die aber nie vollständig erreicht wird, da die Übernahme erwachsenensprachlicher Normen mit dem gleichzeitigen Einbringen neuer Muster einhergeht und auf diese Weise das Erwachsenenrepertoire verändert wird.

Ein paradoxaler Zug lastet jugendsprachlichen Varietäten an: Die Entwicklung richtet sich auf die Übernahme der Erwachsenensprache, die jedoch durch identitätsstiftendes Experimentieren gleichzeitig unterschwellig verändert wird (vgl. Dittmar/Bahlo 2008: 264) und somit niemals vollständig erreicht werden kann (und vielleicht auch nicht erreicht werden will/muss).

3.2 | Jugendsprache als Stil

Im Unterschied zu varietätenlinguistischen Beschreibungen, die oftmals grammatische, phonologische oder lexikalische Aspekte isoliert betrachten, weisen Stile als Ausdrucksformen sprachlichen und nichtsprachlichen Handelns Merkmale verschiedener Betrachtungsebenen auf (z. B. auch nonverbale Merkmale wie Gestik, Mimik, Kleidung, Freizeitverhalten, Gruppenstruktur etc.; vgl. Neuland 2008: 71), die im situativen Kontext möglichst gesamtheitlich untersucht werden (vgl. Androutsopoulos/Spreckels 2010: 198). Sprach- und Lebensstile stehen in einem engen Zusammenhang zueinander: Sie spiegeln die soziale Identität von Individuen oder Gruppen (vgl. Kallmeyer 1994: 31) wider, da sie Aufschluss über ihre Aktivitäten und gemeinsam geteilte Werte und Normen geben (vgl. Schlobinski/Kohl/Ludewigt 1993: 42).

Sprach- und Lebensstile

Jugendsprache als Gruppenphänomen: Wenn von Jugendsprache als Stil gesprochen wird, geht die Wissenschaft von Gruppenverhaltensweisen aus, die sich in sozialen Interaktionsprozessen herausbilden. Grundannahme ist, dass sich gleiche Interessen, gemeinsame soziale Aktivitäten, intime Freundschaftsbeziehungen etc. in den Gruppen Gleichaltriger auch kommunikativ ähnlich ausprägen. Kennzeichnend für jugendliche Stile sind Gebrauchspräferenzen und Stilmarkierungen, die von der Standard- bzw. alltäglichen Umgangssprache abweichen. Jugendliche Sprechstile erfüllen die Funktion der sozialen Distinktion, d. h. der Abgrenzung gegenüber der Außenwelt anderer (Alters-)Gruppen und der Identifikation in den Innenräumen der eigenen jugendlichen Lebenswelt in der Kleingruppe (vgl. Neuland 2008: 71). Man kann sich dies so vorstellen, dass verbale und nonverbale Gebrauchsmuster, die auch in der Erwachsenenkommunikation auftreten, teils gruppenspezifisch transformiert oder umgruppiert werden. Clarke (1979: 136) stellt fest, dass es sich nicht allein um sprachliche Neuerungen, sondern vor allem um »Neuordnung und Rekontextualisierungen von Objekten [handelt], um neue Bedeutungen zu kommunizieren« (s. Kap. 4).

Dittmar (1997: 222) versteht Stile »als individuen- bzw. gruppenspezifische, expressive Kategorie des Verhaltens auf der diaphasischen Ebene«. Er führt weiter aus:

> **Sprachlicher Stil** ist die sozial relevante Art der Durchführung einer Handlung mittels Text oder interaktiv als Gespräch. Diese Art der Handlungsdurchführung wird durch Eigenschaften des Textes oder des Gesprächs im Kontext ausgeführt und ist bezogen auf Komponenten der Interaktion; in Bezug auf diese wird die Handlung mit stilistischem Sinn angereichert.

Definition

Dies bedeutet, dass die Herstellung eines bestimmten Stils bzw. die Etablierung eines bestimmten Stils innerhalb eines Gesprächs oder Texts ein Verhalten mit möglichen Alternativen darstellt und nicht ein unveränderliches und festgeschriebenes Produkt.

Im Gegensatz zu den stark verfestigten ›Spielarten der Sprache‹ (den oben beschriebenen Varietäten), die über längere Zeit unverändert bleiben und an landschaftliche Regionen, Situationen und soziale Schichten gebunden sind, weisen jugendliche Stile zusätzlich kleingruppenspezifische Besonderheiten auf. Stile verändern sich wesentlich schneller als die varietätenspezifischen/gruppenübergreifenden Merkmale. Sie ermöglichen es Jugendlichen, mehrere Aspekte ihres Sozialverhaltens zum Ausdruck zu bringen und diese u. U. auch sehr schnell und vor allem bewusst zu wechseln. Generationsspezifisch deuten der Sprachgebrauch und das außersprachliche Verhalten hin auf:

- **(Gruppen-)Identität** (u. a. Schmidt 2004; Spreckels 2006)
- **Umgang mit Werten und Normen** (u. a. Bahlo/Bücker 2012)
- **Lebensraum** (u. a. Dittmar 2009; Wiese 2012)
- **Lebensumstände** (z. B. Hobbys, Medienkonsum, die Wahl des Kommunikationsmediums, die sexuelle Orientierung: u. a. Schlobinski/Kohl/Ludewigt 1993; Androutsopoulos 1998; Chun 2007; Bahlo 2012; Bahlo/Fladrich 2014)
- **Ethnie oder Sprachkontakte** (u. a. Keim/Androutsopoulos 2000; Auer 2003; Wiese 2012; Deppermann 2013; Artamonova 2016)
- **Entwicklungsstand** und die **Zeit** (u. a. Neuland 2008; Balsliemke/Baradaranossadat 2012)

3.3 | Integrationsversuch: Jugendsprache zwischen Varietät und Stil

Die Überlegungen zur Verortung von Jugendsprache als Varietät beziehungsweise als Stil sprechen nicht zwangsläufig für eine Sicht auf Jugendsprache, die eine erzwungene Trennung beider Konzepte vorschreibt. Den Leser/innen sollte aufgefallen sein, dass sekundäre Varietäten und Stile Ähnlichkeiten aufweisen.

Dittmar (1997) und Gilles (2003) beschreiben Varietäten und Stile unter dem Titel »Sprachliche Variation« und machen im Zuge ihrer Ausführungen deutlich, dass es sowohl gruppenübergreifende (Sprach-)Kerne als auch individuelle (gruppenspezifische) Muster von Jugendsprache gibt, die in Zusammenhang stehen. Ähnlich argumentiert Schmidt (2005) mit einem allgemeineren Bezug auf Sprache, wenn er von »Vollvarietäten« spricht und mit diesem Begriff impliziert, dass es auch systematisch fassbare Charakteristika des Sprachgebrauchs gibt, die eben nicht als ›vollwertig‹ bezeichnet werden, die aber dennoch eine gemeinsame Basis haben und gruppenübergreifend auf Gemeinsamkeiten jugendlicher Sprechweisen – wie etwa lexikalische und grammatische Muster – hinweisen.

Die Jugendsprache? Auf der Basis dieser Gedanken stellen wir uns die Frage: Wie kann es sein, dass wir in der Regel von ›der‹ Jugendsprache sprechen, obwohl doch klar ist, dass es nicht ›die‹ Jugend also auch nicht ›die‹ Jugendsprache geben kann (vgl. Gloy/Bucher/Cailleux 1985)? Die Vermutung liegt nahe: Es muss gruppenübergreifende Merkmale innerhalb jugendlicher Stile geben, die die Fiktion (vgl. Schlobinski/Kohl/Ludewigt 1993)

3.3 Integrationsversuch: Jugendsprache zwischen Varietät und Stil

einer Jugendsprache unterstützen. Diese gruppenübergreifenden Merkmale, bzw. Regelmäßigkeiten, können wir durch systemorientierte, auf Einzelaspekte ausgerichtete (varietätenlinguistische) Betrachtungen des Sprachgebrauchs gut erfassen. Sie bilden den Ressourcenpool an Regeln und Gebrauchsmustern auf dessen Grundlage gruppenspezifische Variationen gebildet werden.

> **Jugendliche Stile** sind kontextadäquate (situativ angemessene oder unangemessene) Umsetzungen (sprachlicher) Handlungen innerhalb jugendlicher Gruppenpraxis, die durch andere interpretierbar sind.

Definition

Der Unterschied zwischen Varietät und Stil wird u. a. von Selting/Hinnenkamp (1989: 5) beschrieben:

Im Unterschied zu regionalen, sozialen, situativen und z. B. gruppenspezifischen Varietäten, die man isoliert voneinander und aus der klassifizierenden Perspektive des Wissenschaftlers als linguistische Subsysteme idealisiert und losgelöst von der konkreten Verwendungssituation beschreiben kann, werden Stile in konkreten Situationen/Einheiten/Merkmalbündel erfaßt bzw. als sich konstituierend aus sozial und interaktiv interpretierten Merkmalen.

Zur Differenzierung von Varietät und Stil ergänzt Auer (1989: 30) zwei signifikante Kriterien:
- Im Gegensatz zu Stilen können Varietäten immer als **(Sub-)Systeme** beschrieben werden, die bestimmte Grenzen aufweisen. Dank dieser Grenzen ist es möglich zu entscheiden, welche Varietät gerade tatsächlich gesprochen wird.
- Stile umfassen auch andere **kommunikative Merkmale** (Sprecherwechsel, Mimik, Gestik etc.) anderer Systeme. Stile lassen somit auf (Voll-)Varietäten schließen. Umgedreht geht dies nicht.

Wenn wir also die eingangs gestellten Gedanken nochmals aufgreifen und danach fragen, was Jugendsprache nun eigentlich aus wissenschaftlicher Sicht ist, dann stellen wir zunächst fest, dass die Trennung des systemorientierten und sprecherorientierten Konzepts wissenschaftstheoretischen und auch methodischen Herangehensweisen geschuldet ist. Eine Zuordnung von Jugendsprache zum Varietäten- oder Stilkonzept lässt sich je nach Blickwinkel vertreten. Es hängt schlicht und einfach davon ab, welche Aspekte die Forschenden mit welchen Methoden fokussieren.

Juventulektale Stile: Dem der Realität eher entsprechenden Zusammenspiel aus Varietäten und Stilen trägt Dittmar (1997) Rechnung, wenn er Jugendsprache als »juventulektale Stile« bezeichnet. Das Konfix ›-lekt‹ wird in der Sprachwissenschaft verwendet, um Varietäten zu benennen (z. B. Dialekt, Soziolekt, Mediolekt etc.). Mit dem Begriff der ›Stile‹ geht er auf die gruppenspezifischen, sprecherorientierten Praktiken ein, die auf einer systematischen Grundlage basieren. Man könnte aus dieser Sicht sagen: Es geht nicht um eine ›Entweder-Oder-Zuordnung‹, es handelt sich eher um ein ›Sowohl-Als-Auch-Konzept‹.

Zum Begriff der Jugendsprache

3.4 | Weiterführende Literatur

Ausführlichere Diskussionen zum Thema ›Jugendsprache zwischen Varietät und Stil‹ bieten Dittmar (2009) und auch Androutsopoulos/Spreckels (2010). Die oftmals uneinheitlich verwendeten Begriffe ›Varietät‹, ›Varietätenklasse‹, ›Variation‹, ›Register‹ und ›Stil‹ werden in diesen Arbeiten ausführlich besprochen und anhand von jugendsprachlichen Daten und unterschiedlichen Vorgehensweisen plastisch erläutert.

Arbeitsaufgaben

1. Diskutieren Sie kritisch, welcher Varietätenklasse Sie Jugendsprache zuordnen würden.

2. Versuchen Sie, ein Schaubild zu entwickeln, welches das Zusammenspiel von Varietät und Stil verdeutlicht.

3. Wie argumentieren Sie dafür, dass Jugendsprache keine Vollvarietät sein kann?

Themenvorschläge für Haus- und Abschlussarbeiten

1. Jugendsprache zwischen Varietät und Stil – Ein Verortungsversuch

2. Jugendsprache aus system- und sprecherorientierter Sicht

3. Jugendsprache und Dialekt

Literatur

Adamzik, Kirsten (1998): Fachsprachen als Varietäten. In: Hoffmann, Lothar/Wiegand, Herbert Ernst (Hg.): *Fachsprachen / Languages for Special Purposes: Ein internationales Handbuch zur Fachsprachenforschung und Terminologiewissenschaft / An International Handbook of Special-Language and Terminology Research*. Berlin/New York: De Gruyter, 181–189.

Androutsopoulos, Jannis K. (1998): *Deutsche Jugendsprache*. Frankfurt a. M.: Peter Lang.

Androutsopoulos, Jannis K./Spreckels, Janet (2010): Varietät und Stil: Zwei Integrationsvorschläge. In: Gilles, Peter (Hg.): *Variatio delectat: Empirische Evidenzen und theoretische Passungen sprachlicher Variation; für Klaus J. Mattheier zum 65. Geburtstag*. Frankfurt a. M.: Peter Lang, 197–214.

Artamonova, Olga V. (2016): *»Ausländersein« an der Hauptschule: Interaktionale Verhandlungen von Zugehörigkeit im Unterricht*. Bielefeld: transcript.

Auer, Peter (1989): Natürlichkeit und Stil. In: Selting, Margret/Hinnenkamp, Volker (Hg.): *Stil und Stilisierung: Arbeiten zur interpretativen Soziolinguistik*. Tübingen: Niemeyer.

Auer, Peter (2003): ›Türkenslang‹ - ein jugendsprachlicher Ethnolekt des Deutschen und seine Transformationen. In: Buhofer, Annelies Häcki (Hg.): *Spracherwerb und Lebensalter*. Tübingen: Francke, 255–264.

Bahlo, Nils (2012): Let's talk about sex: Vulgärer und sexualisierter Sprachgebrauch Jugendlicher als Thema im Projektunterricht. In: *aptum – Zeitschrift für Sprachkritik und Sprachkultur* 1, 48–60.

Bahlo, Nils/Bücker, Jörg (2012): »... sonst knallt's«: Praktiken der kommunikativen Bearbeitung von Normverstößen und Sanktionen am Beispiel von Konditionalformaten. In: Rosenberg, Katharina (Hg.): *Norm und Normalität: Beiträge aus Linguistik, Soziologie, Literatur- und Kulturwissenschaften*. Berlin: Logos, 125–141.

Bahlo, Nils/Fladrich, Marcel (2014): Liebe, Sex und Provokation im Sprachgebrauch Jugendlicher: Vorschlag einer Thematisierung sexualisierter und vulgarisierter Sprache im Ethikunterricht ab Klasse 8. In: *Ethik und Unterricht* 3 (12), 21–25.

Bahlo, Nils/Fladrich, Marcel (2016): *Transkriptband Jugendsprache. Kommunikation in der Peergroup*. Berlin: Retorika.

Balskiemke, Petra/Baradaranossadat, Anka (2012): Schülersprache, Schulsprache und Unterrichtssprache. In: Becker-Mrotzek, Michael (Hg.): *Mündliche Kommunikation und Gesprächsdidaktik*. Baltmannsweiler: Schneider-Verlag Hohengehren, 392–407.

Chun, Markus (2007): *Jugendsprache in den Medien*. Dissertation. Universität Duisburg-Essen.

Clarke, John (1979): Stil. In: Honneth, Axel/Lindner, Rolf/Paris, Rainer (Hg.): *Jugendkultur als Widerstand. Milieus, Rituale, Provokationen*. Frankfurt a. M.: Syndikat, 133–157.

Deppermann, Arnulf (Hg.) (2013): *Das Deutsch der Migranten*. Berlin/New York: De Gruyter.

Dittmar, Norbert (1997): *Grundlagen der Soziolinguistik: Ein Arbeitsbuch mit Aufgaben*. Tübingen: Niemeyer.

Dittmar, Norbert (2009): Varietäten und Stil. In: Fix, Ulla/Gardt, Andreas/Knape, Joachim (Hg.): *Rhetorik und Stilistik. Ein internationales Handbuch*. Berlin/New York: De Gruyter, 1669–1690.

Dittmar, Norbert/Bahlo, Nils (2008): Jugendsprache. In: Anderlik, Heidemarie/Kaiser, Katja/Deutsches Historisches Museum (Hg.): *Die Sprache Deutsch: Eine Ausstellung des Deutschen Historischen Museums Berlin*. Dresden: Sandstein-Verlag, 264–268.

Endruschat, Annette/Schmidt-Radefeldt, Jürgen (2006): *Einführung in die portugiesische Sprachwissenschaft*. Tübingen: Narr.

Gilles, Peter (2003): Zugänge zum Substandard. Korrelativ-globale und konversationell-lokale Verfahren. In: Androutsopoulos, Jannis K./Ziegler, Evelyn (Hg.): »*Standardfragen*«. *Soziolinguistische Perspektiven auf Sprachgeschichte, Sprachkontakt und Sprachvariation*. Frankfurt a. M.: Peter Lang, 195–215.

Gloy, Klaus/Bucher, Hans-Jürgen/Cailleux, Michel (1985): Bericht zum Zusammenhang von sozialem Wandel und Sprachwandel. In: Ermert, Karl (Hg.): *Sprüche – Sprachen – Sprachlosigkeit: Ursachen und Folgen subkultureller Formen der Kommunikation am Beispiel der Jugendsprache*. Rehburg-Loccum: Ev. Akademie.

Kallmeyer, Werner (Hg.) (1994): *Kommunikation in der Stadt, Teil 1: Exemplarische Analysen des Sprechverhaltens in Mannheim*. Berlin/New York: De Gruyter.

Keim, Inken/Jannis Androutsopoulos (2000): *Hey Lan, isch geb dir konkret Handy: Wie Sprechweisen der Straße durch die Medien populär werden*. In: Frankfurter Allgemeine Zeitung 21, 26.1.2000.

Nabrings, Kirsten (1981): *Sprachliche Varietäten*. Tübingen: Narr.

Neuland, Eva (2008): *Jugendsprache. Eine Einführung*. Tübingen: Francke.

Schlobinski, Peter/Kohl, Gaby/Ludewigt, Irmgard (1993): *Jugendsprache: Fiktion und Wirklichkeit*. Opladen: Westdt. Verl.

Schmidt, Axel (2004): *Doing peer-group*. Bern: Interactive Factory.

Schmidt, Jürgen Erich (2005): Versuch zum Varietätenbegriff. In: Lenz, Alexandra N./Mattheier, Klaus J. (Hg.): *Varietäten – Theorie und Empirie*. Frankfurt a. M.: Peter Lang, 61–74.

Schmidt, Jürgen Erich/Herrgen, Joachim (2011): *Sprachdynamik: Eine Einführung in die moderne Regionalsprachforschung*. Berlin: ESV.

Schubert, Daniel (2009): *Lästern*. Frankfurt a. M.: Peter Lang.

Selting, Margret/Hinnenkamp, Volker (Hg.) (1989): *Stil und Stilisierung*. Tübingen: Niemeyer.

Spreckels, Janet (2006): *Britneys, Fritten, Gangschta und wir: Identitätskonstitution in einer Mädchengruppe: eine ethnographisch-gesprächsanalytische Untersuchung*. Frankfurt a. M.: Peter Lang.

Wiese, Heike (2012): *Kiezdeutsch*. München: Beck.

Nils Bahlo

4 Merkmale von Jugendsprache

4.1 Formale Merkmale gesprochener Jugendsprache
4.2 Semantische Verschiebungen
4.3 Syntax und Routinekonstruktionen
4.4 Gruppenübergreifende Diskursphänomene
4.5 Funktionen von Jugendsprache
4.6 Weiterführende Literatur

Man muss nicht Sprachwissenschaftler/in sein, um festzustellen, dass es Merkmale im Sprachgebrauch Jugendlicher gibt, die zum Teil *spezifisch* für diese Altersphase sind (z. B. die nicht normgerechte Verwendung der *ich-schwöre*-Konstruktion). Sie treten nur in der Jugendphase auf. Andere Merkmale (z. B. die Diminutiva bei der Anrede z. B. *Chrissi* für *Christina*) mögen wiederum eher weniger stark auf die Phase der Jugend beschränkt bleiben. Diese ›Grenzgänger‹ bezeichnen wir in Abhängigkeit ihrer Auftrittsfrequenz als *charakteristisch* für den Lebensabschnitt der Adoleszenz. Das heißt, dass sie häufig und nicht ausschließlich von Jugendlichen verwendet werden. Sie zeigen sich auch im Sprachgebrauch von Kindern oder Erwachsenen. Eine stärkere Differenzierung von Jugendsprache erfordert hingegen größeres Fachwissen: Die interne Differenzierung von jugendlichen Sprechweisen erscheint deshalb so schwierig, da wir es mit einem gemeinsamen Kern, aber auch mit einer großen gruppencharakteristischen Variation zu tun haben (s. Kap. 3).

Ziel dieses Kapitels ist es, ein Bild von Jugendsprache zu zeichnen, das nicht die besonderen, kleingruppenspezifischen (sprecherorientierten), sondern vielmehr die allgemeinen, varietätenorientierten (systemlinguistischen) Züge gesprochener Sprache in den Fokus der Beschreibung rückt. Wir konzentrieren uns auf das, was wir als die gemeinsame Basis von Jugendsprache ansehen wollen, ohne dabei einen Anspruch auf Vollständigkeit erheben zu können. Die klare Trennung in Form und Funktion ist, obwohl hier durch die Kapitelüberschriften der Anschein erweckt wird, nicht stringent machbar. Form und Funktion bilden in der Sprachbeschreibung eigentlich immer ein untrennbares Paar. Der hier vorliegende Trennungsversuch ist mehr der Übersicht geschuldet.

Es wird den Leser/innen weiterhin auffallen, dass Gemeinsamkeiten zwischen gesprochenen und getippten oder geschriebenen jugendsprachlichen Spielweisen der Sprache existieren. Ein Großteil dieser formalen Merkmale der getippten bzw. geschriebenen Jugendsprache wird in Kapitel 5 besprochen.

Differenzierung von Jugendsprache

4.1 | Formale Merkmale gesprochener Jugendsprache

Um einen systematischen Überblick über die Merkmale zu geben, die bislang in der Forschung als charakteristisch für Jugendsprache festgelegt wurden, betrachten wir die Ebenen Lexikon, Wortbildung, Semantik und Syntax. Den Formteil schließen wir mit einem Kapitel zu Diskursphänomenen und einem Exkurs über nonverbale Merkmale von Jugendsprache ab.

4.1.1 | Lexikon

Wird in der Öffentlichkeit über Jugendsprache diskutiert, so rückt meist der Wortschatz oder seine Veränderung in den Mittelpunkt. Dies ist in allen aktiven Sprachgemeinschaften der Bereich, der sich am schnellsten wandelt. Aktuelle Ausdrücke Jugendlicher sind recht kurzlebig und werden schnell durch andere ersetzt. Sie stammen aus den unterschiedlichsten Geberbereichen des Lebens. Androutsopoulos (1998: 372–373) geht davon aus, dass sich der jugendliche Wortschatz zyklisch erneuert.

Der Renovierungsprozess des Lexikons: Androutsopoulos zählt vier allgemeine Prozesse auf, die den Erneuerungsprozess kennzeichnen und in Einklang mit soziokulturellen Entwicklungen stehen:

1. **Lexeme veralten** oder verlieren ihre Funktion, sie werden obsolet und müssen ersetzt oder ergänzt werden.
2. **Der Wortschatz wird erweitert.** Es vollziehen sich Verschiebungen in der Distribution. Das semantische Potenzial nimmt zu (Wörter werden in unterschiedlichen Kontexten verwendet: Das jugendsprachliche *porno* hat nicht zwangsweise mit sexuell explizitem Filmmaterial zu tun, als Wertadjektiv drückt der Begriff eine positive Haltung gegenüber einer Sache aus. Ebenso wenig hat *schwul* zwangsweise mit Homosexualität zu tun. Der Begriff drückt eine negative Einstellung zu einer Sache aus). Besonders der letzte Begriff hat zu Recht eine hitzige Diskussion in den Medien erfahren, da er eine diskriminierende Verwendung salonfähig zu machen scheint.
3. **Der Wortschatz wird erneuert.** Durch unterschiedliche morphologische oder semantische Verfahren entstehen Variationen bestehender Wörter oder Neuschöpfungen (z. B. *angetörnt*).
4. **Der Wortschatz verfestigt sich.** Im Laufe der Zeit stabilisieren sie sich entweder zu Kerneinheiten, verschwinden oder gehen in den peripheren Bereich über (z. B. *geil*).

Der nachweisbare gemeinsame Kern des jugendsprachlichen Habitus steht keinesfalls in Widerspruch zu den ebenso nachweisbaren kleinräumigen gruppenspezifischen Besonderheiten. Es ist zu berücksichtigen, dass in allen Bereichen von Gruppe zu Gruppe, von Individuum zu Individuum Variationen auftreten können.

Systematik

Das jugendliche Lexikon speist sich systematisch – und vor allem streng in Anlehnung an gängige Wortbildungsmuster des Deutschen – aus unterschiedlichen Domänen, die auf die soziokulturellen Orientierungen, die Situation, den Ort und die Zeit, in der sich die Jugendlichen befinden, hinweisen können.

Lexikalische Trenddomänen: Einen nachweisbaren Einfluss auf das jugendliche Lexikon haben verschiedene Domänen wie z. B. die Mode, die Medien und die Musik. Fachsprachliche Entlehnungen aus der Computer- oder Sportbranche spiegeln ebenso deutlich den jugendlichen Erfahrungshorizont und die Interessen wider, wie Onomatopoetika, die oftmals der Comicsprache zugeschrieben wurden (vgl. Neuland 2008: 152–153). Die lautnachahmenden und lautcharakterisierenden Wörter werden zu den Verstärkungspartikeln gezählt (z. B.: *bäh, würg, ächz, rülps, bumm, peng*). Lautwörter sind oftmals holophrastisch. Das heißt, sie können an die Stelle von Äußerungen treten oder stellen Begleitkommentare dar (vgl. Henne 1986: 105).

Regionalsprachen – und damit Variationen, die ortsbezogen sind – können Einfluss auf das jugendliche Lexikon nehmen. Heranwachsende in dialektreicheren Gebieten greifen nachweisbar bewusst neben den jugendtypischen Vokabeln zusätzlich auf ihr regionalspezifisches Inventar zurück und verleihen damit ihrem Sprachgebrauch ein Stückchen Lokalkolorit. Während in Deutschland die dialektale Jugendsprachforschung abgesehen von wenigen Arbeiten (vgl. u. a. Ehmann 1992) eher vernachlässigt wurde, erlebt sie in den dialektstarken Gebieten des deutschsprachigen Auslands aktuell Konjunktur (vgl. z. B. https://jugendsprachen.uni-graz.at; Lenzhofer 2017).

Ehmann (1992: 37–41) folgert aus seinen frühen Untersuchungen zu Dialekt und historischen Einflüssen, dass sich das Rotwelsch ebenfalls auf das Lexikon Jugendlicher ausgewirkt habe. Er führt z. B. *Kohle* und *Knete* als typisch jugendsprachlich für ›Geld‹ an und macht damit deutlich, dass die Grenzen zwischen Umgangs- und Jugendsprache mit zunehmender zeitlicher Differenz diffuser werden und somit nicht immer eindeutig bestimmbar sind.

Umgangssprachliche Vokabeln des ›Hier-und-Jetzt‹ sind teilweise geronnene, also verfestigte, Jugendlexik vorausgegangener Generationen. Geronnene Jugendlexik

Fremdwörter/Anglizismen: Eine bedeutende Rolle für die Jugendsprache spielen Entlehnungen aus Fremdsprachen. Der Einfluss vor allem des Englischen wird in der öffentlichen Diskussion in Verfalls- oder Untergangsklagen des Deutschen beklagt. Empirische Belege für die Befürchtung, dass das Englische das Deutsche verdränge, gibt es jedoch nicht. Die übernommenen Wörter werden meist phonologisch und morphologisch in das deutsche System integriert, auch wenn die fremde Orthographie erhalten bleibt.

Gerade an dieser Fähigkeit des deutschen Flexionssystems, Fremdwörter morphologisch ›einzudeutschen‹, zeigt sich, wie intakt das System arbeitet. So werden beispielsweise neue Verben gebildet, indem englische Verben das deutsche Infinitivsuffix *-en* erhalten: *to chill* wird zu *chillen* (sich ausruhen). Die neu gebildeten Verben folgen der deutschen Verbkonjugation und können durch verschiedene Präfixe (z. B. *ab-, rein-*) ergänzt werden. Adjektive auf *-ig* können sowohl von Nomen oder Verben als auch von englischen Entsprechungen auf *-y* abgeleitet sein (z. B. *freakig, poppig*).

In attributiver Form kongruieren die eingedeutschten Adjektive mit dem jeweiligen Bezugsnomen: *eine coole Sache, die coolen Sachen*. Derartig problemlos vollzieht sich auch die Partizipialbildung: *ein total abgefuckter Typ*. Man sieht daran, dass Fremdsprachen durchaus einen Einfluss auf das Lexikon der deutschen Sprache haben, in keinem Fall wird jedoch die Grammatik verändert. Eine ausführliche Diskussion zum Einfluss des Englischen auf die deutsche Sprache bietet u. a. Eisenberg (2013) in seinem Beitrag zum *Bericht der Lage der deutschen Sprache*.

Anglizismen

An diesen Beispielen wird deutlich, dass beispielsweise phrasale Verben wie *chill out* und *hang out* produktiv sind. Darüber hinaus werden auch Vulgarismen wie z. B. *fuck* und *bitch* aus dem Englischen übernommen. Die Übernahme der Anglizismen findet jedoch nicht unkoordiniert statt. Da sie sich zum größten Teil auf bestimmte kulturelle Ressourcen beziehen und funktional ein breites Spektrum abdecken, folgert die Jugendsprachforschung, dass Entlehnungen gezielt ausgewählt werden.

Betrachtet man die Anglizismen innerhalb des jugendsprachlichen Wortschatzes näher, so fallen vor allem wertende Adjektive wie *tough* oder *cool*, Abstrakta wie *Ego-Trip*, Bezeichnungen für Drogen wie *Piece*, *Jolly*, Konkreta wie *Ghetto-Blaster* oder Substantive aus dem Bereich Musik und Medien auf.

Auch unter den Verben finden sich überwiegend solche aus den Bereichen Musik und Medien. *Rocken* und *covern* sind Beispiele dafür sowie auch die von den Mitgliedern sozialer Gruppen selbstgewählten Bezeichnungen für mehr oder weniger verfestigte Praktiken (sog. ›Ethnokategorien‹), wie *outen* und *dissen* oder Bezeichnungen für bestimmte Tanzstile (z. B. *headbangen* oder *pogen*). Unter den Fremdwörtern gibt es eine grenzübergreifende Gruppe. Diejenigen Wörter, die in dieser Gruppe vorkommen, kann man schwer einordnen. Ohnehin scheint das Hauptkriterium für die Klassifizierung eines Fremdwortes die Geläufigkeit und die Textfrequenz zu sein: Fleischer (1993: 85) zeigt, dass ein Wort wie *Maschine* nahezu von der Hälfte der befragten Personen nicht als Fremdwort angesehen wurde.

Eindeutig ist in der Jugendsprache das Englische die beliebteste Gebersprache (vgl. u. a. Schlobinski/Kohl/Ludewigt 1993: 173; Eisenberg 2013). Eine mögliche Erklärung dieser Beliebtheit von Anglizismen ist, dass

[...] Anglizismen in der Alltagskommunikation Jugendlicher häufig dazu dienen, eine bekannte Sache auf originelle (und dabei gruppenspezifische) Weise zu denotieren. Die Äußerung eines sonst trivialen Sachverhaltes gewinnt durch den Anglizismengebrauch einen gewissen Anreiz, einen nicht-alltäglichen Ton. Dieses jugendsprachlich relevante Motiv des Anglizismengebrauchs stimmt mit allgemeinen Tendenzen des jugendlichen Sprachverhaltens überein. (Androutsopoulos 1998: 578)

Dass die Prominenz dieser Entlehnungsbereiche schlicht auf eine positive Wertung anglophoner Begriffe zurückzuführen sein kann (vgl. Baradaranossadat 2011: 46), ist aus unserer Sicht zumindest erklärungsbedürftig. Der ›In-Faktor‹ spielt zweifelsohne eine Rolle, dem pragmatischen

Aspekt wird damit jedoch nicht ausreichend Rechnung getragen: Mit einer neuen Form geht auch immer eine Erweiterung oder Einschränkung der Funktion einher (vgl. Imo 2006). Dies zeigt sich unter anderem daran, dass Jugendliche ohne Migrationshintergrund ihnen völlig fremde Begriffe aus anderen Sprachen wie dem Türkischen in ihren Wortschatz übernehmen (vgl. u. a. Bahlo 2010), um beispielsweise ihre ›harte Straßentauglichkeit‹ aktiv zu inszenieren (s. Kap. 6 und vgl. besonders Steckbauer et al. 2014).

Turzismen

Auffallen mag bereits hier, dass viele der Beispiele auch in der allgemeinen Umgangssprache ihren Platz gefunden haben. Dies zeigt einmal mehr, wie schnell Jugendsprache veraltet und wie stark sie ebenso Parallelen zur Lexik des Alltags aufweist.

4.1.2 | Morphologie

Jugendsprachliche Lexik stellt kein starres Gebilde dar. Die Veränderung des Lexikons Jugendlicher folgt den gängigen Wortbildungsmustern des Deutschen. Durch diese regelhaften Bildungen können auf einfache Weise bestehende Wörter neu gebildet oder modifiziert werden. Wie auch in anderen Spielarten der Sprache sind Komposition, Derivation und Modifikation die produktive Basis für die Wortform- und Wortstammbildung Jugendlicher.

Komposition: Das sicherlich produktivste Verfahren der jugendlichen Wortbildung ist die Komposition. Zu den Komposita zählt man Wortbildungen, die aus verschiedenen schon vorhandenen Wörtern zusammengesetzt wurden. Jugendliche verwenden dabei speziell Lexeme, die als umgangssprachlich, salopp, derb oder vulgär markiert sind. Die Bestandteile der Komposita sind stets expressiv, entweder wertend oder intensivierend. Sie werden häufig verwendet, um Personengruppen (z. B. *Gangsterschlampen*) oder Orte (z. B. *Chillwiese*) zu beschreiben, um Abstrakta (z. B. *Emo-Szene*) oder Übermaß (z. B. *übergeil*) auszudrücken und für evaluative Vulgärausdrücke (z. B. *Scheißtyp*). Oftmals handelt es sich um gruppenspezifische Lexeme, die die speziellen Interessen oder die Kultur einer bestimmten Gruppe widerspiegeln (vgl. Baradaranossadat 2011: 36–37).

Wortbildung

Derivation bezeichnet die Veränderung eines Basiswortes durch Affixe. Hier ändert sich nicht allein die Bedeutung, es findet ein Wortartenwechsel statt. Suffixe wie *-mäßig* oder *-ig* werden an Wörter angehängt, um auszudrücken, wie etwas oder jemand ist: *hammer-mäßig*, *chill-ig* (Pauli 2011: 37). Auch die Suffixe *-i* oder *-o* erweisen sich in jugendlichen Sprechweisen als gruppenübergreifend produktiv (Nowottnick 1989: 77) (z. B.: *Softi*, *logo*). Eine Sonderform der Derivation ist die Ableitung ohne morphologische Markierung: Dies ist beispielsweise der Fall, wenn Substantive als Adjektive verwendet werden: *Sie ist spitze/klasse/hammer*. Hyperbolisierte Entzückungs- und Verdammungswörter können mit Hilfe doppelter oder mehrfacher Prädikation noch verstärkt werden. Dabei wirken Hyperbolisierungen vergrößernd, gleichzeitig aber auch vergröbernd. Zu ihnen zählen auch: *un-heimlich*, *irre*, *wahnsinnig*, *geil*, *saugeil*, *affengeil*, *ultra* etc. (Račienė 2002: 18–19).

Modifikation: Hier wird ein Basislexem vor allem durch Präfixe semantisch verändert. Die Wortart bleibt dabei erhalten. Charakteristische Beispiele zeigen sich bei Wörtern, die mit dem Präfix *rum-* (= nicht zielgerichtet handeln, z. B. *rum-eiern*, *rum-labern*) modifiziert wurden. Präfixe wie *an-*, *ab-*, *rum-*, oder *rein-* können von den Jugendlichen theoretisch jedem Verb vorangestellt werden (*an-kacken*, *an-labern* etc.). Eine Besonderheit stellen die Intensivpräfixe (z. B.: *super-*, *ultra-*, *mega-*, *affen-*) dar. Sie gelten in der Regel als gebundene Morpheme. Abgesehen von wenigen Ausnahmen (wie z. B. *mega-* und *super-*, die auch als freie Morpheme auftreten), kommen sie nur in Kombination mit anderen Wortteilen vor. Durch ihren Einsatz wird das Basiswort intensiviert. Es erhält eine zusätzliche Wertung: *Das war megageil/affenstark/ultrasoft* usw. Diese Intensivierung geht häufig mit einer Bedeutungsverschiebung oder -erweiterung einher, die man am Beispiel der Adjektive in manchen Fällen als künstlichen Elativ bezeichnen könnte (*geil*, *geiler*, *am geilsten*, *megageil*).

4.1.3 | Kurzwortbildung

Apokope: Die Tendenz zur Kurzwortbildung ist in allen Jugendgruppen verbreitet. Die Apokope ist die formal einfachste Variante. Dort wird lediglich das Wortende gekürzt: *Geschi* (Geschichte), *Disko* (Diskothek). Besonders häufig findet diese Variante Verwendung, um Spitznamen zu generieren. So wird aus der karibischen Pop-Sängerin Rihanna *Ri*. Diese Praxis ist vor allem im Umgang mit Namen verbreitet: Unter engen Freunden werden Kurznamen kreiert. Pauli (2011: 38) plädiert dafür, diese Namenskürzungen als Spiegelung sozialer Nähe zu werten, da sie oftmals mit Verniedlichungen einhergehen, die Intimität ausdrücken.

Akronym: Kurzwörter, die sich aus den Anfangsbuchstaben anderer Wörter zusammensetzen, bezeichnet man als Akronyme. Populär geworden sind sie vor allem durch die sprachökonomischen Züge der Chat- und SMS-Kommunikation (s. Kap. 5) oder auch durch die Rezeption in der Musikbranche. Erinnert sei an die Fantastischen 4 mit dem Hit »Mfg – Mit freundlichen Grüßen«, der eben jene Tendenz zur Kurzwortbildung nicht nur in jugendkulturellen Peergroups spiegelt.

Leet-Speak

Über diese echten Akronyme – wie *hdl* (hab dich lieb), *lol* (laughing out loud), *pP* (persönliches Pech) – hinaus existieren auch Silbenwörter wie *bimo* (bis morgen) oder auch sogenanntes ›Leet-Speak‹ (bestehend aus alphanumerischen Zeichen und Ziffern), z. B. *w!k!p3d!4* für *Wikipedia* (graphematische Nähe). Andere Stilmittel betreffen die Rebusschreibung, die mit phonetischer Nähe arbeitet (z. B. *Gute N8* für *Gute Nacht*) (s. Kap. 5; vgl. Runkehl/Schlobinski/Siever 1998 und auch Döring 2002). Oftmals bleiben diese akronymischen Verwendungsweisen jedoch auf die geschriebene Mündlichkeit (vor allem in der mobilen Kommunikation) beschränkt.

4.2 | Semantische Verschiebungen

Inhaltsseite: Wörter haben immer eine regelhafte (morphologisch/syntaktische und auch phonologisch/graphematische) Form, die willkürlich aber konventionell an die Inhaltsseite gebunden ist (vgl. Klein 2013: 22). Die Semantik als Teildisziplin der Linguistik beschreibt eben jene Inhaltsseite.

Bedeutungsveränderung: Ein charakteristisches Merkmal der deutschen Jugendsprache ist die Bedeutungsveränderung. Jugendliche drücken sich oftmals bildlich aus, nutzen die potenzielle Mehrdeutigkeit, deuten bestehende Wörter um oder geben häufig verwendeten Ausdrücken variable Inhalte (Račienė 2002: 18).

Metaphorisierung und Metonymisierung: Lexemen der Sprache können durch Metaphorisierungs- oder Metonymisierungsprozesse (teils mit morphologischen Veränderungen) neue Inhalte zugewiesen werden. So bedeutet *abreihern* ›sich übergeben‹ (Metapher; die Bewegung des Reihers beim Fische fangen ähnelt der Bewegung beim Erbrechen) und ein *Grufti* ist eine alte Person oder ein Mitglied der Gothic-Szene (Metonymie). Wie schnelllebig auch diese semantischen Verschiebungen und Erweiterungen sind, zeigt sich am Beispiel des Verbs *ab-papsten* deutlich: Den meisten Jugendlichen war Papst Johannes Paul II. – und dessen Routinehandlung nach dem Ausstieg aus dem Flugzeug den Boden zu küssen – in den 1990er Jahren bekannt. Die für manche eigentümlich erscheinende Dankesgeste wurde in unterschiedlichen Jugendgruppen aufgegriffen und metaphorisch als Begriff für ›auf die Fresse packen‹ oder ›sich übergeben‹ verwendet. Heute kennt dieses Verb kaum noch ein Jugendlicher. Ereignisse, die medial stark verbreitet wurden, schlagen sich im Lexikon der Jugendlichen dennoch nieder. Vor kurzem war das *guttenbergen* (abschreiben) in adoleszenten und postadoleszenten Peergroups gruppenübergreifend als Terminus populär.

> Semantische Veränderungen

Bedeutungsvariation: Zusätzlich greifen Jugendliche auf die Möglichkeit der Bedeutungsverschiebungen (semantische Variationen) zurück: *Bonsai* bezeichnet einen kleingewachsenen Jungen oder *Melone* wird zum Synonym für *Kopf*. Grundlegende Merkmale für Jugendsprache sind ebenso Bedeutungserweiterungen (semantische Additionen) wie *fett* und *porno* (super, sehr gut, schön) oder Bedeutungsverengungen (*tricky* als durchtrieben, trickreiche Person). Auch Desemantisierungen sind ein Phänomen der Jugendsprache. So kommt beispielsweise *geil* ursprünglich aus dem mittelhochdeutschen und bedeutet so viel wie ›von wilder Kraft‹, ›mutwillig‹, ›üppig‹, ›lustig‹, ›fröhlich‹, ›begierig‹. Jugendsprachlich bedeutet es *schön*, Anfang des 20. Jahrhundert galt es noch als ›sexuell aktiv‹ (Pauli 2011: 34).

Lexikalisch/semantische Neuerungen sind unter anderem für den teils kryptisch anmutenden Charakter von Jugendsprache charakteristisch. Aus okkasionellen Ad-hoc-Bildungen entstehen Neologismen wie *Partyparasit* (uneingeladener Partygast) oder *Cellulitezentrum* (Schwimmbad). Neologismen in der Jugendsprache wurden besonders von Hilke Elsen (2002) beschrieben. Ob diese Neologismen tatsächlich ihren Ursprung in Jugendgruppen haben, bleibt jedoch oftmals fraglich.

4.3 | Syntax und Routinekonstruktionen

Während zuvor von den wortinternen Regeln gesprochen wurde, soll nun der Blick auf die wortexternen Regeln gerichtet werden, nämlich auf die Frage, wie mehrere Wörter zu einem Satzglied oder Satzteil verbunden werden.

Gesprochene Sprache: Allen Jugendsprachen ist gemein, dass sprechsyntaktische Merkmale wie Ausklammerungen, Ellipsen, Drehsätze, Parenthesen etc. prominent vertreten sind. Dies ist zunächst nicht verwunderlich, da die genannten Phänomene ganz allgemeine Merkmale der gesprochenen Sprache darstellen (vgl. u. a. Schwitalla 2008; Bahlo/Klein 2017).

Partikeln und Hecken: Der gehäufte Einsatz von Partikeln scheint jedoch – geht man von der Überzeugung der Presse aus – jugendcharakteristisch zu sein. Besonders Heckenausdrücke, Dehnungs- oder Abtönungspartikeln (*irgendwie, oder so, so* etc.) wurden zu Beginn der modernen Jugendsprachforschung als Anzeichen von Unsicherheit diskutiert (Nowottnick 1989: 79). Durch gesprächsanalytische Untersuchungen konnte später gezeigt werden, dass sich Jugendliche durch die Verwendung von Heckenausdrücken, floskelhaften Gesprächsphrasen und stereotypen Sprüchen einen erweiterten Handlungsspielraum im Gespräch einräumen, deren Einsatz auch syntaktisch begründbar ist (Bachofer 2003: 63). Partikeln gehören zu den unveränderlichen Wortarten der Sprache. Sie können ganz unterschiedliche Aufgaben wahrnehmen. So tönen sie als Modalpartikeln den Duktus einer Aussage ab, kaschieren in Form von sprachlichen Hecken die Aussage und strukturieren das Gesagte.

Stellungen von »ey«

Die Partikel *ey*: Ein häufig diskutiertes Beispiel stellt die Partikel *ey* dar. Die Gebrauchsintensität des ›Füllwortes‹ lässt es zu einem signifikanten jugendsprachlichen Merkmal werden. *Ey* kann in Hinblick auf kommunikative Aufgaben und syntaktische Gestaltungen gesprochener Äußerungen verschiedene Funktionen erfüllen. Zunächst einmal kann sie rechtsperipher als Verstärker eingesetzt werden (*Und dann zeigen wir dem mal wo der Hammer hängt, ey!*). Als interjektionaler Attentiongetter (*Ey, du Penner*) dient sie linksperipher der emotionalen Färbung der Anrede und hilft etwa das Rederecht zu erhalten (*Ey, darf ich mal was sagen*).

Als Gesprächspartikel finalisiert sie häufig den Redebeitrag und übergibt das Rederecht. Die Partikel *ey* kommt oftmals in expressiven Sprechhandlungen vor, da sie syntaktisch ›einfach‹ gebildet werden können (z. B. *Boa ey! Echt ey!*). Sprecher/innen bringen damit ein subjektives Erlebnis, eine Meinung oder eine Bewertung zum Ausdruck (*voll scheiße, ey!*) (Schlobinski/Kohl/Ludewigt 1993: 136). Aber auch in kommunikativen Sprechweisen wird die Partikel *ey* verwendet. Durch ihren Einsatz gelingt es, die Rede zu organisieren, Gesprächsabfolgen zu regulieren und Gesprächsrollen zu verteilen (z. B.: *Und dann noch in der Schule ... ey, was heute wieder alles schief gegangen is, das glaubst du nicht!*). Die Sprecher/innen ziehen darüber hinaus auch die Aufmerksamkeit der Zuhörer/innen auf sich. Die Partikel übernimmt somit die Aufgabe eines syntaktischen Bindeglieds, das polyfunktional-pragmatische Funktionen (u. a. Aufrechterhaltung des Rederechts) erfüllt. Eine ausführliche qualitative und auch quantitative Untersuchung findet sich in Schlobinski/Kohl/Ludewigt (1993).

Floskelhafte Phrasen: Ein weiteres formales Merkmal sind auffällige, floskelhafte Phrasen. Wiederkehrende und prominent vertretene Gesprächsphrasen haben dazu geführt, dass Jugendsprache gern mit einer ›Sprüchekultur‹ in Verbindung gebracht wurde. Dabei speisen sich die Routineformeln oftmals aus standard- oder umgangssprachlichen Mustern. Bestimmte syntaktische Grundmuster sind offensichtlich besonders produktiv. So wird z. B. *Mach den Mund zu* in *Mach den Kopp zu* abgewandelt. Die syntaktische Struktur wird beibehalten, es werden lediglich einzelne Bestandteile ausgetauscht.

Strukturmuster

Ein anderes bekanntes Strukturmuster der Jugendsprache, das auch in der Umgangssprache verwendet wird, ist: *Du bist/hast wohl/ ...*, das stellvertretend für *Du spinnst* steht. Um die Formel zu füllen, werden sowohl Metaphern (*Du hast wohl'n Knall.*) als auch wertnegative Adjektive (*Du bist wohl total bescheuert.*) verwendet. Diese Routineformeln sind bereits heute in die Umgangssprache übergegangen. Dies liegt daran, dass solche Realisierungen schnell veralten. Das Verfahren, vorhandene etablierte Muster zu variieren, indem Metaphern aus unterschiedlichen Bereichen eingebaut werden, bleibt jedoch weiterhin produktiv (Baradaranossadat 2011: 50).

Die Routineformel *ich schwöre*: Ein aktuelles – im Gegensatz dazu jugendspezifisches – Muster ist die Routineformel *ich schwöre*: In verschiedenen Spielarten der Sprache kann man feststellen, dass ein Schwur geleistet oder abgelegt werden kann und damit etwas versichert oder gelobt wird. Dies kann bekräftigt werden, indem eine Eidesformel (etwa: *so wahr mir Gott helfe*) hinzugefügt wird. Durch das Schwören kann weiterhin eine bestimmte Ansicht oder Überzeugung bekräftigend dargestellt werden (*ich könnte schwören, ich habe dir das gesagt*). Durch das Schwören beteuert oder versichert man etwas auch nachdrücklich (*ich schwöre, dass ich davon nichts gewusst habe*). Wenn jemand auf die neueste Faltencreme schwört, dann ist dies als Ausdruck des absoluten Vertrauens zu dem genannten Produkt zu verstehen (vgl. Duden 2005).

Im gesprochenen ›Jugend-Deutsch‹ – und auch in einigen Fanzines und Gästebüchern, in denen wir es mit medialer Schriftlichkeit und konzeptioneller Mündlichkeit (Koch/Oesterreicher 1985, 1994) zu tun haben – erscheinen jedoch *ich-schwöre*-Konstruktionen, die sich in formaler und auch funktionaler Hinsicht von den herkömmlichen unterscheiden. Sie stehen syntaktisch gesehen an den peripheren Rändern und erfüllen teilweise diskursorganisatorische Funktionen.

4 Merkmale von Jugendsprache

Beispiel   **Anrufbeantworter in einem Skypechat**

Unser Beispiel stammt aus dem Anrufbeantworterteil des Jugendsprache-im-Längsschnitt-Korpus (JuSpiL). SP1 (Sprecher 1) ruft über den Videotelefonieanbieter ›Skype‹ einen Freund an. Der Anrufbeantworter nimmt das Gespräch entgegen. SP1 hofft auf einen baldigen Rückruf (*melde dich mal bei mir*), er bekräftigt diesen Wunsch mit *mach das mal* und beendet den Anruf mit der Routineformel *hau rein*.

```
001   SP1:   ich=schwör dir MELde dich mal bei mir;
002          ich=schwör abo lan (-) ich=schwör (-) man MACH
             das
003          mal- (1.0) hau rein;
```

Auffällig mögen Phänomene wie das Fehlen einer Begrüßung oder die Verabschiedung (*hau rein*) sein. Auch ethnolektale Bestandteile (*abo lan*) kommen vor. Zudem folgt dem zweiten und dem dritten *ich schwör* kein direktes Objekt (*Ich schwöre dir ewige Treue*) oder ein durch den Subjunktor *dass* eingeleiteter Komplementsatz. Ein Matrixsatz mit uneingeleitetem Nebensatz (wie z. B. *Ich schwöre, er war nicht bei mir*) liegt ebenfalls nicht vor. Auch eine Präposition wie in *Ich schwöre auf die neue Faltencreme* existiert in diesen Beispielen nicht. Die außergewöhnliche Verwendung von *ich schwöre* deutet darauf hin, dass Funktionen erfüllt werden, die das reguläre *ich schwöre* nicht vorsieht. Genauere Untersuchungen dieses Phänomens zeigen, dass *ich schwöre* äußerungsinitial teilweise eine semantische Verblassung erfährt. Die *ich-schwöre*-Konstruktion zeigt dann verschiedene metapragmatische Eigenschaften, die teils retraktiv, teils projizierend den Diskurs organisieren, indem sie bekräftigend und bestätigend Stellung zu Äußerungen nehmen und Gemütszustände, die sich auf vorangegangene oder Folgesyntagmen beziehen, kommunizieren.

Die syntaktische Links- bzw. Rechtsversetzung der Routineformel geht einher mit einer semantischen Verblassung des ursprünglichen Gehalts. Die Formel bleibt auf die 1. Person Singular beschränkt, es erfolgt also eine grammatische Reduktion des Formenspektrums. Mit dieser Einengung erfolgt aber gleichzeitig eine metapragmatische Neuorientierung. Vorverweisend kann die *ich-schwöre*-Konstruktion nun diskursorganisierend die Einstellung von Sprechern zu einer Sache bekunden. Die Konstruktion ›färbt‹ das Gesagte oder das Kommende emotional ähnlich einer Interjektion: Durch die verschiedenen Intonationsmöglichkeiten von *ich schwöre* können Emotionen bereits äußerungsinitial als Signal für den Hörer bekräftigt werden. Gleichzeitig kann rückverweisend auf bereits erfolgte Gesprächsschritte Bezug genommen werden.

Kollokationen: Phraseologismen und Routineformeln können jugendspezifisch sein. Gewohnheitsmäßige Wortverbindungen (sog. Kollokationen) zeigen wiederkehrend verwendete syntaktische und morphologische Strukturen. Produktiv sind die Verbindungen aus Nomen und Adjektiven (z. B. *korrekter Preis*, *krasser Typ*, *geile Sau*) aber auch Verbindungen aus

Nomen und Verben, die oftmals reihenbildend sind (z. B. *die Uni schmeißen* (abbrechen), *eine Party schmeißen* (veranstalten), *Pillen schmeißen* (Drogen einnehmen).

Phraseolexeme – satzgliedfähige lexikalische Einheiten, die keinen vollständigen Redebeitrag leisten können – sind eine Sonderform. In jugendlichen Spielarten der Sprache werden diese nach Wotjak (1992) auf vier verschiedenen Ebenen modifiziert:
- **Expansion:** Die Komponenten werden durch Attribute erweitert (z. B. *die sau rauslassen* → *die megasau rauslassen*).
- **Reduktion:** Bestimmte Komponenten werden eingespart (z. B. *Du kannst mich mal am Arsch lecken* → *leck mich*).
- **Modifizierung:** Die Komponenten werden syntaktisch oder morphologisch verändert (z. B. *jmdn. den Arsch aufreißen* → *sich den Arsch aufreißen* → *hast du den Arsch offen?*).
- **Lexikalische Substitution:** Die Komponenten werden wendungsintern ersetzt (z. B. *auf die Nerven gehen* → *auf den Keks gehen*).

Androutsopoulos (1998) weist darauf hin, dass sich jugendsprachliche Phraseolexeme hinsichtlich ihrer Regelhaftigkeit offenbar nicht sonderlich von der Umgangssprache unterscheiden. Abweichungen sieht er vor allem auf inhaltlicher Ebene. Jugendspezifische Phraseolexeme werden vor allem aus den Bereichen der Gefühle und Einstellungen, der sozialen Orientierung und der intensivierenden Ausdrucksweisen (die oftmals einem vulgären Register entstammen) gebildet.

4.4 | Gruppenübergreifende Diskursphänomene

Jugendliche Sprechweisen sind immer von der speziellen kleingruppenspezifischen Struktur und der Situation geprägt. Es existieren allerdings auch Merkmale, die gruppenübergreifend auftreten. Anhand einiger Beispiele wollen wir dies verdeutlichen.

Stilbasteleien: Jugendliche scheinen eine Vorliebe für das Spiel mit verbalen und nonverbalen Kommunikationsmitteln zu haben. Stilbasteleien stellen für Jugendliche eine Möglichkeit dar, unterschiedliche kulturelle Ressourcen in neuen Kontexten zu verwenden. Sie werden in der Literatur auch als ›Bricolage‹ oder ›Sampling‹ bezeichnet. Gemeint ist eine verfremdete Zitation aus den Medien oder anderen Geberbereichen bzw. eine Dekontextualisierung standardsprachlicher Begriffe mit anschließender Rekontextualisierung im aktuellen Diskurs, der häufig durch die Medien angeregt wird. Das Konzept der Verwendung verschiedener Quellen (›Ressourcenverwendung‹) außerhalb ihres Bestimmungszwecks erweckt für Außenstehende den Anschein einer Kodierung. Stilbasteleien betreffen jedoch nicht nur den sprachlichen Bereich. Wenn sich Punks Sicherheitsnadeln durch die Ohren stecken oder Rapper ihren sozialen Aufstieg durch massive Goldketten hervorheben, wird ebenfalls von Bricolage gesprochen.

Kommunikative Gattungen/Ethnokategorien: Zu den gruppenübergreifenden Mustern von Jugendsprache gehören auch kommunikative

Prägung von Sprechweisen

Gattungen, die oftmals genderspezifische Ausprägungen haben. Formal auffallend sind vor allem die ›Aller aller beste Freundin-Postings‹ (AABF-Postings) junger Mädchen, die sich in sozialen Netzwerken durch überschwängliche Einträge auf der Pinwand der Freundin oder durch kreativ gestaltete Bilder auszeichnen (vgl. Voigt 2015). In der (Teil-)Öffentlichkeit des Internets kann man diese Postings als Solidarisierungs- und Intimitätsbekundungen wahrnehmen, die freundschaftsstärkend sind. Zu den kommunikativen diskursiven Praktiken, die genderspezifische Ausprägungen haben, gehört auch die Kategorie ›Dissen‹, die eher Jungen zugeschrieben wird (vgl. Deppermann/Schmidt 2001; s. Kap. 5). Im spielerischen Modus wird über unterschiedliche Methoden versucht, den Ehrverlust eines anderen zu bewirken.

Diese Beispiele zeigen, was allen Jugendgruppen und ihren Mitgliedern gemein ist:

- Das Bestreben nach **Solidarität und Distinktion** zu anderen,
- das Bestreben, den eigenen **Status aufrechtzuerhalten/zu verbessern** und
- dabei möglichst **Spaß zu haben**.

Konstituierung sozialer Identität

Das gemeinsame Ziel dieser drei Punkte kann als Konstituierung sozialer Identität grob umrissen werden.

Erzählen von Geschichten: Deutlich wird dies auch im Erzählen von Geschichten. Obwohl es sich bei dieser kreativ-kommunikativen Ausgestaltung von Erlebtem im Rahmen jugendlicher Gemeinschaft sicherlich nicht um ein Primat der Jugend handelt, verorten sich Erzählungen besonders häufig in der jugendlichen Gemeinschaft – Erzählen benötigt das Gegenüber, Alltagserzählungen entstehen im aktiven sozialen Miteinander (Quasthoff 2001) und bieten mannigfaltige Möglichkeiten zur sprachlichen Ausgestaltung, zur reflektierenden Bewertung von Ereignissen und zur Positionierung des Erzählers wie des Gegenübers (vgl. Branner 2005).

Im Erzählen manifestieren sich Identitätskonzepte und -facetten (Bamberg 1997; Lucius-Hoene/Deppermann 2004), die gerade in der Phase der Adoleszenz von enormer Bedeutung sind (Schmidt 2004). Versierte Erzähler/innen werden teilweise via Fremdwahl explizit aufgefordert, eine bestimmte ›Story‹ zu erzählen. Das Erzählen einer ›krassen Geschichte‹ unterliegt somit einer bestimmten gruppendynamischen und prestigesteigernden Funktion. So beinhalten die Wahl des Erzählers, die Wahl des Themas, des Ortes, der Zeit sowie der an der Geschichte beteiligten Personen bereits Positionierungsaktivitäten – vor allem gelingt dies aber über das verwendete Vokabular und insbesondere über den Modus, in welchem die Alltagserzählungen präsentiert werden.

Durch Positionierungsaktivitäten gelingt es den Jugendlichen, identitätsbildende Praktiken in Alltagserzählungen als multimodale »Performanzen« (vgl. Wulff 2001) aufzuführen. Solche Praktiken sind nach Le Page/Tabouret-Keller (1985: 215) »Acts of Identity«: Jedes Individuum richtet sein Verhalten systemisch nach den Werten der Gruppe aus, mit denen es identifiziert werden möchte. Pausen, Stimmqualität und die

Lautstärke (auch »szenisches Präsens«; Quasthoff 1980) schaffen dabei einen unmittelbaren Zugang zur erzählten Erlebniswelt der Jugendlichen. Dabei kommen spezielle rhythmische Muster zum Einsatz, die eine Narration als spannende und effektgeladene Aufführung inszenieren (zu allgemeinen prosodischen Aspekten in juventulektalen Stilen vgl. Kern 2008).

Zu fragen bleibt, ob solche Spezifika idiosynkratisch sind, welche Funktion (pragmatisch, soziologisch, identitätsstiftend, gruppendynamisch) sie erfüllen oder woher genau diese Muster stammen und wie sie erworben werden. Konversationsanalytisch gut zu rekonstruieren ist, dass diese speziellen konversationellen Praktiken gruppendynamische Prozesse aktivieren, das Prestige von Erzählern ›krasser‹ Geschichten steigern und auch dass sie meinungsbildend und bestätigend eingesetzt werden. Weniger einfach zu beantworten ist die Frage nach dem Erwerb solcher Gebrauchsmuster: Eine Nähe zu medialen Praktiken (HipHop, Rap, medial vermittelte Jugendsprache etc.) ist nicht von der Hand zu weisen, ebenso wenig wie die Übernahme bestimmter Muster (phonetisch, prosodisch, lexikalisch, syntaktisch; dazu allgemein Dittmar/Bahlo 2008: 264–265) aus z. T. ethnolektalen Kontexten wie Schule, Freundeskreis oder flüchtige (Alltags-)Rezeption etc.

4.4.1 | Exkurs: Merkmale nonverbaler Kommunikation

Kleidung: Nonverbale Kommunikation Jugendlicher ist bislang ein Randthema der linguistischen Jugendsprachforschung gewesen. Wir wissen zwar, dass milieuspezifische Botschaften, beispielsweise durch die Kleidung, Ausdruck und Spiegelung von Identität sein können, dass sie provozieren, distanzieren, solidarisieren oder einfach kreativ sind (vgl. Meer/Staubach/Uridat 2017). Eine intensive Auseinandersetzung mit der Thematik hat bislang jedoch nicht stattgefunden.

Gestik/Mimik: Ähnlich verhält es sich mit redebegleitenden Gesten. Wir wissen aktuell nicht mehr als Laien über die Systematik von Gesten von Jugendlichen, die u. a. besonders auffällig die Paarsequenzen der Begrüßung begleiten, die dem Beleidigen oder der Gruppenidentifizierung dienen.

Jugendliche Gebärdensprache

Ein äußerst spannendes und zugleich noch vernachlässigtes Forschungsfeld sind sprachliche Phänomene gebärdensprechender Jugendlicher. Gibt es überhaupt Jugendsprache in Gebärden? Allgemein kann gesagt werden: »Benutzer von Gebärdensprachen [...] machen je nach Anlass von verschiedenen Stilen und Registern ihrer Sprache Gebrauch« (vgl. Boyes Braem 1995: 131). Dies würde dafür sprechen, dass auch jugendspezifische Gebärden existieren. Schließlich ist zu vermuten, dass psycho- und soziolinguistische Phänomene unabhängig von einer konkreten Sprache auftreten. Beim Spracherwerb ist z. B. beobachtet worden, dass Phasen oder Phänomene, die in der Lautsprache vorkommen, auch in der

Zur Vertiefung

Gebärdensprache auftreten, so etwa die sogenannte ›Zweiwortphase‹. Für die Zeichensprache Jugendlicher in Deutschland existieren bislang keine Forschungen, aus der anglophonen Forschung lassen sich jedoch einige Erkenntnisse zusammentragen:
Merkmale jugendlicher Gebärdensprache: So wie es ›die Jugendsprache‹ nicht gibt, kann natürlich auch nicht von ›der jugendlichen Gebärdensprache‹ gesprochen werden. Dennoch treten auch hier Merkmale auf, die gruppenübergreifende Gültigkeit zu haben scheinen.
Abweichungen: Abwandlung und Entlehnung von Handformen sind erwartbare und bereits beobachtete Erscheinungen im Bereich der Phonomorphologie. Auf Basis der Handvariation sowie Bewegungsmodulation stellt sich die Klassifikation als morphologisch produktiver Bereich für Jugendsprache heraus, da sie sowohl ikonisches Potenzial als auch arbiträre Konventionalisierungen aufweisen (vgl. Perniss/Pfau/Steinbach 2007: 10). Unterschiede in der Ausführungsstelle haben Lucas et al. bereits in der American Sign Language für die Gebärde ›DEAF‹ nachweisen können und dabei sogar eine Altersabhängigkeit festgestellt (vgl. Lucas/Bayley/Valli 2001: 132 ff.). Ähnliches ist für die deutsche Gebärdensprache (DGS) zu erwarten.
Sprachökonomie: Im Rahmen sprachökonomischer Bestrebungen ist die Reduzierung von Zweihandgebärden auf Einhandgebärden durch den Verzicht auf die passive Hand erwähnt worden. Diese Form der phonologischen Tilgung wurde in der deutschen Gebärdensprache bereits mit Hinweis auf ihre Jugendcharakteristik beobachtet (vgl. Nishio 2008), jedoch nicht ausführlich behandelt.
Morphologie: Auf morphologischer Ebene sind Abweichungen im Pronominalsystem und der Pluralmarkierung durch Reduplikation entgegen der vorherrschenden Tendenz bei am Körper ausgeführten Nomen beobachtbar. Ebenso ist Variation auf phonologischer (z. B. durch Tilgung der Bewegungsrichtung) und morphologischer Ebene (Markierung durch einen Personen-Kongruenz-Marker statt durch Orientierung/Bewegung) in der Kongruenzmarkierung vorstellbar. Für die American Sign Language wird in diesem Zusammenhang der Wechsel verbaler Kongruenzklassen als altersabhängige Erscheinung beschrieben (vgl. Hohenberger 2008: 266).
Morphosyntax: In der Morphosyntax sind das Auftreten von pro-drop-Phänomenen (vgl. Hänel-Faulhaber 2005: 85 ff.) sowie Auffälligkeiten bei der Konstituentenreihenfolge (z. B. Position von Attributen und Negationsmarkern) oder Negation (Verkürzung des Kopfschüttelns oder Verzicht auf Negationsmarker/Kopfschütteln) sichtbar. Gebärdendolmetscher/innen weisen teilweise in nichtwissenschaftlichen Publikationen oder Statements auf die Verkürzung oder Tilgung von Fragewörtern bei den im jugendlichen Diskurs oft gebrauchten rhetorischen Fragen hin.
Lexikon: Lexikalische Untersuchungen der deutschen Gebärdensprache stellen die Wissenschaft aufgrund der zu erwartenden Vielfältigkeit der Ergebnisse vor Herausforderungen. Das Fehlen denotativer Richtlinien in Form eines normierten Standardwortschatzes könnte sich als Hürde bei der Spezifizierung der Ergebnisse erweisen. Interessant erscheint in diesem Zusammenhang die Untersuchung von Wortbildung in Hinsicht auf jugendpräferentielle Konstituenten (z. B. die Kurzwortbildung finger-

alphabetisierter Wörter). Um eine reine Katalogisierung zu vermeiden, sollte die deskriptive Adäquatheit gewährleistet sein. Für die Gebärdenlexikologie bedeutet dies, dass sie sich Fragen stellen muss wie: »Nach welchen Mustern finden die Neubildungen statt?« »Sind hauptsächlich bestimmte Wortarten betroffen?« und »Lassen sich spezifische Bedeutungsdomänen ausmachen, die den Neuschöpfungen zugrunde liegen?« Besondere Aufmerksamkeit ist dem Punkt zu schenken, in welche syntaktische und diskursive Umgebung die Gebärden eingebettet werden, da konkrete Realisierungen durch morphologische Modifikation stark von Zitatformen abweichen können.

4.5 | Funktionen von Jugendsprache

Die Funktion von Jugendsprache sieht die Jugendsprachforschung allgemein in:
- **Der Bekundung von Solidarität zur eigenen Gruppe:** Damit geht einher, dass Distanz bzw. Distinktion zu anderen (Alters-)Gruppen aufgebaut wird. Nicht immer sind diese Solidaritäts- bzw. Distinktionsbekundungen intendiert. Sie ergeben sich teilweise rein zufällig im Gespräch.
- **Der Ausbildung der eigenen Identität** kommt in der Jugendphase eine große Bedeutung zu. Durch das eigene Positionieren bauen Jugendliche ihren Status (bzw. das eigene positive ›Face‹) auf. Der Abgleich von Normen und Werten gewinnt zunehmend an individuellem und gruppenspezifischem Raum. So wird durch sprachliche Positionierungen beispielsweise die eigene sexuelle Identität erarbeitet und auch nach außen getragen.
- **Spaß und ›Lifestyle‹** werden durch Jugendsprache ausgedrückt. Dazu gehört auch die Spiegelung positiv bewerteter Lebensstile, die milieuspezifische Variationen aufweisen können. Dabei amüsieren sich Jugendliche jedoch nicht erschöpfend. Sie geben viel mehr den Schutz der Erwachsenenwelt durch die Eltern auf. Sie suchen sich eigene Hobbys und pflegen selbstständig den Freundeskreis.
- **Die Elaboration des Sprachgebrauchs** wird vorangetrieben. Durch das Spielen mit Sprache entwickelt sich das Sprechen Jugendlicher hin zur kompetenten Verwendung von Sprache. Zu dieser Elaboration gehören auch das Wissen und kompetente Verwenden von Alltagsgattungen oder das Einsetzen von metasprachlichen Zeichen.
- Die wohl trivialste – aber zugleich wohl wichtigste – Funktion betrifft den **Austausch von Informationen** auf Augenhöhe. Jugendsprache dient ganz einfach der Kommunikation von Jugendlichen mit- und untereinander.

Diese Sicht auf jugendsprachliche Funktionen ist stark an den Formen orientiert. Eine theoretisch-pragmatische Funktionsbeschreibung ließe sich ebenfalls anführen:

Theoretisch-pragmatische Funktionsbeschreibung

›We-Code‹

Ausdrucksfunktion/Darstellungsfunktion: Wir gehen davon aus, dass Sprecher/innen durch die Verwendung von Jugendsprache, ›bewusst oder unbewusst‹, Aussagen über ihre soziale Stellung in der Gesellschaft treffen. Demzufolge ist es nicht möglich, mit jemandem zu kommunizieren, ohne durch seine Äußerung auch etwas über sich selbst zu offenbaren. Jugendsprache bringt als ›We-Code‹ in jugendlichen Peergroups das Gemeinsame hervor. Dies impliziert also eine sozialsymbolische Funktion. Im Konzept der ›Social Markers‹ wird zwischen markierten und unmarkierten Formen des Sprechens unterschieden.

Wird Jugendsprache kontextangemessen genutzt, handelt es sich um eine unmarkierte Art des Sprechens. Die Verwendung von Jugendsprache in Outgroup-Konstellationen des Intergenerationendialogs ist demnach als eine markierte Art des Sprechens anzusehen und impliziert sozialsymbolisches Handeln, da hierbei die Ausdrucksfunktion stets eine wesentliche Rolle spielt. Durch die Wahl bestimmter expressiver Markierungen von Sprachhandlungen können beispielsweise gezielt Abgrenzungs- oder aber auch Annäherungsbemühungen vollzogen werden. Außerdem werden Peergroups durch die bestimmte Art des Kommunizierens von Außenstehenden als Gruppe identifiziert, da die Marker sowohl als markierte als auch unmarkierte Formen registriert werden.

Diese sogenannten Sprachmarker »[...] sind v. a. auf der lexikalischen Ebene von Bedeutung, treten relativ isoliert auf und verweisen, allgemein gesprochen, auf den Status ›Jugendlichkeit‹. Durch ihre expressive Markierung sind sie außerdem für die Beziehungsebene des interaktiven Miteinanders [relevant]« (Augenstein 1998: 21).

Ein regelmäßiger Gebrauch solcher sozialen Marker kann zur Entwicklung eines Sprechstils beitragen, der wiederum zu einer gruppeninternen sowie -externen Identifikation mit der jeweiligen Gruppe führen kann. Janet Spreckels (2006) macht dies an den Kategorisierungen anderer Gruppen deutlich, die durch ihre Probandinnen als *Schlampen*, *Tussis*, *Gangster*, *Gruftis* etc. bezeichnet werden.

Der Intergenerationendialog ist u. a. dadurch gekennzeichnet, dass Jugendliche und Erwachsene in bestimmten Rollenverteilungen zueinanderstehen, die im Verlauf des Lebens variieren können und somit einen dynamischen Prozess darstellen.

Ergänzend lässt sich sagen, dass die Ausdrucksfunktion von Jugendsprache neben individuellen Stimmungen, wie beispielsweise Wut oder Freude, auch die regionale und die soziale Herkunft der Sprechenden als Gruppenmitglieder verdeutlichen kann. Zudem können jugendsprachliche Äußerungen in bestimmten Kontexten als angemessen oder unangemessen betrachtet sowie als markiert oder nicht markiert interpretiert werden. Darüber hinaus lassen sich Sprecher durch die Ausdrucksfunktion von Jugendsprache einer Großgruppe von Jugendlichen im Makrobereich der gesellschaftlichen Gruppen, einer bestimmten Jugendszene bzw. jugendlichen Peergroup zuordnen, da sie über ihren Sprachgebrauch (auf) eine bestimmte Gruppe referieren/sie vertreten/darstellen.

Funktionen von Jugendsprache

Transkript: Small-Talk unter Jungen *Beispiel*

```
0077    Unb:    ((kreischend)) (unverständlich) (schrulle;)
0078            ((Lachen von mehreren Personen))
0079    Til:    (-) ((gepresst)) T:Imo;
0080            (1.0)
0081    Dev:    (LUStisch_n;)
0082            (--) BRI:NG dich um;
0083            (-) gEh von mein (.) EIern (.) weg-
0084    Jus:    hahahaha;
0085            (-) ((lachend)) vor_allem KNEIFT der schon;
0086            (3.6) ((Lachen von mehreren Personen))
0087    Unb:    ((Schreien) (0.7))
0088            ((hohes Kreischen) (0.9))
0089    Jus:    ich SCHREIe?
0090    Dev:    ich BRECH dir den Arm und dein genIck
                zuSAMMen,
```

Das Beispiel stammt aus dem *Transkriptband Jugendsprache* (Bahlo/Fladrich 2016: 3.1) und gibt eine Szene zum Zeitpunkt der Nachtruhe in einem Zeltlager wieder. Einige Jungen liegen auf ihren Pritschen. Es entwickelt sich durch die herumfliegenden Insekten eine Fiktion: Die Jungen befürchten, von diesen Insekten in der Nacht entjungfert zu werden. Um dieser ›Gefahr‹ vorzubeugen, beschließen sie den identifizierten Anführer – den Ohrenkneifer – zu töten. Die Stimmung ist expressiv, die Lautstärke stark erhöht. Der Ohrenkneifer wird zunächst pejorativ als »Schrulle« (Z. 0077) angeschrien. Devid (Dev) fordert ihn auf, »von seinen Eiern wegzugehen« (Z. 0083). Die abschließenden Brutalismen (»ich brech dir den Arm und dein Genick zusammen«) bilden den Höhepunkt der Szene. Gerahmt wird die Sequenz von expressivem Lachen und gemeinsamem Schreien.

Der verwendete Wortschatz weist hier auf eine aufgeheizte, intime Grundstimmung hin, die durch die Fiktion der möglichen Entjungferung immer weiter ausgebaut wird. Der Wortschatz speist sich aus bekannten Regionalismen (»Schrulle«) und umgangssprachlichen Wörtern (»Eiern«) sowie brutalen Floskeln, die durch Mehrfachbenennungen von zu brechenden Körperteilen (»Arm und dein Genick«) besonders intensiviert werden.

Der Abschnitt ist im Bereich des ›Spaß habens‹ zu verorten, denn die Anthropomorphisierungstendenzen erzeugen zu dem Weltwissen der Jugendlichen eine Inkongruenz, die humorvoll das Geschehen bereichert. Die Innenwelt wird dabei über die vulgäre und brutale Sprache, das gemeinsame Lachen und Schreien nach außen getragen und als ›Spaß‹ markiert.

Jugendliche bedienen sich allgemein gesprochen häufig
- an einfallsreichen **Bedeutungserweiterungen** oder -verschiebungen (so z. B. bei *geil, scharf* oder *Eiern*),
- an **Neubildungen** durch Zusammensetzen (wie in *Beziehungskiste*),

- an Ableitungen (wie *prollig* oder *Sympi*) oder
- an ungewöhnlichen **Reflexierungen** (wie *sich dröhnen*) sowie
- an neuartigen **Zusammensetzungen** (wie *etwas draufhaben, an- auf-* oder *abgeilen*) (vgl. Augenstein 1998: 51).

So erweisen sich jugendsprachliche Äußerungen bei der Darstellung von Emotionen häufig als hilfreicher und zutreffender als andere – von Erwachsenen genutzte – Sprechweisen. Weitere Verbalisierungsmöglichkeiten von Befindlichkeiten stellen u. a. Sprüche Jugendlicher und das Nutzen von Lautwörtern dar, die ein Wir-Gefühl und somit Nähe im Innenverhältnis oder Distanz nach außen ausdrücken.

Sprache und Funktion

Metasprachliche Funktion: Mittels Sprache sagen Jugendliche etwas über Sprache und ihre Funktion aus. Sie projizieren, wie das Folgende zu verstehen bzw. zu deuten ist, oder welche Funktion es erfüllt. So werden zum Beispiel Sprecherwechsel angekündigt bzw. das Rederecht übernommen. Dies erfolgt beispielsweise über den Einsatz der Partikel *ey*. Darüber hinaus kann durch Steigerung, Abtönung oder Verstärkung einzelner Redeanteile die Bedeutsamkeit der Äußerung durch Heckenausdrücke wie beispielsweise *und so/oder so* relativiert sowie durch sprachlich angelegte Verstärkungen wie *voll* oder *wahnsinnig* betont werden.

Die metasprachliche Funktion von Jugendsprache lenkt weiterhin die Aufmerksamkeitsausrichtung der Gesprächspartner und organisiert somit die Kommunikation. Eine weitere metasprachliche Funktion ist das Etablieren neuer Textsorten und Modalitäten. In diesem Zusammenhang werden durch das »Borgen von Stimmen« bestimmte Sprechweisen sozialer Gruppen (z. B. ›Asoziale‹ oder ›Snobs‹) imitiert, wodurch sich Peergroups gezielt von andersartigen Gruppen distanzieren (vgl. Schmidt 2004).

Die Appellfunktion von Jugendsprache muss aus zwei Blickwinkeln betrachtet werden. Einerseits betrifft sie die Ingroup-Sicht und andererseits die Outgroup-Sicht, da jugendsprachliche Verständigung in Peergroups und im Intergenerationendialog grundlegend verschieden sind.

In Intragruppengesprächen versuchen Sprecher/innen, durch die Appellfunktion von Jugendsprache Aufmerksamkeit und Anerkennung der Gruppenmitglieder zu erlangen und sich auf diese Weise eine Position in der Gruppenhierarchie zu erarbeiten. Zu diesem Zweck entwickeln Jugendliche aufmerksamkeitserregende Sprechweisen, die zur ›Sprachprofilierung‹ beitragen. Darüber hinaus führt ein jugendlicher Ingroup-Ton zu einem stärkeren Zugehörigkeitsgefühl. Um Konflikte zu vermeiden und Spannungen herauszunehmen, etablieren Jugendliche in Peergroups bestimmte Rituale wie beispielsweise das ›Dissen‹ (vgl. Deppermann/ Schmidt 2001), das ›Blödeln‹ oder das ›Frotzeln‹ (Günthner 1996). Entsprechend dem Konzept einer ›scherzend-neckenden Freundschaft‹ sorgen verbale Provokationen auf einer spielerischen Ebene dafür, dass Aggressionen abgebaut, Gruppenhierarchien ausgelotet und soziale Umgangsformen, die auch im Erwachsenenalter auftreten, spielerisch erprobt werden.

4.6 | Weiterführende Literatur

Formen von Jugendsprache: Eine der einschlägigen Arbeiten zu diesen Teilbereichen der Jugendsprachforschung hat Androutsopoulos (1998) vorgelegt. Die annähernd 600 Seiten umfassende, systemorientierte Dissertation bietet einen ausführlichen Blick in die morphologischen, syntaktischen und pragmatischen Strukturen von Jugendsprache. Lesenswert ist auch die Arbeit von Baradaranossadat (2011), die die Formen von Jugendsprache ebenfalls bespricht.

Eine sehr gelungene Einführung in die Semantik mit ausführlichen Beispielen findet man bei Pafel/Reich (2016).

Funktionen von Jugendsprache: Die umfangreichste Arbeit zum Thema ›Funktionen von Jugendsprache‹ hat Susanne Augenstein (1998) vorgelegt. Die gesprächsanalytisch-sprecherorientierten Dissertationsschriften von Schmidt (2004) und Spreckels (2006) zeigen anhand von authentischen Gesprächen jugendliche Gruppenpraxis in Form und Funktion. Axel Schmidt konzentriert sich auf männliche Jugendliche, Janet Spreckels widmet sich weiblichen Adoleszenten. Unter stilistischen Aspekten besprechen Schlobinski/Kohl/Ludewigt (1993) ausführlich kommunikative Stile Jugendlicher. Eva Neuland (2018) bespricht in der Neuauflage ihrer Einführung zur Jugendsprache von 2008 sehr ausführlich unterschiedliche Stilebenen in Form und Funktion.

Aufgaben

1. Diskutieren Sie, ob Jugendsprache wirklich so besonders ist.

2. Beschreiben Sie die formalen Merkmale des folgenden Transkripts »Jungen Provokation«.
   Beschreibung: Die fünf Jungen Tobias (Tob), Michel (Mcl), Philipp (Phi), Christoph (Cph) und Roman (Rom) liegen abends in ihrem Zelt. Der Jungbetreuer Simon (Sim, 16 Jahre alt) macht einen Rundgang, um die Kinder zum Schlafen zu bewegen. Die Jungen (15 Jahre alt) versuchen ihn, mit scherzhaften Beleidigungen zu provozieren, um die Nachtruhe weiter hinauszuzögern.

```
0007    Tob:    [((immitiert drei Trommelschläge)(1.18)) ]
0008    Phi:    [<<flüsternd> SCHEIße,>]
0009    Mcl:    was,
0010    Phi:    <<flüsternd> steht der hinterm zelt RUM?>
0011            (---)
0012    Mcl:    <<rufend> SImon?>
0013    Sim:    <<zu einem anderen Kind> du bist der
                NÄ:CHSte;
0014            also halt die BAcken.>
0015            (2.42)
```

```
0016    Mcl:    <<rufend> SImon,=
0017            =du TOY;>
0018            (1.08)
0019    Sim:    watt?
0020            (--)
0021    Tob:    SImon,=
0022            =du TROLL.
0023            (--)
0024    Sim:    WER [nennt mich hier troll?]
0025    Mcl:        [SImon,=
0026                        =du KECK.]
0027            (1.06)
0028    Tob:    SImon,=
0029            =du GOckel;
0030            (---)
0031    Sim:    i:hr al BUNdy kinda;
```

3. Sprechen Sie mit ihren Großeltern und Eltern über typische Merkmale älterer »Jugendsprachen«. Welche Gemeinsamkeiten und Unterschiede stellen Sie im diachronen Vergleich fest?

Themenvorschläge für Haus- und Abschlussarbeiten

1. Gestik und Mimik in juventulektalen Stilen

2. Zur Semiotik der Kleidung Jugendlicher

3. Gemeinsamkeiten und Unterschiede jugendsprachlicher Lexik im diachronen/synchronen Vergleich

Literatur

Androutsopoulos, Jannis K. (1998): *Deutsche Jugendsprache.* Frankfurt a. M.: Peter Lang.

Augenstein, Susanne (1998): *Funktionen von Jugendsprache: Studien zu verschiedenen Gesprächstypen des Dialogs Jugendlicher mit Erwachsenen.* Tübingen: Niemeyer.

Bachofer, Wolfgang (2003): Charakteristika der deutschen Jugendsprache(n) - Charakteristika der gesprochenen deutschen Umgangssprache. In: Neuland, Eva (Hg.): *Jugendsprachen – Spiegel der Zeit.* Frankfurt a. M.: Peter Lang, 61–75.

Bahlo, Nils (2010): ›Uallah‹ und/oder ›ich schwöre‹: Jugendsprachliche expressive Marker auf dem Prüfstand. In: *Gesprächsforschung* 11, 101–122.

Bahlo, Nils/Fladrich, Marcel (2016): *Transkriptband Jugendsprache: Gesprochene Sprache in der Peer-Group.* Berlin: Retorika.

Bahlo, Nils/Klein, Wolfgang (2017): Jugendsprache. In: Deutsche Akademie für Sprache und Dichtung/Union der deutschen Akademien der Wissenschaften

4.6 Weiterführende Literatur

(Hg.): *Zweiter Bericht zur Lage der deutschen Sprache*. Tübingen: Stauffenburg, 145–190.

Bamberg, Michael G. W. (1997): Positioning between btructure and performance. In: *Journal of Narrative and Life History* 7, 335–342.

Baradaranossadat, Anka (2011): *Jugendsprache im Deutschunterricht: Erscheinungsweisen im Schulalltag und Perspektiven für den Unterricht*. Frankfurt a. M.: Peter Lang.

Boyes Braem, Penny (1995): *Einführung in die Gebärdensprache und ihre Erforschung*. Hamburg: Signum.

Deppermann, Arnulf/Schmidt, Axel (2001): Hauptsache Spaß: Zur Eigenart der Unterhaltungskultur Jugendlicher. In: *Der Deutschunterricht* 6, 27–37.

Dittmar, Norbert/Bahlo, Nils (2008): Jugendsprache. In: Anderlik, Heidemarie/Kaiser, Katja/Deutsches Historisches Museum (Hg.): *Die Sprache Deutsch: Eine Ausstellung des Deutschen Historischen Museums Berlin*. Dresden: Sandstein-Verlag.

Döring, Nicola (2002): »Kurzm. wird gesendet«: Abkürzungen und Akronyme in der SMS-Kommunikation. In: *Muttersprache* 2, 97–114.

DUDEN (2005): *Das große Wörterbuch der deutschen Sprache in 10 Bänden*. 3., völlig neu bearbeitete und erweiterte Aufl. Hg. vom Wissenschaftlichen Rat der Dudenredaktion. Mannheim/Leipzig/Wien/Zürich: Dudenverlag.

Ehmann, Herrmann (1992): *Jugendsprache und Dialekt*. Opladen: Westdeutscher Verlag.

Eisenberg, Peter (2013): Anglizismen im Deutschen. In: Deutsche Akademie für Sprache und Dichtung (Hg.): *Reichtum und Armut der deutschen Sprache: Erster Bericht zur Lage der deutschen Sprache*. Berlin/New York: De Gruyter, 57–120.

Elsen, Hilke (2002): Neologismen in der Jugendsprache. In: *Muttersprache* 112 (2), 136–154.

Fleischer, Wolfgang (1993): *Stilistik der deutschen Sprache*. Frankfurt a. M.: Peter Lang.

Günthner, Susanne (1996): Zwischen Scherz und Schmerz: Frotzelaktivitäten in Alltagsinteraktionen. In: Kotthoff, Helga (Hg.): *Scherzkommunikation*. Opladen: Westdeutscher Verlag, 81–108.

Hänel-Faulhaber, Barbara (2005): *Der Erwerb der Deutschen Gebärdensprache als Erstsprache: die frühkindliche Sprachentwicklung von Subjekt- und Objektverbkongruenz in DGS*. Tübingen: Narr.

Henne, Helmut (1986): *Jugend und ihre Sprache: Darstellung, Materialien, Kritik*. Berlin/New York: De Gruyter.

Hohenberger, Annette (2008): The word in sign language: empirical evidence and theoretical controversies. In: *Linguistics* 46 (2), 249–308.

Hurrelmann, Klaus/Quenzel, Gudrun (2016): *Lebensphase Jugend. Eine Einführung in die sozialwissenschaftliche Jugendforschung*. 13., überarbeitete Aufl. Weinheim/Basel: Beltz Juventa.

Imo, Wolfgang (2006): »Da hat des kleine glaub irgendwas angestellt«: ein construct ohne construction? In: Günthner, Susanne/Imo, Wolfgang (Hg.): *Konstruktionen in der Interaktion*. Berlin/New York: De Gruyter, 263–290.

Jørgensen, Norman (Hg.) (2010): ›*Vallah Gurkensalat 4U & Me!*‹. Frankfurt a. M.: Peter Lang.

Kern, Friederike (2008): Die Darstellung von Kontrast im Türkendeutschen – Merkmal eines Stils oder Eigenschaft einer Varietät? In: Ahrenholz, Bernt (Hg.): *Empirische Forschung und Theoriebildung. Beiträge aus der Soziolinguistik, Gesprochene Sprache Forschung und Zweitspracherwerbsforschung: Eine Festschrift für Norbert Dittmar zum 65. Geburtstag*. Frankfurt a. M.: Peter Lang, 81–90.

Klein, Wolfgang (2013): Von Reichtum und Armut des deutschen Wortschatzes. In: Deutsche Akademie für Sprache und Dichtung/Union der deutschen Akademien der Wissenschaften (Hg.): *Reichtum und Armut der deutschen Sprache*. Berlin/New York: De Gruyter, 15–55.

Koch, Peter/Oesterreicher, Wulf (1985, 1994): Sprache der Nähe – Sprache der Distanz: Mündlichkeit und Schriftlichkeit im Spannungsfeld von Sprachtheorie und Sprachgeschichte. In: *Romanistisches Jahrbuch* 36, 15–43.

Kotthoff, Helga/Mertzlufft, Christine (Hg.): *Jugendsprachen: Stilisierungen, Identitäten, mediale Ressourcen*. Frankfurt a. M.: Peter Lang.

Le Page, Robert B./Tabouret-Keller, Andrée (1985): *Acts of identity. Creole-based approaches to language and ethnicity*. Cambridge: Cambridge Univ. Press.

Lenzhofer, Melanie (2017): *Jugendkommunikation und Dialekt: Syntax gesprochener Sprache bei Jugendlichen in Osttirol*. Berlin/New York: De Gruyter.

Lucas, Ceil/Bayley, Robert/Valli, Clayton (2001): *Sociolinguistic Variation in American Sign Language*. Washington, DC: Gallaudet University Press.

Lucius-Hoene, Gabriele/Deppermann, Arnulf (2004): *Rekonstruktion narrativer Identität: Ein Arbeitsbuch zur Analyse narrativer Interviews*. Wiesbaden: Verlag für Sozialwissenschaften.

Meer, Dorothee/Staubach, Katharina/Uridat, Kim (2017): »Selfiqueen« – Sprache-Bild-Texte auf Jugendlicher Bekleidung: Multimodalität und Identitätsbildung von Jugendlichen. In: Ziegler, Arne (Hg.): *Jugendsprachen / Youth Languages*. Berlin/New York: De Gruyter, 123–146.

Neuland, Eva (Hg.) (2007): *Jugendsprachen. Mehrsprachig – kontrastiv – interkulturell*. Frankfurt a. M.: Peter Lang.

Neuland, Eva (2008): *Jugendsprache. Eine Einführung*. Tübingen: Francke.

Nishio, Rie (2008): *Korpusbasierte Analyse phonologischer Aspekte der Deutschen Gebärdensprache: Zu Handformendistribution und Optionalität der nichtdominanten Hand*. Magisterarbeit: Universität Hamburg.

Nowottnick, Marlies (1989): *Jugend, Sprache und Medien: Untersuchungen zu Rundfunksendungen für Jugendliche*. Berlin/New York: De Gruyter.

Pafel, Jürgen/Reich, Ingo (2016): *Einführung in die Semantik: Grundlagen – Analysen – Theorien*. Stuttgart: J. B. Metzler.

Pauli, Stephanie (2011): ›*Ey Alter, du bist voll der Wort-Checker*‹. *Jugendsprache: eine empirische Untersuchung der Spracheinstellung von Jugendlichen und Erwachsenen*. Hamburg: tredition.

Perniss, Pamela/Pfau, Roland/Steinbach, Markus (Hg.) (2007): *Visible Variation: Cross-Linguistic Studies in Sign Language Structure*. Berlin/New York: De Gruyter.

Quasthoff, Uta (1980): *Erzählen in Gesprächen: Linguistische Untersuchungen zu Strukturen und Funktionen am Beispiel einer Kommunikationsform des Alltags*. Tübingen: Narr.

Quasthoff, Uta (2001): Erzählen als interaktive Gesprächsstruktur. In: Brinker, Klaus/Antos, Gerd/Heinemann, Wolfgang/Sager, Sven (Hg.): *Text- und Gesprächslinguistik – Linguistics of Text and Conversation*. Berlin/New York: De Gruyter, 1293–1309.

Račienė, Ernesta (2002): Zu einigen Strukturmerkmalen der Jugendsprache im Deutschen und Litauischen. In: *Studies About Languages* 3, 17–22.

Runkehl, Jens/Schlobinski, Peter/Siever, Torsten (1998): *Sprache und Kommunikation im Internet*. Opladen: Westdeutscher Verlag.

Schlobinski, Peter/Kohl, Gaby/Ludewigt, Irmgard (1993): *Jugendsprache: Fiktion und Wirklichkeit*. Opladen: Westdeutscher Verlag

Schmidt, Axel (2004): *Doing peer-group*. Bern: Interactive Factory.

Schwitalla, Johannes (2008): Sprachwandel durch gesprochene Sprache in öffentlichen Texten nach 1945. In: *Questions on Language Change*, 27–48.

Spiegel, Carmen/Gysin, Daniel (2016): Jugendsprache in Schule, Medien und Alltag. In: *Sprache – Kommunikation – Kultur. Soziolinguistische Beiträge*. Frankfurt a. M.: Peter Lang.

Spreckels, Janet (2006): ›*Britneys, Fritten, Gangschta und wir*‹: *Identitätskonstitu-*

tion in einer Mädchengruppe: eine ethnographisch-gesprächsanalytische Untersuchung. Frankfurt a. M.: Peter Lang

Steckbauer, Daniel/Bahlo, Nils/Dittmar, Norbert/Pompino-Marschall, Bernd (2014): »... erzähl mal das mit dem Insulaner ...« – Formale, funktionale und prosodische Aspekte jugendsprachlicher Narrationen. In: Kotthoff, Helga/Mertzlufft, Christine (Hg.): *Jugendsprachen: Stilisierungen, Identitäten, mediale Ressourcen.* Frankfurt a. M.: Peter Lang, 137–162.

Voigt, Martin (2015): *Mädchenfreundschaften unter dem Einfluss von Social Media. Eine soziolinguistische Untersuchung.* Frankfurt a. M.: Peter Lang.

Wotjak, Barbara (1992): *Verbale Phraseolexeme in System und Text.* Berlin/New York: De Gruyter.

Wulff, Hans (2001): Konstellationen, Kontrakte und Vertrauen: Pragmatische Grundlagen der Dramaturgie. In: *Montage* 10 (2), 131–154.

Ziegler, Arne (Hg.) (2018): *Jugendsprachen / Youth Languages.* Berlin/New York: De Gruyter.

Nils Bahlo

5 Jugendsprache und Medien

5.1 Jugendstile im massenmedialen Spiegel
5.2 Adoleszente Identitätskonstituierung im digitalen Zeitalter
5.3 Praktiken in den Sozialen Medien
5.4 Formale Merkmale medial vermittelter Jugendsprache
5.5 Realität und Fiktion: Zur Wechselwirkung von empirischer Jugendsprache und medialer Umsetzung
5.6 Zusammenfassung und Ausblick

Medien wurden, sieht man einmal von laiensprachkritischen Stimmen ab, traditionell als Vertreter und Stabilisatoren des Standards angesehen (vgl. Chambers 1998; Labov 2001) – eine Funktion, die ihnen seit der Gutenbergschen Revolution historisch zukommt. Sprachliche Variation und Wandel waren dagegen assoziiert mit Mündlichkeit. Diese Perspektive wird heute kritisiert (Androutsopoulos 2014: 3–4), da der interaktive Charakter der internetbasierten Kommunikation Aushandlungs- und Verbreitungsprozesse auch online im schriftlichen Medium möglich macht. Außerdem ist das Interesse an authentischer Sprache in den Massenmedien gewachsen. So durchlaufen u. a. auch juventulektale Formen einen Prozess der Mediatisierung.

Medien als Stabilisatoren des Standards

> Unter **Mediatisierung** wird hier mit Krotz (2007) eine zunehmende Ausdifferenzierung der Kommunikation verstanden, die sich durch den Umgang mit Medien ergibt. Das Ausmaß, in dem Medien unseren Alltag durchdringen, ist spätestens seit es Smartphones gibt, kaum noch abzuschätzen. Als ständiger Begleiter und Schlüssel zum World Wide Web wird die Verschränkung zwischen Alltag und Medium gerade an diesem Beispiel besonders deutlich. Gleichzeitig beeinflussen Internetangebote auch die traditionellen Medienangebote. Das öffentlich-rechtliche Medienangebot »funk« beispielsweise wurde direkt im digitalen Raum angesiedelt und beinhaltet sowohl adaptierte YouTube-Formate (vgl. etwa janasdiary mit Bibis Beauty Palace) oder Reiseblogs (Frei.Willig.Weg) als auch Radiosendungen (vgl. Domian mit Problemzone), Talkshows (Auf Klo) oder Comedy (#omg).

Definition

Zwei Perspektiven: Möchte man den Zusammenhang zwischen Jugendsprache und Medien betrachten, drängen sich mindestens zwei Perspektiven auf: Zum einen ist Jugendsprache Reflexionsgegenstand, ja Ergebnis medialer Konstruktion, der – Eva Neuland (2008: 12) fasst es treffend zusammen – dem öffentlichen Diskurs zufolge traditionell Anlass zur Kritik, Klage, Empörung und pädagogischen Besorgnis, aber auch Belustigung und Amüsement bietet. Jugendsprache ist seit etwa einem Vierteljahrhundert Medienereignis (vgl. auch Zinnecker 1981; Schlobinski/

Jugendsprache als mediales Konstrukt

Jugendsprache und Medien

Kohl/Ludewigt 1993). Wir finden sie gespiegelt in Musik, Literatur und nicht zuletzt der Werbung, die sich die jugendsprachliche Attitüde mehr oder weniger erfolgreich zunutze macht (s. Aufgabe 1). Im zweiten Teil dieses Kapitels gehen wir auf diesen Aspekt näher ein.

Jugendkultur als Medienkultur

Zum anderen aber ist eine Jugendkultur ohne Medien nicht denkbar oder anders und mit Jakob (1988: 331) formuliert: »Jugendkultur ist stets auch Medienkultur.« Im Zeitalter des Internets lässt sich dies zweifelsohne noch spezifizieren: Kinder und Jugendliche nutzen neue Medien selbstverständlich, indem sie diese in ihren Alltag integrieren. Schüler/innen, die nicht mindestens ab der vierten Klasse mit einem Smartphone und damit mit einem mehr oder weniger permanenten Zugang zum Internet ausgestattet sind, sind heute kaum mehr vorstellbar. Es ist – fast wie ein digitalisierter Freund – ständiger Begleiter und Verbindung zu Freunden, Familie und der restlichen Welt, eine Illusion, die sich durch moderne Assistenzsysteme sowie dialogfähige Sprachsoftware in Zukunft weiter verdichten wird (vgl. Lotze 2016).

Zur Vertiefung

Medienausstattung von Kindern und Jugendlichen

Laut KIM-Studie besaß 2016 bereits jede/r zweite 6- bis 13-Jährige ein Handy oder Smartphone. Die JIM-Studie 2017 ergab, dass 97 % der 12- bis 19-Jährigen mit einem Handy/Smartphone ausgestattet sind, dabei besitzen die Jüngeren zu 92 % ein Smartphone, ab 14 Jahren ist davon auszugehen, dass nahezu jede/r Jugendliche ein Smartphone besitzt. Das Gerät tragen sie zweifelsohne in der Schule mit sich, aber auch wenn sie sich in ihrer Freizeit mit Freund/innen oder Bekannten treffen, was 73 % der 12- bis 19-Jährigen täglich oder mehrmals pro Woche tun. 89 % der 12- bis 19-Jährigen sind täglich im Internet, dabei ist das Smartphone das am häufigsten genutzte Zugangsgerät. 86 % schauen sich regelmäßig YouTube-Videos an.

Mediennutzung der »Digital Natives«

Ob es sich jedoch bei den heutigen Jugendlichen um »Digital Natives« (Prensky 2001) handelt, wird in der Wissenschaft diskutiert. Wer einer Netzgeneration angehört, sollte ein weitgehend homogenes Mediennutzungsverhalten zeigen, selbstverständlich und kompetent mit digitalen Technologien umgehen und sein Lernverhalten sollte sich qualitativ von dem anderer Generationen unterscheiden. Diese Eigenschaften sind empirisch nicht überprüft worden, kritisieren beispielsweise Arnold/Weber (2013: 3), sie heben hervor, dass das jugendliche Mediennutzungsverhalten differenziert ist und von »verschiedenen soziokulturellen Faktoren beeinflusst wird und in einem komplexen Zusammenspiel von Subjekt und Technologien entsteht«. Grammel/Leitgeb (2016) beobachten, dass Jugendliche digitale Medien zwar ausgiebig konsumieren und in ihren Alltag integrieren, sie jedoch eher einen experimentellen Zugang praktizieren und selten gestalterisch oder produktiv agieren. Diese Einschätzung scheint recht pauschal, gibt es doch in den Sozialen Medien eine ganze Reihe von Möglichkeiten, kreativ und aktiv zu sein: angefangen bei der Gestaltung des eigenen Facebook-Profils und der damit eng assoziierten Kontaktpflege über den intensiven Austausch via WhatsApp, Snapchat oder Instagram bis hin zur Etablierung eigener YouTube-Kanäle.

Neue Medien als Untersuchungsfeld: Aus Sicht der Jugendsprachforschung gestaltet sich gerade das Untersuchungsfeld ›Neue Medien‹ als schwierig, weil das Alter der Produzent/innen nicht immer genau bestimmt werden kann. Nicht alles, was im World Wide Web entsteht, ist mit Jugendsprache zu assoziieren oder entspricht jugendlichem Sprachgebrauch. In der öffentlichen Wahrnehmung entsteht jedoch oft dieser Eindruck. Ein Effekt, der gerade im Kontext von Online-Angeboten durchaus entstehen kann, ist, dass Kinder und Jugendliche einen Expert/innen-Status einnehmen. So ist es für Eltern mitunter mühsam, Unterhaltungen inhaltlich nachzuvollziehen, die ihre Kinder mit Geschwistern oder Freund/innen führen. Wer nicht regelmäßig Onlinespiele spielt oder YouTube-Tutorials verfolgt, dem bleibt die Bedeutung von Wörtern, wie *spoilern* oder *onehitted* verborgen, er wird *laggen* mit *lecken* verwechseln und falsch kontextualisieren und durchaus die Konsultation eines Arztes erwägen, wenn sein Kind an Weihnachten die Detektion eines *Eastereggs* verkündet oder bei temporären Wortfindungsstörungen oder Irrtümern über sich selbst konstatiert, es *habe einen Bug*.

»Neue Medien« als linguistisches Untersuchungsfeld

Zum semantischen Feld »Medienkontext«

Beispiel

Wie in einer Fremdsprache müssen hier ganze Lexemgruppen, die allesamt dem semantischen Feld »Medienkontext« (genauer: Computerspiele/Filme oder Serien) zuzuordnen sind, neu erworben werden: *Spoilern* heißt so etwas wie ›verraten‹ oder ›die Überraschung vorwegnehmen‹; *onehitted* ist eine Spielfigur dann, wenn sie mit einem Schlag erlegt wurde, wenn das Spiel nicht gerade *gelaggt hat* (also kurzzeitig nicht funktionierte). Ein *Easteregg* ist eine versteckte Anspielung auf die Fortsetzung eines Spiels oder einer Geschichte oder ein intertextueller Verweis auf ein anderes Spiel, und *Bugs*, deren gefährliches Potenzial bislang nur für Computersysteme galt, können inzwischen auch iterative Handlungen (jugendlicher) Sprecher/innen und vor allem deren Spieler/innen-Identität kennzeichnen.

Merkmale eines juventulektalen Stils werden in Online-Umgebungen selbstverständlich nicht allein im Bereich der Lexik manifest (z. B. durch Neologismen, Anglizismen etc.), sondern finden sich auf allen Ebenen der Interaktion. Im Web 2.0 verläuft Kommunikation nicht nur vermittelt über eine Botentechnologie, sondern ist in der Regel auch multimodal angelegt in semiotisch komplexen Verweisräumen aus Text-, Bild-, Audio- und Video-Fragmenten. Erst durch deren Zusammenspiel in Verbindung mit Hyperlinks und (Hash-)Tags werden kommunikative Inhalte interaktiv ausgetauscht. Dabei handelt es sich auch unter Jugendlichen nach wie vor vorrangig um Keyboard-to-Screen-Kommunikation (vgl. Dürscheid/Frick 2014).

In diesem Kapitel werden wir zunächst die massenmediale Reflexion von Jugendstilen referieren (Kap. 5.1). Im Anschluss gehen wir auf die wichtige Frage ein, wie sich adoleszente Identität im digitalen Zeitalter gestaltet und aktiv gestalten lässt (Kap. 5.2). In Kapitel 5.3 werden wir die sozialen Praktiken vor dem Hintergrund der momentanen Online-Landschaft vertieft betrachten und juventulektale Stilmittel zur Interaktion über unterschiedliche Anwendungen diskutieren. In Kapitel 5.4 richten wir unseren Blick auf formale Merkmale medial vermittelter Jugendsprache und stellen lexikalische, morphologische und syntaktische Phänomene vor. Abschließend wenden wir uns der Wechselwirkung von Phänomenologie und medialer Umsetzung in Literatur, Film und Fernsehen und Musik zu (Kap. 5.5).

5.1 | Jugendstile im massenmedialen Spiegel

Wahl zum Jugendwort des Jahres

An dieser Stelle sei noch einmal das nahezu kollektive Staunen angesichts des Jugendwortes 2016 in Erinnerung gerufen. *Fly sein* – das benutzten nicht einmal die der Langenscheidt-Auswahljury angehörigen Jugendlichen. Der mediale Diskurs aber machte *fly sein* (selbst für Jugendliche) bekannt und lenkte die Aufmerksamkeit einmal mehr auf das Konstrukt Jugendsprache. Im öffentlichen Diskurs um das kontroverse Jugendwort wurde wiederholt dessen Authentizität angezweifelt – so z. B. auf *Fokus-Online* (18.11.2016): »Tatsächlich scheint das Jugendwort fern dessen, was die Jugendlichen so alltäglich verwenden«. *Spiegel-Online* (ebenfalls 18.11.2016) vermutet hinter der Wahl des Jugendwortes sogar eine »durchaus umstrittene Werbeaktion des Langenscheidt-Verlages«. So gründet die medienwirksame Wahl auch nicht auf empirischen Sprachdaten authentischer Jugendlicher, sondern Vorschläge können von jedem eingereicht und eventuell fingiert werden (wie z. B. *Tinderella*, aus *Tinder* und *Cinderella*). So kürt die Jury des Verlags auf jugendwort.de nicht das frequenteste, reale Wort, sondern den kreativsten Vorschlag, um auf den innovativen Charakter der juventulektalen Stile aufmerksam zu machen.

Beispiel

Beispiel *fly sein*

Der konstruierte Charakter des Jugendwortes *fly sein* wird zusätzlich deutlich, wenn man die Entwicklung der Form von der Wahl auf jugendwort.de bis zur Printversion des Langenscheidt-Jugendwörterbuches von 2017 betrachtet. Ursprünglich zur Wahl stand nämlich die Variante *am fly sein* als am-Progressiv-Form, wie eine frühe Version der Website im Internetarchiv zeigt (Abfrage mittels der »Wayback-Machine«).
Als deutsches am-Progressiv ist *am fly sein* allerdings ungrammatisch, da *fly* nicht eindeutig als Infinitiv gekennzeichnet ist (*am flyen sein*). Die ursprünglich zur Wahl gestellte Form *am fly sein* ist unter linguistischen Gesichtspunkten extrem unwahrscheinlich, weil die am-Progressiv-Form in sich nicht konsistent ist, Anglizismen aber in der Regel ins deutsche Grammatiksystem integriert werden. *Fly sein* als Funktionsverbgefüge

lässt sich ohne Weiteres ins deutsche System integrieren und so wurde nach der Wahl nur noch diese Form verbreitet. Und auch separat kann das Adjektiv *fly* produktiv gebraucht werden.

Das Beispiel *(am) fly sein* weist auf einige Grundtendenzen hin, die typisch sind für den öffentlichen Diskurs um Jugendsprache. Mit Bezug auf die Ebene der Datenerhebung wird (a) die Frage nach Authentizität oder Fiktion diskutiert und in diesem Zuge auch (b) die Vertrauenswürdigkeit der Informationsquelle sowie (c) deren Intentionen.

Jugendlichkeit ist heute ein Prestigefaktor und nach dem Prinzip ›Forever Young‹ Leitmotiv nicht nur für Jugendliche (»Entgrenzung der Altersstufen«, vgl. Neuland 2008). Dadurch wird Adoleszenz automatisch zum medienwirksamen Topos. Erst vor diesem Hintergrund sind die Überhöhung von Jugendsprache zum Mythos (vgl. Schlobinski/Kohl/Ludewigt 1993) und die kommerzielle Vermarktung des Themas in Form von Jugendwörter- und Sprüchebüchern sowie Adoleszenzromanen, Filmen und Fernsehformaten mit unterschiedlichem Anspruch zu verstehen. Vor allem im Bereich der Werbesprache wird Jugendlichkeit propagiert, und als Vehikel dienen häufig vermeintlich jugendsprachliche Formulierungen, die oft sehr artifiziell wirken, vgl. die Kampagne der Sparkasse 2016 (s. Abb. 5.1), die auf dem Fehlschluss basierte, die Verwendung der Zirkumposition vong + x + her sei jugendsprachlichen Ursprungs.

Der Mythos Jugendsprache

Abb. 5.1: Umstrittene Facebook-Sparkassenwerbung 2016

Der öffentliche Diskurs verläuft so im Spannungsfeld zwischen den extremen Positionen eines rein affirmativen, unkritischen Jugendkults auf der progressiven Seite und der (gefühlten) Angst vor einem vermeintlichen ›Sprachverfall‹ auf der konservativen Seite. Dabei reicht das positive Bewertungsspektrum für den Topos Jugendsprache von einer mythisch überhöhten Fortschrittsgläubigkeit über einen reflektierten Kulturoptimismus, bis zur wissenschaftlich fundierten Theorie eines dynamischen Sprachwandels, dessen Motor zum Teil juventulektale Stile sind. Das negative Bewertungsspektrum erstreckt sich über eine differenzierte sprach- und kulturkritische Position bis zum radikalen Kulturpessimismus und verdichtet sich in der unzulässig verallgemeinernden These vom ›Sprachverfall‹.

Diese Grundpositionen der Affirmation, der Kritik, der Besorgnis, aber auch der amüsierten Distanz (vgl. Neuland 2008) werden mit Bezug auf Jugendsprache mit einer gewissen Regelmäßigkeit in den Massenmedien vertreten. Unter welchen Voraussetzungen können juventulektale Stile Indikatoren für ein sinkendes Bildungsniveau sein? Verfällt die deutsche Sprache (z. B. durch Abkürzungen wie *YOLO* und *LOL* oder Emojis)? Verroht der Umgangston (z. B. durch Vulgarismen wie *Bitch*, *Schlampe* bzw.

Zum öffentlichen Diskurs um Jugendsprache

Hurensohn oder Phrasen wie *Du Opfer!*)? Wann hat Jugendsprache aber auch Unterhaltungswert und inwiefern lässt sich dieser kommerziell nutzen? So profitieren Medienpersönlichkeiten wie beispielsweise der Moderator Stefan Raab vom »lexikalischen Voyeurismus« (Schlobinski/Kohl/Ludewigt 1993) ihrer Zuschauer/innen, wenn sie einzelnen Formen zum Kultstatus verhelfen (z. B. *Babo*, *läuft bei dir* oder *der Gerät* (*Dönerschneidemaschine*)) und damit zu deren Verbreitung beitragen (vgl. YouTube-Video MySpass.de 2013).

Medial vermittelte Diskussionen verlaufen in der Regel auf populärwissenschaftlichem Niveau, wobei auch populistisch verallgemeinernden Positionen viel Raum geboten wird – vor allem online. Anzumerken bleibt, dass die unterschiedlichen Positionen und die dazugehörigen Argumentationslinien ihrer Vertreter/innen innerhalb des öffentlichen Diskurses um Jugendsprache so alt sind wie der Topos selbst und immer wieder neu aufflammen, wenn juventulektale Stile aktuell eine neue Form oder Qualität aufweisen. Neuere Kontroversen beziehen sich z. B. auf Kommunikationsstrategien Jugendlicher im Online-Bereich oder sprachkontaktinduzierte migrationsbedingte juventulektale Stile (s. Kap. 6).

Die wissenschaftliche Argumentation

Auch Sprachwissenschaftler/innen beteiligen sich am öffentlichen Diskurs um Jugendsprache und suchen vermehrt den Austausch mit interessierten Personen. Dabei besteht ihr Anliegen in der Enttarnung des Mythos Jugendsprache und in der Aufklärung über die Komplexität des Gegenstands. Denn als Mythos kann eine medial konstruierte homogene Jugendsprache nur entweder zelebriert oder verteufelt werden. Doch juventulektale Stile sind vielfältig, niemals funktionslos und dabei immer ein Spiegel unserer Gesellschaft. Problematisch wird die Auseinandersetzung, wenn auch Linguist/innen unzulässig verallgemeinern und damit den Mythos Jugendsprache weiter beflügeln (vgl. Schlobinski/Kohl/Ludewigt 1993). Aktuelle Beispiele für solche Verallgemeinerungen aus dem Überschneidungsbereich von Fachdiskurs und öffentlichem Diskurs waren mit Bezug auf Online-Kommunikation z. B. die Postulate eines einheitlichen »Netspeaks« (Crystal 2001) (oder auch »Digilects«, vgl. Veszelszki 2017) oder einer reinen »Emoji-Sprache«.

5.2 | Adoleszente Identitätskonstituierung im digitalen Zeitalter

Bevor erklärt wird, in welchen Formen und Funktionen sich ein juventulektales Stilniveau in Online-Umgebungen sprachlich manifestieren kann, sollen zunächst übergeordnete theoretische Konzepte zur Identitätsarbeit im digitalen Raum thematisiert werden. Auf diese Weise versteht man besser, warum Jugendliche in bestimmten Communitys bestimmte Stilmittel verwenden und warum deren Bandbreite so groß ist.

Interessante Schlüsselparadigmen zur Interpretation medial vermittelter juventulektaler Sprachdaten kommen aus der (Entwicklungs-)Psychologie und der Soziologie: die Konzepte der adoleszenten Identität und der Peergroup als Community of Practice (CoP). Begreift man jugendliche

5.2 Adoleszente Identitätskonstituierung im digitalen Zeitalter

Identität als Konglomerat von bereichsspezifischen Teilidentitäten (z. B. in der Schule, im Umgang mit den Eltern, mit Freund/innen), die sich dynamisch verändern und als Resultat symbolvermittelter Interaktion angesehen werden können (vgl. Mead 1978; Buchholtz/Hall 2005), kommt sprachlichem Handeln eine prominente Rolle für die Selbstdarstellung und Entwicklung während der Phase der Adoleszenz zu.

Adoleszente Identitätskonstruktion

Eine neue Qualität hat die Selbstinszenierung Jugendlicher in getippter und gesprochener Sprache sowie vermittelt durch Bilder und Videos in neuerer Zeit durch Social Media bekommen. Identitätsarbeit wird hier offensichtlich und in verstetigter Form geleistet. So kann z. B. Feedback aus der WhatsApp-Gruppe zu einem geposteten Text oder Foto eine/n Schüler/in positiv in seiner/ihrer Entwicklung unterstützen. Was der/die Schüler/in aber nach außen kommuniziert und was interaktiv verhandelt wird, ist nicht ihre Identität im Kern, sondern nur das, was sie zeigen möchte. »Beim Simsen, E-Mail-Schreiben und Kommentare-Posten können wir uns genau so darstellen, wie wir gerne wären. Wir können uns jederzeit korrigieren, Teile von uns löschen. Wir können retuschieren: unsere Stimme, unser Gesicht, unseren Körper – wir entscheiden, welche »Ausgabe« unseres Selbst der andere zu sehen bekommt« (Turkle 2012; für ein Fallbeispiel s. Kap. 8).

Selbstinszenierung online

Der Soziologe Goffman führt das Konzept des sozialen Face ein, das für die Interpretation von Online-Kommunikation sehr fruchtbar gemacht wurde (vgl. Seargeant/Tagg 2014; Bedijs/Held/Maaß 2014).

Der Begriff ›Facework‹

Zur Vertiefung

Der Soziologe Goffman prägte 1967 den Begriff des ›Face‹ als »positive social value a person effectively claims for himself« oder »public self-image« (Goffman 1967: 5), das es in der sozialen Interaktion zu bewahren gelte (»face saving strategies«). Er legte damit den Grundstein für eine Theorie der sprachlichen Höflichkeit, die der Konversationsanalyse nahesteht. Die Modelle zur sprachlichen Höflichkeit erfuhren seitdem eine Entwicklung und Ausdifferenzierung (vgl. Brown/Levinson 1987; Locher/Watts 2005; Spencer-Oatey 2005). Die im Verlauf dieses Forschungsdiskurses diskutierten Konzepte Höflichkeit, Facework, Image-Arbeit und interaktive Beziehungsarbeit bilden unterschiedliche Perspektiven auf ein extrem komplexes Netz sozialer und individueller Variablen ab, die das Höflichkeitsempfinden und die Konstruktion von sozialem Status eines kulturell geprägten Individuums in der Kommunikation mit einem Gegenüber beeinflussen.

Jugendsprache und Medien

Definition

> Wir unterscheiden zwischen der Identity einer Person als deren immanenter Einheit im Patchwork von Teilidentitäten, dem Self als selbstreflexiver Komponente in Form eines Bewusstseins, das sich selbst erkennt, und dem sozialen Face, das dem Gegenüber gezeigt wird (vgl. Fröhlich 2014). Face ist dabei die einzige Kategorie, die mit medienlinguistischen Methoden untersucht werden kann. »Through analysing face online we will see how – through which code (verbal, paraverbal or nonverbal) – and in which way it is approved or threatened by the actions of others« (ebd.: 124–125). Als Brückenkonzept ist *Facework* zwischen der Ebene der linguistischen Strukturen (z. B. Wortformen, Phrasen, Frames, Skripte usw.) und der Ebene der Funktionen und Konzepte angesiedelt (z. B. Politeness versus Impoliteness, Relational Work usw.). Methodologisch besteht ein Übertragungsproblem zwischen den beiden Ebenen, da es an einem Tertium Comparationis fehlt, das uns von der Ebene der empirischen Sprachdaten auf die zugrunde liegenden Konzepte schließen ließe.

Abb. 5.2: Ausschnitt aus einer Facebook-Kommentarspalte zu einem Foto, das alle Interagierenden bei einer Schulparty zeigt und die Konstituierung einer Gruppenidentität durch stilistische Anpassung verdeutlicht (Quelle: privat)

Wir stellen im Folgenden sprachliche Verfahren zur Konstruktion und Dekonstruktion von Identität in der Online-Kommunikation vor, die Rückmeldungen von anderen und gruppenkonstitutive Prozesse integriert.

5.2.1 | Konstruktion adoleszenter Identität in Online-Communities

Die Auswahl des passenden Nicknamens, z. B. auf Twitter, Facebook, YouTube oder in Online-Games, kann eine Form der Selbstinszenierung sein. Gleichzeitig wird hiermit eine Authentifizierungspraktik vollzogen, die die entsprechenden Nutzer/innen als Mitglieder einer Interessengemeinschaft ausweist. Dabei variieren die Zielgrößen der Selbstinszenierung je nach Gruppe und Individuum. So findet beispielsweise Kaziaba (2016: 24–25) im Ego-Shooter »Counterstrike« besonders frequent martialische Namen mit Bezug zur Spielewelt (*Feuerengel, Terminator*) sowie deren Persiflage (*AffeMitWaffe, Stirb!*), während Lotze/Sprengel/Zimmer (2015: 39) für das Gothic-Forum »nachtwelten.de« mystische Namen mit (ebenfalls z. T. ironischen) Bezügen zur Gothic-Subkultur finden (*mindshaper, Spooky, carpe_noctem*).

5.2 Adoleszente Identitätskonstituierung im digitalen Zeitalter

Die individuelle Identität wird also – besonders während der Adoleszenz – stark beeinflusst von Gruppenidentitäten, mit welchen man sich identifizieren oder von denen man sich abgrenzen kann (zur Theorie der sozialen Identität vgl. Tajfel/Turner 1986). Wichtiger Orientierungspunkt für Jugendliche sind neben der realen Peergroup auch zahlreiche Online-Communities. Gruppen jeglicher Art verkörpern im digitalen Raum die Netzwerkarchitektur, vor der Interaktion stattfindet. Sie sind eindeutiger gekennzeichnet (z. B. durch Gruppennamen, Tags, Hashtags) als soziale Gruppen offline. So trägt Facework innerhalb der Gruppe gleichermaßen zur Konstituierung der Einzel- sowie der Gruppenidentität bei. Voigt (2015) kann beispielsweise für eine Mädchengruppe in der Anfangsphase der sozialen Online-Netzwerke nachweisen, dass die Mädchen einen gemeinsamen jugendsprachlichen Stil entwickeln, der geprägt ist von Beziehungsphrasen, konzeptioneller Mündlichkeit (z. B. emulierte Prosodie, »Hedges«, Iteration von hohen Vokalen) und Graphostilistik (Emoticons, Iteration von Zeichen zur Emphase). Selbstinszenierung online kann – muss aber nicht – Aspekte eines »Writing Gender« nach Busch aufgreifen, wenn Mädchen z. B. mehr Emojis verwenden als Jungen, aber: »Gender im digitalen Schreiben ist [...] weit davon entfernt in Gestalt zweier fixer ›Genderlekte‹ in Erscheinung zu treten.« (Busch im Ersch.)

Zielgröße der Selbstinszenierung durch Text sind Emotionalität und Niedlichkeit, als Gruppenidentität stellen sich die Mädchen als unzertrennliches Team mit der besten Freundin dar. Dass die Identitätskonstituierung vor der Öffentlichkeit der Community erfolgt, wirkt wie ein Verstärker und Beschleuniger für die Ausbildung von Online-Stilen als Marker für Einzel- oder Gruppenidentitäten.

Verstärkungsfunktionen sind nicht immer unbedenklich. Wir möchten im folgenden Abschnitt weitere Formen der kollaborativ erzeugten Gruppenidentitäten vorstellen, die als hochproblematisch einzustufen sind, die Phase der Adoleszenz jedoch maßgeblich mitbestimmen. Zum einen werden wir uns Foren zuwenden, in denen Selbstzerstörung thematisiert und vorangetrieben wird, zum anderen soll es um Cybermobbing und damit der gezielten gruppendynamischen Zerstörung von Identitäten gehen.

Abb. 5.3: Floskelhafte Beziehungsphrasen als Indikator für Konventionalisierung von Stilvarianten als Facebook-Kommentare zu einem Bild, das zwei miteinander tanzende Abiturientinnen zeigt (privates Profil)

Sprachliche Aufwertung innerhalb der Peer-Group

5.2.2 | Dekonstruktion der eigenen Identität in Online-Communities

Die Pro-Ana-Bewegung (Ana steht dabei für *Anorexie*) vermittelt einen Eindruck davon, dass Jugendliche Selbstwahrnehmung in der Phase der Adoleszenz (und möglicherweise auch darüber hinaus) als sehr schmerzhaft empfinden können. Durch die Interaktion der Mitglieder in sozialen Netzwerken und Foren erhalten wir einen Einblick in Identitätsbildungsprozesse, die mit Essstörungen, Selbstverletzungen und Suizidgedanken

Sprachliche Abwertung der Out-Group

einhergehen. Die Ursachen für selbstzerstörerisches Verhalten, das einzig an Form und Körpergewicht ausgerichtet ist, werden im Zusammenwirken von kulturellen, psychologischen, biologischen und familiären Faktoren gesehen (Treasure/Schmidt/Furth 2005). Sie können an dieser Stelle weder eruiert noch falsifiziert werden. Uns geht es vielmehr darum, nicht auszublenden, dass es unzählige Einträge (auf Instagram oder in einschlägigen Foren) gibt, in denen dem Schmerz Ausdruck verliehen wird.

Pro-Ana-Bewegung

Das geschieht auf mehreren Ebenen: durch die Wahl eines aussagekräftigen Profilnamens (vgl. auch Stommel 2008), durch den Einsatz von Hashtags und durch Gefühlsbeschreibungen. Beispiele für Profilnamen sind *Suizidprinzessin*, *littledeadgirl*, *proanagirl* oder *ritzen25.7*, in denen der Fokus auf das Leid gelegt wird. Bürgerliche Namen (und damit Elemente, die eine Identifikation und Authentifizierung ermöglichen) kommen nicht vor, was einerseits auf den Wunsch, die eigene Person zu schützen, zurückzuführen sein kann, andererseits aber auch nahelegt, dass diese Identität symbolisch – durch die Nichterwähnung – als bedeutungslos gekennzeichnet wird.

Insbesondere auf Instagram bilden solche Profilnamen in Kombination mit Hashtagkonglomeraten wie *#killme, #selfhatred, #skinnylegs, #trauma, #depression, #anorexia, #bulimia, #ritzen, #narben, #tot, #gebrochen, #tränen, #bluewhalechallenge* einen Rahmen für alle Textbotschaften. Selbst wenn also durchaus positive Ereignisse z. B. aus dem Schulalltag geschildert werden, werden diese als existenziell bedrohlich kontextualisiert. Hierbei spielen auch Bilder eine große Rolle, die zumeist in Schwarz/Weiß-Schattierungen gehalten sind und schwermütige Aphorismen enthalten oder die (in Farbe und Detailschärfe) Selbstverletzungen abbilden. In den Textbotschaften werden Probleme, die den Schreiber/innen im Alltag entstehen, weil sie sich selbst verletzen, als alltagspraktisch marginalisiert.

(1)
Maaaan..... ich flieg sonntag nach Gran Canaria (?) und freu mich nicht wirklich..... ich meine, meine Mutter wird dann vllt meine Narben und Schnitte am Bein sehen .... sie wird ausrasten... Aber ich wünsche euch allen einen wunderschönen Tag❋

Es zeigt sich an solchen Einträgen auch, dass angenommen wird, dass sich die potenziellen Leser/innen mit ähnlichen Fragen konfrontiert sehen, also eine Erfahrungswelt teilen. Konkrete (auch technisch unterstützte) Vernetzungsformen, wie Hashtags, bilden dabei ein gruppenkonstituierendes Fundament.

5.2.3 | Cybermobbing oder Cyberbullying als Dekonstruktion der Identität anderer

Cybermobbing

Beim Cybermobbing (dazu auch ausführlich Marx 2017) nun geht es um kollektive Identitätskonstruktion, die immer dann relevant wird, wenn Kinder und Jugendliche mit einem Smartphone und einer passenden App (vorzugsweise WhatsApp) ausgestattet werden. Was heißt das? Kinder und Jugendliche schließen sich entweder in Gruppen zusammen, oder aus dem Gruppenzusammenhang ergibt sich eine Situation, in der eine Person in den Fokus gerät und als Figur in diesem Diskurs eine Identität zugewiesen bekommt, die gemeinsam gestaltet wird. Diese Identität hat zumeist sehr wenig bis gar nichts mit der Identität der real existierenden Person zu tun.

Begünstigt wird solches Vorgehen zum Beispiel durch die Onlinegruppenbildung, die in Messengerdiensten vorgesehen ist. Sie bietet bereits Anlass, bestimmte Personen aus Online-Chats auszuschließen. Die technische Möglichkeit überhaupt Gruppen zu bilden, wird zudem genutzt, um hinter dem Rücken ausgeschlossener Personen Gerüchte/Lügen zu verbreiten. Diese beziehen sich zumeist auf vermeintlich moralisch verwerfliches Verhalten der Zielpersonen. Bei der Konstruktion einer Identität feuern sich die Beteiligten an und versuchen, sich gegenseitig zu übertreffen. Das Bild, das auf diese Weise diskursiv von einer Person entworfen wird, nimmt auch Einfluss auf die Wahrnehmung der betroffenen Person im Alltag. Jemand, der z. B. online als *Schlampe* tituliert wird und dem/der eine Reihe von Handlungen unterstellt werden, die diesen Eindruck stützen könnten, wird die Auswirkungen dieser Diffamierungen auch im täglichen Umgang mit seinen/ihren Mitschüler/innen zu spüren bekommen, die sich abwenden oder andere Verhaltensänderungen zeigen. Die betroffene Person hat kaum die Möglichkeit, auf die Vorwürfe zu reagieren, weil sie diese in den meisten Fällen nicht einsehen kann oder zu spät davon erfährt und dann nur aus einer Verteidigungsposition heraus agieren kann.

Am folgenden Beispiel (Quelle: GossipGirl, 21.1.2011) lässt sich nachvollziehen, wie die Konstruktion einer Identität konkret und kollaborativ erfolgt. Es handelt sich hier um eine Untergruppe der bereits geschlossenen Mobbingplattform »IShareGossip«, die Texte sind über Internetarchive jedoch nach wie vor zugänglich und für jeden einsehbar.

Mobbing-Plattform »I Share Gossip«

(2)
22:38:18: *ich muss sagen das* (Mädchenname) *nicht alles FICKT was bei 3 nicht auf den bäumen ist...allerdings macht sie sich so ziemlich an jeden ran. Seid vorsichtig Ladies und passt auf eure typen auf ;)...sie ist eine hoe!*
22:42:37: *dich mag ich :D hahaha wir haben iwie die selben ansichten was dieses etwas von ratte betrifft :D*
22:43:22: *scheiße ist ja das sie sich anscheinend an jeden ran macht aber da wird iwie nie was drauß..* (Mädchenname) *süße ich würde anfangen mir gedanken zu machen ;) :* mwaaah*
22:48:00: *tja außen spielt wohl doch ne große rolle. Solche Leute wie sie haben einfach nur ein schlag in die fresse verdient!*
22:48:15: **aussehen :D*
22:53:35: *ja ich würde mal sagen das hier gibt ihr den 2 schlag aber das hat sie verdient! allein was sie mit ihren freundinnen macht ist unter aller sau!*
22:54:03: *Haha Bitchfight*
22:56:28: *...in diesem fall gibts aber nur eine bitch ;) nämlich* (Mädchenname)

22:57:20: *hahahaha von 22:53 :D wer bist du man hahaha*
dann verdient sich unsere kleine halt demnächst nicht mehr
nur diese imaginären cyber schläge in ihre hässliche fresse sondern auch noch mal richtige :D
passende schmuckstücke für meine faust sind schon besorgt :)

Zum Verhältnis von verbaler Gewalt und realer Gewalt

Einer Person, deren Namen hier insgesamt dreimal offen genannt wird, wird unmoralisches Verhalten vorgeworfen (*macht sie sich so ziemlich an jeden ran, was sie mit ihren freundinnen macht ist unter aller sau!*). Im Laufe dieses kurzen Ausschnitts wird darüber hinaus mit *hoe, ratte, süße* und *bitch* auf die betroffene Person referiert. Alle diese sprachlichen Formen sind degradierend: das pejorativ konnotierte Lexem *hoe* für *Hure*, das hier affirmativ gebraucht wird, die dehumanisierende Metapher *ratte*, wodurch die betroffene Person mit einem Nagetier gleichgesetzt wird, das Krankheiten überträgt und in der Kanalisation lebt, das Schimpfwort *bitch*, das hier eindeutig abwertend gebraucht wird (auch weil die betroffene Person als singulär herausgestellt wird, *in diesem fall gibts aber nur eine bitch ;) nämlich*) und die simulierte direkte Anrede mit *süße*, die hier von oben auf die betroffene Person herabschauend geäußert wird. Auffällig ist, in welcher Geschwindigkeit hier alle Beteiligten in gerade einmal sechs Redebeiträgen zu dem Schluss kommen, dass Gewalt anzuwenden sei: Von der Überlegung, *sie habe nur ein schlag in die fresse verdient!* über die Animation *gibt ihr den 2 schlag* bis hin zur Übereinkunft, dass aus den *imaginären cyber schläge(n) richtige* Schläge werden sollten, vergehen nicht einmal zehn Minuten.

Hieran zeigt sich ein sehr hohes Aggressionspotenzial, das typisch ist für Cybermobbing-Prozesse. Anonymität ist hierbei keine Bedingung. Es zeigt sich jedoch noch ein zweites Charakteristikum: die Freude an der gemeinsamen Degradierung und Eskalation, sie wird durch zahlreiche Emoticons ausgedrückt, aber auch durch imitiertes Lachen (vgl. die unterschiedlich ausgeprägten Interjektionen der Form *hahaha*). Gleichzeitig signalisieren sich die Interagierenden ihren gegenseitigen Zuspruch (*dich mag ich :D, hahahaha von 22:53 :D wer bist du man hahaha*) und bestärken sich in ihrem gemeinsamen Feindbild.

Cybermobbing ist ein Phänomen, das nicht losgelöst von anderen Gewaltformen betrachtet werden kann und das in Schulen seltener auftritt, in denen eine offene Gesprächskultur gepflegt wird. Es zeigen sich hier Formen verbaler Gewalt, die sich in der Interaktion potenzieren und einen Eindruck davon vermitteln, wie Ausgrenzungsprozesse in der Adoleszenz ablaufen. Sie zeigen gleichermaßen, dass die Interagierenden nicht über adäquate Strategien zur Konfliktbewältigung verfügen, eine Beobachtung, an der Prävention ansetzen kann.

5.3 | Praktiken in den Sozialen Medien

Moderne sprachwissenschaftliche Ansätze (z. B. Androutsopoulos 2014) setzen auf der funktionalen Ebene an und analysieren Praktiken vor dem Hintergrund der Theorie zu Communities of Practice im Internet.

Praktiken im linguistischen Fokus — Zur Vertiefung

Eine Praktik ist eine »typische Lösung für wiederkehrende Situationsanforderungen« (Deppermann/Feilke/Linke 2016: 10). Somit muss Verhalten in bestimmten Kontexten nicht stets neu verhandelt werden, sondern ist erwartbar und auch akzeptabel (vgl. Eichinger 2016), es besteht also ein sozialer Konsens. Ursprünglich stammt der Praktikenbegriff aus der Soziologie, inzwischen hat er sich jedoch gut in der linguistischen Forschung etabliert und wird Begriffen, wie *Textsorte* oder *Handlung* als »adäquaterer Grundbegriff« (Deppermann/Feilke/Linke 2016: 1) für die Beschreibung von Interaktion vorgezogen. Praktiken werden im Zusammenspiel von soziologischen, (entwicklungs-)psychologischen, medialen und linguistischen Aspekten verstanden, d. h. dass die sprachliche Ebene nicht isoliert betrachtet wird.

Das war keinesfalls immer so. Im linguistischen Fachdiskurs um die internetbasierte Kommunikation wurde seit den späten 1990er Jahren die Diskrepanz zwischen medialer Schriftlichkeit und konzeptioneller Mündlichkeit bei simultaner Kommunikation in Echtzeit diskutiert (vgl. u. a. Herring 1996; Runkehl/Schlobinski/Siever 1998; Beißwenger 2007; Androutsopoulos 2007). Diese frühen Untersuchungen zum Web 1.0 hoben die Restriktionen und Potenziale, die Kommunikation online durch die zugrunde liegenden technischen Anwendungen beeinflussen können (technologische Affordanzen), hervor und interpretierten das sprachliche Verhalten der Userinnen und User vor diesem Hintergrund als Kompensationsstrategie. Als Vergleichsgröße wurde stets die Face-to-Face-Kommunikation in die Interpretation von internetbasierter Kommunikation miteinbezogen. *[Zur Fachhistorie der linguistischen Internetforschung]*

In der Anfangsphase des Fachdiskurses wurde medial schriftliche Kommunikation im Netz ex negativo in Abgrenzung zur medial mündlichen Präsenzkommunikation definiert. Einzelne sprachliche Phänomene der internetbasierten Kommunikation wurden als Neubildungen aus Gründen der Sprachökonomie oder als Indikatoren für eine konzeptionelle Mündlichkeit im schriftlichen Medium interpretiert. Beiden Konzepten, also dem Konzept der Sprachökonomie und dem der konzeptionellen Mündlichkeit, lag die Beobachtung zugrunde, dass Menschen der Herausforderung einer schriftlichen Distanzkommunikation in Echtzeit sprachlich äußerst kreativ begegneten: Sie gebrauchten z. B. Abkürzungen um die Eingabe von Redebeiträgen in den frühen Internet-Relay-Chats wie ICQ zu beschleunigen, um einen (quasi-)synchronen Dialog führen zu können: z. B. Reduktionsformen, Inflektive, Ellipsen, Emoticons und Emojis (s. Kap. 5.4; vgl. u. a. Marx/Weidacher 2014). Außerdem *[Web 1.0]* fand man immer wieder Belege dafür, dass sich User/innen kognitiv auch im schriftlichen Medium an einem Konzept der mündlichen Kommunikation orientierten: z. B. Großbuchstaben zur Emphase, Iteration von Buchstaben und Satzzeichen als »emulierte Prosodie«, also verschriftete Satzmelodie (vgl. Haase 1997).

Konzeptionelle Mündlichkeit im schriftlichen Medium?

Zur Interpretation dieser Phänomene wurde das Modell der Mündlichkeit/Schriftlichkeit von Koch/Oesterreicher aus den 1980er Jahren auf die internetbasierte Kommunikation übertragen. Das Modell besagt, dass ein kognitives Konzept von Mündlichkeit oder Schriftlichkeit deutlicher abhängig ist von der empfundenen sozialen Nähe oder Distanz der Interagierenden als vom zur Kommunikation genutzten Medium (phonisch oder graphisch). So kann z. B. eine Postkarte aus dem Urlaub an einen Freund sprachliche Marker enthalten, die eigentlich typisch sind für die mündliche Kommunikation, obwohl sie schriftlich verfasst wurde (z. B. Klitisierungen wie *hab's*, *mach's* oder informelle Begrüßungsfloskeln wie *Hallo!*). Ausschlaggebend für die Auswahl gerade dieser Kommunikationsstrategien ist hier die soziale Nähe zum Adressaten/zur Adressatin. Einen Teil der User/innen-Strategien online kann man vor dem Hintergrund dieses Modells interpretieren, einen anderen Teil dagegen nicht. So können Abkürzungen wie *wtf* eher vor dem Hintergrund der Sprachökonomie bzw. Eingabeökonomie in der Keyboard-to-Screen-Kommunikation interpretiert werden. Viele sprachliche Phänomene lassen sich als sowohl sprachökonomisch als auch konzeptionell mündlich interpretieren und die Mehrheit der neueren Phänomene wie z. B. Emojis, Hashtags oder Text-Bild-Referenzen lassen sich in ihren vielfältigen Funktionen kaum durch die vorgestellten Modelle deuten.

Neue Form der Schriftlichkeit

Vielfältige sprachliche Strategien: User/innen versuchen durch die vielfältigsten sprachlichen Strategien die kommunikativen Restriktionen durch den Kanal symbolisch zu überwinden (vgl. Androutsopoulos 2007: 76). Mit Hilfe der besonderen Merkmale der Interaktion in Sozialen Medien werden funktionale Aspekte der (quasi-)synchronen Kommunikation strukturell manifest, und der kommunikative Raum wird um Aspekte einer neuen Schriftlichkeit erweitert, die Elemente der oralen Kommunikation aufgreift, aber neu interpretiert. Online-Communities von jungen Nutzer/innen in der Phase der Adoleszenz sind treibende Kräfte in diesem Prozess der Variation und des Wandels hin zu einer neuen Form der Schriftlichkeit im digitalen Medium.

In die Analyse einbezogen werden müssen heute auch Piktogramme, Text-Bild-Relationen und (meta-)kommunikative Sprachhandlungen wie *Liken* und *Sharing*. Es handelt sich also bei heutiger Interaktion im Web 2.0 nicht allein um konzeptionelle Mündlichkeit im schriftlichen Medium und auch nicht allein um eine neue Form der Schriftlichkeit. Die Ebene der Schriftlichkeit wird vielmehr multimodal und multimedial erweitert, so dass ein adäquater linguistischer Interpretationsrahmen neue Interaktionspraktiken in ihrer gesamten Komplexität erfassen muss. Im folgenden Kapitel sollen einige dieser Praktiken exemplarisch erläutert werden.

5.3.1 | Teilen, *Liken*, Kommentieren

Aktionen wie das Teilen (*Sharing*) von Inhalten, das *Liken* und das Kommentieren können als kommunikative Praktiken interpretiert werden (vgl. Bedijs/Held/Maaß 2014). Dabei wird *Sharing* als positives Facework (s. o.) mit identitätskonstituierender Funktion für die Gruppe analysiert (vgl. Tienken 2013). Die Soziologin Turkle (2012) formuliert mit Bezug auf Online-Communities zugespitzt das Descartsche Diktum neu: »Ich teile, also bin ich.« Das *Liken* von Inhalten wie Fotos, Videos oder Text kann als Sprechakt mit Bezug auf das positive Face bezeichnet werden (Bedijs 2014: 135) im Sinne einer sozialen Solidarität (Heritage 1984: 265). Dem Kommentieren kommt dagegen vor allem eine verstärkende Funktion für das eigene Selbstbild zu (»self-face enhancing«; vgl. Bedijs 2014: 141), wobei aber auch die Identifikation mit einer Gruppe ausschlaggebend für das Posten von Kommentaren sein kann.

Die Dialektik der internetbasierten Kommunikation bildet den schwer zu definierenden und äußerst ambivalent zu bewertenden Hintergrund für Facework und Identitätsarbeit im virtuellen Raum – vor allem während der Phase der Adoleszenz (vgl. Seargeant/Tagg 2014; Bedijs/Held/Maaß 2014). So steht erstens die Möglichkeit zur Anonymität im Netz (vgl. Herring 2001) dem Wunsch nach sozialer Begegnung entgegen (vgl. Bays 1998). Zweitens wird traditionell in der Soziolinguistik ein Gegensatz zwischen der Privatheit der Community of Practice (CoP) und der Öffentlichkeit der medial vermittelten Kommunikation gesehen. Kommunikation in sozialen Online-Netzwerken verbindet jeweils beide Aspekte, indem ein wechselseitiger Austausch innerhalb der Communities of Practice vor der Online-Öffentlichkeit stattfindet.

Dialektik zwischen Anonymität und Authentizität

Typische Social-Media-Praktiken, wie etwa das Teilen, Bewerten und Kommentieren, werden möglicherweise sogar besonders innovativ von jenen umgesetzt, die sprichwörtlich in das Web 2.0 hineingeboren und damit aufgewachsen sind. Rein rechnerisch zählen diese Personen zum Entstehungszeitpunkt dieses Buches zum Kreis der Jugendlichen. In den vergangenen 15 Jahren hatten aber auch alle anderen Nutzer/innen die Möglichkeit, sich mit der Online-Kommunikation vertraut zu machen. Sie ist deshalb kein exklusiv Jugendlichen vorbehaltener Bereich, der Umgang mit neuen Medien ist folglich kein Alleinstellungsmerkmal für Jugendliche. Viele Erwachsene besitzen ebenfalls ein Smartphone oder einen Account bei Facebook, und berühmte YouTuber sind jenseits der 30 (z. B. Gronkh, der über 4.609.000 Abonnent/innen verfügt). Auch wenn jene gelegentlich als ›Digital Immigrants‹ bezeichnet werden, scheinen Generationenunterschiede im Web 2.0 doch zu verschwimmen, und es zeigt sich hier mehr als in anderen Bereichen eine lebendige Vernetzung unterschiedlicher Spielarten von Sprache.

Neue Praktiken

5.3.2 | YouTub(en)

Auf YouTube, einer Plattform, die es ermöglicht, selbst erstellte Kommunikate zu veröffentlichen, sind inzwischen neue multimodale Textsorten, wie Tutorials, Let's Plays oder Hauls entstanden. Es sind insbesondere diese Formate, die sich bei Jugendlichen großer Beliebtheit erfreuen. Ihre Charakteristika sind sinnbildlich für medienkonvergente Phänomene.

Tutorials: So werden in Tutorials zu Make-Up-Techniken oder Computerspielen Elemente der klassischen Bedienungsanleitung mit audiovisuellen Elementen verknüpft. Typischerweise monologische Textsorten werden durch die Adressierung potenzieller Zuschauer/innen und die Einbindung interaktiver Feedback-Optionen (wie z. B. Kommentare oder Chatsequenzen) zu verbindlichen und dialogischen Textsorten umfunktioniert.

Hauls sind Formate, in denen Einkäufe präsentiert werden. Hier werden Elemente moderierter Fernsehshows mit Elementen verknüpft, die aus Werbespots bekannt sind (vgl. Jeffries 2011).

Let's Plays: In Let's Plays begleiten Spieler/innen ihr eigenes Spielen sprachlich für Zuschauer/innen, was durchaus an kommentierte Sportveranstaltungen erinnert, sie sind aber typischen Bewertungsmechanismen auf YouTube ausgesetzt. Das Spiel mit bekannten Formaten und ihre Reintegration erweist sich als besonders fruchtbarer Gegenstand auch für die Jugendsprachforschung, weil hier neue kommunikative Gattungen und auch Sprachverwendungsweisen entstehen.

Definition

> Memes sind Bild-Makros mit oder ohne Textinschriften als Reaktionen auf aktuelle Ereignisse aber auch zur Abbildung typischer Reaktionen in Alltagssituationen. Memes treten nicht isoliert auf, sondern sind in Social-Media-Kontexte eingebettet und erfüllen dabei spezifische kommunikative Funktionen (vgl. Arens 2016).

Beispiel

Ha!-Gay-Meme

Eine erstaunliche Sprachverwendungskarriere hat beispielsweise das Internetmeme *Ha!Gay* erfahren. Es handelt sich hierbei um einen spontanen Ausruf von Señor Chang in der ersten Folge der zweiten Staffel der Comedy-Serie »Community« mit dem Titel »Anthropology 101«. Sie wurde am 23. September 2010 ausgestrahlt. In einer Szene, in der der junge Professor Jeff Winger seinen Studierenden das Konzept Respekt nahebringen will, reagiert Chang spontan mit *Ha!Gay*, wobei er die Interjektion *Ha!* staccatohaft vom Lexem *Gay* absetzt, das wiederum auffällig gedehnt wird. Stephen Gillan, ein Webkünstler, zitierte Chang in seinen »Antics Comics«, die auch unter dem Namen »Homophobic Seal« bekannt wurden. Im Comic umarmen (und wärmen) sich zwei Männer, um in der

arktischen Kälte eines Schneesturms zu überleben, als plötzlich die homophobe Robbe auftaucht und »Gaaaaaayyyy« brüllt.
Das Zitat ist als Klingelton für die beiden großen Betriebssysteme erhältlich, als Reaction GIF und wurde – und das ist für die Verbreitung besonders relevant – von zahlreichen YouTubePoop-Künstler/innen aufgegriffen, um in Satirevideos mehr oder weniger skurrile Szenarien zu kommentieren.
Interessanterweise nun ist das Zitat in den mündlichen Sprachgebrauch Heranwachsender übergegangen, die es als Gambit oder expressive Partikel mit einer Nullbedeutung einsetzen. Die Referenz auf Homosexualität und/oder Homophobie wird dabei überhaupt nicht oder kaum reflektiert.

Abb. 5.4:
Internetmeme
Ha! Gay

Ein innovatives Wechselspiel zwischen traditionellen und neuen Medien sowie deren Akteur/innen zeigt sich folglich, das sich auf den Sprachgebrauch Jugendlicher auswirkt. Auch wenn selten wie in diesem Beispiel tatsächlich ein Erstbeleg für einen innovativen jugendsprachlichen Ausdruck ausgemacht werden kann, werden hier doch Verbreitungsprozesse linguistischer Variation deutlich, die durch Netzwerkeffekte verstärkt werden. In letzter Konsequenz könnten auf diese Weise auch jüngere Entwicklungen im Sinne von Sprachwandel in actu beobachtet werden. Sprachliche Variations- und Wandelprozesse vor dem Hintergrund (global) vernetzter Online-Communities nachzuzeichnen, zählt sicher zu den großen Herausforderungen für die (diachrone) Soziolinguistik in näherer Zukunft. Das Desiderat für die Jugendsprachforschung ist hierbei auf die Klärung der Frage ausgerichtet, welche Rolle Nutzer/innen in der Phase der Adoleszenz innerhalb dieser Prozesse zukommt (z. B. als kreativer Motor der Innovation oder als Multiplikator/innen).

Zum Zusammenhang zwischen neuen Medien und traditionellen Medien

Mediale Wechselwirkungen: Bahlo/Steckbauer (2011) haben umgekehrt den produktiven Einfluss von Medien auf juventulektale Stile in einem Wechselwirkungsmodell dargestellt (s. Abb. 5.5). Hier wird gezeigt, dass Medien spezifische Gebrauchsstile adaptieren und einem großen Publikum zugänglich machen. Gleichzeitig verfügen sie über ein hohes Innovationspotenzial, das sich Jugendliche sprachspielerisch zu Eigen machen und rekontextualisieren. Im Fall von YouTube sind Jugendliche mitunter selbst Gestalter/innen (Produzent/innen) des Medienangebots, was die Wechselwirkung verstärkt.

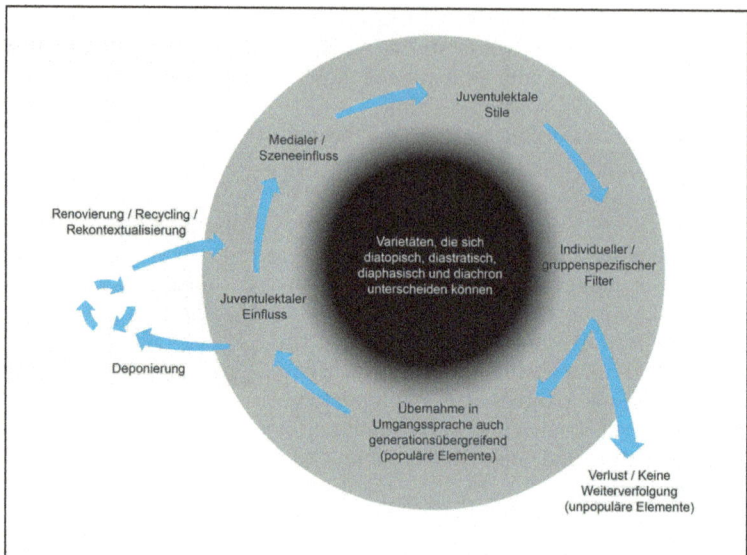

Abb. 5.5: Wechselwirkungsmodell von Bahlo/Steckbauer 2012 (aus Bahlo/Fladrich 2016: 8)

5.3.3 | WhatsApp(en)

Der spielerische Umgang mit Sprache, der so typisch für die Jugendsprache ist (zur Bricolage vgl. Schlobinski/Kohl/Ludewigt 1993) spiegelt sich auch in der Sprachverwendung im Bereich der neuen Medien. Dies wurde für die SMS-, Chat- und E-Mail-Kommunikation untersucht (z. B. von Runkehl/Schlobinski/Siever 1998; Androutsopoulos/Schmidt 2002; Beißwenger 2000; Santillán 2009 oder Thaler 2003). Als derzeit besonders beliebt unter Jugendlichen erweist sich die Messenger-Kommunikation, insbesondere über den Messengerdienst WhatsApp.

Sprachökonomieprinzip

Verkürzung: An einem Beispiel soll hier ein auffälliges Merkmal jugendsprachlicher Kommunikation nachvollziehbar gemacht werden: die (sprachökonomische) Verkürzung.

(3)
1   14:18 – B: *Hi*
2   14:21 – A: *Hey*
3   14:24 – B: *Wg??*
4   14:25 – A: *Supii und wütend dir?*
5   14:31 – B: *Einbissel Depri aber auch total Happy*
6   14:31 – B: *Wieso wütend??*
7   14:32 – A: *Why happy??? C und D ... wegen 7 × 7 ich hatte halt kb auf bankrutschen*
8   14:35 – B: *Wa haben Sie denn gemacht??*
9   14:36 – B: *Happy weil olli mich heute angekuckt hat..*
10 14:36 – A: *Ohhh mich auch*
11 14:37 – B: *Alter sind D und C dumm*

12	14:38	– A:	*Ich weiss sry das ich aggro bin .... Supiiiiii das er geguckt hat*
13	14:39	– B:	*[Lach-Emoji]*
14	14:39	– A:	*Hör auf zu lachen*
15	14:42	– B:	*Sry..*
16	14:42	– B:	*Sagt die die gestern einen lachflash hatte*
17	14:43	– A:	*[Wut-Emoji]*
18	14:46	– B:	*Was'n??*
19	14:46	– A:	*Ach nichtsssssssss*

Ein oberflächlicher Blick auf diesen Ausschnitt aus einem WhatsApp-Chat vermittelt den Eindruck, hier läge ein Gesprächstranskript vor, was an konzeptionelle Mündlichkeit im schriftlichen Medium erinnert, ein Phänomen, das wir bereits erwähnt haben.

Splitting in Chats: Auffällig ist die Aneinanderreihung von vergleichsweise kurzen Beiträgen, eine Praktik, die Imo (2015) als »inkrementelle Äußerungsproduktion« beschreibt (vgl. auch: Häppchen oder Chunking). Das sogenannte »Splitting« in Chats (Beißwenger 2007) folgt ähnlichen Prinzipien auf semantisch-pragmatischer Ebene. Imos Beobachtungen zufolge verschicken Schreiber/innen eine Nachricht pro Sprachhandlung, das deckt sich auch mit den Nachrichten in unserem Beleg. So beantwortet B beispielsweise in Zeile 5 zunächst die von A gestellte Frage und sendet in einer nächsten Nachricht (Zeile 6) eine Rückfrage. Die Häppchen können mitunter so reduziert sein, dass nicht einmal eine sprachliche Äußerung, sondern »nur« noch ein Emoticon (Folge aus ASCII-Zeichen, etwa :-)) oder Emoji (Piktogramme wie z. B. Smileys, Alltagsgegenstände, Tiere oder Flaggen) eingesetzt wird.

<small>Sprachhandlungskoordination</small>

Funktion von Emojis: Im oben gegebenen Beispiel treten mit lediglich zwei Emojis vergleichsweise wenig Emojis auf. Emojis (und Emoticons) wird generell einerseits eine Kompensationsfunktion zugeschrieben, weil sie verwendet werden, um mimische Informationen, die schriftlich nicht übermittelt werden können, nachzuahmen (Runkehl/Schlobinski/Siever 1998; Dürscheid 2003 u. a.). Andererseits können Emojis aber auch die Bedeutung des vorangegangenen Textes klarmachen oder modifizieren, musterhaft als Erkennungszeichen innerhalb einer bestimmten Community of Practice (CoP) eingesetzt werden und damit konstitutiv für die Gruppenidentität wirken, der Selbstinszenierung als »niedlich« dienen (Voigt 2015) oder schlicht dekorativen Charakter haben. Albert (2015) beschreibt mit der Substitution von Satzzeichen eine weitere Funktion für Emojis. Im hier vorliegenden Fall sind die Emojis extrapositioniert und scheinen damit eine Handlungsfunktion zu haben – den sehr komprimierten Ausdruck von Gefühlen.

<small>Emojis</small>

Emotionalisierung

Typisch für die Jugendsprache und gleichzeitig für die Kommunikation im Social Web ist der exzessive Ausdruck von Emotionen, der sich auch im hochfrequenten Gebrauch von Emojis zeigt. So scheint sich eine neue Höflichkeitskonvention herauszukristallisieren, die die Verwendung von

<small>Zur Vertiefung</small>

mindestens einem Emoji als verpflichtend voraussetzt, um dem Eindruck von Unfreundlichkeit zuvorzukommen. Emotionen werden aber auch durch Iterationen (z. B. *Supiiiiii* und *nichtssssssssss*) oder auch Reduplikationen von Satzzeichen (*???*) transportiert. Es handelt sich hierbei um expressive Mittel, die dazu dienen können, im Mündlichen mögliche prosodische Variationen zu kompensieren, wobei sie lediglich eine Dehnung indizieren. Ein weiteres Mittel für Expressivität ist die Verwendung von Großbuchstaben, die als lautes Sprechen oder sogar Schreien gewertet werden können, aber auch eine besondere Fokussierung bewirken, weil sie optisch aus dem Text hervorgehoben werden. Ein Gefühl von Leichtigkeit und Vertrautheit kann durch die Verwendung von Anglizismen, hier *sry, happy, why* und *lachflash* (als gemischtsprachiges Determinativkompositum mit deutschem Determinans und englischsprachigem Determinatum) evoziert werden.

Chunking und Pushing: Eine mit dem Chunking assoziierte Praktik ist das sogenannte Pushing, das darin besteht, mehrere Turns einzeln hintereinander zu verschicken, um den »Gesprächsfloor« für sich zu beanspruchen. Wyss/Hug (2016: 271) kategorisieren es als Versuch, »den Monitorraum zu strukturieren, zu gestalten und ihn – gewissermaßen – in Besitz zu nehmen«.

Kurzwortbildungen

Akronyme und Kopfwörter: Nicht nur auf struktureller Ebene, sondern auch auf Lexemebene sind in unserem Beispiel Abkürzungen evident. So finden wir zum einen Akronyme (oder auch Initialwörter), die sich hauptsächlich aus den Anfangsbuchstaben zweier oder mehrerer Wörter zusammensetzen: *Wg* (für *Wie geht's*) oder *kb* (für *keinen Bock*), die auch in der gesprochenen Kommunikation Lexemcharakter bekommen (vgl. *ok = okay*). Mit *Depri* (für *depressiv/Depression* oder *deprimiert*) liegt zum anderen ein sogenanntes Kopfwort vor, das wie Rumpf- und Endwörter zu den unisegmentalen Kurzformen gehört. Bei Kopfwörtern wird das Ende des Wortes getilgt, bei Endwörtern der Anfang (*den* bei ›*n* in *Was'n*) und bei Rumpfwörtern sowohl Anfang als auch Ende (vgl. Steinhauer 2000: 18). Auch bei *aggro* (für *aggressiv*) handelt es sich um ein Kopfwort, das aber um den Vokal *o* erweitert worden ist, dadurch ist es leichter auszusprechen, denn sowohl *depri* als auch *aggro* kommen im mündlichen Sprachgebrauch vor. Ähnlich verhält es sich mit *bissel*, ein im mündlichen Sprachgebrauch geläufiges Wort, bei dem die Endung *-chen* durch *-el* ersetzt wurde und damit eine dialektal-umgangssprachliche Färbung erhält.

Reduktion/Tilgung: Mit *sry* (für *sorry*) liegt ein Beispiel für eine Reduktion (auch Tilgung) von Buchstaben im Wortinneren vor (vgl. Schlobinski/Kohl/Ludewigt 2001: 15), die anders als die Akronyme *Wg* oder *kb* als Wort kaum aussprechbar sind (für eine genauere Klassifikation der möglichen Kürzungen s. Kap. 5.4.2).

Abkürzungen oder Kurzformen sind ein sprachökonomisches Phänomen, Sprecher/innen und Schreiber/innen passen sich damit an die Gegebenheiten (auch: Affordanzen) einer Äußerungssituation an (vgl. auch Siever 2011). Im Fall der Kommunikation über Soziale Medien, insbesondere WhatsApp, kann damit der Situation, in der ein Beitrag entsteht, Rechnung getragen werden. Typischerweise findet Whatsappen tätigkeitsbegleitend statt, d. h. dass Jugendliche zumeist abhängig von der Tageszeit nebenher dem Unterricht folgen, mit Freund/innen unterwegs sind, Hausaufgaben machen, fernsehen etc. Bei Kurzformen, die von Namen gebildet werden, hier etwa *Olli*, sind sprachökonomische Beweggründe nicht primär. Aus Verniedlichungen wie der Suffixsubstitution durch ein *-i* (oder auch *-ichen* etc.) gehen Kosenamen hervor, mit denen eine besondere Zuneigung und Vertraulichkeit gegenüber dem Namensträger ausgedrückt werden kann.

Thematische Reduktion durch Referenz auf geteiltes Wissen: Eine weitere Form der Verkürzung stellen Reduktionen hinsichtlich der thematischen Entfaltung innerhalb der WhatsApp-Konversation dar. So spielt B auf einen *lachflash* an, der in der gemeinsamen Erinnerung (*gestern*) liegt, die Gründe dafür müssen nicht expliziert werden, und auch A referiert sowohl mit *C und D* als auch mit *7 × 7* auf Instanzen, die in der gemeinsamen Diskurswelt von A und B verankert sind. Beide sind mit C und D bekannt und auch deren Verhalten muss nicht noch einmal expliziert werden, wie B mit der Rückkopplung *Alter sind D und C dumm* bestätigt. Es kann zudem auf Situationen Bezug genommen werden, in der beide anwesend waren, wie z. B. das Bankrutschen im Mathematikunterricht, in der A Schwierigkeiten mit der gestellten Aufgabe hatte. Dabei nutzt A hier die Gelegenheit, über WhatsApp eine erfahrene Gesichtsbedrohung zu reparieren. Sie bietet mit Unmotiviertheit/Unlust eine alternative Erklärung für ihr Scheitern an und versucht damit zu verhindern, dass sich der Eindruck, sie könne eine derart einfache Aufgabe nicht lösen, bei einer vertrauten Person (B) verfestigt. Dies führt uns zu einem nächsten Aspekt, der Identitätsarbeit, die für die Kommunikation in sozialen Netzwerken typisch ist.

Common Ground

5.3.4 | Facebook(en)

Lebhafte Kommunikationen über Facebook sind heutzutage kaum noch sichtbar, allenfalls finden sie in geschlossenen Gruppen statt, die für Forscher/innen nicht problemlos zugänglich sind. Durchaus nachvollziehbar ist jedoch, dass Facebook als eine Art Telefonbuch mit besonderen Vorteilen fungiert. Dazu zählt, dass sich hier eine Plattform für die Selbstinszenierung eröffnet (vgl. auch die Kategorisierung als »Bühnen der Selbstdarstellung« bei Vogelsang 2010: 39).

Anders als WhatsApp ist Facebook (trotz der Privatsphäre-Einstellungen) nämlich darauf angelegt, für eine breitere Öffentlichkeit einsehbar zu sein. Jugendlichen Nutzer/innen darf unterstellt werden, dass sie die Informationen, die für alle zugänglich sind, sorgfältig auswählen und aufbereiten. Dazu zählen das Hintergrundbild ebenso wie das Profilbild, die persönlichen Angaben, die auf der Plattform hinterlegt werden, und auch die Entscheidung darüber, die Anzahl der Freunde öffentlich zu machen oder nicht.

Facebook

Aus sprachwissenschaftlicher Perspektive besonders relevant sind jedoch die Statusmeldungen und Kommentare. Diese stehen vor allem für Exklusivität auf der einen und Positivität auf der anderen Seite. Was ist damit gemeint?

Exklusivität als Netzwerkeffekt

Exklusivität bezieht sich hier vornehmlich auf die Auswahl der Themen, die es aus Sicht der Jugendlichen wert sind, gepostet zu werden. Dazu gehören insbesondere Änderungen im Beziehungsstatus, die konstatiert (etwa durch die dafür vorgesehene Funktion »ist in einer Beziehung mit ...«, »hat sich mit ... verlobt« etc.) und z. B. durch Fotos und öffentliche Liebeserklärungen dokumentiert (4) und anerkennend kommentiert (5) werden; besondere Ereignisse im Schulalltag (zum Beispiel Abistreiche oder Mottotage), Erfolge im Sport (6), Erinnerungen an gemeinsame Unternehmungen (7), Informationen über Reisen (8), Hinweise auf Veranstaltungen (z. B. Konzerte), politische Statements (insbesondere durch Teilen) und Glückwünsche (zum Beispiel zum Geburtstag).

(4)
14. Februar 2017
7:04 Aw: *Ich liebe dich* ☺☺☺
7:05 Bm: *Ich liebe dich auch mein Schatz* ♥♥♥
7:05 Aw: ☺☺☺
7:06 Bm: ☺ *meine schönheit*
7:06 Aw: ☺☺☺
7:07 Bm: *Bin so froh dich zu haben schatz du bist mein größtes Geschenk mein Schatz* ♥♥♥
7:07 Aw: *Ich liebe dich* ☺☺☺
7:08 Bm: *Ich dich auch* ☺☺☺

(5)
A: *Viel Glück euch beiden* ☺♥
B: *Glück? Quatsch LIEBE* ☺ ☺♥
A: *Seit jaaa so süß* ☺
B: *Dankeschön*
A: *Nur Wahrheit*

(6)
15.8.2015
So seh'n Sieger aus bzw da ist das Ding!!
TURNIERSIEG und nach zwei Jahren »Laufabstinenz« beste Spielerin beim Prignitz – Cup in Wittenberge. ☺ ;-)
Ich danke euch ihr Süßen, es war heute ein Fest, toller Tag♥♥

(7)
War ein sehr schöner Abend gestern ☺

(8)
1. August 2016
(Name) hat 19 Fotos hinzugefügt – mit (Name)
Amsterdam mit den Süßen. (Name)& (Name) war toll ❤ #einerfüral-leundallefüreinen ❤ #inLovewithAmsterdam

Anders als man zunächst annehmen könnte, stellen jugendliche Nutzer/innen lediglich reduzierte Alltagskommunikation zur allgemeinen (öffentlichen) Einsicht bereit, die unverfänglich ist oder aufgrund einer starken Kontextgebundenheit unverständliches Exklusivwissen beinhaltet, sogenannte Insider, mit denen über Zitate (9 und 10) oder Anspielungen auf gemeinsames Wissen referiert wird. Damit wird die gegenseitige Verbundenheit reflektiert und lebendig erhalten (archiviert), was sich beziehungsstabilisierend auswirken kann. Gleichzeitig werden diejenigen, die die Anspielungen nicht verstehen, indirekt als Outgroupmembers markiert. Darüber hinaus demonstrieren die Jugendlichen damit ein reflektiertes Nutzungsverhalten in Bezug auf Datensicherheit.

(9)
A: »Mist... Raoooooolf!! Isch bleib schon wieda im Wat stecknnnn...«
   »Und ich sag immer, wattss up?« ^^
B: *Watten da los?*

(10)
Im cookin Up the Curry ☺ du weißt es
Richtig krasser Bruder ❤
Nächstes Jahr wird zusammen wieder rasiert ❤
Mit dir ist immer Nice. ❤
Unsere Face Swaps sind beste ❤❤ *Lass bald mal wieder was machen* ☺

Die eigene Identität wird dabei auch durch die Zugehörigkeit zu einer Gruppe markiert, diese Zugehörigkeit für andere offenzulegen, ist zudem eine Strategie des aktiven Beziehungsmanagements. Eine schriftliche Manifestation wird z. T. auch quasi-herausgefordert. So gibt es die Praktik, Facebook-Freunde explizit darum zu bitten, die eigene Facebook-Seite zu kommentieren. Antworten sind dann vor allem beziehungsstabilisierender Natur (11 und 12).

Identitätsarbeit und Anpassung an die Peergroup

(11)
Bester Bruder ❤
Unternehmen eig immer was 💪
sind immer füreinander da
Hatten eig noch nie Beef ☺
Haben eig immer die selbe Meinung gegenüber anderen ☺ *Unsere roten Haare* ☺ *Brüder ein Leben lang* ❤

(12)
nur du bist nett❤
Kennen uns von.. Du weisst haha
Süss✓

5 | Jugendsprache und Medien

Positivität als Netzwerkeffekt

Positivität: Erstaunlich mag es auch sein, dass Rückmeldungen zu Statusmeldungen insgesamt positiv ausfallen (s. die oben angesprochene Positivität). So reagieren auf der Freundesliste registrierte Profilidentitäten nahezu obligatorisch mit dem Anklicken der Gefällt-mir-Funktion, drücken ihre Komplimente aber auch explizit im Kommentarbereich aus (*Du hübsche Herzemoji, so schön!, Das ist so cool!, Schönster EmojimitHerzaugen, Bestes Bild Herzemoji, ZeichenfürallesinOrdnungemoji, Hübscher Herzemoji 2x, Geilster!, Bildhübsch Herzemoji, ohh wie süß du bist hihihihihhihihihihihihihihiiii* usw.).

An der Identitätsbildung wirken also auch die anderen Kommunikationsteilnehmer/innen mit, wobei ein stillschweigendes Abkommen darüber zu bestehen scheint, dass kommunikative ›Gegenleistungen‹ obligatorisch sind.

5.4 | Formale Merkmale medial vermittelter Jugendsprache

In Kapitel 5.2 wurden Grundaspekte der adoleszenten Identitätskonstituierung angesprochen. In Kapitel 5.3 haben wir medial vermitteltes Sprachhandeln von Jugendlichen in Online-Netzwerken als soziale Praktiken beschrieben, die je nach Anwendungskontext unterschiedlich sprachlich ausgeprägt sind. In Kapitel 5.4 nun wollen wir sprachliche Marker für jugendliche Identitätsarbeit vor dem Hintergrund der aktuellen Medienlandschaft beschreiben. Wie manifestieren sich also die sozialpsychologischen Dynamiken der Selbstinszenierung vor der Öffentlichkeit der sozialen Netzwerke auf der sprachlichen Ebene?

Anzumerken ist, dass ausschließlich Tendenzen beschrieben werden können, da es eindeutige, unveränderliche strukturelle Merkmale des juventulektalen Stils auch online nicht geben kann – zu vielfältig sind die Variationen durch Peergroups und mediale Anwendungskontexte. Es kann also nur eine linguistische Beschreibung exemplarischer Trends erfolgen vor dem Hintergrund der in Kapitel 4.1 dargestellten Strukturmerkmale adoleszenter Mündlichkeit.

5.4.1 | Lexikon

Auch medial schriftlich ist eine zyklische Erneuerung juventulektaler Lexik zu beobachten (zur medial mündlichen Face-to-Face-Kommunikation s. Kap. 4.1.1). Verbreitete Lexeme veralten, und der Wortschatz unterliegt einer ständigen dynamischen Anpassung an mediale und entwicklungspsychologische Anforderungen in einer sich in schnellem Tempo verändernden Lebenswelt der Jugendlichen.

Lexik

Lexikalische Trenddomänen: Gerade in Bezug auf die Wortschatzerweiterung sind mediale Kontexte sehr produktiv. Mit neuen Technologien wird auch immer ein neues Vokabular relevant, wie z. B. der Name für das Trendspielzeug *Fidget Spinner*. Multimodale Anwendungen führen zu einer Erweiterung semantisch deutbarer Einheiten auf Piktogramme oder funktionaler Zeichen wie Hashtags. Der Wortschatz wird nicht nur ergänzt, sondern auch erneuert durch Neologismen, morphologische Neuschöpfungen etc. Hierbei sind mediale Kontexte oftmals die semantische Spenderdomäne. Wir haben das oben mit Verweis auf das Gamer-Vokabular beschrieben. Der innovative Wortschatz verfestigt sich online in kürzeren Phasen. Konventionen werden ständig neu ausgehandelt, verfestigen sich aber periodenweise. So können typische Lexik und weitere Stilelemente beschrieben werden z. B. für den funktional orientierten Emoji-Gebrauch bei Jungen und Mädchen (vgl. Busch 2017). Durch Verstetigung und Veröffentlichung der Kommunikation mit der Peergroup im digitalen Raum kann man theoretisch Prozesse der Variation und Verbreitung durch Konstruktionsübernahmen unter den jugendlichen User/innen besser beobachten und genauer nachverfolgen als in der flüchtigen mündlichen Face-to-Face-Kommunikation. Methodisch gehen damit allerdings verschiedene Probleme einher (s. Kap. 7).

Die Öffentlichkeit privater Peergroup-Kommunikation kann zu einer viel weiteren Distribution von innovativen Formen führen – innerhalb der Social Media, aber auch durch Zugriff der Massenmedien. Semantische Verschiebungen liegen medial schriftlich und mündlich vor. Damit kommt es auch zu einer schnellen Akzeptanz semantischer Verschiebungen – auch wenn die Formen oftmals umgangssprachlich, salopp, derb oder vulgär markiert sind, z. B. der Gebrauch des Lexems *ficken*. Medien wirken also als Beschleuniger und Verstärker des zyklischen Wandels.

Fremdsprachen/Anglizismen: Fremdsprachliches Material kann auf diese Art ebenfalls integriert werden. Besonders frequent sind hier Anglizismen, die vollständig ins deutsche morphologische System übernommen werden. Prominent sind im Medienkontext aus Firmennamen abgeleitete Verben wie *googlen* oder juventulektal auch *whatsappen*, *youtuben* und *facebooken*. Allgemein stellen Fremd- und Lehnwörter für Jugendliche in der schriftlichen Online-Kommunikation eine zusätzliche Herausforderung dar, weil eine orthographische Darstellung gefunden werden muss. Problematischer wird dies noch bei Übernahmen aus Sprachen mit anderem Schriftsystem (z. B. Arabisch, Japanisch), die meist in einer (spontanen) Transkription dargestellt werden, die sich an der deutschen Graphematik orientiert (z. B. *whalla*).

Anglizismen

Regionalsprachen: Auch regionalsprachliche Varianten werden auf diese Weise verschriftet, – auch online als teilweise bewusstes Mittel zur Abgrenzung gegen ein Primat des Standards im Schriftlichen, der ja während der Adoleszenz noch erworben wird. Die folgenden Einträge von der inzwischen gesperrten Mobbingplattform iShareGossip illustrieren, wie dialektale Merkmale der primär erworbenen Varietät (hier Berlinerisch) gemischt werden mit juventulektalen Aspekten wie Hedges (Heckenausdrücke, z. B. *iwie*; *naja*) und graphostilistischen Merkmalen, die Medium und Anwendungskontext geschuldet sind.

Dialekte

(13)
01. April 2011
10:02:49: wer hat sich den mist eig ausgedacht oh man ich kann nur mit dem kopf schütteln ist es denn so schwer sich auf einem normalen niveau zu unterhalten und sic nicht ständig zu beleidigen ? Lg Benni
10:05:43: Rechtschreibfehler sind künstlerische freiheiten;)
11:22:37: ich bins fuchs, ich hab nachgedacht und will mich stellen und mit dir über alles reden.
bin max aus der 11 ..
11:31:18: ick red dich in dder schule mal druf an, och wenn wir uns kaum kenne, bisch dus wirklich??

Der Ausschnitt verdeutlicht, wie Merkmale unterschiedlicher Varietäten und Stile bei einer Sprecherin geschichtet auftreten. Als weitere Schicht kommen in der medial vermittelten Kommunikation Stilmerkmale hinzu, die von der Userin als adäquat für diese Interaktionsform und Textsorte erachtet werden.

5.4.2 | Morphologie

Wortbildungsmechanismen

Komposition und Derivation: Für die Wortbildungsmechanismen der Komposition und Derivation, die juventulektal sehr produktiv gebraucht werden, gelten online ähnliche Kriterien wie im mündlichen Sprachgebrauch. Neue Wortformen werden also aus zwei Stämmen erschlossen (Komposition) oder aus einem Stamm abgeleitet (Derivation), um zu einer modifizierten Semantik zu gelangen, die in der Regel die Expressivität eines Ausdrucks stärkt und / oder als Erkennungsmerkmal der Peergroup dient. So referiert z. B. die YouTuberin Bianca Heinecke (*Bibis Beauty Palace*) auf ihre Follower/innen mit dem Kosenamen *Bienchen* als Derivat ihres eigenen Künstlernamens *Bibi* und baut dadurch bewusst ein Gefühl der Zusammengehörigkeit innerhalb der Community of Practice auf.

Kurzwortbildung/Akronym: Neben Derivation (*hammer-mäßig*) und Modifikation (*mega-geil*) meist zur Intensivierung kommen auch kreative Formen der Kurzwortbildung vor. So hat in den letzten Jahren z. B. *iwie*, die unisegmental gekürzte Form für *irgendwie*, einen Prozess der medial schriftlichen Konventionalisierung durchlaufen und wird heute nicht mehr nur von Jugendlichen genutzt. Akronyme wie *hdl*, *glg* oder *abf* entstammen der medial schriftlichen Interaktion und werden heute auch z. T. mündlich realisiert.

Kreativität

Kreative Wortspiele, die die Homophonie von Silben und Ziffern ausnutzen (*gute N8*) oder »Leetspeak« wie *w!k!p3d!4* (*Wikipedia*), das in der Hacker-Szene und bei den Early Adopters der Internetkommunikation beliebt war, um Texte zu verschlüsseln und sich als Insider zu inszenieren, sind nicht mehr besonders populär unter Jugendlichen. Eine Ausnahme stellen englischsprachige Beziehungsphrasen wie *friends 4 ever* als feststehende Ausdrücke dar.

Abb. 5.6: Juventulektaler Beitrag (Anglizismen, Intensivierungen, Partikeln usw.) zum öffentlichen Diskurs zum Thema Jugendsprache unter #Jugendsprache

5.4.3 | Syntax und Routinekonstruktionen

Bedingt durch den interaktiven Charakter von sozialen Online-Medien, ist komplexe Syntax hier in den meisten schriftlichen Kommunikaten selten. Hierbei handelt es sich aber nicht um ein juventulektales, sondern um ein allgemein interaktionales und sprachökonomisches Phänomen. Syntaktisch interessant und spezifisch für Kommunikation online ist die Einbettung von funktionalen oder multimodalen Elementen des WWWs. Links, Tags (*OOTD* für *outfit of the day*), Hashtags (*#meetoo*), @mentions (*@bibisbeautypalace*), Piktogramme oder Fotos werden in syntaktisch vollständige Einheiten integriert.

Es finden sich allerdings auch zahlreiche sprachliche Marker im schriftlichen Medium, die typisch sind für die Phase der Adoleszenz.

Partikeln und Hedges sind medial schriftlich seltener als mündlich, aber doch noch äußerst frequent (zur Erfolgsgeschichte von *iwie* s. o.). Dieser Umstand kann die Annahme verstärken, dass die Relativierung von Äußerungen für die Phase der Adoleszenz vor dem Hintergrund einer erst im Anfang begriffenen Identitätsbildung besonders relevant ist. Je nach Person und situativem Kontext sind sie jedoch frequenter oder weniger frequent und variieren in der Funktion.

Marker für Unsicherheit

Floskelhafte Phrasen: Die Tendenz zur ›Sprüchekultur‹ unter Jugendlichen wurde für den mündlichen Ausdruck bereits beschrieben. Floskelhafte Phrasen als Orientierungspunkt für die Peergroup sind oft Medienzitate, die als Authentifizierungspraktik verstanden werden können. Die Jugendlichen demonstrieren so vor der Gruppe ihr popkulturelles Expert/innenwissen. In sozialen Online-Netzwerken werden Sprüche und feststehende Ausdrücke oft viral verbreitet und können Internettrends auslösen (z. B. *Keep calm and ...*). Sie werden auch häufig in Gestalt von Memes realisiert. Virale Sprüche zur Motivation, Unterhaltung, Freund-

Konventionalisierung

schaft oder Liebe – meist mit Fotos oder Bildelementen kombiniert – tragen zu einer Homogenisierung von Kommunikation bei, die für einige Jugendliche, aber auch für viele Erwachsene ein wichtiger Orientierungspunkt sein kann (vgl. *Facebookpoesie*).

5.4.4 | Gruppenübergreifende Diskursphänomene

»Bricolage«-Prinzip

Stilbasteleien: ›Bricolagen‹ zur Rekontextualisierung von bekannten Stilmerkmalen können im digitalen Medium multimodal besonders produktiv inszeniert werden mit Hilfe von Fotos, Designelementen oder Emojis. Dabei sind gewähltes Profilbild, Nickname und verwendete Hashtags schon konstitutiv für die Online-Identität, die häufig aus umgedeuteten Elementen neu zusammengesetzt wird. Non-verbale Aspekte wie Kleidung oder die passende Mimik auf dem verwendeten Foto (vgl. *Duckface*-Trend) oder auch der gewählte Winkel des ›Selfies‹ usw. sind hier als wichtige metakommunikative Mittel zu verstehen, die sich gemeinsam mit den verbalen Kommunikationsbotschaften zu einer Gesamtaussage verdichten.

Narrationen

Erzählen von Geschichten: Längere Erzählungen sind im schriftlichen Medium durch die Keyboard-to-Screen-Eingabe nur äußerst umständlich zu realisieren. Auf WhatsApp werden in die ansonsten schriftlichen Kommunikationsverläufe für längere Narrationen Sprachnachrichten im Audio-Format eingeschoben (vgl. König 2015).

Zusammenfassend lässt sich sagen, dass sich ein Großteil der Grundtendenzen juvenulektaler Stile auch in der Online-Kommunikation unter Jugendlichen wiederfindet. Sprachliche Merkmale für Emotionalität und Emphase sind dabei besonders frequent. Hinzu kommen zusätzliche Phänomene der internetbasierten Kommunikation wie Abkürzungen, Graphostilistik und Text-Bild-Relationen, wie sie auch von Erwachsenen gebraucht werden.

5.5 | Realität und Fiktion: Zur Wechselwirkung von empirischer Jugendsprache und medialer Umsetzung

Zur Rolle der Massenmedien für Variationen und Wandel

Während in den sozialen Netzwerken Jugendliche direkt zur Innovation und Verbreitung sprachlicher Stile beitragen (›viele : viele-Kommunikation‹), wird der öffentliche Diskurs um Jugendsprache noch immer von den Massenmedien beherrscht (›1 : viele-Kommunikation‹). Ähnlich wie in der mündlichen Kommunikation werden in der medial schriftlichen Online-Kommunikation unter Jugendlichen innovative jugendsprachliche Stilmittel in der Interaktion ausgehandelt (z. B. durch interaktives Alignment, vgl. Pickering/Garrod 2004) und diese setzen sich dann innerhalb der Online-Community entweder durch oder nicht – je nach semantisch-pragmatischem Potenzial, Trend- oder Kultfaktor. Massenmedial werden dagegen beispielsweise jugendsprachliche Neologismen in aufbereiteten Formaten als einheitliches Konstrukt verbreitet. Ein Aushandlungsprozess findet in der Regel nicht statt (außer durch kritische Leser/innenbriefe, Online-Kommentare oder Zuschauer/innen-Chats).

In den Massenmedien werden juventulektale Stile allerdings häufig inszeniert, um beim Publikum eine bestimmte Wirkung zu erzielen; d. h. jugendlichen Akteur/innen werden fiktionale sprachliche Äußerungen in den Mund gelegt. Mit realer Jugendsprache hat diese Form der Stilisierung oft nicht mehr viel gemein.

Inszenierte Jugendsprache als Stilmittel

Inszenierte Jugendsprache im Film

Zur Vertiefung

Inszenierte Jugendsprache ist geprägt von ihrem medialen Kontext, und ihre Funktion liegt nicht immer oder nicht allein in der objektiven Darstellung juventulektaler Stile, sondern bedient zusätzlich (oder ausschließlich) andere Ziele der Medienschaffenden.

Bleichenbacher (2008) definiert z. B. folgende Wirkungsweisen für jugendsprachliche Stilmittel im Film:
- authentische / identifikatorische Wirkung
- kritische Distanz
- satirische Distanz

Das höchste Identifikationspotenzial bei Jugendlichen haben authentisch gestaltete Dialoge.

Kritische Distanz kann erzeugt werden, indem beispielsweise soziale Probleme angesprochen werden, die sich in der Sprache der fiktiven Charaktere widerspiegeln (z. B. migrationsbedingte Aspekte) – teilweise mit pädagogischem Impetus.

Um dagegen satirische Distanz zu schaffen, werden eindeutige Merkmale der juventulektalen Stile wie Vulgarismen, Anglizismen, Tilgungen und Heckenausdrücke ins Stereotype übertrieben. »Es gehört zu den Charakteristika des Mediums Film, mit wenigen distinktiven Merkmalen Kontraste zu setzen« (Reershemius/Ziegler 2015: 262). Hierbei droht aber die Gefahr des Klischees. Komik wird erzeugt, indem die Sprache der dargestellten Charaktere ins Absurde karikiert wird.

Der Unterhaltungsaspekt von fiktionaler Jugendsprache hat sich seit den 1980er Jahren zu einem lukrativen Markt entwickelt (vgl. bereits Schlobinski/Kohl/Ludewigt 1993; auch Neuland 2008), der den Mythos Jugendsprache durch seine Stereotypen zusätzlich nährt. Dabei geht die Vielfalt des eigentlichen Gegenstands der äußerst diversen juventulektalen Stile im medialen Diskurs bisweilen verloren.

Die mediale Verbreitung von vermeintlich jugendsprachlichen Stereotypen zieht verschiedene Probleme nach sich. Ein Hauptproblem auf entwicklungspsychologischer Ebene liegt darin, dass sich Jugendliche an medialen Vorbildern orientieren. Die Adoleszenz wird als Phase des Moratoriums begriffen, also als ein Innehalten, um die existentielle Herausforderung der Identitätskonstituierung zu meistern. Und dies geschieht durch die Orientierung an Vorbildern, die heutzutage vermehrt medial vermittelt sind. Jugendliche orientieren sich also an der Sprache fiktiver

Medium TV-Serie

Charaktere sowie an den vorgestellten Narrativen (vgl. Mey 1999). Massenmedien dienen somit gleichermaßen als Orientierungspunkt für Jugendliche und als Objekt der Referenz. Über Medienzitate kann so z. B. die Zugehörigkeit zur Peergroup bestärkt werden wie im folgenden Beispiel durch einen Verweis auf die Fernsehserie »Eine schrecklich nette Familie« und ihren Protagonisten Al Bundy.

(14)
Sim: i:hr <u>al BUNdy kinda</u>
(Bahlo/Fladrich 2016: 23)

Kulturgut als Massenware

Aus dem Identifikationspotenzial der Massenmedien erwächst ein weiteres, soziologisches Problem, vor dessen Hintergrund auch die Diskussion um inszenierte Jugendsprache geführt werden muss. Bereits in den 1950er Jahren wurde von den Theoretikern der Frankfurter Schule auf »die Auswirkungen des Kulturguts als Massenware auf die Ästhetik und die Rezeption« hingewiesen (vgl. dazu Roller 2006: 52–53). Die Marktorientierung fällt bei massenmedialen Formaten meist stärker ins Gewicht als ein pädagogischer Auftrag. Populäre Formate für Jugendliche bieten daher selten authentische Vorbilder mit positivem Entwicklungspotenzial, sondern eher archetypische Narrative und stereotype Sprache, die sich breiter vermarkten lassen (zu »Kulturindustrie« vgl. Horkheimer/Adorno 2006).

5.5.1 | Jugendliteratur und Adoleszenzroman

Adoleszenzroman Tschick

Ein Roman, in dem Ausdrücke wie *Ford-Spacko* oder *Kanakenauffanglager* ganz selbstverständlich verwendet werden, erregt Aufmerksamkeit bei Jung und Alt (s. Kap. 6). Im Jahr 2010 evozierte der Hamburger Autor Wolfgang Herrndorf ein kontroverses, aber überwiegend positives Medienecho auf seinen Adoleszenzroman *Tschick*. Besonders die an juventulektalen Stilen orientierte Sprache seiner Hauptcharaktere wurde diskutiert.

> Wolfgang Herrndorf gelingt es, für seine Road-Novel ohne Anbiederung eine mild slang-geprägte Jugendsprache zu entwickeln. Das »weil« mit Hauptsatz gehört dabei dazu, das inzwischen in allen Generationen zu Hause ist, aber Ausdrücke wie »endgeil« und allerlei Details aus der Computerspieleszene bilden ein authentisches Sprach- und Motivpanorama. (Meller, Deutschlandfunk, 19.11.2010)

Herrndorfs Sprache soll nicht in erster Linie provozieren, sondern Identifikationspotenziale bei jungen Leser/innen schaffen. Juventulektales Material dient der Ausgestaltung und Entwicklung der Charaktere und ist eben nicht Selbstzweck wie es in pop-kulturellen Werken durchaus der Fall sein kann (z. B. Hegemann: *Axolotl Roadkill*, 2010). Die Erfolgsgeschichte von Herrndorfs *Tschick* spricht für sich: Der Roman wurde mehrfach als Theaterstück inszeniert, von Fatih Akin sehr erfolgreich verfilmt und wird heute für den Schulunterricht empfohlen (s. Kap. 8). Eine ähnliche Erfolgsgeschichte kann auch für Benjamin Leberts Roman *Crazy*

(2001) konstatiert werden. Allein der Anglizismus im Titel steht für ein Lebensgefühl, mit dem sich viele Jugendliche identifizieren können.

Adoleszenzroman Crazy

Ja, genau, das ist es – du bist nicht behindert, sondern *crazy*. (Lebert 2001: 41)

Es ist wahrscheinlich, dass der Roman mit zur Verbreitung des englischen Adjektivs im deutschen Sprachraum beigetragen hat. Unter semantischen Aspekten betrachtet, ist das Wort *crazy* ein weiteres Beispiel für juventulektale Lexik aus der psychologischen Domäne mit positiver Konnotation (*irre*, *verrückt*, *insane*).

Der Adoleszenzroman richtet sich als Sonderfall der Jugendliteratur nicht nur an jugendliche Leser/innen, sondern auch an Erwachsene zur Aufarbeitung der eigenen Jugend in Retrospektive (vgl. Gansel 2004). Das Genre entwickelte sich in den 1970er Jahren im Zuge der Ausdifferenzierung von Kinder- und Jugendliteratur und baut historisch auf dem Bildungs-, Erziehungs- und Entwicklungsroman sowie der sogenannten »Backfischliteratur« (vgl. Stichnothe 2016: 14) auf. Unterschieden werden ein klassischer Adoleszenzroman (z. B. Salinger: *The Catcher in the Rye*, 1951), ein moderner (z. B. Chidolue: *Lady Punk*, 1985) und ein post-moderner, der Aspekte der Pop-Literatur aufgreift (z. B. Herrndorf: *Tschick*, 2010), wobei klare Abgrenzungen problematisch sind.

Typische Motive des Adoleszenzromans

Im Mittelpunkt der Handlung steht die Identitätssuche einer Protagonistin oder eines Protagonisten – oft als Außenseiter inszeniert – zur Bewältigung von als krisenhaft empfundenen Entwicklungsaufgaben während der Phase der Pubertät). Typische Motive des Genres sind der Umgang mit physischen und psychischen Veränderungen, Liebe und Sexualität, Freundschaft und Peergroup, Grenzerfahrungen durch Drogen sowie Krisenbewältigung und Initiation, also die Einführung ins Erwachsenenleben. Inszenierte Jungendsprache dient hier als Vehikel für die Identifikation der jungen Leser/innen mit den Romanfiguren. Auch Generationenkonflikte sind wiederkehrendes Sujet, woran Konflikte jedoch manifest werden, hat sich im Zuge soziokultureller Veränderungen stark ausdifferenziert. Vor diesem Hintergrund liegt besonderes narratives Potenzial in Tabubrüchen meist durch die Hauptfigur, wodurch Konflikte und mit ihnen auch Entwicklungswege aufgemacht werden. Die Grenzüberschreitung in tabuisierte Bereiche kann durch sprachliche Tabubrüche illustriert werden. Dieser Zusammenhang erklärt die literarische Motiviertheit der hohen Frequenz an Vulgarismen besonders am Übergang zur Pop-Literatur und All-Age-Literatur (»Ich betrachte Angeliques Fotze«, Lebert: *Crazy*, 2001: 68).

Alteritätserfahrungen werden auch vermehrt im Kontext von Migration thematisiert (z. B. Herrndorf: *Tschick*, 2010; Holmström: *Asphaltengel*, 2014), so dass sprachkontaktinduzierte Stilmerkmale an Bedeutung für die literarische Aufbereitung gewinnen.

Dem Adoleszenzroman wird aufgrund seiner ästhetischen Vieldeutigkeit ein hohes didaktisches Potenzial für den Literaturunterricht zugesprochen, da Sprache und Sujet Anhaltspunkte für die Identifikation mit den Protagonist/innen bieten und interessante und individuelle Entwicklungswege skizzieren. Für den Sprachunterricht eignen sich fiktive

Dialoge jedoch nicht, da die Illusion von Authentizität nur selten gelingt (s. Kap. 8).

Jugendliteratur

Im Bereich der allgemeinen Jugendliteratur, die nicht explizit Entwicklungsprozesse der Adoleszenz thematisiert, gibt es noch deutlich mehr Belege für gedankenlos konstruierte, besonders artifizielle juventulektale Stilmittel. Ein extremes Beispiel stellt die seit den 1980er Jahren beliebte Kriminalserie für Kinder und Jugendliche »TKKG« dar, die vor allem als Hörspielreihe bekannt wurde. Autor Rolf Kalmuczak versuchte sich in den Dialogskripten durch Ausdrücke wie *Rocker-Type*, *heißer Ofen* oder *Streberleiche* Jugendlichen in den 1980er Jahren anzunähern (vgl. TKKG Folge 6, 1980). In den 1990er Jahren kommen Anglizismen wie *cool*, *Kids*, *Connection* oder *Bike* hinzu. Allerdings enthalten die Dialoge zahlreiche Formulierungen – oft Phraseologismen – die als eindeutig fiktional angesehen werden können: *Ich glaube, mein Zeisig kifft.* (Folge 29, 1984), *Mich pfeift's um*, *Ich muss mich verflüssigen* (zur Toilette) (Folge 6, 1980), *Jetzt flitzt ein Glühwürmchen durch mein Geistesgehege.* (Folge 49, 1987), *Mein Maulwurf düst.* (Folge 101, 1997). Die aktuellen Folgen von »TKKG« orientieren sich trotz neuer Autoren und zeitgenössischem Setting (Smartphones, Social Media etc.) sprachlich am altbewährten Stil, der mittlerweile Kultstatus auch unter Erwachsenen hat. Mit authentischer Jugendsprache hatte und hat die Kriminalserie »TKKG« wenig zu tun, sondern kann vielmehr auf den Mythos Jugendsprache zurückgeführt werden (vgl. Schlobinski/Kohl/Ludewigt 1993).

5.5.2 | Film und Fernsehen

Jugendfilm

Film und Fernsehen spielen eine prominente Rolle für die Sozialisation während der Phase der Adoleszenz. Jährlich erscheint eine Vielzahl von Jugendfilmen in Kino, Fernsehen und auf Video-On-Demand-Plattformen, und noch immer erweckt der populäre Spielfilm bei Jugendlichen eine besondere Faszination. Jugendfilme werden als Angebote mit hohem Identifikationspotenzial wahrgenommen, als Angebote zur emotionalen Entwicklung, zur Subversion der Kontrolle durch Erwachsene und zum Eskapismus. Als Subtext vermitteln sie geteiltes kulturelles Wissen (vgl. Roller 2006).

Reershemius/Ziegler (2015: 258) formulieren folgende Leitfragen zur soziolinguistischen Analyse von Sprache im Film:
- Bildet Sprache im Film auch aktuelle Sprachentwicklungen, d. h. Sprachvariation ab?
- Kann das Medium Film Sprachentwicklungen beeinflussen, d. h. initiieren, intensivieren und popularisieren?
- Wie transportiert das Medium Film Diskurse über Sprache?

Seit sich Filmdialoge von theatraler Sprache emanzipiert haben, haben Regisseur/innen und Schauspieler/innen Techniken entwickelt, die Kommunikation auf der Leinwand authentischer wirken zu lassen und damit das Identifikationspotenzial für junge Rezipient/innen noch zu erhöhen (vgl. Bedijs 2012). Die Bewegung der Nouvelle Vague um Marcel L'Herbier führte offene Drehbücher mit großem Spielraum zur Improvisation ein, und in diesem Kontext gewannen auch juventulektale Stile an Bedeutung für den Film. »Ganz lässt sich die Diskrepanz zwischen natürlicher Konversation und Filmdialog dennoch nie überwinden, da es sich bei filmischer Handlung, auch wenn sie den Anspruch erhebt, die Realität zu repräsentieren, immer um Stilisierungen der Realität handelt« (Bedijs 2012: 72; vgl. auch Mitry 1963: 326).

It is important to bear in mind that these recordings are not samples of spontaneous speech but reflect the film-makers' perceptions and subjective attitudes to language. (Abecassis 2005: 29)

Juventulektale Stilmittel einer »performed language« (Bell/Gibson 2011; Jaffe 2009), die im Subtext sozialpsychologische Implikationen mitführen, sollen für Rezipient/innen klar identifizierbar sein (Bell/Gibson 2011: 569). So wird in Drehbüchern Sprache häufig gezielt eingesetzt, um implizit Informationen über einen Charakter zu transportieren. Einzelnen Filmfiguren wird ein bestimmter sprachlicher Stil in den Mund gelegt, der dem Publikum als Indikator für die soziale Einordnung der fiktiven Person dienen soll (z. B. hinsichtlich Alter, Bildungsniveau oder Herkunft). Da die verwendeten sprachlichen Marker nicht authentisch und oft stark überzeichnet sind, ist diese Herangehensweise problematisch. Außerdem sollen beim Publikum Assoziationen evoziert werden, die als kollektive Konzepte verstanden werden. Diese Vorstellung ist jedoch unzulässig schematisch. Daher eignen sich Filmdialoge mit jugendsprachlichen Elementen auch nicht für wissenschaftliche Analysen, sofern es deren Zielsetzung ist, Erkenntnisse über reale sprachliche Merkmale der jugendlichen Stile zu gewinnen.

> »Performed language«

Vom Standard abweichende Filmdialoge im Jugendfilm spiegeln im Subtext die Bedeutung eines kreativen, gruppenspezifischen Stils für die dargestellten Charaktere wider. Teilweise wird so auch implizit der Themenkomplex ›Sprache und Migration‹ über sprachkontaktinduzierte migrationsbedingte jugendsprachliche Stile thematisiert und damit gleichzeitig popularisiert (vgl. Reershemius/Ziegler 2015: 252). Der französische Film übernahm hier eine Vorreiterrolle mit Banlieue-Filmen wie »La Haine« (»Hass«, Kassovitz 1995) oder »Le thé au harem d'Archimède« (»Tee im Harem des Archimedes«, Charef 1989).

> Sprache und Migration im Film

In Deutschland konnten seit 2013 besonders die Komödien »Fack ju Göthe« I, II und III mit je über 5 Mio. Zuschauer/innen kommerzielle Erfolge verzeichnen. Regisseur und Drehbuchautor Bora Dağtekin thematisiert und inszeniert den Mythos Jugendsprache auf der Leinwand satirisch (s. o.).

5 Jugendsprache und Medien

Beispiel **Inszenierte Jugendsprache in »Fack ju Göthe I«**

Die unbeholfene Lehrerin Lisi Schnabelstedt (Karoline Herfurth) sammelt stereotype jugendsprachliche Ausdrücke in Form einer Liste, um diese dann (meist falsch) vor der Klasse widerzugeben. Ein humoristisch aufbereitetes Missverständnis besteht beispielsweise in der Verwechslung des englischsprachigen Slang-Ausdrucks »Don't fuck with me!« mit der Variante »Don't suck with me!«, die von der fleißigen, aber jugendweltfremden Lehrerin unverzüglich in ihrer Auflistung juventulektaler Ausdrücke korrigiert wird (s. Abb. 5.7).

Komik entsteht durch den Kontrast zwischen lässigen Ausdrücken und akribischem Buchführen. Damit thematisiert Dağtekin einen bekannten Topos der Jugendsprachforschung: Die Jugendlichen sind die Expert/innen für ihre Stile. Jeglicher Versuch von Erwachsenen, sich diese Stile anzueignen, wird als peinlich oder übergriffig wahrgenommen und muss daher scheitern.

Abb. 5.7: Frau Schnabelstedts Liste (»Fack ju Göhte I«)

Film »Fack ju Göhte« (1-3)

Des Weiteren wird im Film angesprochen, dass jugendsprachlich überarbeitete fiktive Dialoge ein höheres Identifikationspotenzial für junge Menschen bergen. So bringen die Schüler/innen ihre eigene Interpretation von Shakespeares »Romeo und Julia« auf die Bühne. Hier die berühmte Sterbeszene:

```
(15)
001   J   scheiß JUNkie;
002       (gelächter)
003   R   fu:ck ich dacht du wärst TO:T;
004   J   hast meine SMS nicht bekommen;
005   R   ne MANN;
006   J   war mein GUThaben alle;
007   R   oh mädchen ich hab dir geSAGT prepaid is scheiße;
008   J   hätt ich ma auf dich geHÖRT;
009   R   ja HÄTTste ma;
```

Juventulektale Stilmerkmale werden in dieser ›Inszenierung in der Inszenierung‹ von Dağtekin besonders frequent genutzt: Vulgarismen und Beleidigungen (*Scheißjunkie, fuck, scheiße*), Anglizismen (*Junkie, fuck, Prepaid*) und Interjektionen (*mann, oh*) sowie Apokopen (*dacht, hab, hätt, ma*) und Kontraktionen (*hättste*) sowie syntaktische Ellipsen (u. a. *Hast meine SMS nicht bekommen. War mein Guthaben alle.*). Außerdem werden »Merkmale sprachkontaktinduzierter jugendkultureller Stile zur Charakterisierung nicht nur einzelner Filmfiguren, sondern auch spezifischer jugendkultureller Gruppen eingesetzt« (Reershemius/Ziegler 2015: 252) – auch auf phonetischer Ebene z. B. durch Koronalisierung von /ç/

zu /ʃ/ (*ich* > *isch*). Im Spiel mit (sprachlichen) Klischees entfaltet sich die Komik dieser Szene.

In Fernsehformaten des Genres Scripted Reality wird dagegen mithilfe sprachlicher Stilmittel und verschiedener Techniken ernsthaft versucht, den Eindruck einer authentischen Dokumentation zu erzeugen (z. B. »Berlin Tag und Nacht«, »Die strengsten Eltern der Welt«). Das Genre soll von Rezipient/innen nicht auf den ersten Blick erkennbar sein, so erfolgt ein entsprechender Hinweis erst im Abspann. Kopiert wird das Format der Dokumentation durch ›Off-Kommentare‹, authentische Drehorte, Handkamera, viele Nebengeräusche und Versprecher. Der Facebook-Auftritt von »Berlin Tag und Nacht« in seiner privaten Aufmachung unterstreicht die Illusion von Realität zusätzlich gezielt und einige Besucher/innen-Kommentare lassen darauf schließen, dass Fans zuweilen die Laiendarsteller/innen mit ihrer Rolle verwechseln.

TV-Format »Scripted Reality«

(16)
Userin 1: *Hallo milla sag mal was ist das für eine haarfarbe die ist echt cool*
Userin 2: *Ach Milla du kommst schon wieder, kannst doch garnicht ohne Berlin.*
Userin 3: *Du machst einen großen Fehler milla, das du mit dem Arsch Vincent mitgehs*
User 1: *Bay bay du alte hexe*
(https://de-de.facebook.com/Milla-Berlin-Tag-und-Nacht-259895590863969/, 15.5.2017)

Im TV-Format soll die Sprache der Charaktere so unverfälscht wie möglich mitgeschnitten werden: (inszenierter) Berliner Dialekt (*och, ick hab da keen jutes Gefühl, wah*), Vulgarismen (*kotzen, verarschen, Kackautoschlüssel, verfickt, Scheißdreck, Scheiße*), Interjektionen (*Alter, ey*), Anglizismen (*sorry, bitch*). Es finden sich aber auch Merkmale der Inszenierung wie Überartikulation, schriftsprachlich motivierte Syntax und Stilbrüche durch z. B. unvermittelt eingestreute Fachtermini. Komik entsteht unfreiwillig, wenn die Illusion von Authentizität nicht gelingt (vgl. Folge 1351). Bergmann/von Gottberg/Schneider (2012) haben im Rahmen der freiwilligen Selbstkontrolle Fernsehen (FSF) eine Befragung mit Jugendlichen zu Scripted-Reality-Formaten durchgeführt, in der deutlich wird, dass die Frage der Authentizität der Dialoge von der betreffenden Altersgruppe durchaus diskutiert wird. Das Format wird deshalb aber nicht negativ bewertet, »weil: Die bringen's so echt rüber. Man weiß zwar, dass es jetzt nicht echt ist, aber man könnte es denken« (Sandra, 13).

Beispiel »Berlin Tag und Nacht«

5.5.3 | Musik

Traditionell wird die Fremdstilisierung fiktiver Charaktere in Film und Fernsehen einer Selbststilisierung von Musiker/innen des popkulturellen Genres gegenübergestellt. Dadurch käme den Künstler/innen in Musikszenen ein höheres Identifikationspotenzial für Jugendliche zu. Allerdings muss vor dem Hintergrund der heutigen Musikindustrie davon ausgegangen werden, dass Musiker/innen im Mainstream als durch und durch designte Medienpersonae auftreten (vgl. Sängerin Stefani Germanotta als *Lady Gaga*). Authentizität und Selbststilisierung finden sich nur noch in Sub- und Gegenkulturen bzw. Szenen, wie es Busch (2015) z. B. für die Underground Black-Metal-Szene zeigen kann. Vertreter/innen dieses Genres entziehen sich durch extrem harte, schnelle und unmelodische Musik mit sogenannten ›Growls‹ als Gesang bewusst einer breiten Kommerzialisierung – eine Antithese zum Mainstream, die sich auch in unleserlichen Bandlogos und unnahbarer Ästhetik der Protagonist/innen widerspiegelt.

Zur linguistischen Analyse von Musikszenen schlägt Androutsopoulos (2003: 112–113) Fiskes (1987) Modell der vertikalen Intertextualität vor (s. Abb. 5.8).

Als primäre Texte der Musikszene werden in erster Linie Songtexte der Künstler/innen verstanden, als sekundäre Texte journalistische Artikel, Interviews sowie Musikrezensionen und als tertiäre Texte jegliche Art von Fan-Kommunikation (z. B. mündlich in Fan-Gesprächen oder medial schriftlich auf Social Media). Die Gesamtsymbolik einer Szene erschließt sich darüber hinaus durch Einbeziehung von Kleidung, Artworks (z. B. CD-Cover, Band-Logos, Graffiti) und der Musik selbst oft als Bricolage. Jugendliche können hier als Rezipient/innen und Distributor/innen innovativer sprachlicher Formen der Künstler/innen verstanden werden. Dabei ist die Szene per se als global vernetzt zu begreifen, ihre oft jugendlichen Anhänger/innen gestalten sie aber durch lokale Praktiken wie z. B. selbst organisierte Konzerte von Nachwuchskünstler/innen mit (vgl. Androutsopulos 2003).

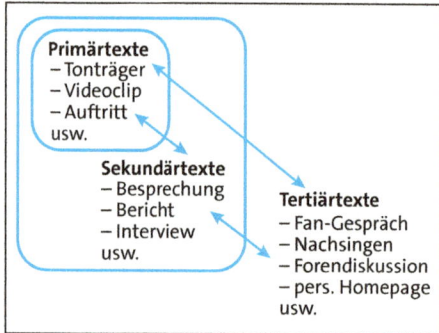

Abb. 5.8: Primäre, sekundäre und tertiäre Texte am Beispiel der Rapmusik (Androutsopoulos 2003: 114)

Beispiel *chillen*: Dass subkulturell geprägte Formen aus Musikszenen bisweilen einen Prozess der breiten Mediatisierung durchlaufen und schließlich lexikalisiert werden, zeigt Androutsopoulos (2005) am Beispiel des Verbs *chillen*, das ursprünglich aus der Techno-Szene der 1990er Jahre stammt und zunächst im Kontext der *Chill-Out-Areas* der ersten Raves und Loveparades gebraucht wurde. Im Jahr 2004 wurde *chillen* als schwaches Verb des Deutschen in der Bedeutung ›sich ausruhen, faulenzen‹ in den Duden aufgenommen, gemeinsam mit den Partikelverben *auschillen* und *abchillen*. Das Lemma englischer Herkunft durchlief bereits im anglophonen Sprachraum einen Bedeutungswandel von *to chill (out)*: ›abkühlen‹ zu ›sich entspannen‹. Das Verb *chillen* und auch das Adjektiv *chillig* sind umgangssprachlich heute vollständig lexikalisiert. Jugendsprachlich findet sich bereits eine neue Bedeutungsvariante: *Chill (dich) mal!* im Sinne von ›Reg dich nicht auf!‹.

Eher exemplarisch als querschnittartig sollen im Folgenden juventulektale Stile in den generationenübergreifenden Musikszenen des Hip-Hops und Pornoraps, Gothics und Metals sowie ideologisch geprägter Subkulturen (Rechtsrock etc.) thematisiert werden.

5.5 Wechselwirkung von empirischer Jugendsprache und medialer Umsetzung

HipHop und Pornorap: Anglizismen wie *cool*, *fat* (auch: *phat*; *fett*) oder *dope* (auch: adj.) sind schon lange nicht mehr allein auf die HipHop-Szene abonniert, finden hier aber ihren Ursprung. Die sprachlichen Praktiken des *Boastings* (Selbstaufwertung) und *Dissens* (Abwertung des Gegenübers) der MCs (Master of Ceremonies, Rapper) ziehen strukturell verschiedene Formen zur Emphase nach sich (*ich bin der dopeste Nigga ever*), die als juventulektal analysiert werden können. Dabei erfolgt innerhalb der Szene häufig eine Orientierung an afro-amerikanischen Stilvarianten, sogenannten ›Vernaculars‹, die von der Standardsprache abweichen (vgl. Androutsopoulos 2003). Alternative Schreibungen wie z. B. die Realisierung von ›s‹ als ›z‹ (*Sistaz, Hengzt*) können als skripturale Praktiken (auch in sekundären oder tertiären Texten) ausgemacht werden.

In Songtexten wird aber auch auf lyrische Figuren wie Alliterationen, Assonanzen oder Binnenreime zurückgegriffen und teilweise kommt es zu kreativen Sprachspielen, wie das Beispiel des Hamburger Rappers Käpt'n Peng zeigt. Hier ein Auszug aus dem Song »Flotte von Mutanten«:

(17)
lenken Gedanken durch Klänge,
beleben krankes Gelände,
denn spürst du bebende Wände,
hat jedes Reden ein Ende
und du spürst es,
springst auf, legst ab,
hebst auf, gehst ab,
schreist auf, drehst durch,
brichst auf.
Du hast dich infiziert und weißt es noch nicht.
Du denkst du reitest, doch es reitet dich!

Porno- oder Pimprap: Um eine extreme Stilrichtung, die ihre Wurzeln im HipHop findet, handelt es sich beim sogenannten Pornorap oder Pimprap. Da in diesem Genre ausschließlich ein vulgäres Sujet im Fokus steht, ist der Pornorap einschlägig für die Bundesprüfstelle für jugendgefährdende Medien. Die pornographischen Texte beschreiben »unter Hintansetzung aller sonstigen menschlichen Bezugskriterien sexuelle Vorgänge in grob aufdringlicher Weise« und dienen der »Herabwürdigung der Frau zum sexuell willfährigen Objekt«. Damit bieten sie ein überaus problematisches Profilierungsangebot – vor allem für Jugendliche aus »autoritär, patriarchalisch geprägtem Umfeld« (Carus/Hannak-Mayer/Staufer 2008: 5, 8). Auch wenn oder gerade weil dieses Genre von strafrechtlich verfolgbaren Diffamierungen lebt und ein unzivilisiertes Weltbild kommuniziert, ist es Gegenstand linguistischer Untersuchungen. Songs, die auf dem Index stehen, verbreiten sich dennoch rasant viral im Netz und Kontrollmechanismen greifen derzeit nur rudimentär. Aufklärung und ein differenzierter, wissenschaftlicher Zugang zum Genre sind unter Umständen die einzigen Waffen im Kampf gegen eine Sparte der Musikindustrie, die von Provokation und einer mythisch überhöhten Dämonisierung lebt.

Diskriminierung von Frauen und Mädchen

Der Linguistik kommt dabei die Rolle zu aufzuzeigen, wie formelhaft, schematisch und unkreativ die Songtexte sind mit besonders stereotypen Diffamierungen von Frauen, Minderheiten, Eliten, politischen oder religiösen Feindbildern tatsächlich sind. Sprachlich manifestieren sich Diffamierungen derart extrem vulgär, dass diese Beschimpfungen vor dem Gesetz strafbar sind. Eine wissenschaftliche und pädagogische Auseinandersetzung mit dieser Sprache ist aber dennoch unerlässlich, um an Beispielen zeigen zu können, wie im Pornorap vor allem Frauen entmenschlicht dargestellt werden und welche desaströsen Folgen dies für ein Miteinander von Jungen und Mädchen in der Phase der Adoleszenz haben kann.

Bukop/Hüpper (2012) haben linguistische Aspekte dieses Genres bei den noch vergleichsweise harmlosen Vertretern King Kool Savas und Lady Bitch Ray untersucht (Vulgarismen, Sprache der Gewalt). So finden sie auf der lexikalischen Ebene unterschiedlichste Manifestationen einer besonderen Form des Dissens als Herabwürdigung der Frau durch vulgäre Bezeichnungen wie *Ficksau, Hoe, Nutte, Miststück* etc., bzw. als Pars-Pro-Toto: *Fotze, Möse, Muschi, Pussy* und Komposita wie *Trocken- oder Schleimfotze*. Boasting bezieht sich in der Regel auf die männlichen Akteure (*Atze, Ficker, Mack, Pimp* etc.). Die Autorinnen bewerten die Asymmetrie in der verbalen Gewalt unter genderlinguistischen Gesichtspunkten als äußerst bedenklich. Rapperin Lady Bitch Ray bedient sich zwar ähnlicher sprachlicher Praktiken, aber in mimetischer Angleichung an ihre männlichen Vorbilder, was als *Un-Doing-Gender* interpretiert werden kann.

Umdeuten von Pejorativen

Selbstbewusste Aneignung von Pejorativen: Für das Verständnis bestimmter Vulgarismen ist in diesem Zuge die entsprechende Kontextualisierung wichtig. So ist das Konzept *Bitch* als positive Selbstreferenz der Rapperin nur vor dem Hintergrund szenespezifischen Wissens zu verstehen. Ähnlich wie *Nigga* als Selbstbezeichnung afro-amerikanischer Jugendlicher oder *Kanake* im Kiezdeutschen (vgl. Wiese 2012) fungiert das eigentliche Schimpfwort innerhalb der Peergroup als kumpelhafte Adressierung (*hey, nigga; alle meine niggas*). Die Eigentitulierung als *Nigga* oder *Kanake* dient also nicht dem Dissen von Mitgliedern einer Out-Group, sondern drückt vielmehr die Zugehörigkeit zur In-Group aus und wird somit zum sprachlichen Ausdruck der Solidarität unter Underdogs. Durch die »Umdeutung einer vormaligen Diffamierung« kommt es zur »selbstbewussten Aneignung« und »Enthierarchisierung« des Begriffs (vgl. Gruber 2017: 301). Dabei ist für den anglophonen Sprachraum eine absolut relevante Differenzierung zwischen *Nigger* und *Nigga* zu beobachten: Die ältere Form *Nigger* behält ihre stark abwertende Bedeutung, während *Nigga* nicht nur als phonetische Variante verstanden wird, sondern die positive In-Group-Assoziation trägt. Dies illustrieren auch englischsprachige Hip-Hop-Lyrics wie der Text von Talib Kweli »For Women«.

(18)
*She lived from nigga to colored to negro to black
To afro then african-american and right back to nigga*

Die Konnotationen der beiden Begriffe und deren adäquate Verwendung bzw. die Frage, ob sie überhaupt verwendet werden sollten, ist extrem umstritten, wie 431 Beiträge und Tausende von Kommentaren zum Stichwort *Nigga* im »Urban Dictionary« zeigen.

Jugendschutz: Diskutiert werden müssen mit Bezug auf Jugendschutz vor allem konkrete Aufrufe zu Gewalthandlungen und die Normalisierung der verbalen Gewalt. Die Linguistik kann hierzu sehr detaillierte soziolinguistische Untersuchungen beisteuern, die sprachliche Formen hinsichtlich ihrer Struktur, Bedeutung und Funktion in einer sozialen Gruppe von Interagierenden vor dem kulturellen Hintergrund der Gesellschaft interpretierbar machen. Wichtig ist dabei die Kontextabhängigkeit bestimmter Formen, also wer was zu wem sagt, wie das obige Beispiel *Nigga* als unbedenkliche Selbstreferenz der In-Group, aber *Nigger* als extrem abwertende Diffamierung einer Out-Group. Objektive Ergebnisse linguistischer Untersuchungen liefern empirische Belege, die helfen können, öffentliche Diskurse zu versachlichen und sensibel zu machen für die Komplexität des Gegenstands.

> Normalisierung verbaler Gewalt

Gothic und Metal: Die »romantische Rückbesinnung« (Cherubim 2013: 223) in Musik, Kleidung und Texten als eine Strömung innerhalb der Gothic-Szene signalisiert weniger die »Traditionsbindung« (Cherubim 2002: 79) ihrer Anhänger/innen, sondern kann gerade in der Phase der Adoleszenz als eine Form des Protests gegen die schnelllebige Mainstream-Kultur verstanden werden. Ganz anders als in anderen Subkulturen findet sich auch unter Jugendlichen ein »gespreizter« (Beer 2008: 131), »manierierter« (El-Nawab 2007: 151) Stil mit Tendenz zur Archaisierung (Cherubim 2012: 342). Die innovative Leistung innerhalb der Gothic- und Metal-Szene besteht also in der Wiederbelebung historischer Formen – sowohl in Songtexten als auch in (schriftlichen) Sekundär- und Tertiärtexten. Bandnamen enthalten Paläologismen wie *In Extremo*, *Saltatio Mortis*, *Katatonia* oder *Vroudenspil* (vgl. Lotze/Sprengel/Zimmer 2015) und Szene-Magazine verweisen auf die Musiker/innen als *Spielleute*, *Zunftkönner* oder *Musicus* (vgl. Zeitschrift *Sonic Seducer*). Sogar online finden sich wiederbelebte Formen, sogenannte *Archaismen* (Cherubim 2013: 210), die in Lexika bereits mit dem Zusatz »altertümelnd« geführt werden (vgl. Ludwig 2000: 132) und gemeinsam mit modernen Kommunikationsanteilen (Posting, @-mention) gebraucht werden.

> Gothic, Metal und Archaismen

(19) Gothic-Forum nachtwelten.de:
Mindshaper: @ *Spooky, Fürwahr, das habe ich natürlich in diesem Post nicht vergessen.*

Typisch für diesen Stil ist, dass einzelne Archaismen und Manierismen eingestreut werden, um Texten einen historischen, pathetischen bis fantastischen Anstrich zu verleihen, sie also mit einer sprachlichen »Patina« zu versehen (vgl. Cherubim 2012: 326). In diesem Kontext können auch skripturale Praktiken, wie der Gebrauch von Runen oder Frakturschrift, in der (Black-)Metal-Szene von den Mitgliedern der Subkultur dem Kontext entsprechend interpretiert werden (vgl. Busch 2015). Jugendliche bedienen sich der alten Formen gewissermaßen als Code, um durch diese spezielle Expertise Zugehörigkeit zur In-Group zu signalisieren.

Rechtsrock: Nicht nur zum Schutz der Jugend, sondern aus verfassungsrechtlichen Gründen indiziert sind ideologisch geprägte Kommunikate rechtsextremer Musiker/innen. Der Terminus »Rechtsrock« (Dornbusch/Raabe 2006) ist dabei irreführend, da diese Form der ideologisch geprägten Musik heute nicht mehr allein dem Rock-Genre zugeordnet werden kann. Rechte Ideologeme werden stilistisch äußerst unterschiedlich kommuniziert und sind nicht an eine Musikrichtung oder einen sprachlichen Stil gebunden (vgl. Mathias 2015), können also auch juventulektales Material enthalten, wenn sie eine jugendliche Zielgruppe adressieren. Beispielsweise finden sich im rechtsextremen HipHop auch szenespezifische Ausdrücke, die auf die afro-amerikanische HipHop-Kultur zurückgehen.

(20) Band Dissau Crime, Songtext »Outro«:
Der Endsieg ist in naher Ferne, warte nicht, er ist bald da! Unsere Homies schreien: Hurra
(HKR, Hannoveraner Korpus Rechtsextremismus, Mathias 2015)

Auch die Power-Metal-Band mit hier eindeutig aus ideologischen Gründen historisierendem Bandnamen *Furor Teutonicus* verwendet juventulektales Material, Anglizismen und ganze englische Phrasen im Sinne eines »English on Top« (Androutsopoulos 2013). Unter »English on Top« versteht man die Verwendung nicht lexikalisierter englischer Wortformen oder ganzer Phrasen, die gewissermaßen auf den deutschen Text aufgesetzt werden, um ihn interessanter, moderner o. Ä. wirken zu lassen. Es handelt sich dabei um eine gängige Praxis der Werbeindustrie. Im Beispiel unten erzeugen die Archaismen im Bandnamen Furor Teutonicus und die englische Phrase *a way of life* einen starken Kontrast und wirken so ungewollt komisch.

(21) Band Furor Teutonicus, Songtext »Dabei«:
Auch die Konzerte sind genau dein Ding, / egal wo was abgeht – du fährst hin. / Denn das ist Party, totaler Skinheadspaß, / saufen, grölen, pogen mit den Jungs der wikingclass, / Skinhead, Skinhead, a way of life, / Skinhead, Skinhead, wir trinken auf das Reich!
(HKR, Hannoveraner Korpus Rechtsextremismus, Mathias 2015)

Ideologisch geprägter Sprachgebrauch

Ideologiegeprägte Sprache: Genreübergreifendes, verbindendes Element ist die »ideologiegeprägte Sprache« (Mathias 2015: 95), die sich in Lexik, Metaphorik und Argumentationsschemata in allen Songtexten wiederfindet. Als »Einstiegsdroge Nr. 1« wird die Musik rechtsextremer Bands bezeichnet, da über sie ideologisch geprägte Inhalte unzulässig vereinfacht, sehr direkt und emotional aufgeladen vermittelt werden (Mathias 2015: 82). So inszeniert z. B. die Band Nordfront eine radikal simplifizierte Schwarz-Weiß-Malerei durch Freund-Feind-Dichotomien, die keine differenzierte Betrachtung und keinerlei Abstufungen zulassen: zwischen Lüge und Wahrheit, zwischen Recht und Unrecht, zwischen positiv bewerteter Vergangenheit und negativ bewerteter Gegenwart sowie zwischen In- und Out-Group. Die In-Group wird dabei als Opfer eines vermeintlich ungerechten Rechtsstaats dargestellt und zwar in emotionaler Weise, die bei den Rezipient/innen Mitgefühl und Identifikation hervorrufen soll (*man muss sich fügen, die Lügen quälen*).

(22) Band Nordfront, Songtext »Wir kommen wieder«:
Unsere Helden der Vergangenheit, Zeugen einer großen Zeit / Sie dürfen die Wahrheit nicht erzählen / Man muss sich dem Rechtsstaat fügen und nur seine Wahrheit leben / Auch wenn einen die Lügen quälen
(HKR, Hannoveraner Korpus Rechtsextremismus, Mathias 2015)

Angesichts der historischen Fakten ist hier die Vertauschung von Wahrheitsansprüchen nicht nur jugendgefährdend, sondern verfassungsfeindlich. Jugendliche, denen u. U. differenzierte Informationen zur deutschen Geschichte fehlen, sind mit solchen Texten leichter zu erreichen.

Besonders perfide agieren rechtsextreme Gruppen, die mit ihren Tonträgern online oder auf Schulhöfen und in Clubs direkt an Kinder und Jugendliche herantreten, um auf diese Weise ihren Nachwuchs zu rekrutieren und Interesse an ihren menschenverachtenden Inhalten zu wecken. Wichtiger Untersuchungsgegenstand der linguistischen Extremismusforschung sind u. a. Feindbildmetaphern wie *Zecke*, *Ratte*, *Abschaum*, *Dreck*, *Schwein* (und Komposita), die der Dehumanisierung der Mitglieder der Out-Group dienen (vgl. u. a. Pörksen 2000), was in der Forschungsliteratur als Vorbereitung physischer Gewalthandlungen angesehen wird (vgl. Mathias 2015). Diese werden zum Teil juventulektal kontextualisiert (HKR: *Eh, du voll verficktes Kanakenschwein*), um Jugendliche auf Augenhöhe anzusprechen.

Entmenschlichung von Feindbildern

5.6 | Zusammenfassung und Ausblick

Medien spielen heute mehr denn je eine prominente Rolle für die Jugendsprachforschung. Dabei sind drei Funktionen zu unterscheiden:

- **Medien als Filter und Verstärker im öffentlichen Diskurs um Jugendsprache:** Mit der Mediatisierung geht meist die Stereotypisierung einzelner Aspekte eines juventulektalen Stils einher, die ihrerseits zur Popularisierung spezieller Formen beiträgt.
- **Medien als Distributoren fiktionaler Inhalte:** In fiktionalen Formaten wird immer mehr Wert auf authentisch wirkende Sprache gelegt, um das Identifikationspotenzial für die Rezipient/innen zu erhöhen. Die Illusion der Authentizität gelingt jedoch selten. Trotzdem orientieren sich Jugendliche sprachlich an (stereotypen) fiktionalen Vorbildern und Medienpersonae.
- **Medien als Vermittler von Gruppenkommunikation:** Die Rolle der medial vermittelten Gruppenkommunikation hat in den letzten Jahren deutlich an Relevanz gewonnen. Online-Communities kommt damit eine zentrale Funktion für sprachliche Variation und Wandelprozesse

Rolle der Medien für die Jugendsprachforschung

zu, die in der Vergangenheit bei den Communities of Practice in der Face-to-Face-Kommunikation lag (vgl. Labov 2001).

Statussymbol Jugendlichkeit

Jede dieser drei Funktionen übernehmen Medien vor dem Hintergrund einer umfassenden Kommerzialisierung des massenmedialen Diskurses, der populären Film- und Musikindustrie sowie der Gruppenkommunikation unter Einflussnahme von Werbeträgern (vgl. YouTube-Influenzer/innen, ihre Peers und Product-Placement). Juventulektales Material kann in allen Bereichen als Vehikel zur Vermarktung des Statussymbols Jugendlichkeit instrumentalisiert werden. Und Fragen des Jugendschutzes sowie Bildungsfragen können nur unter Einbeziehung dieser Zusammenhänge informiert diskutiert werden.

Ökonomisierung des Privaten

Mit Bezug auf sprachliche Selbstinszenierung von Jugendlichen im digitalen Raum können neuere Tendenzen beobachtet werden. So bilden sich derzeit soziale Praktiken heraus, die je nach medialer Umgebung und Anwendung unterschiedlich ausfallen. Internationale Großkonzerne wie Facebook stellen die Infrastruktur für die moderne Kommunikationskultur zur Verfügung und nehmen damit Einfluss auf neue Möglichkeiten und Restriktionen der Kommunikation unter Jugendlichen, die sich dieses Umstands nicht ausreichend bewusst sind. Vor diesem Hintergrund lassen sich einige zukunftsrelevante Phänomene beschreiben.

Text-Bild-Relationen

Fotos und Bildelemente gewinnen an Wichtigkeit. Kommunikate bestehen aus komplexen Text-Bild/Video-Relationen, durch die Gesamtbedeutungen auf neuartige Weise transportiert werden. Jugendliche nutzen dieses Potenzial extensiv, doch linguistische Arbeiten zu diesem Phänomen sind bislang weitestgehend Desiderat.

Viraler Sprachwandel?

Die Verbreitung von juventulektalen Stilmitteln online verläuft viral und stark beschleunigt. Was dies für Variation und Wandel der deutschen Sprache bedeutet, ist nicht geklärt. Hier besteht durch die Verstätigung und öffentliche Zugänglichkeit der Kommunikate eine neue günstige Ausgangssituation zur Erforschung von Sprachwandel und der Rolle von Jugendlichen in diesem Kontext.

Peergroupverhalten und Filterblasen

Die Anpassung der Jugendlichen an die Peergroup ist heute auf Social Media wichtiger als Distinktion von anderen Gruppen. Hierbei handelt es sich um eine typische Auswirkung von Netzwerken: Die interne Gruppe steht extrem im Fokus, weil man mit anderen Gruppen gar nicht in Kontakt kommt. Damit wird die Peergroup als Orientierungspunkt für die Identitätsarbeit des Individuums online gestärkt. Die Zielgröße der Selbstinszenierung und die Auswahl der passenden sprachlichen Mittel sind aber abhängig von den geteilten Auffassungen und Vorlieben der jeweiligen Community of Practice. Wie sich diese Konstellation auf die Ausbildung von juventulektalen Stilen und auf adoleszente Identitätsentwicklung per se auswirkt, ist bislang nicht bekannt. Hier knüpfen sich eine Reihe von interessanten und äußerst relevanten Forschungsfragen an der Schnittstelle zwischen Linguistik, Psychologie und Soziologie an.

Aufgaben

1. Für die im Text zitierte Werbung wurde die Sparkasse kritisiert. »Sparkasse blamiert sich mit neuer Kampagne« titelte beispielsweise *Fokus online* am 5.9.2016. Recherchieren Sie die Argumente, die die Kritiker/innen anbrachten. Fallen Ihnen Pro-Argumente ein? Beziehen Sie selbst Stellung und diskutieren Sie Ihre Auffassung mit Ihren Kommiliton/innen, beziehen Sie sich dabei auch auf die FDP-Werbung und berücksichtigen Sie entsprechend die verschiedenen Orte der Veröffentlichung (Facebook vs. Plakat).

2. Auf welche Problematik wird in der folgenden WhatsApp-Kommunikation angespielt? Beschreiben Sie typische generationenspezifische, sprachliche Verwendungsweisen und diskutieren Sie Folgen für die WhatsApp-Kommunikation.

   Neulich bei Whatsapp:

   Ich: *Komme heute später nach Hause!*
   Mama: *wtf*
   Ich: *ääääähhhhhh... Weißt du eigentlich, was wtf bedeutet?*
   Mama: *wir telefonieren!*
   (Quelle: http://www.jodelstats.com/cities/Wien?locale=de)

3. Sammeln Sie Nicknames in unterschiedlichen Online-Umgebungen (Twitter, YouTube, Online-Games). Beschreiben Sie Morphologie, Syntax und Semantik der Nicks und interpretieren Sie deren Funktion im Kontext der jeweiligen Plattform.
   Analysieren Sie folgenden Songtext des österreichischen Rappers Moneyboy im Hinblick auf juventulektale Formen. Geben Sie mögliche Gründe für die Wahl dieser Ausdrucksform an.

   Steige aus dem Bett
   Dreh den Swag auf
   Schaue kurz in den Spiegel
   Ich sag: Whatup?
   –Yeah–
   I'm getting money oh oh

Themenvorschläge für Haus- und Abschlussarbeiten

Die Jodel-App zeichnet sich durch komplette Anonymität aus, lediglich der Standort einer Person wird angezeigt. Dennoch werden mit Jodel mitunter Liebesbeziehungen oder Freundschaften angebahnt. Um die Aufmerksamkeit anderer Jodel-User/innen zu erhalten und wiedererkennbar zu sein, müssen auf Jodel also identitätsstiftende Strategien angewendet werden. Identifizieren und kategorisieren Sie diese anhand einer selbst generierten Sammlung von Jodel-Daten.

Literatur
Abecassis, Michaël (2005): *The Representation of Parisian Speech in the Cinema of the 1930s*. Frankfurt a. M.: Peter Lang.
Albert, Georg (2015): Semiotik und Syntax von Emoticons. In: *Zeitschrift für angewandte Linguistik* 62 (1), 3–22.
Androutsopoulos, Jannis (2003): HipHop und Sprache: Vertikale Intertextualität und die drei Sphären der Popkultur. In: Androutsopoulos, Jannis (Hg.): *HipHop: globale Kultur – lokale Praktiken*. Bielefeld: Transcript, 111–136.
Androutsopoulos, Jannis (2005): ›... und jetzt gehe ich chillen‹: Jugend- und Szenesprachen als lexikalische Erneuerungsquellen des Standards. In: Eichinger, Ludwig M./Kallmeyer, Werner (Hg.): *Standardvariation. Wie viel Variation verträgt die deutsche Sprache?* Berlin/New York: De Gruyter, 171–206.
Androutsopoulos, Jannis (2007): Neue Medien – neue Schriftlichkeit? In: *Mitteilungen des Deutschen Germanistenverbandes* 54 (1), 72–97.
Androutsopoulos, Jannis (2013): English ›on top‹: Discourse functions of English resources in the German mediascape. In: *Sociolinguistic Studies* 6 (2), 209–238.
Androutsopoulos, Jannis (2014): Mediatization and sociolinguistic change. Key concepts, research traditions, open issues. In: Androutsopoulos, Jannis (Hg.): *Mediatization and Sociolinguistic Change*. Berlin/New York: De Gruyter, 3–48.
Androutsopoulos, Jannis/Schmidt, Gurly (2002): SMS-Kommunikation: Ethnografische Gattungsanalyse am Beispiel einer Kleingruppe. In: *Zeitschrift für Angewandte Linguistik* 36, 49–80.
Arens, Katja (2016): *Bild-Makros in der Facebook-Interaktion: eine medienlinguistische Betrachtung multimodaler Kommunikate und ihrer interaktiven Aushandlung*. Masterarbeit: Universität Münster.
Arnold, Patricia/Weber, Ulrich (2013): Die »Netzgeneration«. Empirische Untersuchungen zur Mediennutzung bei Jugendlichen. In: Ebner, Martin/Schön, Sandra (Hg.): *L3T. Lehrbuch für Lernen und Lehren mit Technologien*. 2. Aufl. Online abrufbar unter: http://l3t.eu/homepage/das-buch/ebook-2013/kapitel/o/id/144/name/die-netzgeneration.
Bahlo, Nils/Fladrich, Marcel (2016): *Transkriptband Jugendsprache. Gesprochene Sprache in der Peer-Group*. Berlin: Retorika.
Bahlo, Nils/Steckbauer, Daniel (2011): Jugendsprache im Unterricht – Sprachkritik in der Schule und deren mediale Gestaltung. In: Arendt, Birte/Kiesendahl, Jana (Hg.): *Sprachkritik in der Schule. Theoretische Grundlagen und ihre praktische Relevanz*. Göttingen: Vandenhoeck & Ruprecht, 191–215.
Bays, Hillary (1998): Framing and face in Internet exchanges: A socio-cognitive approach. In: *Linguistik online* 1.
Bedijs, Kristina (2012): *Die inszenierte Jugendsprache. Von ›Ciao, amigo!‹ bis ›Wesh, tranquille!‹: Entwicklungen der französischen Jugendsprache in Spielfilmen (1958–2005)*. München: Martin Meidenbauer.
Bedijs, Kristina (2014): Shared face and face enhancing behaviour in social media: Commenting on the Spanish goalkeeper's tears on YouTube. In: Bedijs,

Kristina/Held, Gudrun/Maaß, Christiane (Hg.): *Face Work and Social Media*. Wien/Zürich: LIT Verlag, 131–153.
Bedijs, Kristina/Held, Gudrun/Maaß, Christiane (2014): Introduction: Face Work and Social Media. In: Bedijs, Kristina/Held, Gudrun/Maaß, Christiane (Hg.): *Face Work and Social Media*. Wien/Zürich: LIT Verlag, 9–28.
Beer, Sonja (2008): *Zwischen den Welten. Zur kommunikativen Konstruktion von Wirklichkeit im Medium Internet. Eine linguistische Studie zu »VampireLive«-Rollenspielforen*. Hildesheim/Zürich/New York: Olms.
Beißwenger, Michael (2000): *Kommunikation in virtuellen Welten: Sprache, Text und Wirklichkeit*. Stuttgart: ibidem.
Beißwenger, Michael (2007): *Sprachhandlungskoordination in der Chat-Kommunikation*. Berlin/New York: De Gruyter.
Bell, Allan/Gibson, Andy (2011): Staging language: An introduction to the sociolinguistics of performance. In: *Journal of Sociolinguistics* 15 (5), 555–572.
Bergmann, Anke/von Gottberg, Joachim/Schneider, Jenny (2012): *Scripted Reality auf dem Prüfstand. Eine Studie. Teil 1: Scripted Reality im Spiegel einer exemplarischen Inhaltsanalyse*. Berlin. Online abrufbar unter: http://fsf.de/medienarchiv/beitrag/heft/scripted-reality-auf-dem-pruefstand-teil-1/.
Bleichenbacher, Lukas (2008): *Multilingualism in the Movies. Hollywood Characters and their Language Choices*. Tübingen: Francke.
Brown, Penelope/Levinson, Stephan C. (1987): *Politeness. Some Universals in Language Usage*. 2. Aufl. Cambridge: Cambridge University Press.
Buchholtz, Mary/Hall, Kira (2005): Identity and interaction. A sociocultural linguistic approach. In: *Discourse Studies* 7 (4/5), 585–614.
Bukop, Marie-Louise/Hüpper, Dagmar (2012): Geschlechterkonstruktionen im deutschsprachigen Porno-Rap. In: Günthner, Susanne/Hüpper, Dagmar/Spieß, Constanze (Hg.): *Genderlinguistik. Sprachliche Konstruktionen von Geschlechtsidentität*. Berlin/Boston: De Gruyter, 159–194.
Busch, Florian (2015): *Runenschrift in der Black-Metal-Szene. Skripturale Praktiken aus soziolinguistischer Perspektive*. Frankfurt a. M.: Peter Lang.
Busch, Florian (2017): Writing Gender: Geschlechterrollen und metapragmatische Positionierung im digitalen Schreiben von norddeutschen Jugendlichen. Vortrag auf dem Symposium »Register des digitalen Schreibens«, Hamburg, 2. Juni 2017.
Busch, Florian (im Ersch.): Writing Gender. Geschlechterrollen und metapragmatische Positionierung im digitalen Schreiben. In: Androutsopoulos, Jannis/Busch, Florian (Hg.): *Register des Graphischen. Variation, Praktiken, Reflexion in der digitalen Schriftlichkeit*.
Carus, Birgit/Hannak-Mayer, Martina/Staufer, Walter (2008): *Hip-Hop-Musik in der Spruchpraxis der Bundesprüfstelle für jugendgefährdende Medien (BPjM) – Rechtliche Bewertung und medienpädagogischer Umgang*. Bonn: Forum Verlag.
Chambers, Jack K. (1998): TV makes people sound the same. In: Bauer, Laurie/Trudgill, Peter (Hg.): *Language Myths*. London: Penguin, 123–131.
Cherubim, Dieter (2002): Hochton-Archaismen in akademischen Sprachspielen. In: Kramer, Undine (Hg.): *Archaismen – Archaisierungsprozesse – Sprachdynamik*. Klaus-Dieter Ludwig zum 65. Geburtstag. Frankfurt a. M.: Peter Lang, 73–90.
Cherubim, Dieter (2012): Sprachliche Patinierung. Was lässt einen Text ›alt‹ aussehen? In: Leupold, Gabriele/Passet, Eveline (Hg.): *Im Bergwerk der Sprache. Eine Geschichte des Deutschen in Episoden*. Göttingen: Wallstein, 324–343.
Cherubim, Dieter (2013): Die Gleichzeitigkeit des Ungleichzeitigen in der deutschen Sprache. In: Neuland, Eva (Hg.): *Sprache der Generationen*. Mannheim/Zürich: Dudenverlag, 207–239.
Crystal, David (2001): *Language and the Internet*. Cambridge: Cambridge University Press.
Deppermann, Arnulf/Feilke, Helmuth/Linke, Angelika (2016): Sprachliche und Kommunikative Praktiken: Eine Annäherung aus linguistischer Sicht. In: Dep-

permann, Arnulf/Feilke, Helmuth/Linke, Angelika (Hg.): *Sprachliche und Kommunikative Praktiken*. Berlin/New York: De Gruyter, 1–24.

Deppermann, Arnulf/Schmidt, Axel (2001): Dissen: Eine interaktive Praktik zur Verhandlung von Charakter und Status in Peer-Groups männlicher Jugendlicher. In: *Osnabrücker Beiträge zur Sprachtheorie, Themenheft Sprech-Alter* 62, 79–98.

Dornbusch, Christian/Raabe, Jan (2006): RechtsRock. In: *Forschungsjournal NSB* 19 (3), 47–53.

Dürscheid, Christa (2003): Medienkommunikation im Kontinuum von Mündlichkeit und Schriftlichkeit. Theoretische und empirische Probleme. In: *Zeitschrift für Angewandte Linguistik* 38, 37–56.

Dürscheid, Christa/Frick, Karina (2014): Keyboard-to-Screen-Kommunikation gestern und heute: SMS und WhatsApp im Vergleich. In: Mathias, Alexa/Runkehl, Jens/Siever, Torsten (Hg.): *Sprachen? Vielfalt! Sprache und Kommunikation in der Gesellschaft und den Medien*. Eine Online-Festschrift zum Jubiläum für Peter Schlobinski, 149–181.

Eichinger, Ludwig M. (2016): Praktiken: etwas Gewissheit im Geflecht der alltäglichen Welt. In: Deppermann, Arnulf/Feilke, Helmuth/Linke, Angelika (Hg.): *Sprachliche und kommunikative Praktiken*. Berlin/Boston: De Gruyter, VII–XIII.

El-Nawab, Susanne (2007): Skinheads, Gothics, Rockabillies: *Gewalt, Tod und Rock'n'Roll. Eine ethnographische Studie zur Ästhetik von jugendlichen Subkulturen*. Berlin: Archiv der Jugendkulturen.

Fiske, John (1987): *Television Culture*. London/New York: Routledge.

Fröhlich, Uta (2014): Reflections on the psychological terms self and identity in relation to the concept of ›face‹ for the analysis of online forum communication. In: Bedijs, Kristina/Held, Gudrun/Maaß, Christiane (Hg.): *Face Work and Social Media*. Wien/Zürich: LIT Verlag, 105–128.

Gansel, Carsten (2004): Adoleszenz und Adoleszenzroman als Gegenstand literaturwissenschaftlicher Forschung. In: *Zeitschrift für Germanistik* 14 (1), 130–149.

Goffman, Erving (1955): On Face-Work. In: Lemert, Charles (Hg.) (2010): *Social Theory. The Multicultural and Classic Readings*. Philadelphia: Westview Press, 338–343.

Goffman, Erving (1967): *Interaction Ritual: Essay on Face-to-Face Behaviour*. New York: Doubleday Anchor.

Grammel, Markus/Leitgeb, Melanie (2016): Überschätzte Jugend? – Medienkompetenz der Digital Natives zwischen Zuschreibung und Realität. In: *Forschungsforum der österreichischen Fachhochschulen*. Online abrufbar unter: http://ffhoarep.fh-ooe.at/handle/123456789/603.

Gruber, Johannes (2017): *Performative Lyrik und lyrische Performance. Profilbildung im deutschen Rap*. Bielefeld: Transcript.

Haase, Martin/Huber, Michael/Krummeich, Alexander/Rehm, Georg (1997): Internetkommunikation und Sprachwandel. In: Weingarten, Rüdiger (Hg.): *Sprachwandel durch Computer*. Opladen: Westdeutscher Verlag.

Heritage, John (1984): *Garfinkel and Ethnomethodology*. Cambridge: Polity Press.

Herring, Susan C. (Hg.) (1996): *Computer-Mediated Communication: Linguistic, Social and Cross-Cultural Perspectives*. Amsterdam: John Benjamins.

Herring, Susan C. (2001): Computer-mediated discourse. In: Schiffrin, Deborah/Tannen, Deborah/Hamilton, Heidi E. (Hg.): *The Handbook of Discourse Analysis*. Oxford: Blackwell, 612–634.

Horkheimer, Max/Adorno, Theodor W. (2006): *Dialektik der Aufklärung. Philosophische Fragmente*. 16. Aufl. Frankfurt a. M.: Fischer.

Imo, Wolfgang (2015): Vom Happen zum Häppchen... Die Präferenz für inkrementelle Äußerungsproduktion in internetbasierten Messengerdiensten. In:

Networx 69, Hannover/Essen. Online abrufbar unter: http://www.mediensprache.net/de/networx/networx-69.aspx.

Jaffe, Alexandra (2009): *Stance. Sociolinguistic perspectives.* Oxford: Oxford University Press.

Jakob, Karlheinz (1988): Jugendkultur und Jugendsprache. In: *Deutsche Sprache* 16 (4), 320–350.

Jeffries, Laura (2011): The Revolution Will Be Soooo Cute: YouTube ›Hauls‹ and the Voice of Young Female Consumers. In: *Studies in Popular Culture* 33 (2), 59–75.

Kaziaba, Viktoria (2016): Nicknamen in der Netzkommunikation. In: *Der Deutschunterricht* 68 (1), 24–28.

König, Katharina (2015): Dialogkonstitution und Sequenzmuster in der SMS- und WhatsApp-Kommunikation. In: *Travaux neuchâtelois de Linguistique* 63, 87–107.

Krotz, Friedrich (2007): *Mediatisierung. Fallstudien zum Wandel von Kommunikation.* Wiesbaden: Verlag für Sozialwissenschaften.

Labov, William (2001): *Principles of Linguistic Change II: Social Factors.* Oxford: Blackwell.

Locher, Miriam A./Watts, Richard J. (2005): Politeness Theory and Relational Work. Journal of Politeness Research. Language, Behaviour, Culture. In: *Journal of Politeness Research. Language, Behaviour, Culture* 1 (1), 9–33.

Lotze, Netaya (2016): *Chatbots. Eine linguistische Analyse.* Frankfurt a. M.: Peter Lang.

Lotze, Netaya/Sprengel, Sebastian/Zimmer, Anne (2015): Rückgriffe auf ›dunkle‹ Zeiten? Zur Verwendung historischer Ausdrücke in jugendsprachlichen Subkulturen. In: *Der Deutschunterricht* 67 (3), 38–47.

Ludwig, Klaus-Dieter (2000): Archaisierung und Archaismenlexikographie. In: Tellenbach, Elke/Herberg, Dieter (Hg.): *Sprachhistorie(n). Beiträge eines Kolloquiums zu Ehren des 65. Geburtstages von Hartmut Schmidt.* Mannheim: Institut für Deutsche Sprache, 123–136.

Marx, Konstanze (2017): *Diskursphänomen Cybermobbing. Ein internetlinguistischer Zugang zu (digitaler) Gewalt.* Berlin/New York: De Gruyter.

Marx, Konstanze/Weidacher, Georg (2014): *Internetlinguistik. Ein Lehr- und Arbeitsbuch.* Tübingen: Narr.

Mathias, Alexa (2015): *Metaphern zur Dehumanisierung von Feindbildern. Eine korpuslinguistische Untersuchung zum Sprachgebrauch in rechtsextremen Musikszenen.* Frankfurt a. M.: Peter Lang.

Mead, George Herbert (1978): *Geist, Identität und Gesellschaft.* Frankfurt a. M.: Suhrkamp.

Mey, Günter (1999): *Adoleszenz, Identität, Erzählung. Theoretische, methodologische und empirische Erkundungen.* Berlin: Köster.

Mitry, Jean (1963, Reprint 2001): *Esthétique et psychologie du cinéma.* Paris: Éditions du Cerf.

Neuland, Eva (2008): *Jugendsprache. Eine Einführung.* Tübingen: Francke.

Picard, Rosalind W. (2003): Affective computing: Challenges. In: *International Journal of Human-Computer Studies* 59 (1/2), 55–64.

Pickering, Martin J./Garrod, Simon (2004): Toward a mechanistic psychology of dialogue. In: *Behavioral and Brain Sciences* 27 (2), 169–190.

Pörksen, Bernhard (2000): *Die Konstruktion von Feindbildern. Zum Sprachgebrauch in neonazistischen Medien.* Wiesbaden: Westdeutscher Verlag.

Prensky, Marx (2001): Digital natives, digital immigrants. In: *On the Horizon* 9 (5), 1–6.

Reershemius, Gertrud/Ziegler, Evelyn (2015): Sprachkontaktinduzierte jugendkulturelle Stile im DaF-Unterricht: Beispiele aus dem Film ›Fack ju Göhte‹. In: Imo, Wolfgang/Moraldo, Sandro M. (Hg.): *Interaktionale Sprache und ihre Didaktisierung im DaF-Unterricht.* Tübingen: Stauffenburg, 243–276.

Roller, Karl-Heinz (2006): Zur Faszination populärer Filme für Jugendliche. In: Barg, Werner/Niesyto, Horst/Schmolling, Jan (Hg.): *Jugend:Film:Kultur. Grundlagen und Praxishilfen für die Filmbildung*. München: kopaed, 49–85.

Runkehl, Jens/Schlobinski, Peter/Siever, Torsten (1998): *Sprache und Kommunikation im Internet. Überblick und Analysen*. Opladen: Westdeutscher Verlag.

Santillán, Elena (2009): *Digitale Jugendkommunikation in der Informationsgesellschaft. Spanisch, Italienisch und Deutsch im Vergleich*. Wien: Praesens.

Schlobinski, Peter/Fortmann, Nadine/Groß, Olivia/Hogg, Florian/Horstmann, Frauke/Theel, Rena (2001): Simsen. Eine Pilotstudie zu sprachlichen und kommunikativen Aspekten in der SMS-Kommunikation. In: *Networx* 22, Hannover. Online abrufbar unter: http://www.mediensprache.net/networx/networx-22.pdf.

Schlobinski, Peter/Kohl, Gaby/Ludewigt, Irmgard (1993): *Jugendsprache. Fiktion und Wirklichkeit*. Opladen: Westdeutscher Verlag.

Seargeant, Philip/Tagg, Caroline (2014): Introduction: The language of social media. In: Seargeant, Philip/Tagg, Caroline (Hg.): *The Language of Social Media. Identity and Community on the Internet*. Hampshire: Palgrave Macmillan, 1–20.

Siever, Torsten (2011): *Texte i. d. Enge. Sprachökonomische Reduktion in stark raumbegrenzten Textsorten*. Frankfurt a. M.: Peter Lang.

Spencer-Oatey, Helen (2005): Relational Concerns in Intercultural Workplace Teams: Theoretical Insights from the Study of Emotions. In: https://warwick.ac.uk/fac/soc/al/people/spencer-oatey/spencer-oatey_h/interpersonal_relations.pdf (5.4.2019).

Steinhauer, Anja (2000): *Sprachökonomie durch Kurzwörter. Bildung und Verwendung in der Fachkommunikation*. Tübingen: Narr.

Stichnothe, Hadassah (2016): Liebe, Krieg und Sommerferien. Der weibliche Adoleszenzroman im historischen Überblick. In: *Der Deutschunterricht* 68 (2), 14–24.

Stommel, Wyke (2008): ›Mein Nick bin ich!‹ Nicknames in a German Forum on Eating Disorders. In: *Journal of Computer-Mediated Communication* 13, 141–162.

Tajfel, Henri/Turner, John C. (1986): The social identity theory of intergroup behavior. In: Worchel, Stephen/Austin, William G. (Hg.): *Psychology of Intergroup Relations*. Chicago, IL: Nelson-Hall, 7–24.

Thaler, Verena (2003): *Chat-Kommunikation im Spannungsfeld zwischen Oralität und Literalität*. Berlin: Verlag für Wissenschaft und Forschung.

Tienken, Susanne (2013): Sharing. Zum Teilen von Erzählungen in Onlineforen. In: Álvarez López, Laura/Brylla, Charlotta Seiler/Shaw, Philip (Hg.): *Computer-mediated Discourse across Languages*. Stockholm: Acta Universitatis Stockholmiensis, 17–43.

Treasure, Janet/Schmidt, Ulrike/Furth, Eric van (2005): *The Essential Handbook of Eating Disorders*. Chichester, UK: John Wiley and Sons.

Turkle, Sherry (2012): Wir müssen reden. Laptops, Smartphones, Tablets. Die digitale Technik verändert nicht nur unsere Kommunikation – sie verändert uns. In: *Die Zeit*, 3.5.2012, 11.

Veszelszki, Ágnes (2017): *Digilect. The Impact of Infocommunication Technology on Language*. Berlin/Boston: De Gruyter.

Vogelgesang, Waldemar (2010): Digitale Medien – Jugendkulturen – Identität. In: Hugger, Kai-Uwe (Hg.): *Digitale Jugendkulturen*. Wiesbaden: Verlag für Sozialwissenschaften, 37–53.

Voigt, Martin (2015): *Mädchenfreundschaften unter dem Einfluss von Social Media. Eine soziolinguistische Untersuchung*. Frankfurt a. M.: Peter Lang.

Wiese, Heike (2012): *Kiezdeutsch. Ein neuer Dialekt entsteht*. München: C. H. Beck.

Wyss, Eva Lia/Hug, Barbara (2016): WhatsApp-Chats. Neue Formen der Turnkoordination bei räumlich-visueller Begrenzung. In: Spiegel, Carmen/Gysin,

Daniel (Hg.): *Jugendsprache in Schule, Medien und Alltag.* Frankfurt a. M.: Peter Lang, 259–274.

Zinnecker, Jürgen (1981): Jugendliche Subkulturen. Ansichten einer künftigen Jugendforschung. In: *Zeitschrift für Pädagogik* 27, 421–440.

Literarische Werke und Filme

Charef, Mehdi (1989): *Tee im Harem des Archimedes.* Frankreich.
Chidolue, Dagmar (1985): *Lady Punk.* Weinheim: Beltz & Gelberg.
Hegemann, Helene (2010): *Axolotl Roadkill.* Berlin: Ullstein.
Herrndorf, Wolfgang (2010): *Tschick.* Berlin: Rowohlt.
Holmström (2014): *Asphaltengel.* Berlin: Ullstein.
Kassovitz, Mathieu (1995): *La Haine / Hass.* Frankreich.
Lebert, Benjamin (2001): *Crazy.* München: Goldmann.
Salinger, J. D. (1951): *The Catcher in the Rye.* New York: Little, Brown and Company.

Links

Blogbuzzter (2016, 6.9.): *Am fly sein – Das Voting zum Jugendwort des Jahres 2016 ist eröffnet.* Online abrufbar unter: http://blogbuzzter.de/2016/09/am-fly-sein-das-voting-zum-jugendwort-des-jahres-2016-ist-eroeffnet/.

Focus-Online (2016, 5.9.): *Sparkasse blamiert sich mit neuer Kampagne.* Online abrufbar unter: http://www.focus.de/finanzen/videos/goennung-fuer-jeden-sparkasse-blamiert-sich-mit-neuer-kampange-auf-facebook_id_5894389.html.

Focus-Online (2016, 18.11.): *Geht gar nicht (ab): Warum das Jugendwort ›Fly sein‹ bei uns rausfliegt.* Online abrufbar unter: http://www.focus.de/familie/freizeit/jugendwort-2017-fly-sein-ist-das-jugendwort-des-jahres-und-voellig-ueberfluessig_id_6224348.html.

Iffert, Christin (2017, 7.7.): *Die reale Angst vor einem fiktiven blauen Wal.* MAZ online. Online abrufbar unter: http://www.maz-online.de/Lokales/Potsdam-Mittelmark/Die-reale-Angst-vor-einem-fiktiven-blauen-Wal.

MySpassde (2013, 4.12.): *Babo und Der Gerät – Jugendsprache im Test – TV total.* Online abrufbar unter: https://www.youtube.com/watch?v=WMVaYAwhHfI.

Spiegel-Online (2016, 18.11.): *Jugendwort des Jahres 2016 ist ›fly sein‹.* Online abrufbar unter: http://www.spiegel.de/lebenundlernen/schule/jugendwort-des-jahres-2016-ist-fly-sein-a-1121920.html.

Urban Dictionary: *Stichwort »Nigga«.* Online abrufbar unter: http://www.urbandictionary.com/define.php?term=nigga&page=62.

Korpora

HKR Hannoveraner Korpus Rechtsextremismus, Alexa Mathias 2015, unveröffentlicht.

Netaya Lotze/Konstanze Marx

6 Jugendsprache und Sprachkontakt

6.1 Dynamik mehrsprachiger Gesellschaften
6.2 Sprachkontaktphänomene im Jugendalter
6.3 Multiethnische Stile: Kiezdeutsch als neuer Dialekt?
6.4 Multikulturelle Sprechweisen im Spiegel der öffentlichen Meinung
6.5 Zusammenfassung

6.1 | Dynamik mehrsprachiger Gesellschaften

»Das Deutsch der Migranten« als Titel sei, so Deppermann in seiner Einleitung des gleichnamigen Bandes (Deppermann 2013: 1), »tückisch [...] Denn es gibt weder *die Migranten* noch *ein Deutsch*, das sie alle sprechen«. Ausgehen können wir aber von einer »Dynamik kultureller und sprachlicher Vielfalt«, die die Migration erzeugt. Gerade in der Gruppe von jugendlichen Migrant/innen, die auf der Suche nach der eigenen Identität und ihrem Platz in der sozialen Ordnung ist, zeigt sich diese Dynamik und die Vielfalt in der Sprache in besonderem Maße. Mit ihrer Sprache können die Jugendlichen, deren Großeltern und/oder Eltern nach Deutschland immigriert sind, auf sich aufmerksam machen.

Auf der strukturellen Ebene wohnt der Sprache dieser Jugendlichen eine besondere Dynamik dadurch bei, da sie Wissen über eine andere Sprache als das Deutsche mitbringen. Dieses Wissen erhöht die Variationsbreite in ihrer Sprechweise. Die Merkmale, die die Sprechweise der Jugendlichen kennzeichnen, werden stilisiert, über Medien verbreitet und gelangen dann – um es mit Androutsopoulos (2001b) zu sagen – »back to the streets again« (zu sprachlichen Stereotypisierungen in Massenmedien s. Kap. 5). Sie können über diesen Weg die Sprache der ein- und mehrsprachigen Jugendlichen beeinflussen. Einsprachig aufwachsende deutsche Jugendliche können allerdings auch nur bestimmte Merkmale nachahmen, nicht etwa Phänomene wie Code-Switching in ihrer Breite reproduzieren. Weit verbreitete und beliebte Nachahmungen betreffen Ein-Wort-Äußerungen wie *vallah* (z. B. Bahlo 2010). Türkisch-Deutsch-Zweisprachige hingegen können höchst komplexe Formen aus beiden Sprachen zusammenbauen. Wir sprechen hier also über eine Form der Jugendsprache, die möglicherweise durch zwei grammatische Systeme erzeugt wird und sich als Interaktionsform ›mehrsprachiger Sprecher/innen‹ bemerkbar macht.

Mehrsprachigkeit ist generell als potenzielle Quelle der Erzeugung sprachlicher Dynamik zu betrachten. Als solche hat ›Mehrsprachigkeit in Staat und Gesellschaft‹ wissenschaftlich unterschiedliche Diskussionen ausgelöst. Wir sprechen von einer *linuga franca*, wenn wir uns auf den Sprachkontakt und die Verkehrssprache zwischen Sprecher/innen romanischer und nicht-romanischer Sprachen beziehen. Ten Thije und Rehbein (2013) bezeichnen mit der *lingua receptiva* (LaRa) hingegen ein kommunikatives Konzept. Sprecher/innen nutzen in diesem Sinne eine

Sprachliche Dynamik

von ihnen bevorzugte Sprache, die auch von den anderen Sprechern verstanden wird – anders also, als dies bei der *lingua franca* der Fall ist.

Migration: Bei der Untersuchung mehrsprachiger Gesellschaften nehmen Lüdi (1996) und Krefeld (2004) vornehmlich Migrationsprozesse in den Blick. Lüdi (1996) unterscheidet zwischen individueller, gesellschaftlicher (territorialer) und institutioneller Mehrsprachigkeit. Auch hier ist inzwischen klar, dass nicht nur Migrationsprozesse Einfluss auf die gesellschaftliche Mehrsprachigkeit ausüben, sondern die Entwicklungen weit darüber hinausgehen. Kulturelle Veränderungen wie auch politische oder wirtschaftliche wirken sich auf die Dynamik mehrsprachiger Gesellschaften aus. Ausgehend davon, dass zwei oder mehr Sprachen in einer Gruppe gesprochen werden, ist zudem zu berücksichtigen, dass nicht alle Mitglieder auch in den gesprochenen Sprachen gleichermaßen kompetent sein müssen (Riehl 2014). Im Laufe der Zeit ergeben sich zwischen den Generationen unterschiedliche Tendenzen der Integration in die Aufnahmegesellschaft und damit auch unterschiedliche Präferenzen für die Sprachwahl.

Gesellschaftliche Mehrsprachigkeit

Am Beispiel klassischer Migrationsgesellschaften, wie die in Australien, hat Clyne (1996, 2003) die Bezeichnung »gesellschaftliche Mehrsprachigkeit« geprägt.

Faktoren, die die Verhältnisse prägen, lassen sich nach Clyne (1996: 16) in mindestens vier Kategorien unterteilen:
1. **Einwanderung** als dynamischste Situation der Mehrsprachigkeit; Menschen unterschiedlicher Herkunft und mit unterschiedlichen Herkunftssprachen, wie z. B. Kurden und Serben in Schweden oder neuzugewanderte Jugendliche und Erwachsene aus arabischsprachigen Ländern in Deutschland
2. **Kolonialismus**, wie er z. B. in Teilen der früheren Sowjetunion gegeben war
3. **Grenzmehrsprachigkeit**, z. B. an der dänisch-deutschen Grenze, da beide Sprachen im Grenzgebiet gesprochen werden
4. **Sprachinseln und Minderheitssprachgemeinschaften**, z. B. Bretonen in Frankreich, Deutsche und Ungarn in Rumänien

Gesellschaftliche Mehrsprachigkeit ist nach Riehl (2014: 64 ff.) folgendermaßen zu kategorisieren:
- Mehrsprachige Staaten mit Territorialprinzip (z. B. Schweiz oder Belgien)
- Mehrsprachige Staaten mit individueller Mehrsprachigkeit (z. B. in fast allen afrikanischen Staaten)
- Einsprachige Staaten mit Minderheitsregionen
- Städtische Immigrantengruppen

Die Dynamik der Migrationsprozesse und die Auswirkungen auf das mehrsprachige Individuum oder die Gruppe, wie eben die mehrsprachig heranwachsende Jugend, rücken zunehmend in den Fokus der Mehrsprachigkeitsforschung in Europa. Ein Wandel ist gewissermaßen erkennbar in der theoretischen Auseinandersetzung mit der Thematik, der nicht nur das theoretische Konstrukt des Sprachsystems berücksichtigt, sondern sich viel stärker den sprachlichen Praktiken insbesondere der Jugendlichen in der mehrsprachigen Gesellschaft zuwendet (Androutsopoulos et al. 2013a).

Nach Franceschini (2011: 346) kann Mehrsprachigkeit unter zusätzlicher Berücksichtigung der diskursiven Mehrsprachigkeit in vier verschiedene Dimensionen unterteilt werden:

In observing multilingual practices, it is possible to distinguish societal, institutional, discursive, and individual multilingualism. Multilingualism is based on the fundamental human ability to be able to communicate in several languages and it describes a phenomenon embedded in cultural developments. Therefore, it is marked by high cultural sensitivity.

<small>Diskursive Mehrsprachigkeit</small>

In Anlehnung an Franceschinis Überlegungen entwickelten Androutsopoulos et al. (2013a: 14–15) eine »discoursive topography of multilingualism« im urbanen Raum. Die Unterscheidung von einer Makro-, Meso- und Mikroebene geht von der Verbreitung, Funktionalität und Gewichtung von Sprachen über die mehrsprachige Kommunikation in Institutionen hinaus und schließt auch das mehrsprachige Handeln zwischen Individuen und Gruppen ein. Differenziert wird im Hinblick auf die Kategorien institutionell, urban, medial und individuell. Diese sollen nachstehend kurz erläutert werden.

Die institutionelle Mehrsprachigkeit umfasst nicht nur Behörden, Ämter, Krankenhäuser, Schulen oder andere Einrichtungen und Arbeitsplätze, sondern zur Erforschung der institutionellen Mehrsprachigkeit gehören auch Handlungsräume wie Restaurants oder Cafés, ebenso auch Online-Plattformen wie *facebook* oder *Twitter*. So sind letztere ebenfalls institutionell vorstrukturiert wie die zuvor genannten Handlungsräume. Untersuchungsgegenstände sind u. a. mehrsprachige Handlungsmuster und öffentliche bzw. halböffentliche Kommunikation. Nicht nur die Frage der Sprachwahl der Gesprächsteilnehmer ist dabei interessant, sondern vor allem auch die Sprachenwahl öffentlicher Institutionen und der sichtbaren Kommunikation, also die Frage, inwieweit die Gesellschaft im öffentlichen Leben Mehrsprachigkeit zulässt und inwieweit die unterschiedlichen Herkunftssprachen der Migranten geschätzt, ja überhaupt zugelassen werden. Dieser Aspekt ist insbesondere für Jugendliche, ihre Sprachwahl und ihre Identifikation mit bestimmten Sprachpraktiken von hoher Relevanz.

<small>Mehrsprachigkeit auf verschiedenen Ebenen</small>

So gibt es eine Reihe von Cafés oder ›Sprach-Clubs‹, die sogar öffentlich damit werben, dass internationale Sprachgruppen willkommen sind und ihre Kunden in unterschiedlichen Sprachen kommunizieren dürfen. Die Frage, wie öffentliche Institutionen auf sprachliche Vielfalt reagieren und zwar innerhalb der Institution, aber auch öffentlich und diskursiv (Redder/Scarvaglieri 2013), hat Auswirkungen auf das Selbstbild und die Wertschätzung der eigenen Mehrsprachigkeit. Ein simples Beispiel: Mehrsprachigkeit zum Zweck der Informationsverbreitung zu nutzen, stellen beispielsweise diverse Formulare und Informationsblätter in verschiedenen Sprachen dar (z. B. von der Bundesagentur für Arbeit).

Die städtische Mehrsprachigkeit umfasst die Großstadt als sozialen Raum, da sie »Begegnungen der sprachlich-kulturellen Differenz ermöglicht, die sich auf die Ausdifferenzierung sprachlicher Repertoires und die Erprobung neuer kommunikativer Praktiken auswirken können« (vgl. Androutsopoulos et al. 2013a: 18). Städtische Mehrsprachigkeit steht im Fokus der Forschung auch zur Jugendsprache. Man denke da an Großstädte wie New York oder Berlin, die für Migranten und Minderheiten zu Zufluchtsorten werden (für Untersuchungen zu Mehrsprachigkeitspotenzialen in den Städten Barcelona, Istanbul und Hamburg vgl. Rehbein 2010; zum Vergleich der Sprachenpolitik und Multikulturalität in Kiew und Yaoundé vgl. Brehmer/Kießling/Redder 2013).

Mobilität und Transnationalität in Städten

Wie bei Androutsopoulos et al. (2013a: 18) ist hier auch das Konzept des *metrolingualism* nach Otsuju und Pennycook (2010) zentral. Dieses Konzept betrachtet »die heutige Großstadt als einen Schlüsselort für die Herausbildung kreativer und ›fließender‹ sprachlicher Praktiken«. Die Vielfalt der Sprachen im Alltag, Kreativität und Neuschöpfungspotenziale aus den Herkunftssprachen der vor allem jugendlichen Migranten (vgl. Wiese 2012, 2013) gelten in der Großstadt nicht nur für die Sprachpraxis mehrsprachiger Jugendlicher. Auch Deutsch-Erstsprachler nutzen sprachliche Mittel einer ihnen fremden Sprache und eignen sich diese an, wenn auch aus unterschiedlichen Gründen (vgl. Dirim/Auer 2004 und Deppermann 2007). Mobilität und Transnationalität haben einen großen Einfluss auf die gesellschaftliche Mehrsprachigkeit auch in kleineren Städten – denken wir da z. B. an das Ruhrgebiet – und bieten zum einen Potenziale und Ressourcen. Andererseits aber kann diese Entwicklung auch von der Mehrheitsgesellschaft als Bedrohung empfunden werden.

Apps und mehr

Die mediale Mehrsprachigkeit bedeutet ebenso wie Mobilität, dass nicht nur Face-to-Face-Interaktionen betroffen sind, sondern darüber hinaus weitere Handlungsfelder, die papierbasiert oder auch digital sein können. Ohne Smartphone und/oder Tablet ist heutzutage fast niemand mehr unterwegs. Diverse Apps – und damit sind keine *applications* zum Sprachenlernen gemeint (wie Bubbel, Duolingo oder Busuu) – erlauben eine Kommunikationsform, die mehrsprachiges Handeln und damit auch in gewisser Weise eine Ausbreitung der gesellschaftlichen und urbanen Mehrsprachigkeit ermöglichen (s. Kap. 5: Medien). Davon betroffen sind u. a. sprachliche Praktiken oder Kontextualisierungen, wie es bspw. auch bei Kiezdeutsch oder Türkendeutsch der Fall ist (s. dazu Kap. 6.2.1). Dies geht sogar so weit, dass inzwischen Software-Lösungen vorliegen, wie man selbst favorisierte Apps mehrsprachig gestalten kann.

Individuelle Mehrsprachigkeit betrifft nicht eine *community*, sondern das Individuum. Mehrsprachigkeit schließt daher die individuellen Lernprozesse, die den Auf- und Ausbau der sprachlichen Repertoires betreffen, ein. Wie differenziert individuelle Mehrsprachigkeit sein kann, erkennen wir daran, dass häufig Kinder und Jugendliche, die mit bestimmten mehrsprachigen Peers aufwachsen, sich selbst häufig in dieser Peergroup – wenn auch nur bruchstückhaft und unsystematisch – eine Minderheitensprache aneignen. Individuelle Mehrsprachigkeit meint also auch das Aufwachsen mit mehr als nur einer Sprache und die damit einhergehenden (zum Teil auch rudimentären) Sprachkenntnisse in mehreren Sprachen. Diese Form der Mehrsprachigkeit wahrt zugleich vor zu schnellen und pauschalen Erwartungen über einzelne soziale Gruppen.

Sprachkontaktphänomene im Jugendalter 6.2

Die unterschiedlichen Unterscheidungsmöglichkeiten lassen bereits abzeichnen, dass es nicht *die* eine Form von Mehrsprachigkeit gibt. Vielmehr wirken sich die einzelnen Kriterien nach Androutsopoulos, Franceschini und Riehl auf vielfältige Art auch auf die Zusammensetzung einer Schülerschaft im Klassenraum aus. Lehrende sollte es daher nicht erstaunen, dass auch nicht-arabisch oder türkische etc. Jugendliche mehrsprachige Elemente in ihre Sprache einbauen und dass Mehrsprachigkeit ein dynamischer Prozess ist.

Mehrsprachigkeit als dynamischer Prozess

6.2 | Sprachkontaktphänomene im Jugendalter

Wie oben bereits angedeutet, macht sich die durch Migration entstehende Vielfalt sozial und sprachlich besonders in städtischen Räumen bemerkbar:

Sprachenvielfalt auf der Ebene der Sprachsysteme stehen auf Sprecherebene, neben einsprachig deutschen Sprecher/innen ein hoher Anteil mehrsprachiger Sprecher/innen gegenüber, die mit mindestens einer weiteren Sprache neben dem Deutschen aufgewachsen sind. Dies führt zur Entstehung neuer multiethnischer urbaner Varietäten [...], insbesondere in der sprachlich besonders dynamischen Gruppe der jugendlichen Sprecher/innen. (Wiese 2013: 42)

Der Beitrag Jugendlicher zur sprachlichen Vielfalt ist ein besonderer, wie auch Wiese mit dem Hinweis auf unterschiedliche Sprachsysteme betont (vgl. auch Wiese/Duda 2012).

Deutsch als zweite Sprache

Zweitspracherwerb im Kindesalter: Nach dem gegenwärtigen Forschungsstand ist es erwiesen, dass im Kleinkindalter das Erlernen einer zweiten Sprache bis zum Muttersprachenniveau unter normalen Kommunikationsbedingungen praktisch ohne große Mühe und ohne Grammatikunterricht möglich ist. Jugendliche also, die seit dem Kleinkindalter mit Deutsch als Umgebungssprache aufgewachsen sind, unterscheiden sich in ihren Sprachkompetenzen im Deutschen nicht von Jugendlichen mit Deutsch als Familien- und Erstsprache.

Migrantenkinder, die in Deutschland geboren werden, sind in der Lage, das Deutsche auf einem hohen Niveau zu lernen. In der Zweitspracherwerbsforschung unterscheidet man zwischen unterschiedlichen Arten des Zweitspracherwerbs, was mit dem Alter einhergeht:

Erwerbsbeginn der Zielsprache Deutsch liegt zwischen der Geburt und dem 2. Lebensjahr	simultan-bilingualer Erwerb bzw. doppelter Erstspracherwerb (Tracy/Gawlitzek-Maiwald 2000; Montrul 2008)
Kontakt zum Deutschen und Erwerbsprozess beginnen um das 3. Lebensjahr	früher sequentieller Erwerb (Meisel 2007; Pagonis 2009)
Erwerbsbeginn um das 4./5. Lebensjahr herum	spät sequentieller Zweitspracherwerb

Tab. 6.1: Zweitspracherwerbstypen nach Altersgruppen

133

Letztlich kann man aus bisherigen linguistischen Untersuchungen folgern, dass der Erwerb des Deutschen als Zweitsprache im frühen Kindesalter dem des einsprachigen Erwerbs sehr ähnlich ist. Mehrsprachige Kinder durchlaufen dieselben »Meilensteine« des Erwerbs wie einsprachige auch (vgl. Thoma/Tracy 2006). Deutlich wird dies an Erwerbsfolgen der Verbstellung. Diese reicht von bruchstückhaften Äußerungen über die Verbzweitstellung bis hin zu komplexen Äußerungen mit Satzklammer oder mit Nebensatzstrukturen.

Sprachliche und metasprachliche Entwicklung

Auch in Studien zum *Literacy*-Erwerb zeigt sich, dass die Entwicklung der Verbstellung mit anderen sprachlichen Bereichen eng verwoben ist. Bei der Entwicklung diskursiver und narrativer Fähigkeiten ist beispielsweise bei Kindern mit Türkisch als Erstsprache bei früh sequenziellem Erwerb des Türkischen und Deutschen erkennbar, dass sich eine Literalitätsförderung in beiden Sprachen positiv auf die sprachliche und metasprachliche Entwicklung in beiden Sprachen auswirkt (vgl. Kalkavan 2013; Kalkavan-Aydın 2016a, b). Sprachmischungen, die auftreten können, sollten auch im kindlichen Zweitspracherwerb nicht als Zeichen für Defizite interpretiert werden. Sie geben vielmehr Hinweise zur impliziten Regelbildung. Diese kann sich im Sinne der Interlanguage-Hypothese (s. die Erklärung zu Lernervarietäten unten) auf beide sprachlichen Systeme beziehen, aber auch Merkmale enthalten, die beiden Sprachen nicht zugeordnet werden können (Kalkavan-Aydın 2018).

Zweitspracherwerb im Jugendalter: Jugendliche, die als sogenannte Seiteneinsteiger erst im Jugendalter nach Deutschland kommen, sind damit *späte* Lerner des Deutschen als Zielsprache. Sie können im Vergleich zu den in Deutschland geborenen Mehrsprachigen andere Lernpfade durchlaufen und zeigen andere Kompetenzniveaus. Bei ihnen ist es durchaus gegeben, dass sie noch über ungenügende grammatische Kenntnisse verfügen und es auch stärker zu Interferenzen mit und Transfer aus der Erstsprache kommt. Am deutlichsten ist dies im Bereich der Aussprache oder bei der Verbstellung. Sie sprechen eine Lernervarietät des Deutschen, die individuell mehr oder weniger ausgeprägte Merkmale des Erwerbsprozesseses zeigt und sich im Laufe der Zeit immer weiterentwickelt (vgl. Klein/Perdue 1997):

Jede einzelne Lernervarietät, so elementar und unzulänglich sie auch sein mag, bildet ein Ausdruckssystem für sich, das bestimmte kommunikative Funktionen erfüllen kann. Wie gut es sie erfüllt, hängt nicht nur vom Reichtum an Formen und Konstruktionsmitteln ab, sondern auch davon, wie geschickt der Lerner damit umgeht. Der Übergang von einer Lernervarietät zur nächsten zeigt systematische Züge [...]. (Klein 1992: 69)

Lernersprache/Lernervarietät meint also eine erste relativ stabile Varietät, die bei erwachsenen Lernern im ungesteuerten Erwerb beobachtbar ist und für manche Lerner auch zugleich der Endstand sein kann, wie etwa bei Migranten der ersten Generation, den Gastarbeitern. Charakteristisch sind einfache, meist pragmatisch motivierte Wortstellungsregeln (Topik-Kommentar), dass keine funktionalen Elemente verwendet werden, keine produktive Flexionsmorphologie vorhanden ist sowie ähnliche Strukturen bei verschiedenen Ausgangs- und Zielsprachen zu beobachten sind (nach Klein/Perdue 1997). Dabei können durchaus Transferleistungen beobachtet werden, bei denen es sich im Wesentlichen um den Einfluss einer Sprache auf eine andere Sprache handelt. Diese ergeben sich beim Erwerb bzw. Erlernen einer Sprache durch Gemeinsamkeiten oder Unterschiede zwischen Herkunftssprache und Zielsprache (nach Odlin 1989: 27).

Unter Herkunfts-/Erstsprache [...] wird bei Mehrsprachigen eine andere Sprache als Deutsch verstanden, mit der das Kind zuerst oder auch parallel zum Deutschen im familiären Umfeld in Kontakt kommt. (Gagarina 2014: 20)

Neben der Tatsache, dass bei Jugendlichen der Spracherwerbsprozess bereits abgeschlossen ist und wir daher eine Lernervarietät ausschließen können, haben wir es gleichzeitig auch mit einer Altersgruppe zu tun, die eine ausgeprägte Bewusstheit für soziale Rollen und kommunikative Kontexte und für Sprache als Ausdruck dieser sozialen Verhältnisse mitbringt. Wie bereits Dirim und Auer (2004) für Hamburg und Keim (2008) für Mannheim beschreiben, wachsen die Jugendlichen in einer multiethnischen städtischen Umgebung auf, lernen sich sprachlich und sozial mit der Generation ihrer Eltern, mit den Erwachsenen aus der Mehrheitsgesellschaft und mit Gleichaltrigen ohne einen Migrationshintergrund auseinanderzusetzen. Das Deutsch Jugendlicher mit Migrationshintergrund ist also multiethnisch sowie generationsspezifisch jugendsprachlich geprägt. Wie sich aber monoethnische Merkmale des Türkendeutsch dennoch erkennen lassen, wollen wir im nachstehenden Abschnitt erläutern.

6.2.1 | Monoethnische Stile am Beispiel Türkendeutsch

Ausgehend von der Beobachtung, dass sich die Gruppe der mehrsprachigen Jugendlichen vor allem aus denjenigen mit Türkisch als Erstsprache zusammensetzt, sind für ihre Sprechweise Begriffe wie »Kanak Sprak« (Füglein 2000), »Türkenslang« (Auer 2003), »Kiezdeutsch« (Wiese 2006) oder »Türkendeutsch« (Şimşek 2012) zu gängigen Bezeichnungen dieser spezifischen Verwendung des Deutschen geworden. In Anbetracht der Tatsache, dass ähnliche Phänomene der Entstehung neuer Formen der Mehrheitssprache in anderen europäischen Ländern mit ähnlich zusammengesetzten Migrantenpopulationen beobachtet werden, wird vielfach auch von ›Ethnolekten‹ gesprochen, ohne damit auf eine bestimmte Herkunftssprache oder Ethnie zu verweisen.

Die bisherigen vornehmlich ethnographisch-gesprächsanalytisch angelegten Fallstudien zu der ›Sprechart Türkisch-Deutsch zweisprachiger Jugendlicher‹ in Deutschland beschreiben vom gesprochenen Deutschen abweichende strukturelle Phänomene und schreiben diesen im Rahmen einer migrantenspezifischen umgangssprachlichen Kommunikation verwendeten hoch variablen Formen meist die Funktion zu, eigene, ethnisch und sozial geprägte, Identitäten zu konstruieren (vgl. Cindark/Keim 2003; Keim 2008). Jedoch bleibt die Frage nach der Quantität und Stabilität der

Formen, die die Einordnung als eine neue Varietät oder gar Dialekt des Deutschen erleichtern würde, letztlich noch ungeklärt.

›Türkendeutsch‹ Im Folgenden werden besonders auffällige und im Vergleich zum gesprochenen Umgangsdeutschen abweichende Formen im sogenannten ›Türkendeutsch‹ besprochen. Mit der Bezeichnung ›Türkendeutsch‹ – die besonders bei Wiese (2012) kritisch diskutiert wird – ist dabei keinerlei Wertung gemeint. Sie verweist lediglich auf den monoethnischen Sprachgebrauch und auf die von der Herkunftssprache Türkisch geprägte Variante des Sprachgebrauchs mehrsprachiger Jugendlicher, zu deren Repertoire neben der Umgebungssprache Deutsch auch zumindest eine Varietät der Familiensprache Türkisch gehört.

6.2.2 | Türkendeutsch zwischen ethnischer Varietät und Stil – Merkmale von Türkendeutsch

Wenn wir den mündlichen Sprachgebrauch mehrsprachiger Jugendlicher beschreiben, ergibt sich vor allem auf der Ebene der Syntax eine grundlegende Schwierigkeit (s. Kap. 4.1): Nach welchen Kriterien und Kategorien sind die Sprachproduktionen beschreibbar – vor allem dann, wenn es gerade bei mehrsprachigen Jugendlichen auf eine Bestimmung der Korrektheit oder Grammatikalität ankommt und dies im Vergleich zu muttersprachlichen Jugendlichen möglicherweise das Differenzierungskriterium ist?

Definition

> **Türkendeutsch** ist eine Spielart der gesprochenen wie auch (z. B. in einzelnen Internetportalen) geschriebenen Umgangssprache, die in der alltäglichen informellen Kommunikation im sozialen Alter der Jugend primär durch mehrsprachige Jugendliche habituell verwendet wird, um sich selbst im sozialen Raum zu verorten. Sie ist auch als solche identifizierbar, da sie sich aus einer Reihe mehr oder weniger kookkurrent auftretender phonologischer, morphosyntaktischer, lexikalischer und pragmatischer Merkmale konstituiert, die es vom gesprochenen Umgangsdeutschen unterscheiden.

Grammatische Kategorien: Die (lineare) Ordnung von Wörtern in sprachlichen Einheiten, die wir Satz nennen, gilt für die geschriebene Sprache: »Jeder Satz im Deutschen ist hierarchisch gegliedert [...]. Diese hierarchische Gliederung wird mithilfe der *Konstituentenkategorien* erfaßt« (Eisenberg 1994: 41). Solche Kategorien entsprechen auf der untersten hierarchischen Ebene den traditionellen Wortarten wie z. B. Verb, Adverb, Präposition, Artikel. Auf einer höheren Ebene wird im Strukturbaum auf Phrasen bzw. Wortgruppen wie Nominalphrase oder Präpositionalphrase hingewiesen. Bei der Beschreibung der Strukturen des Türkendeutschen müssen wir also z. T. auf grammatikalische Kategorien zurückgreifen, die für normgerechte schriftsprachliche Sätze gelten, hier aber auf satzähnliche Äußerungsformate in der mündlichen Rede angewendet werden.

Ökonomische Gestaltung: In der Rede von Jugendlichen haben wir es mit einer Art der ›ökonomischen Gestaltung von Äußerungen‹ zu tun, etwa gemäß dem Motto: *Sage das Wesentliche, was deiner Intention dient und nicht zeit- und planungsintensiv ist!* Dieses Prinzip macht sich im Sprachgebrauch besonders durch die häufige Aussparung von Funktionswörtern, wie Präpositionen, Artikeln oder Pronomina, bemerkbar. Die Aussparungen erleichtern es, den komplexen grammatikalischen Bauplan deutscher Sätze in der mündlichen Rede in Äußerungsformate umzusetzen, die weniger Aufwand an verbaler Planung nötig machen.

Aussparungen in Äußerungen

Die Reduktion an funktionalen verbalen Elementen geht aber nicht auf Kosten der zu übermittelnden Information und der verfolgten kommunikativen Absicht. Die prosodische Ausgestaltung spielt mehr eine Art kompensatorische Rolle. Prosodische Merkmale wie Tonhöhenverlauf, Dehnungs- und Reduktionsphänomene, Akzentuierungen, Pausen u. Ä. können dazu genutzt werden, trotz fehlenden verbalen Materials die intendierte Information lückenlos zu übermitteln.

Verwendete Korpora und Beispiele: Im Folgenden beschreiben wir ausgewählte Phänomene auf den Ebenen Lexik, Morphologie, Syntax und Prosodie, gespeist aus folgenden Datenkorpora:

- **»Türkendeutsch in interaktional-linguistischer Perspektive«** (2004 bis 2005) und das Folgeprojekt **»Die Rolle der Prosodie im Türkendeutschen«** (2007) (Universität Potsdam, https://www.uni-potsdam.de/u/germanistik/individual/selting/html/tuerkendeutsch.htm)
- **»Kiezdeutsch-Korpus«:** Grammatische Reduktion und informationsstrukturelle Präferenzen in einer kontaktsprachlichen Varietät des Deutschen: Kiezdeutsch (2007–2011) (Universität Potsdam, http://www.kiezdeutschkorpus.de/de/)
- **»Interviewgespräche«** mit 12- bis 15-jährigen türkisch-deutsch-bilingualen Jugendlichen aus Berlin (erhoben im Rahmen einer Qualifikationsarbeit von Tiner Özçelik)
- **»MULTILIT-Korpus«:** Entwicklung der mündlichen und schriftlichen Kompetenzen in der Erst-, Zweit- und Fremdsprache bei mehrsprachigen Kindern und Jugendlichen mit türkischem Hintergrund in Frankreich und Deutschland (Universität Potsdam, http://www.uni-potsdam.de/daf/projekte/multilit.html)

Obwohl die Merkmale, die hier beschrieben werden, nicht in jedem Fall auf eine sprachliche Ebene beschränkt bleiben, behalten wir diese Darstellungsform bei. Denn insbesondere dadurch kann u. a. die Spezifik dieses Stils erfasst werden. Dadurch können mögliche Einflüsse der Erstsprache auf den einzelnen sprachlichen Ebenen im Blick behalten und der Gebrauch des Deutschen im Vergleich zum Sprachgebrauch muttersprachlich deutscher Jugendlicher gedeutet werden.

Merkmale auf mehreren Ebenen

Lexik: Wenngleich lexikalische Mittel wie *lan*, *Alter* und *ey* sehr häufig als Merkmale von Türkendeutsch bezeichnet werden, so bilden diese Routinen, mit denen Redebeiträge eingeleitet oder abgeschlossen werden, nicht den Kern des Lexikons im Türkendeutschen. Sie tauchen nur hochfrequent auf und können auch von Jugendlichen außerhalb der Gruppe und auch in medialen Formen leicht nachgeahmt werden. Tatsächlich

Jugendsprache und Sprachkontakt

zeigt sich besonders im Bereich des Lexikons, dass von Sprecher/innen des Türkendeutschen extensiv und explizit zweisprachige Ressourcen genutzt werden; sehr häufig gerade in Form von Sprachwechseln durch die Übernahme einzelner Wörter aus dem Türkischen.

Diskursmarker des Türkischen

Es handelt sich dabei vor allem um Diskursmarker des Türkischen wie *falan filan* (dies und jenes/dies und das/so) oder einige deiktische Ausdrücke wie *böyle* (so bzw. auf diese Weise/auf diese Art), Partikel wie *yani* (also), *hani* (halt) und *işte* (da) oder Zustimmungssignale wie *aynen* (genau) (vgl. Şimşek 2012). Die Übernahmen aus dem Türkischen sind demnach durchaus nicht nur Inhaltswörter, sondern vielmehr diskursfunktionale Elemente, wie *falan* (und so) oder *tamam mı* (okay) in Beispiel 1.

(1) Erzählung Habisch Amca

```
439   Ela:   und denn äh is dIngs habisch amca geKOMmen?
                                        onkel habisch
440          selam verdi falan?
             grüßte und so
441   Mel:   HM,
442   Ela:   uns ALlen; (.)
443   Mel:   ACH[so;              ]
444   Ela:      [<<h> tamam mı;>]
                     okay
445   Mel:   HM,
446   Ela:   dann ist die: FRAU gekommen?
```

Zur Erzählung: Das *tamam mı* in Zeile 444 (Beispiel 1) ist ein Frageanhängsel, funktional etwa vergleichbar mit dem *weißt du* oder *ne* des Deutschen, die eine Äußerung abschließen und als Rückversicherungssignale fungieren. *Falan* (Zeile 440) erfüllt in etwa die Funktion eines *Wagheitsmarkers*, um anzuzeigen, dass man etwas nicht explizit verbalisieren möchte. *Falan* ist jedoch nicht identisch mit der Deixis *so* des Deutschen. An Stellen, an denen Jugendliche sich wenig explizit ausdrücken wollen, wird das deutsche *so* sehr frequent verwendet, was ebenfalls eine Eigenschaft der Sprechweise von deutschsprachigen Jugendlichen ist. Ob die Verwendung des *so* durch mehrsprachige Jugendliche eine von muttersprachlichen Jugendlichen abweichende Qualität hat, womöglich beeinflusst durch die Eigenschaften des im Diskurs funktional äquivalent eingesetzten *falan* und *böyle*, kann nur eine Vermutung bleiben.

Frequente Ausdrücke

Die Funktion als Fokuspartikel, die Wiese (2012) diesem Element zuschreibt, widerspricht nicht der Funktion der Deixis. Die Fokussierung des Hörers auf bestimmte Wissenselemente ist im Diskurs gerade typisch für ein deiktisches sprachliches Element und nicht etwa eine neue Funktionsweise. Sicher ist, dass *so* entsprechend seiner deiktischen Qualität auf die im Diskurs nicht verbalisierten Inhalte zeigt und durch die hohe Quantität auffällt.

Bewertende Ausdrücke – wie etwa *krass* – werden in den Daten ebenfalls hochfrequent gebraucht. Auch hierbei handelt es sich nicht um eine von der Jugendsprache allgemein abweichende Verwendung, wie wir in Beispiel 2 sehen können (Zeile 09).

(2) Melisa und Ela sprechen über ihre Gewohnheit, in den Pausen zu viel zu rauchen

```
01    Mel:    <<all> ey GU(CK) mal;>
02            die GANze kasse=KLASse holt zigarEtten; (--)
03            und (.) [(d)=äh      ]
04    Ela:            [yetmiyo di mi;]
                      es reicht nicht nicht wahr
05    Mel:    yetmiyo;
              es reicht nicht
06            isch SCHWÖre yetmiyo;
                          es reicht nicht
07            .h okuldan sonra nisch mal EIner hat zigarEtte;
                 nach der schule
08            (.)
09    Ela:    KRASS ey;
10    Mel:    JA:;
11    Ela:    bei uns war AUCH so;
12            erste ZEIT so;
13    Mel:    bei uns ist Überkrass alter; (-)((seufzt))
```

Der Ausdruck *krass* bietet sich offenbar deshalb als Bewertung an, weil damit nicht eine spezifisch positive oder negative Bewertung verbunden ist. Es drückt Ungewöhnlichkeit und Auffälligkeit aus, die der Sprecher als Bewertung bestimmter Gesprächsinhalte und Sachverhalte zum Ausdruck bringen will. Gleiches gilt für die Steigerung mit *überkrass* (Zeile 13). In Äußerungen wie in Zeile 09 tauchen auch häufig Intensivierer wie *voll* auf. Auch in solchen Fällen lässt sich feststellen, dass sie nicht spezifisch für das Türkendeutsche sind, sondern wie im Fall von *krass* ein Merkmal von Jugendsprache darstellen.

Umgekehrt zeigt sich in den Beispielen 1 und 2, dass es nicht nur die Sprachmischungen (Code-Switching) sind, die man als alleinige Hinweise auf Türkendeutsch interpretieren kann. Es ist also nicht so, dass allein dieses Merkmal des Sprachwechsels für den Eindruck sorgt, es handle sich nicht um gesprochenes Standarddeutsch.

Kookkurrenz ist in diesem Zusammenhang ein wichtiges Stichwort und meint, dass es das gemeinsame Vorkommen mehrerer Merkmale ist, was die Äußerungen der zweisprachigen Jugendlichen im Vergleich zu denen der einsprachigen auffälliger macht. Die Äußerung von Melisa in Beispiel 2 (Zeile 07) weist den Sprachwechsel, die Koronalisierung und den Wegfall des indefiniten Determinierers auf (»nisch mal EIner hat zigarEtte« statt ›nicht einmal einer hat eine Zigarette‹).

Definition

> Bei der **Koronalisierung** verschiebt sich der Artikulationsort bei der Aussprache des stimmlosen palatalen Lautes [ç] (wie in »ich«) im Mundraum nach vorne. Durch diese Verschiebung wird der postalveolare Laut [ʃ] (ein Sch-Laut) erzeugt. Es handelt sich um ein prominentes stereotypisches Merkmal, das allerdings bisher nicht in Bezug auf die von den dialektalen Varietäten abweichenden Verwendungen und bezüglich phonotaktischer Kontexte (vorangehende, nachfolgende Segmente) und Häufigkeit in unterschiedlichen Gesprächskontexten hin untersucht wurde.

Wortbildungsstrategien und Spontanbildungen

Wortkreationen: Das Lexikon des Türkendeutschen konstituiert sich nicht nur aus einzelnen Lexemen der zur Verfügung stehenden Sprachen (auch Arabisch und Englisch gehören zu den lexikalischen Ressourcen). Wortbildungsstrategien des Deutschen und Türkischen werden kombiniert und führen zu Spontanbildungen wie *überkrass* im obigen Gesprächsausschnitt oder *deutschisch* (türkisch: *almanca* = *alman* (deutsch) + Suffix *-ca*) als Bezeichnung des Deutschen. Solche Wortkreationen gewinnen ihre Bedeutung jeweils aus dem Gesprächskontext und verdeutlichen zudem den spielerischen Umgang Jugendlicher mit ihren sprachlichen Ressourcen. Ein Motto wie ›einfach nur anders reden/sich von anderen abheben‹ mag hier für die Jugendsprache allgemein und für die mehrsprachigen Jugendlichen im Besonderen gelten, denn deren Sprachgebrauch ist möglicherweise häufiger einer Kritik ausgesetzt. Daher mag diese Gruppe Jugendlicher stärker zu einer Art rebellierender Haltung neigen, die sie sprachlich zum Ausdruck bringt.

6.2.2.1 | Morphologie

Die Sprachverwendung mehrsprachiger Jugendlicher zeigt im Bereich der Wortbildung und der Verbflexion keine Auffälligkeiten, die als Anzeichen eines Problems mit dem Flexionsprinzip im Deutschen gedeutet werden könnten. Sicherlich kommen vereinzelt abweichende Formen vor, wie in Beispiel 3.

(3) Esra und Elif unterhalten sich über Alltägliches

```
01   Esra:   äh bist du gestern GUT nach hause
                angekommen, (---)
02   Elif:   <<gähnend> ja GING so;
03   Esra:   bist=du schnell EINgeschlafen; (---)>
04   Elif:   was denkst DU,
05   Esra:   ha ja KLA:::R;
```

In der ersten Zeile ist vermutlich die intendierte Äußerung *bist du gestern gut nach Hause gekommen*. Dass Esra *angekommen* äußert, ist im Mündlichen nicht sicher als Kompetenzproblem erkennbar, sondern viel eher als ein Planungsproblem, denn *bist du gestern gut zu Hause angekommen* wäre eine alternative Äußerung, in der die Verbform korrekt wäre. Es kann also durchaus sein, dass Esra im Zuge ihrer Planung der Äußerung beide Alternativen zur Verfügung hat und sich daraus der Irrtum ergibt. Es handelt sich daher um eine Art Umplanungssignal oder Versprecher im Zuge der ›online-Planung‹.

Online-Planung

Pluralverwendung: Ein weiteres Phänomen, das nicht als Kompetenzproblem deutbar ist, veranschaulicht die Verwendung des Plurals in der Äußerung von Esra in der folgenden Gesprächssequenz in Beispiel 4.

(4) Esra und Ayla unterhalten sich über Alltägliches

```
01   Esra:   hat se gesagt du RUFST wenn du was wIlls;
02   Ayla:   ja wir sind ja nich ANders;
03   Esra:   ja UND, (-)
04           wir sind MÄDchens,
05           WIR DÜRfen machen;
```

Aus dem gesamten Gesprächsmaterial von Esra (und den übrigen Gesprächen des Korpus) kann geschlossen werden, dass die Pluralbildung die wenigsten Abweichungen von der Norm zeigt. Warum Esra dann in Zeile 4 *Mädchens* statt *Mädchen* äußert, kann aus dem Gesprächsinhalt erschlossen werden: Die Mädchen necken sich häufig in ihren Gesprächen und setzen erkennbar bewusst nicht korrekte und abweichende Formen ein. Gerade bei einem Nomen, deren Singular- und Pluralformen sich nicht unterscheiden, fällt die Pluralmarkierung dem Hörer auf und erregt Aufmerksamkeit. Dies scheint häufig auch die Absicht der Sprecherinnen zu sein. Sie setzen das Spielen mit sprachlichen Formen als eine Strategie der Belustigung und Unterhaltung ein. Esras Standpunkt *Wir sind Mädchen und daher dürfen wir alles machen* ist eine spielerische Zurückweisung der Kritik ihrer Gesprächspartnerin. Durch den spielerischen Umgang mit der Kritik wird ein möglicher Konflikt umgangen.

Korrekte und abweichende Formen

Auffällige Teilbereiche der Morphologie: Abgesehen von solchen eher funktional im Gespräch bewusst eingesetzten Normverstößen wie *Mädchens* statt *Mädchen* und normalen Versprechern wie *isch komm* statt *ich kam* (innerhalb einer Erzählsequenz im Präteritum) können auf der Ebene der Morphologie tendenziell mindestens drei Phänomenbereiche ausgemacht werden, die auffällig erscheinen:
- Nicht-normgerecht realisierte bzw. fehlende Funktionswörter,
- Phrasenstrukturen, die overte Elemente, also Morpheme, die ein grammatisches Merkmal realisieren, aus der Erstsprache nutzen und
- Veränderungen im Gebrauch des Deutschen als eine Art ›neue mehrsprachige Grammatik‹

Auf diese drei Bereiche soll nachstehend näher eingegangen werden.
Nicht-normgerecht realisierte/fehlende Funktionswörter: Vor allem bei der Zuweisung von grammatikalischen Eigenschaften wie Genus, Numerus, Kasus scheint es auffällige Formen des Sprachgebrauchs bei Sprecher/innen des Türkendeutschen zu geben. Auf den ersten Blick kön-

nen diese die Vermutung nahelegen, dass es sich dabei um typische Fehler von Lernern des Deutschen handelt, deren Spracherwerb noch nicht abgeschlossen ist. Bei genauer Analyse zeigt sich aber, dass die Mehrzahl der als nicht-normgerecht charakterisierbaren Strukturen Ergebnis mündlicher Verschleifungen und Reduktionen sind, siehe die Äußerungen (a) bis (d) in Beispiel 5.

(5) Nicht-normgerecht realisierte / fehlende Funktionswörter

(a)   Ja, einen großen brUder und **n** kleine Schwester
(b)   aber mit denen hab isch eher so **kein**=kontAkt
(c)   isch hab=gAr **kein** BESten freund
(d)   mein vater ist halt TAxifahrer
      er hat immer so=**n** FAHRgast (.)
      der hat **n**=halt so beLEIdigt

Phänomene der Mündlichkeit: In diesen Äußerungen ist auffällig, dass die einzelnen Wörter nicht in Bezug auf ihre grammatikalischen Eigenschaften (Kasus, Genus, Numerus) übereinstimmen: *so kein Kontakt* statt *keinen Kontakt* usw. Solche Phänomene sind der gesprochenen Umgangssprache zuzuordnen, d. h. sie sind die Folge des schnellen Sprechtempos und der Sprechplanung, die simultan erfolgt. Dass Wortgrenzen ineinander übergehen, grammatische Elemente reduziert artikuliert werden, ist folglich eine Art der Performanz, die nicht (nur) typisch im gesprochenen Deutsch mehrsprachiger Jugendlicher ist, sondern generell – also auch bei Muttersprachlern – ein Merkmal der Mündlichkeit darstellt.

Auslassungen von Artikeln und Präpositionen

Die komplette Nichtrealisierung von Artikeln oder Präpositionen wird dagegen oft als typisch für den Sprachgebrauch mehrsprachiger Jugendlicher beschrieben. Aus der Sicht standardsprachlicher Normen ist die Nicht-Setzung bzw. Auslassung einer obligatorischen Information eine Abweichung, siehe die einzelnen Äußerungen in Beispiel 6.

(6) Nichtrealisierung von Artikeln oder Präpositionen

(a)   »ey ich konnt nicht heute schule gehen«
(b)   »weißt noch an dem tag ähm wo wir tankstelle gegangen sind«
(c)   »Isch war party.«
(d)   »Wir sind ja erste Lehrjahr.«
(e)   »wartest du ganz kurz isch bring zigarette«
(f)   »montag gehen wir kino«

Präpositionen sind häufig lokal (*auf, in,* fehlende Präpositionen in den Äußerungen c, d, f in Beispiel 6) und direktional (*nach, zu,* fehlende Präpositionen in den Äußerungen a, b). In alltäglichen Face-to-Face-Interaktionen sind solche Äußerungen auch ohne die explizite Setzung von Präpositionen, die zur räumlichen und zeitlichen Orientierung benutzt werden, verständlich. Der verkürzte Gebrauch verringert den Planungs- und Artikulationsaufwand, was beim schnellen Sprechen im Alltag von

Vorteil ist. Andererseits wirkt sich die Auslassung auch nicht behindernd beim Verständnis solcher Äußerungen.

Bei Äußerungen wie *Ey, ich konnt nicht heute schule gehen* mag zunächst der Eindruck entstehen, dass es sich beim Türkendeutschen um eine defizitäre Grammatik handelt. Nimmt man aber eine genaue Analyse authentischer Gesprächsdaten vor, dann zeigt sich eindeutig, dass es sich nicht um mangelndes grammatisches Wissen der Sprecherinnen handelt. Wir haben es hier vielmehr mit einer anderen Sprechgewohnheit zu tun, die in ihren Regeln nicht denen der geschriebenen Standardsprache folgt; s. dazu Beispiel 7.

Sprechstile und Sprechgewohnheiten

(7) Telefongespräch zwischen den Freundinnen Aydan und Filiz

```
43  Ayd:  gEhts dIr GUT eigentlich, (.)
44  Fil:  ja;
45  Ayd:  ja, (1.3)
46        bist du KRANK; (-)
47  Fil:  ja; (1.4)
48  Ayd:  geh zum (-) DINGS-
49        KRANkenhaus; (---)
50  Fil:  hm; (-)
51        NEIN man;
52        die gEben mir SPRITze; (1.0)
53  Ayd:  ja, (.)
54  Fil:  beSTIMMT; (-)
55  Ayd:  ist doch eGAL;
56  Fil:  'hm'hm; (1.4)
57        willste mich KRANkenhaus fahren,
58  Ayd:  ja;
59  Fil:  wieSO denn; (.)
60  Ayd:  ich mach mir SORgen;
61  Fil:  QUATSCH man; (--)
62        sInd dOch nUr UNterleibsschmerzen;
```

In dem Ausschnitt unterhalten sich Aydan und Filiz über die Gründe ihres Fehlens in der Schule (beide besuchen eine Fördereinrichtung, um ihren fehlenden Hauptschulabschluss nachzuholen). Im gesamten einstündigen Gespräch treten 30 Fälle auf wie *Ey ich konnt nicht heute schule gehen* oder wie in Zeile 57 *willste mich Krankenhaus fahren*. Die beiden Äußerungen in Zeile 51 und 56, in denen die Artikel fehlen, beinhalten Nomen, die vertraute Gegenstände bezeichnen. Es erscheint in diesem Sprechstil offenbar als überflüssig mit deiktischen Elementen wie den definiten Artikeln auf etwas zu verweisen, oder das Wissen darüber zu aktualisieren. Die Nominalgruppen (hier: Artikel + Nomen) werden als ›gemeinsames Wissen‹ vorausgesetzt und die grammatische Funktion der Artikel wird bei der Verbalisierung als redundant interpretiert. Kommt es allerdings im Gespräch tatsächlich darauf an, dem Gesprächspartner unmissverständlich etwas mitzuteilen, so werden dann Artikel gesetzt. Dies zeigt ein Ausschnitt aus dem gleichen Gespräch (s. Beispiel 8) wie in Beispiel 7.

(8) Telefongespräch zwischen den Freundinnen Aydan und Filiz

```
49   Filiz:   ey wirklich jetze;=
50            =tut mir wirklich leid wegen der sache;=
51            =ich meinte auch zu meiner mutter;=
52            =dass das voll scheiße war; weißt du,      .
```

In diesem Ausschnitt bezieht sich Filiz mit *der Sache* in Zeile 50 auf eine Begegnung zwischen ihren Freundinnen und ihrer Mutter, die Filiz als negativ bewertet. Sie meint, ihre Mutter hätte sich gegenüber ihren Freundinnen unmöglich verhalten. Um sich für dieses Ereignis bei Aydan zu entschuldigen, stellt Filiz mit dem Artikel (Zeile 50) sicher, dass dieses bestimmte Ereignis in der Gesprächssituation von beiden als gemeinsames Wissen aktualisiert ist.

Hier ist demnach eine Grammatik zu beobachten, die nur die Elemente einsetzt, die für die beabsichtigte Übermittlung einer bestimmten Botschaft unbedingt nötig sind. Die Tendenz zu dieser ›neuen Grammatik‹ ist dabei nicht eine durch das Türkische beeinflusste Entwicklung in der Jugendsprache. Auch bei deutschen Jugendlichen kann man sie beobachten: z. B. in einer Äußerung wie *gehen wir Alexanderplatz*, in der eine Ortsangabe enthalten ist (vgl. Wiese 2006). Die Sprecher des Türkendeutschen wenden dieselbe Strategie nur weitaus häufiger über Ortsangaben hinaus an. Gesprochene Sprache im Allgemeinen und Jugendsprache im Besonderen neigt hier zu einer gewissen ›Ökonomie auf der Ebene der Informationsstruktur‹, Weglassbares (vor allem Artikel) auf der sprachlichen Oberfläche wird ausgespart, ohne dabei allerdings den Informationsgehalt der Äußerung insgesamt zu beeinträchtigen.

Strukturen mit overten Elementen aus der Erstsprache: Der Einfluss der Erstsprache, der für jeden Hörer auf der sprachlichen Oberfläche erkennbar ist, taucht zum einen in Form von Sprachwechseln auf, bei denen es sich um die Übernahme einzelner Wörter aus der Erstsprache Türkisch handelt. Zum anderen werden aber Strukturen benutzt, bei denen beide Sprachen gemischt werden, d. h. zur Konstruktion einer zusammenhängenden Phrase führen, wie in Beispiel 9.

(9) Melisa und Ela unterhalten sich darüber, womit sie gerade beschäftigt sind

```
01   Mel:   boş durmamak için geSCHIRR waschen
            yapıyon;=he; (-)
            um dich zu beschäftigen machst du geschirr
            waschen ja
02   Ela:   nein geschi:rr AUFräumen yaptım;
                              habe ich gemacht
03   Mel:   ha AUFräumen yaptın;
            ach         hast du gemacht
04   Ela:   JA:;
```

Das Verb *yapmak* (machen): Auf den ersten Blick handelt es sich hier um Code-Switching, wobei in den Äußerungen deutsche Verben im Infinitiv in den türkischen Satz integriert werden. Zusammen mit der entsprechend suffigierten Form des türkischen Verbs *yapmak* (machen / tun) entsteht eine feste Verbindung wie *abwaschen yapmak*, *aufräumen yapmak*. Im Türkischen sind solche Kollokationen nur mit Substantiven und dem Verb *yapmak* möglich. Derartige feste Verbverbindungen zeigen sich bei Türkisch-Deutsch Zweisprachigen unterschiedlicher Altersgruppen, bei Erwachsenen, Jugendlichen und auch bereits im früh sequenziellen Erwerb des Deutschen bei Kindern mit Türkisch als Erstsprache, wie an den nachstehenden Äußerungen von zwei zweisprachigen fünfjährigen Kindern deutlich wird (Beispiele 10 und 11 aus Kalkavan-Aydın 2018: 30–31; vgl. auch Kalkavan-Aydın im Ersch.):

Kollokationen

(10) Feste Verbverbindung *heile yapmak* (heile machen)

ESMA: Roller o zaman kırıldı ve o zaman onlar da o zaman
onu operieren yapmışlardı gene heile yaptılar
*Dann war der Roller kaputt und dann hat der ihn
operiert (-) wieder heile gemacht*

(11) Feste Verbverbindung *locker yapmak* (locker machen)

Mert: Paul locker yaptı o Gurt'ları
Paul hat die Gurte locker gemacht

Wir beobachten hier (s. Beispiel 9), wie bei der Erweiterung der Kontexte zur Aussparung der Artikel, eine Erweiterung des Geltungsbereichs der Regeln für die Bildung einer morphologischen Einheit des Türkischen auf Elemente der Zweitsprache Deutsch. Auf diese Weise entsteht eine neue Struktur, die weder im Deutschen noch im Türkischen normgerecht ist. Im Sprachgebrauch von Zweisprachigen (vgl. dazu Auer 1999: 337; Wiese 2009: 795 ff.) kann man bei dieser Struktur schon von einer Routine sprechen, da sie auch mit anderen Sprachpaarungen zu beobachten ist, eine Art des hybriden Sprachgebrauchs, der nur gelingen kann, wenn die Jugendlichen die Grammatik beider Sprachen beherrschen, um die ihnen verfügbaren Formen zu einem spezifischen Stil zu kombinieren.

Neue Strukturen im Sprachgebrauch von Zweisprachigen

Neue mehrsprachige Grammatik ohne overte Strukturen aus der Erstsprache: Ein interessanter Fall, der besonders bei jüngeren Türkisch-Deutsch Zweisprachigen zu beobachten ist, betrifft die Lexikalisierung grammatischer Komparativformen bei Adjektiven, wobei die Steigerungsform *mehr* die normgerechte Komparativflexion ersetzt, d. h. das grammatische Morphem *-er* wie in *klein-er* wird ersetzt durch die lexikalische unflektierte Komparationsform *mehr* (vgl. Duden 2005: 335). Dieses Verfahren, grammatische Morpheme durch lexikalische Ausdrücke zu ersetzen, erinnert an das Prinzip des Türkischen bei Adjektiven Steigerungsformen durch die Form *çok* (viel) wie in *çok güzel* (schöner/sehr schön) zu bilden. In Fällen wie Beispiel 12 wirkt das Wissen der Sprecher aus dem Türkischen, ohne dass ein Sprachwechsel auf Anhieb erkennbar wird:

(12) 14-Jähriger aus Berlin-Moabit im Interviewgespräch

```
01   T:    warum hat er DIESE schule gewählt?
02   TK:   also die: war ehr mehr SAUBER
03         also z in der nähe unses hau=hauses äh
04         wo wir WOHN - gabs ehmt mehr schulen
05         die warn ehr mehr (-) schlimmer -
06         als die dahin die ich gehe -
07         ähm dies ehmt nich son ding
08   T:    was heißt schlimmer -
09         was ist mit den andern schulen -
10   TK:   also (- -) wie soll ich jetz sagen also
11         dass ziemlich schlimme schule ist also
12         Türken waren da auch ein bischen mehr doof
```

Wortmaterial pragmatisch nutzen

Systemimmanente Ökonomie: Der Komparativ des Adjektivs wird durch die Komparationsform *mehr* ersetzt (Zeile 2), redundant verstärkend dann in der Redeweise *ehr mehr schlimmer*, wobei ein modifizierendes *eher* mit der quantifizierten Form *mehr* und der Komparativform *schlimmer* kombiniert wird – im Sinne von *das war der Tendenz nach eher (noch) umso (mehr) schlimmer*, wobei *schlimmer* offenbar wie ein nicht gradiertes Adjektiv behandelt wird, das durch *mehr* gradiert wird. Dieser Gesprächsausschnitt macht deutlich, dass das deutsche Wortmaterial weniger im grammatischen als im pragmatischen Sinne genutzt wird. Der Sprecher braucht mehrere Formulierungen, um zu sagen, dass es *eine schlimme Schule ist (schlimmer als andere Schulen)*. Unter anderem benutzt er die Formel *dies ehmt nich son ding*, deren Bedeutung aber vollkommen unscharf bleibt. Er meint offenbar: *das wiegt nicht so schwer, ist nicht so schlimm*. Die Aufgabe von grammatischen Eigenschaften zugunsten lexikalischer Einheiten führt dazu, dass die Äußerungen wortmaterialreicher ausfallen. Mit anderen Worten: Es ist in Ansätzen eine Neigung zu erkennen, die Flexion des Deutschen zu reduzieren. In der mündlichen Interaktion ist dies ein Teil der systemimmanenten Ökonomie.

Existenzmarker: Eine weitere bereits bei Wiese (2014) beschriebene Form, die aus dem Kontakt der beiden unterschiedlichen Typologien des Türkischen und Deutschen resultieren mag, ist die Verwendung der Verbform *gib(t)s*. Die Existenzform *es gibt* verliert dabei ihr Subjekt *es* (möglicherweise im finalen Konsonanten -s kompensierend vorhanden). *gib(t)s* ist in diesem Sinne morphologisch invariant und wird als sogenannter Existenzmarker genutzt; s. Beispiele aus (13) aus dem Kiezdeutsch-Korpus (2013: 51).

(13) Gebrauch von *gib(t)s* im Kiezdeutsch-Korpus

(a) GUCK ma was hier alles NOCH gibs
(b) WEIßte doch, die die in verschiedenen Farben gibs?
(c) gibs ehmt kei fast kein unterschied dabei
(d) und son zeug gibs also=eh

Wiese weist auf den ähnlichen nicht-verbalen Ausdruck *var* (›existent‹) und der entsprechenden Negation *yok* (›nicht existent‹) im Türkischen hin. Die Lexikalisierung einer ehemals flektierten Form geht mit der oben beobachteten Veränderung der Komparation von Adjektiven (Reduktion der Flexion) konform. Die Verwendungen dieser Formen werden kontrastsprachlich erklärbar. Sie zeigen sich nicht nur bei Jugendlichen, sondern auch in anderen Korpora, so z. B. auch bei erwachsenen Sprecher/innen im Alter von 30 bis 40 Jahren sowie auch bereits bei Vorschulkindern im Alter von ca. fünf bis sechs Jahren (vgl. Wiese 2012).

Inwieweit solche Sprachkontaktphänomene sich im Sprachgebrauch der Jugendlichen bereits verfestigt haben, bleibt empirisch zu beobachten. Sicher werden solche Formen nicht von der Mehrheit der Jugendlichen aufgegriffen und haben kein großes Potenzial zu einem Stilelement zweisprachiger Gespräche zu werden. Der Status der nicht-overten Phänomene als Folgen des Sprachkontakts ist also z. T. nicht leicht zu bestimmen. Insbesondere der Einfluss der Erstsprache oder ein ›Kopieren aus der Erstsprache‹ ist nicht leicht nachzuweisen. Klar ist dagegen, dass Jugendliche beide Sprachen in ihrem Alltag nutzen und die Barrieren zwischen den Sprachsystemen entsprechend der Sprechsituation mehr oder weniger durchlässig werden (vgl. Franceschini 1998). Aus diesem Grund können wir von einer anders funktionierenden Sprachverarbeitung bei Zweisprachigen ausgehen.

Sprachverarbeitung bei Zweisprachigen

6.2.2.2 | Syntax

In den bisherigen Beispielen aus dem Türkendeutschen wurde in Bezug auf die Syntax implizit sichtbar, dass wie in jeder mündlichen Form der Rede »die Syntax der gesprochenen Sprache ganz anders, nämlich dem zeitlichen Fortschreiten folgend, angelegt« (Schwitalla 2006: 100) ist. Abweichungen im Türkendeutschen sind insofern ebenso als Prozesse der verbalen Planung den spontanen und interaktionsbezogenen Umorientierungen im Diskurs geschuldet. Daher ist auch eine Reihe von Strukturen zu beobachten, die ohnehin für das gesprochene Umgangsdeutsche und die Jugendsprache typische Anpassungen an die verbale Planung im Gesprochenen sind. Dazu zählen mit der Konjunktion *weil* eingeleitete Nebensätze, die normgerecht mit der Verbendstellung gebildet werden. Im Mündlichen jedoch wird die Zweistellung des finiten Verbs beibehalten (vgl. Dittmar/Bressem 2005: 105 ff.). So werden wichtige Informationen vor weniger wichtigen syntaktisch und prosodisch hervorgehoben und bestimmte Konstituenten nach *hinten* verschoben, obwohl sie – gramma-

Mündlichkeit

tisch gesehen – früher in der linearen Abfolge hätten kodiert werden müssen, zumindest in einer normgerechten Sprechweise.
Auffälligkeiten in der Wortstellung: Eine abweichende Wortstellung weist zudem das Fehlen einzelner Konstituenten auf. Festzustellen sind Abweichungen, die in geschriebener Form als solche stärker wahrgenommen werden, im spontanen Redeaustausch aber vermutlich weniger auffallen.

(14) Schüleräußerungen aus dem MULTILIT-Korpus

- (a) auch mal zu den gegangen und hab mit den gesprochen darüber
- (b) wir haben viele Sachen erlebt hier ((1.19 s)) und ehm
- (c) wie es jedem Schüler passiert is, is auch mir m passiert natürlich

Die Ausdrücke *darüber* (a), *hier* (b) und *natürlich* (c) sollten innerhalb der Verbklammer (nach dem konjugierten Verbteil) realisiert sein.
  In der mündlichen Rede müssen die Sprecher vorausplanen und äußern zunächst das grammatisch Notwendige, um für die Setzung des Neuen oder dessen, was im Satz weiterführen soll, mehr Zeit zu haben. Die Rechtsverschiebung von (Pronominal-)Adverben und deiktischen Ausdrücken ist typisch für die mündliche Rede (vgl. Schwitalla 206: 115). Will man in der gesprochenen Sprache eine Information (u. a. Person, Gegenstand, Sachverhalt) hervorheben, stellt man diese Angabe an den linken Rand der Äußerung. Die anschließende Äußerung greift dann per pronominalem Ausdruck die Information am linken Rand wieder auf und ergänzt den entsprechenden Sachverhalt. Solche syntaktischen Abweichungen von der geschriebenen Sprache kommen in jeder gesprochenen Varietät des Deutschen vor.

Rechtsverschiebung

Linksherausstellung: Im Türkendeutschen fallen im Vergleich zum gesprochenen Deutschen an den linken Rand positionierte Angaben auf, die vor allem lokale und temporale Angaben ausmachen. Solche Angaben stehen links vom Subjekt. Obwohl der links herausgestellten temporalen bzw. lokalen Angabe das konjugierte Verb in zweiter Position folgen müsste und das Subjekt rechts vom Verb zu setzen wäre, ist in solchen Konstruktionen des Türkendeutschen die Hauptsatzstellung beibehalten. Zumindest erscheint auf den ersten Blick ein Sprecher des Türkendeutschen mit einer Äußerung wie *dann isch hab ihr gesagt* zu erkennen zu geben, dass er die Wortstellung im deutschen Satz nicht beherrscht. Der Fall liegt jedoch anders, s. folgende Beispiele in 15 (Kern/Selting 2006a: 252):

(15) Äußerungen mit herausgestellten temporalen Adverben des Deutschen

- (a) und DANN, (.) ich hör=s so voll laut viBRIERN aufm tisch,
- (b) und DANN- (.) sevim und die waren gar nicht DA,
- (c) danAch,=ich bin auf SEIner seite extra rausgegangen,

Bei diesen Konstruktionen wird das temporale Adverb (*dann/danach*) betont und als eigenständige Einheit mit steigender oder gleichbleibender Tonhöhe einer Folgeäußerung vorangestellt. Die prosodische Anbindung an die Folgestrukturen ist mehr oder weniger stark ausgeprägt, also mit oder ohne Pause variabler Länge dazwischen. Gleiche Muster tauchen auch dann auf, wenn das Adverb aus dem Türkischen übernommen wird, wie in den folgenden Äußerungen in Beispiel 16.

(16) Äußerungen mit dem herausgestellten temporalen Adverb des Türkischen

```
(a) ondan son(r)a, (-) LAdenschluss,
(b) ondan sonra- (--) hatta mEint ich so zu taner DINGS-
(c) ondan sona,=ich sollte immer sAmstag von zehn bis
    zwAnzig ARbeiten;
```

An den Beispielen wird deutlich, dass es keine Rolle zu spielen scheint, ob das temporale Adverb aus dem Türkischen oder aus dem Deutschen kommt. Es wird als eigenständige Struktur behandelt und durch die Intonation als semantisch zusammengehörig mit der Folgeäußerung signalisiert. Die intonatorische Separierung der temporalen Angabe macht es möglich, in der folgenden Äußerung die Wortstellung eines Aussagesatzes mit dem konjugierten Verb an der zweiten Position beizubehalten. Die Beobachtung, dass durch solche prosodischen Mittel z. T. auch die Syntax des Deutschen anders aussieht als bei Muttersprachlern, könnte zu der Vermutung führen, dass hier ein Einfluss der Erstsprache vorliegt (vgl. Şimşek 2017). Dieses mündliche Muster (*dann* bzw. die türkische Entsprechung *sonra*) wird von den zweisprachigen Jugendlichen vor allem in Erzählsequenzen in einer ›eigenständigen Struktur‹ gebildet. Es handelt sich um ein Stereotyp des Türkendeutschen, das zwar auch im Deutsch autochthoner Jugendlicher Verwendung findet, aber eben nur gelegentlich. Das Muster (temporale/lokale Topikalisierung + Drittstellung des finiten Verbs) ist ein Konstruktionstyp, der tendenziell in nicht-autochthonen Varietäten des Deutschen zu finden ist – und selbst bei Muttersprachlern vorkommt. Diese Tatsache spricht dafür, dass die Voranstellungen pragmatisch motiviert sind und die Verbdrittstellung nur eine funktionale Folgeerscheinung darstellt (vgl. Dittmar 2014: 20–21).

Voranstellungen von Adverben

Rechtsherausstellung: Ebenso wie die Voranstellungen von Adverben sind Äußerungen, die mit dem semantischen ›Joker‹ *dings* gebildet werden, typische Konstruktionsformen, die ebenso auf Ressourcen der Erstsprache Türkisch zurückgehen, oder vielmehr die Ressourcen beider Sprachen in einer vom gesprochenen Umgangsdeutschen abweichenden Form vereinen (vgl. Kern/Selting 2000b; Şimşek 2011).

(17) Konstruktionen mit *dings*

```
01   Elif:   was hatn denn deutsch mit (.) DINGS zu tun;
02           HANDschrift;

01   Sema:   oder soll ich zum DINGS gehen;
02           zum: HANDyladen;

01   Esin:   du muss immer DINGS machen;
02           SPEIchern; (--)
```

<small>Lexikalische Joker</small>   **Regeln zu *dings/şey*:** Aus den Ausgangssprachen Deutsch und Türkisch sind folgende Regeln für die Bildung von Einheiten mit dem lexikalischen Joker *dings/şey* bekannt: Im gesprochenen Umgangsdeutschen dient typischerweise die Akzentuierung als Mittel für die Herausstellung der neuen Information. In Herausstellungen an den rechten Rand der Äußerung wird dann diese herausgestellte Information akzentuiert. Für die *dings*-Konstruktionen bedeutet dies, dass *dings* zwar in der Äußerung als Signal einer Wortsuche genutzt wird, aber ohne akzentuiert zu sein, nimmt es den Platz eines lexikalisch expliziten Ausdrucks ein.

Im Türkischen wird nicht von Akzentuierung Gebrauch gemacht, sondern nur von der Wortstellung. Eine herauszustellende Information wird nach dem Verb an den rechten Rand platziert und die eigentlich dafür vorgesehene Position vor dem Verb wird mit *şey* gefüllt.

In solchen Äußerungen im Türkendeutschen nimmt in einem ersten Konstruktionsteil der Joker *dings/şey* den Platz ein, an dem eine neue Information stehen müsste. Erst nachdem durch die Intonation signalisiert wird, dass die Einheit beendet ist, erfolgt die explizite Verbalisierung der neuen Information. Beide Positionen werden akzentuiert. Im Türkendeutschen werden also die Prinzipien beider Sprachen miteinander kombiniert. Die Wortstellung entspricht dem gesprochenen Türkisch. Nach dem Prinzip der Betonung des Deutschen werden aber sowohl *dings* als auch der nachgestellte Ausdruck akzentuiert und auch die Strategie der Rechtsversetzung aus dem gesprochenen Deutschen eingehalten.

Auch dieser Fall zeigt, dass die Grenzen der jeweiligen Grammatiken und die Art beider Sprachen, Informationen strukturiert zu übermitteln, von Jugendlichen erweitert werden.

6.2.2.3 | Prosodie

Die bisher beschriebenen Strukturen – vor allem die *dings*-Konstruktionen – haben gezeigt, dass die Prosodie im Türkendeutschen eine herausragende sprachliche Ebene darstellt. Sie kookkuriert sowohl mit grammatischen als auch mit syntaktischen Merkmalen und ist Teil eines Merkmalbündels, wodurch Äußerungen des Türkendeutschen im Vergleich zum gesprochenen Umgangsdeutschen und im Vergleich zu der Sprechweise der einsprachigen Jugendlichen auffälliger erscheinen und besonders für einen Hörer, der wenig mit dieser Sprechweise in Kontakt kommt, einen fremden Klang erhalten.

6.2 Sprachkontaktphänomene im Jugendalter

Auffälligkeiten auf segmentaler Ebene: Auf segmentaler Ebene (auf der Ebene der Phoneme) fällt die oben bereits erwähnte Koronalisierung auf und gehört zu den markantesten und den bisher am häufigsten in der Forschungsliteratur genannten Merkmalen.

> **Koronalisierung** meint die modifizierte (palatalisierte) Aussprache des [ç]-Lautes als [ʃ]. Die Aussprache der Wörter *ich, mich, dich, nich/nicht* verändert sich zu *isch, misch, disch, nisch*.
> **Sekundäre Modifikation:** Im Falle einer modifizierten Artikulationsart von Konsonanten wie bei der Palatalisierung spricht man von einer sekundären Modifikation, d. h. wenn bei der Artikulation des Konsonanten zusätzlich zu der Verengung an der primären Artikulationsstelle an anderer Stelle eine weitere Verengung stattfindet, beeinflusst dies die Lautqualität des Konsonanten (vgl. das International Phonetic Alphabet – IPA).

Definition

Die Präferenzen der Sprecher bezüglich dieses Merkmals sind unterschiedlich ausgeprägt und variieren kontextabhängig mehr oder weniger stark zwischen den Lautqualitäten [ç] [çʲ] [ʃ], je nachdem wie stark sie das Merkmal im Sinne eines ›Indikators‹ (vgl. Labov 1980: 143) für die ethnolektale Sprechart einsetzen. Im Gesprächskorpus Türkendeutsch der Jugendlichen aus Berlin ist bezüglich dieses Merkmals eine hohe Variabilität zu beobachten. In seiner Untersuchung der Koronalisierung in der mündlichen Rede von zehn Jugendlichen aus Stuttgart (Jugendliche zwischen 14 und 18 Jahren mit unterschiedlichem Migrationshintergrund) findet Auer (2013: 23) nur in einem eher geringen Umfang die Koronalisierung. Am auffälligsten ist sie unter den türkischen Jugendlichen. Auer schlussfolgert daraus: »dass die Koronalisierung bei Stuttgarter Jugendlichen mit Migrationshintergrund keine wesentliche Rolle spielt« (2013: 24). Unter den Berliner Jugendlichen in unseren Korpora ist die Koronalisierung ein sehr auffälliges Merkmal.

Koronalisierung bei Jugendlichen

Ebenfalls als segmentales Phänomen beschreibt Dittmar (2010) Veränderungen der Vokalqualitäten:

Vokale, vor allem das [a] vor dem ach-Laut [x], sind oft dunkel gefärbt; das [ɪ] wird typischerweise in gerundeter Form [Y] realisiert. Auch werden Vokale der Tendenz nach kürzer ausgesprochen. Diese Eigenschaften verweisen auf Einflüsse des Türkischen oder Arabischen, aber auch andere Einflüsse sind denkbar und gelangen zur Wirkung.

Ob es tatsächlich Einflüsse der Erstsprachen auf segmentaler Ebene bei den Jugendlichen gibt, ist schwer zu sagen; immerhin ist das Deutsche die Umgebungssprache und die Jugendlichen sind weniger dem Input in den Ausgangssprachen ausgesetzt. Vielmehr ist zu vermuten, dass die Jugendlichen nach dem ›soziolinguistischen Gewicht‹ der Herkunftssprache in den jeweiligen Stadtteilen, in denen sie leben, zu differenzieren sind und schon früh mit dem Merkmal der Koronalisierung als Signal einer Migrantenidentität konfrontiert werden (türkischsprachige auch bereits seit der ersten Generation von Gastarbeitern).

Reduktionen/Verschleifungen: Auch die Kookkurrenz der Koronalisierungen mit einem schnellen Sprechtempo und einer hohen Menge an Verschleifungen und Reduktionen spricht dafür, dass nicht die Artikulation deutscher Laute ein Problem darstellt, sondern dass es sich um eine sozial bedeutsame Sprechart handelt. Die in Beispiel 18 zusammengetragenen Äußerungen machen den Grad der Reduktionen und Verschleifungen in der Aussprache der Jugendlichen deutlich:

(18) Häufige Formen von Koronalisierungen

```
a)  s=gib=s(o)=MANsche die sin
b)  ku=m:a
c)  isch=bin=nisch=so
```

Frequente finite Verbformen gehören zu den Formen, die besonders häufig lautlich zusammengezogen werden. Solche Einheiten zu segmentieren und zu verstehen erfordert vom Hörer einen erhöhten Aufwand, weshalb auch das Verstehen solcher Äußerungen gerade bei erwachsenen Hörern für den Eindruck eines fremden, ungewohnten Sprechstils sorgt. Obwohl keine entsprechenden Untersuchungen vorliegen, ist eine Neigung zu Verschleifungen ebenso bei einsprachig deutschen Jugendlichen beobachtbar und kann auch bei dieser Gruppe dafür sorgen, dass die Sprechart von Erwachsenen als ›anstrengend‹ wahrgenommen wird.

Suprasegmentale Besonderheiten

Einheitenbildung: Auf suprasegmentaler Ebene (auf der Ebene einzelner Wörter und Wortgruppen) ist die Bildung kurzer Äußerungen auffällig. Eine Charakterisierung wie ›kurz‹ ist natürlich relativ und stellt keine linguistische Beschreibung dar. Damit ist aber gemeint, dass in bestimmten kommunikativen Formen wie in Erzählungen die Äußerungen der mehrsprachigen Jugendlichen im Vergleich zu denen von muttersprachlich deutschen Jugendlichen eine geringere Anzahl von Wörtern pro Intonationseinheit aufweisen.

Zur Vertiefung

Prosodie und Syntax

Das Deutsche erlaubt in der Mündlichkeit die Bildung von sprachlichen Einheiten unter Nutzung syntaktischer und prosodischer Merkmale. Dabei sind diese Einheiten nicht nach normativen grammatischen Gesichtspunkten definiert:

Syntaktische Einheiten in der gesprochenen Sprache können vollständige Sätze sein oder kleinere Einheiten wie Nominalphrasen.

Prosodische Einheiten werden bestimmt durch die »als kohäsiv wahrgenommenen intonatorischen Einheiten zwischen Grenzsignalen« (vgl. Selting 1995: 39–40), Grenzsignale wie Neuansätze in der Melodieführung, Lautdehnungen am Ende von Einheiten oder auch Pausen. Außerdem tragen prosodische Einheiten im Deutschen mindestens einen Akzent.

Akzente: Im gesprochenen Standarddeutschen dient die betonte Aussprache einer Silbe in einem Wort innerhalb der Äußerung dazu, den semantischen Kern der Einheit zu signalisieren. Dem Hörer wird dadurch signalisiert, welche Information innerhalb der Äußerung eine rhematische, eine neue Information ist. Dabei wird zwischen primären Akzenten und sekundären Akzenten unterschieden. **Primärakzente** sind durch Variation der Grundfrequenz (Tonhöhe), der Lautstärke und der Dauer besonders hervorgehobene Silben und signalisieren den semantischen Fokus. **Sekundärakzente** sind im Vergleich zu Primärakzenten schwächer betonte Silben innerhalb von Äußerungen, d. h. betont wird der vokalische Kern der Silbe und die Variation der Grundfrequenz ist vergleichsweise geringer.

Tendenz zur Bildung kurzer Einheiten: Im Türkendeutschen ist eine Tendenz zu beobachten, kurze prosodische Einheiten (Intonationseinheiten) zu bilden. Die Information wird also tendenziell nicht in vollständige Sätze oder längere Phrasen verpackt, sondern wird in kurze aufeinanderfolgende Intonationseinheiten gespalten. Diese Einheiten tragen jeweils einen Primärakzent, wodurch in den aufeinanderfolgenden Äußerungen einer Sprecherin eine hohe Akzentdichte entsteht (s. Beispiel 19, Zeile 4–7).

(19) Gespräch zwischen Gül und Zelal

```
01   Gül:   (so/sogar) mein(e) EIgener brUder sAgt
            (das/des/es); WEISST du,
02          (1,6)
03          mein(e) ÄLtester;=
04          =er SAGT so-
05          geh DISko- (--)
06          geh PARty-
07   Zel:   LEB dein lEben;
08          (--)
09   Gül:   JA;
10          er SAGT so- (-)
11          SPÄter, (-)
12          <<all> kAnnst du das> vielleischt ↑NISCHT mAchen;
            (.)
13          du hAst dann diese gelEgenheit ↑NISCHT (mehr);
14          (-)
15   Zel:   <<pp> ja;>
16   Gül:   WEIL- (.)
17          du KENNST doch türkische männer;=
18          =die erLAUben dOch nIchts;
19          da=die vOll EIfersüchtig sind <<p> (über/immer)
            jedesmal)>;
20   Zel:   JA;
21          (--)
22   Gül:   <<pp> TYPISCH tÜrken ey>;
```

Hier wird besonders in den Zeilen 05 und 06 deutlich, dass sowohl die Struktur der Einheiten (parallele Syntax) als auch die Akzentuierung dazu eingesetzt werden, um die Information sehr kleinschrittig zu verbalisieren.

Der parallele Aufbau und die jeweils gleichbleibende Intonation am Einheitenende tragen dazu bei, dass die Einheiten auf der Hörerseite als zusammengehörige und kohäsive Strukturen wahrgenommen werden. Die parallele Akzentsetzung schafft ebenso eine enge Verbindung zwischen den beiden aufeinanderfolgenden Einheiten. Wenn man auch die Brisanz der Inhalte in dieser Gesprächssequenz einbezieht, wird klar, warum Gül ihre Rede syntaktisch und prosodisch auffällig gestaltet: Gül will hier deutlich machen, dass ihr Bruder ihr Freiheiten einräumt, die innerhalb des türkischen Kulturkreises den Mädchen nicht selbstverständlich gestattet sind. Der Verweis auf diese besonderen Inhalte geschieht mit solchen für den Hörer auffallend organisierten parallelen Äußerungen.

Platzierung von Akzenten: Eine weitere nicht-normgerechte Organisation von Äußerungen unter Rückgriff auf prosodische Mittel zeigt die folgende Einheit:

(20)

```
1   ELA:    <<acc> jEder Isst so Ein meNU,
2           ich ZWEI.>
```

Intonationseinheiten und -muster

Der semantische Kontrast – alle anderen essen ein Menu, aber die Sprecherin Ela wählt zwei Menus – wird hier nicht etwa durch die Konjunktion aber ausgedrückt (›alle anderen essen ein Menu, aber ich esse zwei‹). Der inhaltliche Gegensatz wird betont durch den Gegensatz einer steigenden vs. tief-fallenden Intonationskontur und damit also einer deutlich gegenläufigen Kontur auf den jeweiligen Intonationseinheiten. Auch aus dem Türkischen sind solche Intonationsmuster bekannt, bei denen nicht unbedingt eine Konjunktion den Ausdruck des Kontrastes übernehmen muss.

Abweichungen von den grammatischen Normen des Umgangsdeutschen wie bei der Einheitenbildung und bei der Platzierung von Akzenten werden durch die Gewohnheit der Sprecherinnen, aus ihrem Gesamtrepertoire zu schöpfen, erklärbar. Zudem haben die Sprecherinnen in den Gesprächen aus dem Türkendeutsch-Korpus aufgrund der Vertrautheit ein großes gemeinsam geteiltes Wissen. Missverständnisse wegen nicht-normgerechter Syntax, eines fehlenden Referenten (z. B. Artikel, Pronomen) oder einer fehlenden Präposition sind nicht sehr wahrscheinlich.

Es ist daher möglich, dass die Sprecherinnen für den spezifischen Einsatz von Prosodie und Syntax auch auf Prinzipien des Türkischen zurückgreifen. Wie oben für die Konstruktionen mit *dings* gezeigt, werden die Prinzipien beider Sprachen schließlich so genutzt, dass auch eine neue Art der Gesprächsorganisation und ›Gesprächskultur‹ entsteht.

Rhythmus: Dass in beiden Sprachen beobachtbare Strategien variabel und abhängig von den individuellen Gewohnheiten und Stilen der Sprecher mehr oder weniger genutzt werden, zeigt auch das Prinzip der rhythmischen Organisation von Einheiten. Dies findet besonders in Erzählsequenzen Anwendung.

Typologische Merkmale Deutsch und Türkisch   Zur Vertiefung

Typologische Merkmale des Deutschen und Türkischen bezüglich der Syntax und Prosodie sind bei der Bildung rhythmischer Einheiten von zentraler Bedeutung. Das Deutsche ist eine akzentzählende Sprache, in der die zeitlichen Intervalle von einem Akzent zum nächsten Akzent identisch sind. Dagegen ist Türkisch eine silbenzählende Sprache, in der jede Silbe in etwa gleicher Zeit artikuliert wird. Diese Eigenschaften können im Türkendeutschen bei der Bildung rhythmischer Einheiten unterschiedlich stark genutzt werden (vgl. Kern 2013: 101 ff.). Kern (2013) beschreibt in Äußerungseinheiten im Türkendeutschen rhythmische Muster, die aus deutlich hörbaren Akzenten in kurzen prosodischen Einheiten bestehen und keine akzentuierten Silben außerhalb der rhythmischen Schläge aufweisen.

Rhythmisch organisierte Einheiten: Dass aufeinanderfolgende Äußerungen desselben Sprechers einem gewissen hörbaren (musikalischen) Rhythmus folgen, ist strukturell an folgende Parameter gebunden:
- Die Abfolge schwacher und starker Silben in wiederkehrenden Mustern (z. B. Jamben und/oder Trochäen);
- Die Abfolge von Schlägen in identischen Zeitintervallen (Isochronie);
- Kookkurrenz von Schlägen mit Akzenten, d. h. die Anzahl der offbeat-Silben ist in etwa gleichmäßig.

In Beispiel 20 wird ersichtlich (vgl. Kern 2013: 101 ff.), dass in drei aufeinanderfolgenden Intonationseinheiten die Akzente so platziert werden und die Einheiten so kurz gehalten sind, so dass alle drei Intonationseinheiten auch in etwa der gleichen Zeit artikuliert werden und dadurch ein rhythmisches Muster entsteht:

(21) Filiz und Aydan im Gespräch über Vertrauen in einer Beziehung

```
350   Fil   ja;
351         SIEHST du, (---)
352         ich hab hab noch viel verSTÄNDnis;
353         ich sag (.) oKAY,
354         SIE macht so-=
355         =ich MACH nicht=so-=
356         =eGAL;=
357         =lass sie MAchn;=
358         =ich verTRAUe ihr;
359         (---)
360   Ayd   HAdi lan
            ach wo mann
361         (---)
362   Fil   ich SCHWÖre;
363         (---)
362   Ayd   VALlah, wirklich
363   Fil   HM=hm, (---)
```

In rhythmischer Notation, die die Zeitabstände zwischen den Akzenten und pro Intonationseinheit angibt (Kern 2013: 103), sehen die fettgedruckten Zeilen aus Beispiel 20 folgendermaßen aus:

(22) Rhythmische Notation der Zeilen 354–356 (nach Kern 2013)

```
354   Fil   /SIE macht so-=
355         =ich                  / 0.73 Sek.
            /MACH nicht=so-=
356         =e                    / 0.69 Sek.
            /GAL; =
357         =lass sie             / 0.52 Sek.(schneller)
            /MACHn;=
358         =ich ver              / 0.54 Sek.
            /TRAUe ihr;           / 0.52 Sek.
```

Kohärente Muster

Rhythmische Muster und Grammatik: In den ersten beiden Zeilen bilden die etwa gleich langen Intervalle zwischen den Schlägen (0.73 vs. 0.69 Sek) ein kohärentes rhythmisches Muster, das auch für die beiden folgenden Zeilen parallel wahrgenommen wird. Dies geschieht, obwohl die Intervalle zwischen den Schlägen kürzer ausfallen. Solche rhythmischen Muster weisen eine Struktur auf, bei der auf eine betonte Silbe oder einen Schlag meist zwei oder höchstens drei unbetonte Silben in einem unter einer Sekunde liegenden Intervall kommen. Die Akzente bilden dabei rhythmische Schläge und auf den jeweiligen Silben sind (im Vergleich zu den umgebenden Silben) auffällige Tonhöhenbewegungen hörbar. Die Parallelität lexikalischer und syntaktischer Strukturen in solchen Äußerungen wie in Zeile 354 und 355 stützt das rhythmische Muster.

Wenn demnach diese Äußerungen auch vom Hörer besonders wahrgenommen werden, können sie in bestimmten Kontexten im Gespräch eingesetzt werden, in denen die Sprecherinnen Inhalte besonders hervorheben wollen (s. Beispiel 19 im Abschnitt zu Einheitenbildung und im Methodenkapitel die Messung des Rhythmus in dem Beispiel, Kap. 7.1.4). Markante Phänomene des Türkendeutschen bezüglich grammatischer Elemente sind insbesondere in solchen rhythmisch organisierten Einheiten zu beobachten. Wenn beispielsweise Artikel oder Präpositionen ausfallen, dann dient dies auch dem Erhalt des rhythmischen Musters in einer Äußerungsfolge. Die Inhalte, auf die im Gespräch mit einem rhythmischen Muster besonders aufmerksam gemacht werden soll, sind bei der Organisation von Äußerungen im Türkendeutschen wichtiger als die Anforderungen oder Beschränkungen der Grammatik.

6.3 | Multiethnische Stile: Kiezdeutsch als neuer Dialekt?

Merkmale des Sprechens mehrsprachiger Jugendlicher betrachtet Auer (2013: 22) als »systematische Abweichungen von der Standardvarietät des Deutschen«. Diese sind nicht gleichzusetzen mit dem Varietätenstatus dieses Sprachgebrauchs, da sie nicht nur lautstrukturell und lexikalisch, sondern auch morphosyntaktisch markiert seien.

Dialekt: Nach Ammon (1983: 64) ist ein Dialekt folgendermaßen zu definieren:

> Ein Dialekt ist eine Langue derart, daß es 1. für sie mindestens eine weitere Langue mit hoher grammatischer Ähnlichkeit gibt, daß es 2. eine Langue gibt, die gebietsmäßig echt in ihr enthalten ist und daß 3. weder ihre Schreibweise noch ihre Lautung und ihr Lexikon noch ihre Syntax amtlich normiert sind.

Diese Definition trifft soweit auf die Merkmale zu, die oben zu den unterschiedlichen sprachlichen Ebenen genannt wurden. Jedoch steht die Antwort auf die Frage aus, ob an mehreren unterschiedlichen Orten die gleichen Merkmale zu finden sind, die unter dem Dach der Standardvarietät des Deutschen verortbar wären. Vor allem bedarf es noch expliziter empirischer Nachweise dafür, dass z. B. die rhythmische Organisation von Äußerungen nicht nur auf eine bestimmte untersuchte Gruppe beschränkt bleibt. Die Ähnlichkeiten – vor allem die Verwendung von Funktionsverbgefügen Mithilfe von Verben wie *machen* und Semimodalverben wie *lassen* und *brauchen* – scheinen bisher sehr stark auch von einer Art Sprachmode beeinflusste Merkmale zu sein.

Kiezdeutsch als Varietät

Kiezdeutsch bezeichnen Freywald et al. (2011: 67–68) aus zwei Gründen als ›Multiethnolekt‹:

> (1) There must be linguistic features characteristic of this way of speaking that indicate a system of its own and distinguish it from the standard, from other varieties, and from unsystematic errors (→ -lect), (2) Its speakers must come from different ethnic backgrounds, including the (non-migrant) majority ethnic group (→ multiethno-).

In anderen Untersuchungen hingegen wird davon ausgegangen, dass Türkendeutsch eher als Einzelethnolekt gilt (Hinnenkamp 2005; Keim 2004).

Wiese (2012: 144–145) kämpft gegen Mythen wie ›falsches Deutsch‹, ›verarmter Sprachgebrauch‹ oder ›keine Grammatik‹, die um die Varietät herumkursieren und betont: »Kiezdeutsch ist ein Dialekt, der regional *und* sozial definiert ist« (Wiese 2012: 131). Sie stellt heraus, dass es sich ganz klar um einen multiethnischen Dialekt handelt (ebd.: 130), da Parallelen zu anderen deutschen Dialekten erkennbar seien. Folgende Gründe sprechen nach Wiese dafür:

- Systematische Änderungen im Kiezdeutsch seien typisch für Dialekte im Allgemeinen.
- Es handelt sich um eine multiethnische Varietät, weil sie nicht auf eine bestimmte Region festgelegt ist, aber eine hohe multiethnische Bevölkerungszusammensetzung mit hohem Migrantenanteil impliziert.

Vergleich zum Dialekt: Genau hierin scheint das hauptsächliche Problem zu liegen, das Soziolinguisten und Dialektologen mit dieser Begriffseingrenzung haben. Dass es sich bei dem Dialekt-Begriff um eine komplizierte Angelegenheit handelt, die nicht mit dem anglophonen *dialect* in Verwechslung gebracht werden sollte, wird in zahlreichen Kritiken deutlich moniert. Wieses Verständnis von Dialekt ist nicht gleichzusetzen mit dem eher regional besetzten Dialektbegriff im deutschen Sprachraum. Im Vergleich zu anderen Dialekten (im Sinne von Heike Wiese) ist Kiezdeutsch durch den Einfluss anderer Sprachen, z. B. Türkisch, geprägt (hier vor allem Fremdwörter und Aussprache). Auch wird Kiezdeutsch gern als ›Umgangssprache‹ bezeichnet, was wohl vor allem an den zahlreichen Verkürzungen oder Zusammenziehungen von Wörtern liegen mag (s. Beispiele in Tab. 6.2).

Zur Vertiefung

Kiezdeutsch

Linguistisch betrachtet, unterscheidet sich ›Kiezdeutsch‹ also durchaus als Terminus von anderen Bezeichnungen wie ›Türkendeutsch‹, ›Kanakisch‹ oder ›Kanak Sprak‹; und zwar vornehmlich darin, »dass es keinen Hinweis auf Heteroethnizität liefert, sondern die lokale (auf den *Kiez*, das Wohnviertel beschränkte) Reichweite der damit bezeichneten Sprechweise hervorhebt« (Androutsopoulos 2015: 215). Somit sprechen nicht nur ›Türken‹ Kiezdeutsch, sondern auch Sprecher anderer Erstsprachen. Ähnliche Phänomene finden wir im Übrigen auch in anderen europäischen Ländern, wie z. B. *Rinkebysvenska* im Stockholmer Stadtteil Rinkeby oder *straattaal* in den Niederlanden (vgl. auch Wiese 2006).

Sprachliche Besonderheiten sind in unterschiedlichen Bereichen vorzufinden. Tabelle 6.2 zeigt exemplarisch einige typische Phänomene des Kiezdeutschen.

Besonderheit des Kiezdeutschen

Routinen: Zum Einfluss anderer Sprachen, z. B. des Türkischen bei nicht-türkischen Sprechern, lassen sich vor allem Routinen aufzeigen, die den Erwerb dieser Sprache auch einleiten und fördern können. Sie können aus einzelnen Wörtern oder aus längeren »versatzstückartigen« Äußerungen bestehen und genredifferenziert gebraucht werden (vgl. Dirim 2005). Auch nicht-türkische Jugendliche bedienen sich z. B. türkischer Anredeformen wie *lan*, um ihre Gruppenzugehörigkeit zu signalisieren (vgl. Dirim 2005).

Dass es sich hier nicht um reine Zufälle handelt, sondern um (sprach)bewusstes Handeln, zeigt die Tatsache, dass auch bestimmte »kulturelle

Lautung	‹isch› wie im Berliner ‹nüscht›
Grammatik	‹Ich frag mein Schwester.›
	‹Doppelstunde machen›
	‹Wir sind Görlitzer Park.›
	‹Danach ich ruf dich an.›
Wortbildung	‹lassma›, ‹ischwör›

Tab. 6.2: Beispiele zu Kiezdeutsch (aus Wiese 2012)

Regeln« (Dirim 2005: 25) eingehalten werden, so z. B. mit der Verwendung der männlichen Anrede *abi* als soziale Höflichkeitsnorm, mit der auch respektvolles Verhalten intendiert wird. Ebenfalls deutlich wird eine genderspezifische Differenzierung der türkischen Anredeformen von türkischen und nicht-türkischen Jugendlichen. Türkische Routinen dienen dabei als Rezipientensignale in Dialogen, um z. B. Empathie auszudrücken.

Kurzes Fazit: Wir können festhalten, dass die bisherige linguistische Forschung zum Thema schlüssig gezeigt hat, dass das Deutsch mehrsprachiger Jugendlicher eine Spiel- und Sprechart mit vielseitigen Eigenschaften ist und sich aus vielfältigen Ressourcen speist. Die oben für das Vorkommen der Merkmale festgestellte starke Orientierung an kommunikativen Zielen rechtfertigt die Bezeichnung als ›Sprechstil‹, gemäß der Definition von Stilen als die »Art und Weise des Sprechens in natürlichen Interaktionskontexten« (Selting/Sandig 1997: 5), die gebildet wird, indem Stilmittel aus unterschiedlichen linguistischen Systemen bzw. Subsystemen zu einem Merkmalsbündel kombiniert eingesetzt werden.

> Merkmalsbündel als Stilmittel

Dementsprechend wird das oben beschriebene Türkendeutsche umso stärker für einen außenstehenden Hörer als Stil erkennbar, je mehr Merkmale gebündelt in einer Äußerung oder einem Gespräch eingesetzt sind. Indem gleiche Stilmittel von Nicht-Gruppenmitgliedern übernommen werden, können Außenstehende sich gleichfalls die Stimme der authentischen Sprecher aneignen (nicht immer im positiven Sinne einer Identifikation mit der entsprechenden Gruppe, vgl. Deppermann 2007; Auer 2003). Dieses Sprechverhalten kann sich durch zunehmende Verbreitung durchaus zu einer Varietät, einem Soziolekt oder Dialekt entwickeln.

6.4 | Multikulturelle Sprechweisen im Spiegel der öffentlichen Meinung

Massenmedien sind Schauplatz einer vielschichtigen Auseinandersetzung mit Ethnolekten, welche die Diffusion metasprachlichen Wissens, die Stilisierung stereotypischer Ethnolekt-Sprecher und die explizite Kommentierung, Bewertung und Interpretation von Ethnolekten umfasst. (Androutsopoulos 2007: 113)

Filme, Talkshows und noch mehr: Literaturwissenschaftlich aber auch sprachwissenschaftlich betrachtet, bietet das Buch *Kanak Sprak* von Feridun Zaimoğlu (1995) nicht nur viel Diskussionsstoff. Es ist zugleich das Tor, das insbesondere den sprachwissenschaftlichen Diskurs rund um dieses Phänomen eröffnet hat. Doch was wird mit ›Kanak Sprak‹ eigentlich bezeichnet? Ist es ein Terminus technicus, mit dem in der Linguistik tatsächlich jenes Phänomen bezeichnet wird, das der türkischstämmige Autor auch abbilden möchte? Am Beispiel deutsch-türkischer Jugendlicher skizziert Zaimoğlu, wie bzw. welche Sprache deutsch-türkische Jugendliche in Norddeutschland sprechen. Genau hierin scheinen sich jedoch Autor Zaimoğlu und Vertreter/innen der Sprachwissenschaft nicht ganz einig zu sein, wenn letztere den Sprechstil eher als »sprechsprachlich markiertes kolloquiales Deutsch [bezeichnen], das dem dokumen-

> »Kanak Sprak«

tierten Sprachgebrauch türkischstämmiger Kinder und Jugendlicher kaum [entspreche]« (Androutsopoulos 2007: 131).

Auch in anderen literarästhetischen Bereichen scheint sich diese Thematik als reicher Fundus für Erzählstoff zu eignen, so z. B. im Migranten-Kabarett »Kanakmän – Tags Deutscher Nachts Türke« des Kabarettisten und Cartoonisten Muhsin Omurca, der auf dem Heldentrikot sogar ein »K« für *Kanakmän* abbildet. Allerdings ist dieser Held keineswegs muskulös wie *Superman* oder andere US-amerikanische Helden, sondern eher schmal. Er trägt einen Schnurrbart, hält in der einen Hand ein Handy und in der anderen einen Rosenkranz für das muslimische Gebet. Derartige Stilisierungen werden auch gern als *getürkt* oder gar *karnevalesk* bezeichnet (El Hissy 2012).

Stereotype und Selbstdarstellungen

Mediale Stigmatisierungen und Stilisierungen: Da es sich eher um eine negative Stigmatisierung für insbesondere türkische Migranten handelt, hat die Bezeichnung spätestens gegen Ende der 1990er Jahre eine Art Wende in ihrer gesellschaftlichen und medialen Verwendung gefunden. So sind es spätestens seit *Kanak Sprak* eher Jugendliche und Migranten, die sich selbstbewusst so bezeichnen und mit einem bestimmten Selbstverständnis auch diesen Begriff verwenden. Dies zeichnet sich in zahlreichen verschiedenen Medien ab, wie in Interviews, Songs, Werbespots, Radio-Sendungen, Filmen etc. Neben *Kanak Sprak* und *Knockin' on Heaven's Door* (1997) scheint der Film *Fuck ju Göthe* mit Elyas M'Barek, der einen türkischstämmigen Aushilfslehrer spielt, ein zentrales Moment im Hinblick auf die mediale Stilisierung von Türkendeutsch (Androutsopoulos 2001; s. dazu Kap. 7.3 und Kap. 5: Medien). Gemeinsam haben die Inhalte dieser und auch anderer Filme mit ähnlichen Motiven, dass sie stereotype Handlungsmuster aufzeigen. Zum einen sind es Sprecher, denen ihre ›Ghetto-Herkunft‹ im Film an der Sprache deutlich wird. Zum anderen sind es die äußerlichen Merkmale und ihre Selbstdarstellungen.

Interessant ist an derartigen medialen Entwicklungen, dass sich der mediale Gebrauch einzelner jugendsprachlicher Elemente offensichtlich auch wieder rückwirkt auf Entwicklungen in der Jugendsprache. Androutsopoulos (2001: 3) geht im Rahmen seiner Untersuchung zur ›medialen Diffusion des Türkendeutschen‹ auf das Phänomen des *media-induced crossing* ein.

Ethno-Comedy: Einen besonderen Bereich der Stilisierungen multikultureller Sprechweisen bildet die Ethno-Comedy, die etwa seit den 1990er Jahren mit dem Eingang von »Kanak Sprak« in die Medien einen wahren Schatz an Comedy-Kreationen gewonnen hat. Nicht nur verbale Stilisierungen, sondern auch Verhaltensweisen sowie das äußere Erscheinungsbild (Goldketten etc.) paaren sich mit sozialen Stereotypen, die von naiv und ungebildet bis zu machohaft reichen (Kallmeyer/Keim 2004). Wie Sprache mit diesen zusätzlichen Faktoren zusammenhängt, beschreibt Androutsopoulos (2007: 131–132) folgendermaßen:

> Die Sprache der frühen Ethno-Comedy inkorporiert lautliche und grammatische Elemente des Ethnolektes, unterscheidet sich jedoch von diesem durch Prozesse der Verdichtung, Anreicherung und Löschung. Lexikalische Versatzstücke des Ethnolekts – *krass, korrekt, konkret* – werden durch ihre Wiederholung zu Ikonen der Comedy-Figuren transformiert […].

6.4 Multikulturelle Sprechweisen im Spiegel der öffentlichen Meinung

Ethnolekte in den Medien	Performance und Fiktion	Fremd-stilisierung	Comedy, Film, Rapmusik	z.B. *Stefan und Erkan, Kaya Yanar, Fuck ju Göthe*
		Selbst-stilisierung	Rapmusik, Popmusik	z.B. *Bushido, Alpa Gun*
	Metasprach-diskurs	beiläufig	Themen aus Gesellschaft und Popkultur	z.B. Bericht-erstattung über *Grup Tekkan*
		dezidiert	Medienbeiträ-ge über *Kanak Sprak* usw.	z.B. Zeitungsartikel über *Kanak Sprak*

Tab. 6.3: »Erscheinungsfor-men von Ethno-lekten in den Medien« (aus: Androutso-poulos 2007: 128 übernommen; Bei-spiele teils über-arbeitet bzw. er-gänzt)

Dies änderte sich im 21. Jahrhundert scheinbar jedoch in einigen Berei-chen (Androutsopoulos 2001a; Deppermann 2007; Kotthoff 2004). Ein Einzelethnolekt wird nicht selten auch ein Merkmal eines einzelnen Mo-tivs, wie wir sie beispielsweise bei den unterschiedlichen Figuren in Kaya Yanars Comedy-Shows wiederfinden.

Filme und Comedys: In Filmen wird sprachliche Vielfalt und in diesem Zusammenhang auch Ethnolekte und Migrantensprachen kombiniert mit Alters-, Status- und Figurenkontrasten (Androutsopoulos 2007). Dies reicht vom klischeehaften Gastarbeiterdeutsch bis hin zum ›schlechten‹ Deutsch; einem Wechsel zwischen Ethnolekten, deutscher Umgangsspra-che und dem Standarddeutschen. Wie werden multikulturelle Sprechwei-sen in Comedys abgebildet? Bekannt waren in den 1990er Jahren die Freunde *Erkan & Stefan* sowie auch deutsch-türkische Türsteher wie *Ha-kan* bei Kaya Yanar oder später auch *Hasan* bei Bülent Ceylan. Tatsäch-lich bildet die Comedy jedoch nur einen minimalen Teil der gesamten medialen Verfassung ab. Androutsopoulos (2007: 128) stellt fest, dass Bezeichnungen für Ethnolekte selbst beispielsweise in der Comedy nicht zu finden seien – obwohl es sich hierbei um ein Feld handelt, das sich gern Ethnolekten bedient. In Medienberichten hingegen tauchen sie mehrfach auf (s. z.B. Tab. 6.3) Er unterteilt die mediale Darstellung in die beiden Kategorien »Performance und Fiktion«, zu denen fremdstilisierte Darstellungen wie in Comedy und Film ebenso gehören wie selbststili-sierte in Musik, und in den Bereich »Metasprachdiskurs«. Letztere unter-scheidet er in ›beiläufige (Themen)‹ und ›dezidierten Diskurs‹ (Medien-beiträge über Filme etc.).

Androutsopoulos (2001) spricht hier von medialer Stilisierung und bezieht sich damit auf Selting/Hinnenkamp (1989), wenn er den Blick auf die Repräsentation sozial typisierter Sinnstrukturen der Interaktion richtet. So fällt auf, dass stilisierte Figuren als Mitglieder einer sozialen Gruppe auch zu einem bestimmten Zweck bestimmte sprachliche und inhaltliche Mittel einsetzen. Im Fall Türkendeutsch ist dies ebenfalls deut-lich. Allerdings fallen nicht nur Gemeinsamkeiten auf, sondern durchaus auch Diskrepanzen, die mit ganz bestimmten Rahmenbedingungen ver-knüpft sein können.

Mediale Stilisie-rungen

Stilisierungsmerkmale: Eine ganze Reihe von Stilisierungsmerkmalen und Bezeichnungen für Ethnolekte findet man bspw. in dem nachstehenden kurzen Ausschnitt eines Zeitungsartikels, der nach den Kriterien aus Tabelle 6.3 in den Bereich des dezidierten Metasprachdiskurses eines Journalisten einzuordnen wäre.

Unter den Mischsprachen hat es die »Kanak-Sprak« zu Berühmtheit gebracht. Ihre Machosprüche, mit türkischen Einsprengseln und minimalistischer Grammatik versehen, werden längst in Comedy-Shows als Ethno-Gags vermarktet. Formeln wie »Ultrakorregd, Alder«, »Ischwör« (Ich schwöre), »Lan« (Kumpel) oder die Drohung »Ich mach dich Messer« sind bei einem Publikum populär, das den Migrantenalltag nur aus dem Fernsehen kennt. Abseits stereotyper Karikaturen haben sich die Kanak-Sprak und ihre Ableger als »Kiezsprache«, »Türkendeutsch« oder »Straßenslang« zu echten Verkehrssprachen entwickelt, mit denen sich in Berlin-Neukölln oder Hamburg-Mümmelmannsberg Jugendliche unterschiedlicher Herkunftsnationen verständigen. Auch deutschstämmige Teenager, die dazugehören wollen, »sprechen krass«: »Hast du U-Bahn?« (Fährst du mit der U-Bahn?), »Ich geh Schule«.
Die Lehrer sollten das Nebeneinander von Hoch- und Stadtteildeutsch als eine neue Form der Zweisprachigkeit anerkennen, aber – ähnlich wie gegenüber Dialektsprechern – deutlich machen, dass im Unterricht oder im Beruf die Normen der Hochsprache gelten, empfiehlt Norbert Dittmar, der einmal pro Woche türkischen Jugendlichen Sprachunterricht gibt. »Die Schüler müssen neben ihrer Kiezsprache auch das Standarddeutsch können, sonst kommen sie nicht weit.« Darum müsse man auch das Kiezdeutsch zum Thema des Grammatikunterrichts machen, sagt Heike Wiese. »Wenn ihr Sprachgebrauch ernst genommen wird, könnten Jugendliche eher bereit sein, sich mit dem Standarddeutsch zu beschäftigen.« Die meisten Lehrer sind aber auf die deutsch-neudeutsche Zweisprachigkeit noch nicht eingestellt.«
(»Ich geh Schule«; *Die ZEIT*, 29.6.2006; http://www.zeit.de/2006/27/ C-Kiezdeutsch/komplettansicht, 5.1.2017)

Printmedien: In Printmedien werden Termini wie *Kanak Sprak*, *Kiezdeutsch*, *Türkenslang* und *Ethnolekt* nahezu als austauschbare Begrifflichkeiten gebraucht. Eine differenzierte Verwendung oder gar Auseinandersetzung ist kaum bis gar nicht vorzufinden. Bezeichnungen werden nicht nur verwechselt oder falsch verwendet, sondern auch die Unterschiede zwischen diesen kaum oder gar nicht berücksichtigt. Ein Beleg dafür ist folgendes Zitat, bei dem ein Journalist bemüht ist, auf das Phänomen ›Kiezdeutsch‹ näher einzugehen:

[...] zum Beispiel Kiezdeutsch. Spiegelt die Kiezsprache der türkischstämmigen Jugendlichen das Integrationsproblem? (DW, 4.6.2009 in Androutsopoulos 2015: 220)

Für Wiese (2012) ist klar, dass *Kanak Sprak* nicht *Kiezdeutsch* ist – oder umgekehrt. Auch sind in Zeitungs- oder Zeitschriftenartikeln Umschreibungsversuche wie der folgende zu finden, die sich mit Formulierungen wie ›gebrochenes Deutsch‹ offenbar auf eine ›falsche Grammatik‹ beziehen sollen – was nach Wiese (2012) eben nicht der Fall ist (vgl. Freywald et al. 2011). Die Sprechergruppe hingegen wird zumindest im Vergleich zum ersten Beispiel treffender beschrieben:

»Von wegen fehlerhaft: Kiezdeutsch – das gebrochene Deutsch, das junge Menschen aus sozialen Brennpunkten oft sprechen – ist ein Dialekt mit eigenen Regeln.« (ZEITonline; 29.5.2009, »Wir sind Görlitzer Park« von Dorothee Nolte; Zugriff am 8.3.2017)

Rap-Sprache: Die Sprache der Rapper ist ebenfalls gekennzeichnet durch ethnolektale Merkmale und wird aus diesem Grund gern auch Thema eines Zeitungsartikels. Am Beispiel von *Grup Tekkan* zeigt Androutsopoulos (2007) ein interessantes Phänomen. Wenngleich in den Songtexten der Band ein eher geringes Maß an ethnolektalen Merkmalen zu finden sei, so sei die natürliche Sprache in Fernsehauftritten deutlich stärker von diesen geprägt, und zwar durch falsche Konjugationen und Präpositionen, Artikel, das Weglassen von Pronomen etc.

Darstellungen in Medienberichten

Als möglichen Grund hierfür nennt er (2007: 136), dass »die Bandmitglieder im Songtext die ethnolektale Variation ihrer Alltagsrede auf ein Maß reduzieren, das ihnen zur performativen Selbststilisierung geeignet (als ›öffentlichkeitstauglich‹) erschien«. In Medienberichten (z. B. *Spiegel*) sind insbesondere Ironisierungen über grammatische Formen, Aussprache und Schrift (z. B. Schreibung der Koronalisierung (wie in *isch* statt *ich*) sowie sprachideologische Aspekte wie Regionalisierungen ethnischer Gruppen (»Deutsch-Türken aus Germersheim« (spiegel.de); in: Androutsopoulos 2007: 137) zu finden.

Im Fernsehen, in Radiosendungen aber auch in Printmedien sind zudem Ikonisierungen vorzufinden.

> Eine Ikonisierung findet statt, wenn z. B. die Sprache von Migranten »zum Leitmerkmal ihrer gesellschaftlichen und kulturellen Andersartigkeit [...]« (Androutsopoulos 2007: 141) wird. Zu den sogenannten ethnolektalen Leitmerkmalen zählen beispielsweise die Koronalisierung, die *ts*-Vereinfachung (*ersählen* statt *erzählen*), und Artikel- und Pronomentilgung. Diese Leitmerkmale werden wie die Bezeichnungen selbst auch in medialen Diskursen teilweise falsch und diffus verwendet (s. auch Kap. 7.1.3).

Definition

Durch derartige Kurzdarstellungen, die in der medialen Welt kursieren, werden lediglich Teile einer Auseinandersetzung mit den unterschiedlichsten Arten von Ethnolekten über Medien an ein Publikum vermittelt. Je nach Wissensstand und persönlichen Erfahrungen des Publikums werden diese dann auch einer persönlichen Bewertung unterzogen.

Adressaten- und Hörerorientierung: Die Analyse von Sprache in Filmen, Comedys oder Zeitungsberichten sollte unter Berücksichtigung der funktional-situativen Rahmenbedingungen (Androutsopoulos 2001a) erfolgen. Schließlich sollte trotz realer Zusammenhänge berücksichtigt werden, dass immer auch Produktionsinteressen und -bedingungen damit verbunden sind. So sind das Verfassen und Edieren von Zeitungs- oder Zeitschriftentexten stets verbunden mit spezifischen Adressaten und Rezipienten. Nicht selten erlebt man daher, dass zwar die sprachliche

Realität in gewisser Weise abgebildet wird, ausgewählte charakteristische Elemente (der Sprache oder des Verhaltens) jedoch häufiger und intensiver vorkommen als andere. Diese Elemente, die sich in medialen Stilisierungen wiederfinden, können bei Zuschauern bzw. Hörern bestimmte Verhaltensweisen auslösen.

> **Zur Vertiefung**
>
> **Thematische und lexikalische Auslösung bei Hörern/Zuschauern**
>
> Thematisches ›Triggering‹ (Auslösung) entsteht, wenn der Gebrauch des Ethnolekts durch ein Thema hervorgebracht wird, das im jeweiligen soziokulturellen Kontext typisch erscheint (wie z. B. Handys bei deutsch-türkischen Jugendlichen). Beim lexikalischen Triggering werden durch einzelne sprachliche Merkmale (charakteristische lexikalische Mittel wie *krass* oder *konkret*) eine Imitation beim Hörer ausgelöst (vgl. Androutsopoulos 2001a).

Sprachbewusstes Handeln: Ein Grund für das Nachahmen einer Varietät kann die Freude daran sein, jemanden auf die Schippe zu nehmen. Es trifft aber auch zu, dass Jugendliche durch Ethnolekte wie Kiezdeutsch sehr wohl auch ihr sprachbewusstes Handeln unter Beweis stellen, so z. B. beim Schreibstil oder zu Sprachbewertungen in Medien und sozialen Netzwerken wie *schülerVZ*-Gruppen, *facebook*, *Instagram* oder *Twitter* (Hellberg 2014; Vasilijevic 2016).

6.5 | Zusammenfassung

Zusammenfassend kann also gesagt werden, dass die Diskussion über multikulturelle Sprechweisen in der Öffentlichkeit nach polaren Mustern verläuft. Die Pole reichen von einer Skala von aggressiver Ablehnung bis hin zur Zurückweisung stigmatisierender Kommentare.

Dem mündlichen Modus, der von mehrsprachigen Sprechern verwendet wird, können sprachliche Defizite (z. B. falsche Artikel, Weglassen von Präpositionen oder Kasusendungen) und stilistische Gemeinplätze bzw. Grobheiten unterstellt werden, die den formalen Bestand des Standarddeutschen bedrohen könnten. Sie fallen kontextbedingt aus, wobei Syntax und Morphologie meist vereinfacht werden und bestimmte Konsonanten sowie Vokale abweichend vom üblichen Umgangsdeutschen ausgesprochen werden. Der schriftliche Modus hingegen wird nicht thematisiert, da offenbar übereinstimmend davon ausgegangen wird, dass es sich beim Sprachgebrauch mehrsprachiger Jugendlicher nur um eine gesprochene Form handelt.

Besonderheiten, die über die einzelnen medialen Formen übermittelt werden, sollen abschließend kurz zusammengefasst werden:

- **Die Printmedien:** Vor allem der Terminus *Kanak Sprak* (Bezug auf Zaimoglu 1995), aber auch die Bezeichnungen *Türkendeutsch*, *Türkenslang*, *Jargon* (u. a.) stigmatisieren nach Androutsopoulos/Lauer (2013) die Sprecher des Deutschen mit Migrationshintergrund. Die

Autoren führen eine Fülle von Textvorkommen mit stigmatisierenden Inhalten an. Mit *Slang* beispielsweise werde der chaotische und nicht normgerechte Sprachgebrauch abgewertet und die Gruppe der Sprecher/innen gesellschaftlich marginalisiert. Androutsopoulos/Lauer (2013: 83) zitieren im *General Anzeiger* (GA) um den Bestand des Standarddeutschen besorgte Linguisten: »Sprachschützer haben davor gewarnt, stammelndes ›Kiez-Deutsch‹ als Dialekt aufzuwerten. Stattdessen sollten Sprachforscher stärker die Bedeutung von Standarddeutsch betonen, forderte der Chefredakteur der *Deutschen Sprachwelt*, Thomas Paulwitz, anlässlich des ›Internationalen Tages der Muttersprache‹ an diesem Dienstag.« (GA, 21.2.2012)
- **TV-Medien:** In Diskussionsrunden oder Talk-Shows werden Experten (z. B. in Interviews) befragt, aber auch Kontexte vorgeführt, in denen scheinbar authentische Sprechweisen mehrsprachiger Jugendlicher dargeboten werden. Die Sprechweise wird als komisch und überzeichnend präsentiert.
- **Unterrichtsmedien:** Androutsopoulos (2011: 117) sieht die Erklärung für die Stigmatisierung multikulturellen Sprechens darin, dass die Medien diesen Modus des Sprechens negativ darstellen: »Ethnolekte werden erfunden, damit migrantenstämmige *Problemjugend* ikonisiert werden kann«. Medialen Darstellungen von Journalisten und Experten wird vorgeworfen, »(kollektive?) Ängste vor der Zukunft der Nationalsprache (und der imaginierten Gemeinschaft der Nation) auf Ethnolekte zu projizieren«.

Abschließend werden grundlegende Überlegungen angestellt, die bei einer objektiven Einschätzung helfen können:
- **Kein Systemlekt:** Die multikulturell geprägte mehrsprachige Jugendsprache ist kein Systemlekt. Nach dem jetzigen Stand der empirischen Forschung kann davon ausgegangen werden, dass sich die Sprecher/innen mit zunehmendem Alter und sich vollziehender Integration an den geläufigen Normen der überregionalen Umgangssprache (mehr oder weniger standardnah) orientieren.
- **Kein Dialekt:** Da die Sprache mehrsprachiger Jugendlicher keinem festen Territorium und keinem generationsübergreifenden soziokulturellen Lebensstil zugeordnet werden kann, ist seine varietätenspezifische Identifikation als Dialekt problematisch. Es handelt sich wohl eher um eine kontakt- und jugendtypische Übergangsvarietät. Ob anhaltende Einflüsse auf kommunikative Praktiken des Alltags dadurch initiiert werden und ob diese Einflüsse sich auf den Sprachwandel auswirken werden, bleibt abzuwarten.
- **Umgangssprachliches Kontaktdeutsch:** Bei den oben beschriebenen strukturellen Merkmalen handelt sich um konventionelle Eigenheiten eines *umgangssprachlichen Kontaktdeutsch* (im Fall des Türkendeutschen mit struktureller und symbiotischer Nähe zum Türkischen), das nicht den Grenzen schriftsprachlicher Normen gehorcht. Manche der beschriebenen Merkmale sind auch bei deutschen Jugendlichen (vgl. Dittmar/Steckbauer 2013: 207) zu finden; auch bei Deutschen mittleren Alters, deren Kommunikation schriftferne Züge aufweist.

Aufgaben

1. Welche Rolle und welche Funktion hat die Erstsprache im Sprachgebrauch mehrsprachiger Jugendlicher?

2. Welche Argumente können Sie aufführen, die für und gegen die begriffliche Fassung des »Kiezdeutschen« als *Register*, *Varietät*, *Sprechstil* und *Dialekt* sprechen?

3. Welche Aspekte müssten in der zukünftigen linguistischen Forschung zum Türkendeutschen bestimmend sein?

4. Lesen Sie den folgenden Ausschnitt eines Zeitungsartikels: Welche »jugendsprachlichen Anredeformen« sind Ihnen (noch) bekannt und in welchen soziokulturellen Zusammenhängen werden sie verwendet?

> »Heute kommen neue Wörter auch aus Sprachen, die früher keine große Rolle gespielt haben«, erklärt Androutsopoulos: »Aus dem Türkischen, Arabischen oder Russischen«.
> Das gilt zum Beispiel für das ursprünglich türkische Wort »Lan« – ein unter Sprachwissenschaftlern gängiges Beispiel für ein Wort mit wachsendem Bekanntheitsgrad. Es bedeutet soviel wie »Ey Mann!« oder »Alter«. Und an dieser Stelle des Wortschatzes, der Anrede, hat schon immer große Erneuerungsfreude bestanden, so Androutsopoulos. »Mann« selbst zum Beispiel hat sich erst seit den 50er Jahren durch amerikanische Einflüsse eingebürgert.
> (Aus: http://www.sueddeutsche.de/wissen/jugendsprache-yalla-lan-bin-ich-kino-1.911134 (Zugriff am 4.3.17) von Markus C. Schulte von Drach, 19.5.2010

5. Schauen Sie sich folgendes Video auf Youtube an: https://www.youtube.com/watch?v=Hx0AgAIza8M
Erarbeiten Sie sprachliche Merkmale der Jugend.

Themenvorschläge für Haus- und Abschlussarbeiten

1. Songtexte und ›echte Sprache‹: Zum Vergleich von Songtexten mit der realen Sprache (in Interviews) deutsch-türkischer Rapper

2. Kiezdeutsch und Türkendeutsch: Ist doch alles dasselbe?!

3. Kanak Sprak – Sprachverfall oder ein neuer Dialekt?

4. »Ethnolektale Leitmerkmale« auf Facebook und Co.

Literatur

Ammon, Ulrich (1987): Language – Variety/Standard Variety – Dialect. In: Ammon, Ulrich et al.: *Soziolinguistik. Ein internationales Handbuch*, Bd. 1. Berlin/New York: De Gruyter.

Androutsopoulos, Jannis (2001a): ›Ultra korregd Alter!‹ Zur medialen Stilisierung und Aneignung von »Türkendeutsch«. In: *Deutsche Sprache* 4/2001, 321–339.

Androutsopoulos, Jannis (2001b): From the streets to the screens and back again: On the mediated diffusion of ethnolectal patterns in contemporary German. In: *LAUD Linguistic Agency* Nr. A522 (2001), https://jannisandroutsopoulos.files.wordpress.com/2009/09/iclave_2001_laud.pdf (12.3.2017).

Androutsopoulos, Jannis (2007): Ethnolekte in der Mediengesellschaft. Stilisierung und Sprachideologie in Performance, Fiktion und Metasprachdiskurs. In: Fandrych, Christian/Salverda, Reiner (Hg.): *Standard, Variation und Sprachwandel in germanischen Sprachen/Standard, Variation and Language Change in Germanic Languages*. Tübingen: Francke, 113–155.

Androutsopoulos, Jannis (2011): Die Erfindung des Ethnolekts. In: *Zeitschrift für Literaturwissenschaft und Linguistik* 164, 93–120.

Androutsopoulos, Jannis (2013): Networked Multilingualism: Some language practices on Facebook and their implications. In: *International Journal of Bilingualism* 19 (2), 185–205.

Androutsopoulos, Jannis (2015): Hybridisierung im medialisierten Metasprachdiskurs: Das Beispiel »Kiezdeutsch«. In: Hauser, Stefan/Luginbühl, Martin (Hg.): *Hybridisierung und Ausdifferenzierung. Kontrastive Perspektiven linguistischer Medienanalyse*. Bern: Peter Lang, 207–234.

Androutsopoulos, Jannis/Breckner, Ingrid/Brehmer, Bernhard/Bührig, Kristin/Kieling, Roland/Pauli, Julia/Redder, Angelika (2013a): Facetten gesellschaftlicher Mehrsprachigkeit in der Stadt – kurze Einleitung. In: Redder, Angelika/Pauli, Julia/Kießling, Roland/Bührig, Kristin/Brehmer, Bernhard/Breckner, Ingrid/Androutsopoulos, Jannis (Hg.): *Mehrsprachige Kommunikation in der Stadt. Das Beispiel Hamburg*. Münster: Waxmann, 13–27.

Androutsopoulos, Jannis/Hsieh, Yin Feng/Kouzina, Joanna/Şahin, Reyhan (2013b): Vernetzte Mehrsprachigkeit auf Facebook: Drei Hamburger Fallstudien. In: Redder, Angelika/Pauli, Julia/Kießling, Roland/Bührig, Kristin/Brehmer, Bernhard/Breckner, Ingrid/Androutsopoulos, Jannis (Hg.): *Mehrsprachige Kommunikation in der Stadt. Das Beispiel Hamburg*. Münster: Waxmann, 161–197.

Androutsopoulos, Jannis/Lauer, Katharina (2013): Kiezdeutsch in der Presse: Geschichte und Gebrauch eines neuen Labels im Metasprachdiskurs. In: Özil, Şeyda/Hofmann, Michael/Dayıoğlu-Yücel, Yasemin (Hg.): *Jugendbilder – Repräsentationen von Jugend in Medien und Politik*. Göttingen: V & R unipress, 67–94.

Auer, Peter (1984): *Bilingual Conversation*. Amsterdam: John Benjamins Publishing Company.

Auer, Peter (1999): From code-switching via language mixing to fused lects: Towards a dynamic typology of bilingual speech. In: *International Journal of Bilingualism* 3 (4), 309–332.

Auer, Peter (2003): Türkenslang. Ein jugendsprachlicher Ethnolekt des Deutschen und seine Transformationen. In: Häcki-Buhofer, Annelies (Hg.): *Spracherwerb und Lebensalter*. Tübingen: Francke, 255–264.

Auer, Peter (2013): Ethnische Marker im Deutschen zwischen Varietät und Stil. In: Deppermann, Arnulf (Hg.): *Das Deutsch der Migranten*. Institut für deutsche Sprache Jahrbuch 2012. Berlin/New York: De Gruyter, 9–40.

Bahlo, Nils (2010): ›uallah‹ und / oder ›ich schwöre‹. Jugendsprachliche expressive Marker auf dem Prüfstand. In: *Gesprächsforschung* 11 (2010), 101–122.

Boneß, Anja (2016): *Orate and literate structures in spoken and written language. A comparison of monolingual and bilingual pupils*. Dissertation: Universität

Osnabrück. https://repositorium.uni-osnabrueck.de/bitstream/urn:nbn:de:gbv:700-2012040210095/1/thesis_boness.pdf (20.5.2016).

Brehmer, Bernhard/Kießling, Roland/Redder, Angelika (2013): Praxis städtischer Mehrsprachigkeit – exemplarische Ansätze einer Komparatistik. In: Redder, Angelika/Pauli, Julia/Kießling, Roland/Bührig, Kristin/Brehmer, Bernhard/Breckner, Ingrid/Androutsopoulos, Jannis (Hg.) (2013): *Mehrsprachige Kommunikation in der Stadt. Das Beispiel Hamburg*. Münster u. a.: Waxmann, 199–238.

Cindark, Ibrahim/Keim, Inken (2003): Deutsch-türkischer Mischcode in einer Migrantinnengruppe: Form von ›Jugendsprache‹ oder soziolektales Charakteristikum? In: Neuland, Eva (Hg.): *Jugendsprache Spiegel der Zeit*. Frankfurt a. M.: Peter Lang, 377–394.

Clyne, Michael (1996): Sprache, Sprachbenutzer und Sprachbereich. In: Goebl, Hans (Hg.): *Kontaktlinguistik: ein internationales Handbuch zeitgenössischer Förderung*, Bd. 12. Berlin/New York: De Gruyter, 12–22.

Clyne, Michael (2003): *Dynamics of Language Contact*. Cambridge: Cambridge University Press.

Deppermann, Arnulf (2007): Playing with the voice of the other: Stylized Kanaksprak in conversations among German adolescents. In: Auer, Peter (Hg.): *Style and Social Identities. Alternative Approaches to Linguistic Heterogeneity*. Berlin/New York: De Gruyter, 325–360.

Deppermann, Arnulf (Hg.) (2013): *Das Deutsch der Migranten*. Institut für deutsche Sprache Jahrbuch 2012. Berlin: De Gruyter.

Dirim, İnci (2005): Zum Gebrauch türkischer Routinen bei Hamburger Jugendlichen nicht-türkischer Herkunft. In: Hinnenkamp, Volker/Meng, Katharina (Hg.): *Sprachgrenzen überspringen. Sprachliche Hybridität udn polykulturelles Selbstverständnis*. Tübingen: Narr, 19–49.

Dirim, İnci/Auer, Peter (2004): *Türkisch sprechen nicht nur die Türken. Über die Unschärfebeziehungen zwischen Sprache und Ethnie in Deutschland*. Berlin/New York: De Gruyter.

Dittmar, Norbert (2010): Urbane Ethnolekte am Beispiel von Berlin. In: Földes, Csaba (Hg.): *Deutsch in soziolinguistischer Sicht. Sprachverwendung in Interkulturalitätskontexten*. Tübingen: Narr, 1–27.

Dittmar, Norbert (2014): Dudenlegitimiertes vs. ethnolektales Deutsch. Realität vs. mediale Inszenierungen. In: *Germanistik in der Schweiz* 10, 169–178.

Dittmar, Norbert/Bressem, Julia (2005): Syntax, Semantik und Pragmatik des kausalen Konnektors weil im Berliner ›Wendekorpus‹ der neunziger Jahre. In: Schwitalla, Johannes/Wegstein, Werner (Hg.): *Korpuslinguistik deutsch: synchron – diachron – kontrastiv*. Tübingen: Niemeyer, 99–123.

Dittmar, Norbert/Steckbauer, Daniel (2013): Emerging and conflicting forces of polyphony in the Berlin speech community after the fall of the Wall: On the social identity of adolescents. In: Singleton, David/Fishman, Joshua/Aronin, Larissa/Ó Laoire, Muiris (Hg.) (2013): *Current Multilingualism. A new Linguistic Dispensation*. Boston/Berlin: De Gruyter/Mouton, 187–229.

Ehlich, Konrad (2007): *Sprache und sprachliches Handeln*, Bd. 3. Berlin/New York: De Gruyter.

Ehlich, Konrad/Redder, Angelika (2008): Mehrsprachigkeit und Europa – sprachen- und bildungspolitische Dilemmata. In: Redder, Angelika/Ehlich, Konrad (Hg.): *Mehrsprachigkeit für Europa – sprachen- und bildungspolitische Perspektiven. Osnabrücker Beiträge zur Sprachtheorie* 74, 5–20.

Eisenberg, Peter (1994): *Grundriß der deutschen Grammatik*. Stuttgart: J. B. Metzler.

El Hissy, Maha (2012): *Getürkte Türken. Karnevaleske Stilmittel im Theater, Kabarett und Film*. Bielefeld: transcript.

Esser, Hartmut (2006): *Migration, Sprache und Integration*. AKI-Forschungsbilanz

4. Berlin: Arbeitsstelle Interkulturelle Konflikte und gesellschaftliche Integration Wissenschaftszentrum Berlin für Sozialforschung (WZB).

Franceschini, Rita (2011): Multilingualism and multicompetence. A conceptual view. In: *The Modern Language Journal* 95, 344–355.

Freywald, Ulrike/Mayr, Katharina/Özcelik, Tiner/Wiese, Heike (2011): Kiezdeutsch as a multiethnolect. In: Kern, Friederike/Selting, Margret (Hg.): *Ethnic Styles of Speaking in European Metropolitan Areas*. Amsterdam/Philadelphia, 45–72.

Füglein, Rosemarie (o. J. [2000]): *Kanak Sprak. Eine ethnolinguistische Untersuchung eines Sprachphänomens im Deutschen.* Master Thesis: University of Bamberg. Unveröff.

Gagarina, Natalia (2014): Die Erstsprache bei Mehrsprachigen im Migrationskontext. In: Chilla, Solveig/Haberzettl, Stefanie (Hg.): *Mehrsprachigkeit. Reihe Handbuch Sprachentwicklung und Sprachentwicklungsstörungen*, Bd. 4. München, 19–37.

Grosjean, François (1982): *Life with two Languages: An Introduction to Bilingualism*. Cambridge, MA: Harvard University Press.

Grosjean, François (1989): Neurolinguistics, Beware! The Bilingual is not two monolinguals in one person. In: *Brain and Language* 36, 3–15.

Gumperz, John J. (1982): *Discourse Strategies*. Cambridge: Cambridge University Press.

Gumperz, John J./Hymes, Dell (Hg.) (1972): *Directions in Sociolinguistica: The Ethnography of Communication*. New York: Holt.

Hellberg, Aïsha (2004): »Ich jage Dich mit dem Duden durchs Ghetto«. Sprachideologie und Sprachreflexion in schülerVZ-Gruppen. In: Kotthoff, Helga/Mertzlufft, Christine (Hg.): *Jugendsprachen. Stilisierungen, Identitäten, mediale Ressourcen.* Frankfurt a. M.: Peter Lang, 189–214.

Hinnenkamp, Volker (2005): »Zwei zu bir miydi?« – Mischsprachliche Varietäten von Migrantenjugendlichen im Hybriditätsdiskurs. In: Hinnenkamp, Volker/Meng, Katharina (Hg.): *Sprachgrenzen überspringen. Sprachliche Hybridität und polykulturelles Selbstverständnis.* Tübingen: Narr, 51–103.

Kalkavan, Zeynep (2013): Verbale Strategien in erst- und zweitsprachlichen Nacherzählungen von Kindern mit Türkisch als Erstsprache: Ein Fallbeispiel. In: Becker, Tabea/Wieler, Petra (Hg.): *Erzählforschung und Erzähldidaktik heute. Entwicklungslinien – Konzepte – Perspektiven.* Tübingen: Stauffenburg, 99–119.

Kalkavan-Aydın, Zeynep (2016a): Mehrsprachige Ressourcennutzung in interaktiven Bilderbuchrezeptionen. In: Rosenberg, Peter/Schroeder, Christoph (Hg.): *Mehrsprachigkeit als Ressource.* Berlin/New York: De Gruyter, 25–54.

Kalkavan-Aydın, Zeynep (2016b): Frühes (schrift)sprachliches Lernen in Vorleseinteraktionen beim Übergang von der Kita in die Grundschule – Eine Untersuchung in mehrsprachigen Kontexten unter besonderer Berücksichtigung metasprachlicher Äußerungen. In: Barkow, Ingrid/Müller, Claudia (Hg.): *Frühe sprachliche und literale Bildung – Sprache lernen und Sprache fördern in Kindergarten und zum Schuleintritt.* Tübingen: Narr, 27–44.

Kalkavan-Aydın, Zeynep (2018): Mehrsprachigkeit als Vorteil? Sprachmischungen bei zweisprachigen Kindern mit Türkisch als Erstsprache in türkischen und deutschen narrativen Diskursen. In: *Praxis Sprache* (Deutsche Gesellschaft für Sprachheilpädagogik) 1, 31–37.

Kalkavan-Aydın, Zeynep (im Ersch.): Feste Verbverbindungen im früh sequenziellen Zweitspracherwerb bei Kindern mit türkischer Erstsprache. In: Kalkavan-Aydın, Zeynep/Şimşek, Yazgül (Hg.): *Deutsch-türkische Zweisprachigkeit.* Münster: Waxmann.

Kallmeyer, Werner/Keim, Inken (2004): Deutsch-türkische Kontaktvarietäten. Am Beispiel der Sprache von deutsch-türkischen Jugendlichen. In: Moraldo, Sandro/Soffrini, Marcello (Hg.) (2004): *Deutsch aktuell. Einführung in die Tendenzen der deutschen Gegenwartssprache*. Rom: Carocci editore, 49–59.

Kallmeyer, Werner/Keim, Inken/Aslan, Sema/Cindark, Ibrahim (2012): *Variationsprofile. Zur Analyse der Variationspraxis bei den Powergirls*. Mannheim. http://www.ids-mannheim.de/prag/sprachvariation/publik.htm (20.5.2016).

Keim, Inken (2004): Kommunikative Praktiken in türkischstämmigen Kinder- und Jugendgruppen in Mannheim. In: *Deutsche Sprache* 32 (3), 98–226.

Keim, Inken (2008): *Die »türkischen Powergirls«: Lebenswelt und kommunikativer Stil einer Migrantinnengruppe in Mannheim*. Tübingen: Narr.

Kern, Friederike (2013): *Rhythmus und Kontrast im Türkischdeutschen*. Mouton: De Gruyter.

Kern, Friederike/Selting, Margret (2006a): Einheitenkonstruktion im Türkendeutschen: Grammatische und prosodische Aspekte. In: *Zeitschrift für Sprachwissenschaft* 25, 239–272.

Kern, Friederike/Selting, Margret (2006b): Konstruktionen mit Nachstellungen im Türkendeutschen. In: Deppermann, Arnulf/Fiehler, Reinhard/Spranz-Fogasy, Thomas (Hg.): *Grammatik und Interaktion*. Radolfzell: Verlag für Gesprächsforschung, 319–347.

KiDKo (Das Kiezdeutschkorpus). http://www.kiezdeutschkorpus.de/de/kidko-home (14.2.2017).

Klein, Wolfgang (1992): *Zweitspracherwerb*. 3. Aufl. Königstein, Ts.: Äthenäum.

Klein, Wolfgang/Perdue, Clive (1997): The basic variety (or: couldn't natural languages be much simpler?) In: *Second Language Research* 13 (4), 301–347.

Kotthoff, Helga (2004): Overdoing Culture. Sketch-Komik, Typenstilisierung und Identitätskonstruktion bei Kaya Yanar. In: Hörning, Karl H./Reuter, Julia (Hg.): *Doing Culture. Neue Positionen zum Verhältnis von Kultur und sozialer Praxis*. Bielefeld: transcript Verlag, 184–200.

Krefeld, Thomas (2004): *Einführung in die Migrationslinguistik*. Tübingen: Narr.

Krischke, Wolfgang (2006): Kiez- und Umgangssprache. ›Messer machen‹. In: *Frankfurter Allgemeine Zeitung* (Nr. 272), N3.

Labov, William (1980): *Sprache im sozialen Kontext*. Kronberg: Cornelsen.

Lüdi, Georges (1996): Multilingualism through migration: a comparison of internal and external migrant communities in Switzerland. In: Hellinger, Marlis/Ammon, Ulrich (Hg.): *Contrastive Sociolinguistics*. Berlin/New York: De Gruyter, 103–133.

Maas, Utz (2008): *Sprache und Sprachen in der Migrationsgesellschaft. Die schriftkulturelle Dimension*. Göttingen: V&R Unipress.

Meierkord, Christiane (2000): Interpreting successful lingua franca interaction. An analysis of non-native-/non-native small talk conversations in English. In: Pittner, Karin/Fetzer, Anita (Hg.): *Neuere Entwicklungen in der Gesprächsforschung. Linguistik online* 5 (1).

Meisel, Jürgen M. (2007): Mehrsprachigkeit in der frühen Kindheit: Zur Rolle des Alters bei Erwerbsbeginn. In: Anstatt, Tanja (Hg.): *Mehrsprachigkeit bei Kindern und Erwachsenen. Erwerb – Formen – Förderung*. Tübingen: Attempto, 93–114.

Montrul, Silvina (2008): Second language acquisition welcomes the heritage language learner: opportunities of a new field. In: *Second Language Research* 24, 487–506.

Myers-Scotton, Carol (2006): *Multiple Voices: An Introduction to Bilingualism*. Malden: Blackwell.

Odlin, Terence (1989): *Language Transfer*. Cambridge: Cambridge University Press.

Otsuji, Emi/Pennycook, Alastair (2010): Metrolingualism: fixity, fluidity and language in flux. In: *Interantional Journal of Multilingualism* 7 (3), 240–254.

Pagonis, Giulio (2009): Überlegungen zum Altersfaktor am Beispiel eines kindlichen und jugendlichen DaZ-Erwerbs. In: Ahrenholz, Bernt (Hg.): *Empirische*

Befunde zu DaZ-Erwerb und Sprachförderung. Beiträge aus dem 3. Workshop Kinder mit Migrationshintergrund 2007. Freiburg: Fillibach, 193–212.
Redder, Angelika/Scarvaglieri, Claadz'o (2013): Verortung mehrsprachigen Handelns im Konsum-Bereich – ein Imbiss und ein Lebensmittelgeschäft. In: Redder, Angelika/Pauli, Julia/Kießling, Roland/Bührig, Kristin/Brehmer, Bernhard/Breckner, Ingrid/Androutsopoulos, Jannis (Hg.): *Mehrsprachige Kommunikation in der Stadt. Das Beispiel Hamburg*. Münster: Waxmann, 105–126.
Rehbein, Jochen (2010): Sprachen, Immigration, Urbanisierung – Elemente zu einer Linguistik städtischer Orte der Mehrsprachigkeit. In: Comellas, Pere/Lleó, Conxita (Hg.): *Recerca i gestió del multilingüisme. Algunes propostes des d'Europa – Mehrsprachigkeitsforschung und Mehrsprachigkeitsmanagement*. Münster: Waxmann, 81–116.
Rehbein, Ines/Schalowski, Sören/Wiese, Heike (2014): The KiezDeutsch Korpus (KiDKo) Release 1.0. In: *Proceedings of the 9th International Conference on Language Resources and Evaluation (LREC)*, 24–31.
Riehl, Claudia M. (2014): *Sprachkontaktforschung*. 3., überarb. Aufl. Tübingen: Narr.
Schellhardt, Christin/Schroeder, Christoph (2015): Nominalphrasen in deutschen und türkischen Texten mehrsprachiger Schüler/innen. In: Köpcke, Klaus-Michael/Ziegler, Arne (Hg.). *Deutsche Grammatik im Kontakt in Schule und Unterricht*. Berlin/New York: De Gruyter, 241–261.
Schwitalla, Johannes (2006): *Gesprochenes Deutsch. Eine Einführung*. 3. Aufl. Berlin: Erich Schmidt.
Selting, Margret (1995): *Prosodie im Gespräch. Aspekte einer interaktionalen Phonologie der Konversation*. Tübingen: Niemeyer.
Selting, Margret (2011): Prosody and unit-construction in an ethnic style: the case of Turkish German and its use and function in conversation. In: Kern, Friederike/Selting, Margret (Hg.): *Ethnic Styles of Speaking in European Metropolitan Areas*. Amsterdam: Benjamins, 131–159.
Selting, Marget/Sandig, Barbara (Hg.) (1997): *Sprech- und Gesprächsstile*. Berlin/New York: De Gruyter.
Selting, Margret et al. (1998): Gesprächsanalytisches Transkriptionssystem (GAT). In: *Linguistische Berichte* 158, 298–325.
Selting, Margret/Kern, Friederike (2009): On some syntactic and prosodic structures of Turkish-German talk-in-interaction. In: *Journal of Pragmatics* 41, 2496–2514.
Şimşek, Yazgül (2011): Constructions with the Turkish şey and its German equivalent dings in Turkish- German-Conversations. In: Kern, Friederike/Selting, Margret (Hg.): *Ethnic Styles of Speaking in European Metropolitan Areas*. Amsterdam: Benjamins, 191–216.
Şimşek, Yazgül (2012): *Sequenzielle und prosodische Aspekte der Organisation der Sprecher-Hörer-Interaktion im Türkendeutschen*. Münster: Waxmann.
Şimşek, Yazgül (2017): Sprachgebrauch Türkisch-Deutsch zweisprachiger Jugendlicher in Berlin. In: Yıldız, Cemal/Topaj, Nathalie/Thomas, Reyhan/Gülzow, Insa (Hg.): *Die Zukunft der Mehrsprachigkeit im deutschen Bildungssystem: Russisch und Türkisch im Fokus*. Frankfurt a. M.: Peter Lang, 255–279.
Steckbauer, Daniel/Bahlo, Nils/Dittmar, Norbert/Pompino-Marschall, Bernd (2014): ›… erzähl mal das mit dem Insulaner …‹ – Formale, funktionale und prosodische Aspekte jugendsprachlicher Narrationen. In: Kotthoff, Helga/Mertzlufft, Christine (Hg.): *Jugendsprachen*. Frankfurt a. M.: Peter Lang.
Terim, Özlem/Colliander, Peter (2010): Das »Türkendeutsch«. Phonetische Charakteristika und die Auswirkungen auf das Deutsche. In: *Zeitschrift für interkulturelle Germanistik* 1 (2), 49–62.
ten Thije, Jan D./Rehbein, Jochen (Hg.) (2013): *Lingua Receptiva. Special Issue of the Interantional Journal of Mulitlingualism*.
Thoma, Dieter/Tracy, Rosemarie (2006): Deutsch als frühe Zweitsprache: zweite

Erstsprache? In: Ahrenholz, Bernt (Hg.): *Kinder mit Migrationshintergrund. Spracherwerb und Fördermöglichkeiten*. Freiburg: Fillibach, 58–79.
Tracy, Rosemarie/Gawlitzek-Maiwald, Ira (2000): Bilingualismus in der frühen Kindheit. In: Grimm, Hannelore (Hg.): *Sprachentwicklung*. Göttingen u. a.: Hogrefe, 495–535.
Vasilijevic, Anja (2016): Jugendsprache und Facebook – Youth language and Facebook. In: Spiegel, Carmen/Gysin, Daniel (Hg.): *Jugendsprache in Schule, Medien und Alltag*. Fankfurt a. M.: Peter Lang, 327–335.
Werlen, Iwar (2001): Rituelle Muster in Gesprächen. In: Brinker, Klaus et al. (Hg.): *Text- und Gesprächslinguistik. Ein Internationales Handbuch zeitgenössischer Forschung*, 2. Halbbd. Berlin/NewYork: De Gruyter, 1263–1278.
Wiese, Heike (2006): Ich mach dich Messer: Grammatische Produktivität in Kiez-Sprache (»Kanak Sprak«). In: *Linguistische Berichte* 207, 245–273.
Wiese, Heike (2012): *Kiezdeutsch. Ein neuer Dialekt entsteht*. München: Beck.
Wiese, Heike (2013): Das Potential multiethnischer Sprechergemeinschaften. In: Deppermann, Arnulf (Hg.): *Das Deutsch der Migranten*. Institut für deutsche Sprache, Jahrbuch 2012. Berlin, 41–58.
Wiese, Heike/Duda, Sibylle (2012): A new German particle »gib(t)s« – The dynamics of a successful cooperation. In: Spalek, Katharina/Domke, Juliane (Hg.): *Sprachliche Variationen und Kontexte. Beiträge zu psycholinguistischen Schnittstellen*. Tübingen: Stauffenburg.
Wiese, Heike/Freywald, Ulrike/Schalowski, Sören/Mayr, Katharina (2012): Das Kiez-Deutsch-Korpus. Spontansprachliche Daten Jugendlicher aus urbanen Wohngebieten. In: *Deutsche Sprache* 40, 97–123.
Zaimoğlu, Feridun (1995): *Kanak Sprak. 24 Mißtöne vom Rande der Gesellschaft*. Hamburg: Rotbuch Verlag.

Zeynep Kalkavan-Aydın/Yazgül Şimşek

7 Methoden der Jugendsprachforschung

7.1 Analyseverfahren
7.2 Forschungsansätze und Methoden
7.3 Didaktische Vermittlungsmethoden
7.4 Weiterführende Literatur

Der Beginn der modernen Jugendsprachforschung: Seit den 1980er Jahren hat sich das Forschungsinteresse an der Jugendsprache immer weiter gesteigert. Davon zeugen eine Vielzahl internationaler Konferenzen und Tagungen, Berichterstattungen im Fernsehen und in den Tageszeitungen. Neben den kontinuierlich erscheinenden Forschungspublikationen entstehen populärwissenschaftliche Arbeiten, die Jugendsprache kommerzialisieren.

Nicht allein die Linguistik interessiert sich für die Jugendsprache, die mittlerweile als interdisziplinäres Forschungsfeld bezeichnet werden kann. Soziologen, Psychologen und Pädagogen ergänzen und fördern den Forschungsstand zur Sprache der Jugendlichen ungemein.

Sechs Richtungen der Jugendsprachforschung stellt Eva Neuland bereits 1999 in ihrer *Bibliographie zur Jugendsprache* vor, die sich auch in dieser Einführung wiederfinden lassen:

- **Die pragmatische Richtung:** Dazu zählen Forschungsarbeiten, die u. a. Anredeformen, Gesprächspartikeln, Verstärkungswörter etc. in den Fokus rücken.
- **Die lexikographische Richtung** zielt auf die Erstellung von Wörterbüchern ab und betrachtet Jugendsprache als Sondersprache. Kritisiert wird an diesem Ansatz, dass er oftmals die Jugend und deren Lexik zu stark homogenisiert.
- **Die ethnographische Jugendsprachforschung** beschäftigt sich mit Einzelheiten der Ausdrucks- und Funktionsweisen gruppenspezifischer Kommunikation unter Jugendlichen.
- **Die Forschungsrichtung der Sprechstilanalyse** bezieht den Erfahrungshintergrund einer konkreten Gruppe zur Erklärung des besonderen Sprechstils heran. Es werden konkrete Gruppenkommunikationssituationen untersucht.
- **Die kulturanalytische Jugendsprachforschung** geht auf die funktionalen Aspekte der generationsspezifischen Abgrenzung gegenüber gesellschaftlichen Konventionen ein.
- **Die komparatistische Jugendsprachforschung** versucht, internationale Gemeinsamkeiten und Unterschiede des Phänomens Jugendsprache zu finden.

Diese Richtungen weisen unterschiedliche Ziele und oftmals auch methodische Zugänge auf.

7.1 | Analyseverfahren

Erfahrungsorientierte (empirisch) methodische Vorgangsweisen sind in der deutschen Jugendsprachforschung stark verbreitet. Das Wort ›Empirie‹ stammt vom griechischen *empeiria* ab und bedeutet so viel wie ›Erfahrung‹. Wenn wir also von empirischen Ergebnissen sprechen, dann meinen wir damit Aussagen, die sich in irgendeiner Weise auf Erfahrungen beziehen. Die empirische Forschung überprüft Behauptungen über Phänomene der Wirklichkeit an authentischen (im ›Feld‹ erhobenen) Daten durch Zählen, Messen und Interpretieren.

Qualitative (sprecherorientierte) Vorgangsweisen sind in der Jugendsprachforschung seit den 1990er Jahren prominent vertreten. Anhand einer kleinen Gruppe von Studienteilnehmer/innen wird ein sehr genaues Bild des Untersuchungsfeldes angestrebt. Da sich das Verhalten von Menschen oftmals ähnelt, können von diesen Untersuchungen des sozialen Mikrokosmos auch Aussagen über größere Zusammenhänge getroffen werden.

Quantitative (systemorientierte) Vorgangsweisen sind am naturwissenschaftlichen Forschungsverständnis orientiert. Sie haben zum Ziel, die Ordnung möglichst gruppenübergreifend zu beschreiben. Diese Untersuchungen basieren oftmals auf mathematischen Prinzipien.

Die strenge Prüfung von Behauptungen (sog. Hypothesen) erfordert Wissen über verfälschende Faktoren und über Gegebenheiten des Untersuchungsgebiets (soziale Umstände, kulturelle Faktoren, Einflüsse, Störfaktoren etc.).

Empirische Arbeit

Zehn Arbeitsschritte der empirischen Arbeit (vgl. Röbken/Wetzel 2016):

1. **Entwicklung der Problemstellung:** Frage-/ und Aufgabenstellungen können unterschiedlich ausfallen. Ausgangspunkt jeder wissenschaftlichen Arbeit ist immer ein Erkenntnisinteresse. Auf der Grundlage von Daten und Literatur gilt es, Lücken, Widersprüche oder die soziale Ordnung aufzudecken.
2. **Theoretischer Rahmen:** Hier legen Forscher/innen ihr theoretisches ›Vorverständnis‹ zum Gegenstand ihrer Untersuchung offen. Literatur wird gesichtet und reflektiert.
3. **Konzeptionelle Phase:** Forscher/innen erläutern, welche Methoden den besten Zugang zur Lösung der Ausgangsfrage bieten (*qualitativ*, *quantitativ*, *mixed method*). Weiterhin muss überlegt werden, wie die zu erhebenden Daten kodiert (transkribiert, annotiert) werden.
4. **Operationalisierungsphase:** In dieser Phase müssen die Erhebungsinstrumente präzisiert werden. Geeignete Indikatoren werden ausgewählt, um passgenaue Fragebögen, Interviews, Beobachtungsaufgaben, Untersuchungssettings etc. zu entwickeln.
5. **Auswahl der Untersuchungseinheit:** In wissenschaftlichen Untersuchungen spricht man bei quantitativen Untersuchungen von einer ›Stichprobenauswahl‹, in qualitativen Untersuchungen wählt man anhand von theoretischen oder methodischen Vorüberlegungen einzelne oder eine überschaubare Anzahl von Fällen aus.
6. **Erhebungsphase:** Die Datenerhebung muss sorgfältig geplant und durchgeführt werden. Rechtliche und forschungsethische Fragen müssen im Vorfeld bedacht sein. Unter Umständen ist es ratsam, im

Vorfeld Tests zur Machbarkeit der Erhebung durchzuführen, um eventuell auftretende Probleme auszuloten und korrigieren zu können.
7. **Aufbereitungsphase:** In dieser Phase müssen die Daten so aufbereitet werden, dass sie für die Analyse und spätere Publikation tauglich sind. In der Regel werden die Daten mit den Mitteln der EDV digital an PCs oder in Clouds und Datenbanken zugänglich gemacht.
8. **Auswertungsphase:** Mittels qualitativer und quantitativer Methoden werden die Daten statistisch ausgezählt und/oder transkribiert und analysiert.
9. **Interpretationsphase:** Auf der Basis von Theorien oder anderen empirischen Studien werden die Daten diskutiert. Ziel ist es, einen Forschungsbeitrag zur aktuellen Diskussion des Themas/der Fragestellung zu leisten. Dies gelingt nur, wenn man Ansichten und Erkenntnisse vorangegangener Untersuchungen mit den eigenen in Verbindung bringt und kritisch reflektiert.
10. **Publikationsphase:** Die Ergebnisse werden in wissenschaftlichen Artikeln, Beiträgen zu Sammelbänden, Hausarbeiten etc. veröffentlicht.

Wir werden im Folgenden einige dieser Punkte besprechen. Die methodischen Beschreibungen zur Gesprächs- und Gattungsanalyse müssen an dieser Stelle verhältnismäßig kurz ausfallen (zur Einführung vgl. u. a. Deppermann 2008; Auer 2013, oder allgemeiner Albert/Marx 2016). Da die prosodische Betrachtung in der aktuellen Jugendsprachforschung eine untergeordnete Rolle spielt und es auch wenig geeignete einführende Literatur mit Beispielen aus der Jugendsprachforschung gibt, wollten wir mit einer stärkeren Fokussierung dieses Teils dem Desiderat in Kapitel sechs und sieben begegnen.

7.1.1 | Datenerhebung

Der Sprachgebrauch Jugendlicher wird in diesem Buch als eine Sprachgebrauchsform analysiert, die teilweise von der gesprochenen und geschriebenen Standardsprache abweichende Eigenschaften aufweist. Die Datengewinnung stellt sich nicht allein aus diesem Grund recht schwierig dar: Abgesehen von unterschiedlichen Datentypen (gesprochen/geschrieben) müssen Datengewinnungsverfahren den unterschiedlichen Analyseverfahren entsprechend adaptiert werden.

Mündlichkeit/ Schriftlichkeit

Unterschiedliche methodische Zugänge beschreiben, wie die Sprechweisen von Jugendlichen zu analysieren sind. In den letzten 40 Jahren wurden in der linguistischen Jugendsprachforschung vor allem Daten erhoben, die aus realen Anwendungskontexten stammten.

Empirische, im ›Feld‹ erhobene Daten, wurden in den letzten 40 Jahren der Jugendsprachforschung vor allem ethnographisch/konversationsanalytisch analysiert. Etwas seltener wurden diese Daten auch mit Methoden der Diskursanalyse (z. B. funktionalpragmatische Diskursanalyse) bearbeitet. Oftmals wurden mit diesem Ansatz Kontexte der Mehrsprachigkeit untersucht bzw. es sind spezifische Methoden für den Umgang mit mehrsprachigen authentischen Daten entwickelt worden (s. Kap. 6).

7 Methoden der Jugendsprachforschung

Die genannten linguistischen Forschungsansätze untersuchen die Sprache in situ, auch unter Berücksichtigung sozialer Faktoren, und eignen sich daher für die Beschreibung des Interaktionsverhalten von Gruppen besonders: Sowohl individuelle als auch gruppenübergreifende Merkmale, Gemeinsamkeiten und auch Unterschiede können sehr feingliedrig herausgearbeitet werden. Es handelt sich um qualitative Herangehensweisen.

Datenerhebung

Experimentelle Datengewinnungsverfahren wurden seltener in der Jugendsprachforschung angewandt. Stark vertreten sind diese Verfahren in der Psycholinguistik. Für die deutsche Jugendsprachforschung können sie wichtige Ergebnisse beisteuern.

Drei Aspekte der Datenerhebung:
- Je mehr **die Forschungsfrage** auf die Untersuchung und Beschreibung einer bestimmten kommunikativen Praktik oder einer sprachlichen Form abzielt, umso mehr muss das Verfahren, mit dem Daten erhoben werden, klar abgegrenzt sein. So wird sichergestellt, dass weniger eigeninitiative Handlungen und Interpretationen der Proband/innen zu erwarten sind.
- **Die maximale Natürlichkeit** ist bei Aufnahmen des sogenannten *homileïschen Diskurses* (vgl. Ehlich/Rehbein 1980) gegeben, womit eine rein auf die Austauschs- und Unterhaltungsfunktion von Sprache basierende Kommunikationsform innerhalb des informellen sprachlichen Registers gemeint ist.
- **Die maximale Kontrolle** über die zu erhebenden sprachlichen Daten kann mit einer experimentellen Methode erreicht werden.

Probleme der Datengewinnung treten möglicherweise da auf, wo der Zugang zu einer Gruppe nur schwer möglich ist. Die Datengewinnung in natürlichen Situationen ist nicht immer einfach. Fühlen sich Jugendliche in ihrer Kommunikation beobachtet, setzt oftmals das sogenannte Beobachterparadoxon ein (vgl. u. a. Bergmann 2000 mit Bezug auf Labov 1971). Damit ist gemeint, dass die Natürlichkeit der Sprechsituation durch die Aufnahme und die Anwesenheit einer Person, die nicht zu der Gruppe gehört, beeinflusst oder sogar gestört werden kann. In der Aufnahmesituation dürfen sich die Sprecher/innen möglichst nicht beobachtet und schon gar nicht in irgendeiner Weise bewertet fühlen. Das bedeutet, dass die sozialen Rollen und das Verhältnis der Mitglieder einer Jugendgruppe, deren Gespräche man aufzeichnen will, natürlich geregelt sind und Gesprächsthemen, Gesprächssituation (Ort, Zeit) Variablen sind, die möglichst nicht beeinflusst werden dürfen.

Das Problem (natürlicher) Datenerhebung wurde in der Jugendsprachforschung unterschiedlich angegangen:
1. Bisherige Forschungsprojekte adaptieren entsprechend ethnomethodologisch interaktionallinguistische Konzepte und wählen bei der Datenerhebung entweder eine teilnehmende Beobachtung (die Aufnahme entsteht während die Forscher/innen selbst präsent sind, aber nicht in die Interaktion eingreifen).
2. Die Forschenden übertragen die Aufnahmeverantwortung an die Proband/innen selbst (ein Mitglied der Gruppe bekommt das Aufnahme-

gerät und entsprechende Anweisungen zum Anfertigen der Aufnahme; vgl. Şimşek 2012).
3. Alternativ können Vorabgenehmigungen eingeholt werden, wie z. B. beim Projekt »Jugendsprache im Längsschnitt« (vgl. http://www.jugendsprache-berlin.de): Im Vorfeld der Aufnahmen wurden potenzielle Proband/innen um die Einwilligung zur versteckten Datenerhebung gebeten. Anschließend wurden Mikrofone und Videokameras an zentralen Aufenthaltspunkten der Gruppe möglichst unsichtbar angebracht. Den Teilnehmer/innen wurde nie gesagt, wann und wo aufgenommen wird. Nach Abschluss der Aufnahmen wurden die Daten mit den Teilnehmer/innen besprochen. Die abschließende Freigabe für die Forschung und Lehre wurde von den Proband/innen eingeholt (vgl. Bahlo/Fladrich 2016).
4. Fragebogenumfragen führen darüber hinaus zu wissenssoziologischen Einblicken. Diese Verfahren werden aktuell besonders in der Forschung zur Höflichkeit unter Jugendlichen (vgl. u. a. Neuland 2015) und ergänzend zu Sprach-/Videoaufnahmen durchgeführt.
5. Elizitationsverfahren, bei denen eine Situation oder eine Frage vorgegeben wird und die Proband/innen adäquat auf eine bestimmte Aufgabenstellung reagieren sollen, sind aus psycholinguistischen Versuchen bekannt, finden aktuell jedoch kaum Berücksichtigung in der Jugendsprachforschung. Kombinationen aus solchen Elizitationsverfahren und empirischen Datenerhebungen (*mixed method*) werden unter methodischen Gesichtspunkten besonders bei Wiese (im Druck) diskutiert.

Die Datengewinnung in den neuen Medien stellt sich keinesfalls einfacher dar. Wer die Interferenzen von Medien und Jugendsprache untersuchen möchte, sieht sich zunächst mit einer ganz grundlegenden Frage konfrontiert: Wie kann Jugendsprache im medialen Kontext überhaupt als solche identifiziert werden? Will man Daten untersuchen, die bereits online vorliegen (etwa auf sozialen Netzwerk-Seiten, in Foren oder in Spielwelten), muss man Möglichkeiten finden, die Urheber/innen zu ermitteln und zudem eine Erlaubnis zur Verwendung der Daten zu erhalten.

Probleme der Datenerhebung in den neuen Medien

Online-ethnographische Maßnahmen müssen folglich unternommen werden. Was bedeutet das genau? Über die Entschlüsselung der Koordinaten (Alter, Gender, Herkunft) der Urheber/innen hinaus, umfasst diese Vorgehensweise Androutsopoulos (2008: 2) zufolge Fragen nach der Motivation für bestimmte sprachliche Verwendungsweisen oder nach dem Wissen, über das die Textproduzent/innen verfügen. Das setzt ebenso die Erlaubnis zur Verwendung der Daten voraus. So wird der vielleicht einfachste Schritt – die direkte Interaktion mit den Textproduzent/innen innerhalb des entsprechenden kommunikativen Raums – von den Kommunikationsteilnehmer/innen oftmals als inadäquat empfunden und daher ignoriert. Insbesondere die Kontaktaufnahme mit Teilnehmer/innen eines Forums, in dem Personen zumeist unter Nicknames agieren, wird dadurch erheblich erschwert. Aber auch auf Facebook oder Twitter, wo zumindest durch die ›direkte Nachricht‹ Kontaktaufnahmemöglichkeiten bestehen, bleibt die Resonanz auf wissenschaftliche Anfragen erfahrungsgemäß sehr gering.

Ohne eine Rückversicherung bei den Urheber/innen ist jedoch weder eine Einordnung als jugendsprachlich und die damit verbundene sprachwissenschaftliche Analyse noch die Verwendung der Daten denkbar. Die Angaben, die die Personen in ihren Profilen machen, sind zwar ein Anhaltspunkt. Eine Garantie dafür, dass diese der Wahrheit entsprechen, gibt es jedoch nicht. Zudem gestalten sich diese sehr heterogen. Es gibt Nutzer/innen die einschließlich ihres Geburtsdatums und Wohnortes sehr umfängliche Angaben machen. Gerade Jugendliche sind inzwischen über die Gefahren der Datenpreisgabe jedoch gut aufgeklärt und privatisieren ihre Profile weitestgehend.

Die Lösung des ›digitalen Datenerhebungsproblems‹ kann auf zwei Arten erfolgen:

Lösungen

1. Man weicht auf traditionelle Feldforschungsmethoden aus, indem man sich potenziellen Datenspender/innen – z. B. in Schulen – persönlich vorstellt, das Forschungsprojekt bekannt macht und für die Mitarbeit an einer Studie wirbt.
Bei Daten, die gespendet werden, können alle notwendigen Angaben kontrolliert erhoben werden. Gerade im Bereich der medienlinguistischen Jugendsprachforschung sind also Datenspendeaktionen ein anzuratender Weg. Eine weitere wichtige Datenquelle sind audiovisuelle Daten, die nachweisbar von Jugendlichen erstellt werden. Das ist zum Beispiel in YouTube-Genres, wie Hauls oder Let's Plays der Fall.
2. Man arbeitet mit sogenannten Online-Identitäten und nutzt alle Online-Wege zur Erhebung ethnographischer Daten, z. B. durch Rückgriff auf weitere Webpräsenzen. Dieser zweite Weg ist jedoch für die Arbeit mit Daten erwachsener Schreiber/innen leichter zu realisieren, bzw. dann, wenn das Alter der Schreiber/innen für die Forschungsfrage keine Rolle spielt.

Zur Vertiefung

Die forschungsethische und rechtliche Lage

Die forschungsethische Position nimmt in jeder Studie eine zentrale Stellung ein. Unter dem Stichwort ›Forschungsethik‹ werden in den Sozialwissenschaften im Allgemeinen all jene moralischen Prinzipien und Regeln zusammengefasst, in denen mehr oder minder verbindlich und mehr oder minder konsensuell bestimmt wird, in welcher Weise die Beziehungen zwischen den Forschenden auf der einen Seite und den in sozialwissenschaftliche Untersuchungen einbezogenen Personen auf der anderen Seite zu gestalten sind (Hopf 2004: 589). Die Forschungsethik betrifft also unter anderem die Fragen nach der ethischen/moralischen Vertretbarkeit von Studien, oder wie mit den erhobenen Daten im Rahmen des Datenschutzes umgegangen wird.

Die rechtliche Lage gestaltet sich schwieriger. Wer Daten erhebt, sollte sich natürlich intensiv mit dem Recht auf informelle Selbstbestimmung und dem Datenschutz auseinandersetzen. Was darf ein/e Wissenschaftler/in eigentlich aufnehmen oder aus dem Netz extrahieren? Die Antwort ist keineswegs einfach und rechtlich im Bereich der Neuen Medien sogar umstritten bzw. wird in einzelnen Ländern unterschiedlich gehandhabt. Eine kurze Einführung in das Thema »Forschungsethik und Datenschutz« hat Stefanie Meier unter dem Link https://studi-lektor.de/tipps/

qualitative-forschung/Datenschutz-und-Forschungsethik.html publiziert. Eine differenzierte Übersicht bieten Beißwenger et al. (2017: 7–46).
Unter dem Link des »Forschungslabors für gesprochene Sprache« der Westfälischen Wilhelms-Universität (https://www.uni-muenster.de/FoGS/downloads.html) findet sich der Entwurf einer Einverständniserklärung für den Umgang mit natürlichen Daten, die jedoch keinen Anspruch auf Vollständigkeit erhebt und ggf. angepasst werden muss.

7.1.2 | Datenaufbereitung

Bevor eine Untersuchung, die linguistische Analyse, überhaupt angegangen werden kann, müssen die in einer natürlichen Kommunikationssituation aufgezeichneten Gespräche in eine schriftliche Form überführt werden. Wie genau das Gesprochene – das Verbale und Non-Verbale und in Videoaufzeichnungen auch die visuellen Aspekte der Gesprächssituation – zu erfassen sind, ist mehr oder weniger eine Entscheidung des Untersuchenden, die er in Abhängigkeit von seinem Ziel treffen muss. Dementsprechend können Daten mit einem unterschiedlichen Detaillierungsgrad und mit unterschiedlichen technischen Hilfsmitteln aufbereitet werden.

> Das Transkribieren als Tätigkeit/Vorgang und die Transkription als Produkt meint die Übertragung von Phonischem, d. h. die flüchtige Form der Sprache im Medium Schall, in das Graphische, also in die Repräsentation der verbalen und non-verbalen Komponenten eines Gesprächs im Medium Schrift. Auf diese Weise muss bei der weiteren Arbeit mit den Daten nicht immer wieder auf die Ton- und/oder Bildaufzeichnungen zurückgegriffen werden.

Definition

Die Wahl des Transkriptionssystems: Die Forscher/innen müssen sich sowohl mit der Transkriptionskonvention als auch einer passenden Softwarelösung beschäftigen. Die Entscheidung muss im Einzelfall in Abhängigkeit von der Frage gelöst werden, welche Formen und Funktionen der Sprache und welche Aspekte des Kommunikationskontextes analysiert werden sollen. Sicherlich spielen auch die Vorerfahrungen mit den linguistischen Methoden eine wichtige Rolle, d. h. die Entscheidung sollte für ein Transkriptionssystem oder für eine Software fallen, mit der bereits Erfahrungen gesammelt wurden, oder die den Zeitaufwand (beispielsweise für das Transkribieren von Daten für die Anfertigung einer Hausarbeit) in einem vertretbaren Rahmen halten.

Konventionen der Verschriftlichung

Die Auswahl eines Transkriptionssystems für die eigenen Daten sollte sorgfältig durchdacht sein. Entsprechend der an das Datenmaterial gestellten Analysefragen sollten die relevanten formbezogenen Parameter in dem ausgewählten System repräsentiert sein. Die dazu verwendeten Zeichen sollten möglichst wenige Sonderzeichen enthalten, um von verschiedenen Texteditoren umsetzbar zu sein. Optimal ist eine Ausbaubarkeit der Notationen zu detaillierten Stufen, die bei Bedarf zu der basalen Transkription einfach hinzugefügt werden kann. Darüber hinaus sollte das Transkript auch für Nicht-Linguisten lesbar sein. (Selting 2001: 1062)

Transkriptionskonventionen sind die in der linguistischen Forschung bereits etablierten Regeln, die zur Verschriftung gesprochener Sprache dienen und die eben auch zur Transkription von authentischen Gesprächen mehrsprachiger Jugendlicher genutzt werden können. Im deutschen Sprachraum haben sich vor allem zwei dieser Regelsysteme (= Transkriptionssysteme) etabliert: HIAT (Halbinterpretative Arbeitstranskription) und GAT (Gesprächsanalytisches Transkriptionssystem). Diese Systeme orientieren sich an verschiedenen sprachlichen Kategorien, da sie nicht für kommunikative sondern analytische Zwecke erstellt sind (vgl. Selting 2001: 1038). Daher muss die Entscheidung für eines dieser Regelsysteme entsprechend der eigenen Forschungsinteressen getroffen werden.

HIAT stellt ein stärker an der deutschen Orthographie orientiertes System dar, das von Konrad Ehlich und Jochen Rehbein entwickelt wurde (vgl. Ehlich/Rehbein 1976, 1979, 1981). Es handelt sich dabei um ein funktionsbezogenes Transkriptionssystem, das nicht primär die Sequenzialität (das zeitliche Nacheinander bzw. die Abfolge von Redebeiträgen und den Sprecherwechsel) sprachlicher Äußerungen darstellen will, sondern entwickelt wurde, um Handlungsmuster in unterschiedlichen sozialen Konstellationen zu untersuchen (vgl. Redder 2001), also die Funktion einzelner Äußerungen fokussiert.

Bei der Transkription soll nicht nur dieses multiaktantielle und multimodale Geschehen in seiner Simultaneität bzw. Linearität angemessen dargestellt werden, sondern es muss oft noch zusätzliche Information, wie z. B. die deutsche Übersetzung einer fremdsprachlichen Äußerung oder ein Verständnis sichernder Kommentar des Transkribenten, in das Transkript integriert werden. Weil der herkömmliche geschriebene Text eindimensional organisiert ist – der Leser eines solchen Textes folgt einer Linie, die innerhalb von Zeilen von links nach rechts und innerhalb einer Seite von oben nach unten verläuft –, ist er nicht geeignet, die Multidimensionalität natürlicher Interaktion angemessen wiederzugeben. Das Verfahren der Halbinterpretativen Arbeitstranskriptionen hat daher eine Notationsform entwickelt, die diesen Anforderungen eher gerecht wird – HIAT verwendet die Partiturnotation.
[...]
Der grundlegende Unterschied zwischen der Notation schriftsprachlicher Texte und der Partiturnotation besteht also darin, dass bei ersterer Symbole entlang einer eindimensionalen Linie, bei letzterer hingegen auf einer fortlaufenden zweidimensionalen Fläche angeordnet werden. Während schriftsprachliche Texte somit nur ein sprachliches Vorher und Nachher graphisch abzubilden vermögen, wird es durch die zweite Dimension der Partiturnotation zusätzlich auch möglich, die in der gesprochenen Sprache so häufig auftretenden zeitlich parallelen Beziehungen graphisch zu repräsentieren. (Rehbein et al. 2004: 6)

Dazu wird in HIAT die literarische Umschrift benutzt, d. h. beispielsweise, dass die Satzzeichen sprachliche Handlungen kennzeichnen, der Punkt eine Assertion, das Fragezeichen eine Frage, das Komma eine sprachliche Teilhandlung. Durch die Nutzung der literarischen Umschrift können Phänomene des Mündlichen, wie Reduktionen und Assimilationen, in Transkriptionen dargestellt werden. Detaillierte Informationen zu den Transkriptionskonventionen von HIAT sind in Rehbein et al. (2004) zu finden.

7.1 Analyseverfahren

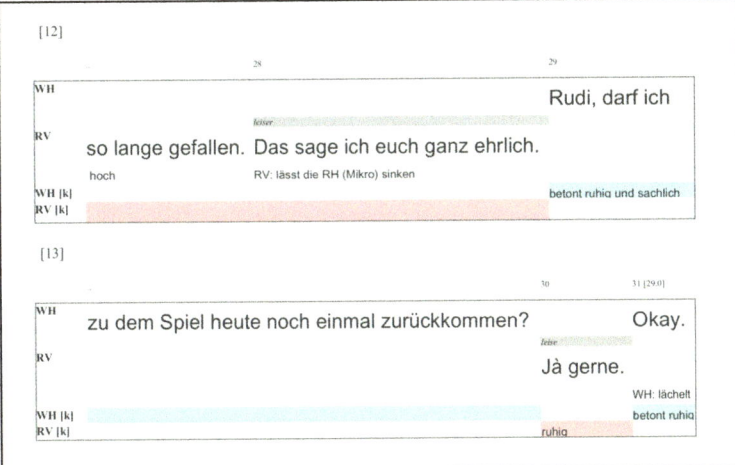

Abb. 7.1: HIAT-Transkript mit Partiturschreibung, d. h. die verbalen Äußerungen werden von einzelnen Sprecher/innen jeweils als Endloszeilen (pro Sprecher/in jeweils eine Zeile) zugewiesen.

Transkriptionssystem GAT: Die Analyse von Phänomenen der mündlichen Kommunikation macht neben der Notation des verbal Geäußerten eine detailliertere Verschriftung non-verbaler bzw. para-verbaler Phänomene nötig. Das Transkriptionssystem GAT (bzw. die aktualisierte Fassung GAT2) stellt eben diese Phänomene, die Prosodie, in den Mittelpunkt. Eine Reihe festgelegter Transkriptionszeichen repräsentieren in diesem System auditive Phänomene, die in anderen Transkriptionssystemen z. B. durch interpretierende Kommentarzeilen dargestellt werden (vgl. Selting et al. 2009: 357). GAT-Transkripte können in Form von drei unterschiedlichen Ausbau- und Verfeinerungsstufen erstellt werden, die stets aufeinander aufbauen, so dass die Notation prosodischer Phänomene von Stufe zu Stufe immer konkreter vorgenommen werden kann.

Beispiel 1 zeigt eine GAT-Transkript mit Sequenzschreibung, d. h. die Schreibung bildet das Nacheinander von Äußerungen ab (mit je einer Äußerung pro Zeile).

(1): Ausschnitt aus der Unterhaltung von Melisa und Deniz (Korpus »Türkendeutsch«)

```
01   Den:    ja wAnn bist du denn ↑DA;
02   Mel:    ich bin: so um NEUN uhr;
03           (-)
04   Den:    NEIN;
05           acht uhr ↑DREIßig;
06   Mel:    acht uhr DREIßig::;
07   Den:    JA=a;
08           (---)
09   Mel:    okay isch: (.) verSUche;
10           (--)
11   Den:    <<all> (äh/ne) wir wa TREFfen uns acht uhr
             dreißig;
```

Ausbaustufen von Transkripten

Das Minimaltranskript (erste Ausbaustufe) wird in literarischer Umschrift realisiert, die sich zwar grundlegend an der deutschen Orthographie orientiert, die jedoch nicht die im Deutschen übliche Majuskelschreibung am Satzanfang sowie von Nomen einsetzt. Weiterhin werden die üblichen Interpunktionszeichen auf dieser Stufe nicht verwendet, denn die Einheit bei der Übertragung in die Schrift ist die Intonationsphrase und nicht der Satz, der sich an grammatischen Regeln orientiert. Das Minimaltranskript enthält demnach, abgesehen davon, dass jede einzelne Zeile eine Intonationsphrase bildet, keinerlei prosodische Informationen zum verschrifteten Gesprächsausschnitt (vgl. Selting et al. 2009: 359–360).

Es werden die Phänomene wiedergegeben, die noch keine feinen strukturellen Analysen erlauben, wohl aber die verbalen Äußerungen wiedergeben, die grundlegend eine Analyse des Gesprächskontextes (aus soziolinguistischer Perspektive) möglich machen. Typische Interaktionen, die auf diese Weise analysiert werden können, sind beispielsweise Interviewgespräche, die inhaltlich, d. h. in Bezug auf Sprechereinstellungen analysierbar sind. Zu den im Minimaltranskript erkennbaren Phänomenen zählen Pausen, nonverbale Handlungen wie das Lachen, Ein- und Ausatmen, Überlappungen von Gesprächsbeiträgen, Verschleifungen und unverständliche Äußerungsteile.

(2a): Minimaltranskript

```
01    Gül:    sogar mein eigener bruder sagt das weißt du (.)
02            mein ältester er sagt so geh disko geh party
03    Zel:    leb dein leben
04    Gül:    ja
05            er sagt so
06            später (.) kannst du das vielleicht nicht
              machen
07            du hast dann diese gelegenheit nIcht
08            weil- (.) du kennst doch die türkischen männer;
09            die erlauben doch nIchts da die voll
              eIfersüchtig sind
10            und (über) jedesmal
11    Zel:    ja
12    Gül:    typisch türken ey
```

Im Basistranskript (zweite Ausbaustufe) werden dagegen alle prosodischen Eigenschaften ergänzt, die für die Einheit der Intonationsphrase definierend sind, wie etwa die Markierung von Intonationsphrasen mit der jeweils finalen Tonhöhenbewegung und die Kennzeichnung des Fokusakzents.

Beabsichtigt die Analyse eine detaillierte Beschreibung und Auseinandersetzung mit den sprachlichen Strukturen, werden feinere Transkriptionen nötig, z. B. wenn die Syntax des Gesprochenen analysiert werden soll, die sich ja gerade bei der Sprechweise von mehrsprachigen Jugendlichen als interessant erweist, da hier kurze Äußerungseinheiten und ein besonderes Verhältnis von Syntax und Prosodie beobachtet werden können. Für solche Analysen wäre ein Minimaltranskript nicht ausreichend, wohl aber ein Basistranskript. So erfasst ein Basistranskript bereits eine weitaus größere Anzahl an prosodischen Phänomenen, wie Dehnungen und Akzentuierungen von Silben, Höreindrücke wie beispielsweise die Lautstärke betreffend und Tonhöhenbewegungen am Äußerungsende, womit auch genauere Abgrenzungen von einzelnen Äußerungen erkennbar werden, die nicht den Einheiten wie Haupt- oder Nebensatz in der geschriebenen Sprache entsprechen.

(2b): Basistranskript

```
01    Gül:    sogar mein eigener BRUder sAgt das; weißt du,
02            (.)
03            mein ältester er SAGT so;
04            geh DISko-
05            geh PARty-
06    Zel:    leb dein LEben;
07    Gül:    ja;
08            er SAGT so;
09            SPÄter- (.) kAnnst du das vielleicht NISCHT
              mAchen;
10            du HAST dann diese ge!LE!genheit nIscht;
11            weil- (.) du KENNST doch die türkischen männer;
12            die erLAUben dOch nIchts;
13            da die vOll EIfersüchtig sind;
14            und (über) jedesmal'
15    Zel:    ja;
16    Gül:    typisch TÜRken ey;
```

Im Feintranskript (dritte Ausbaustufe) kann mithilfe der Transkriptionskonventionen eine noch genauere Kennzeichnung von Akzentsilben oder Tonhöhenverläufen in Intonationsphrasen vorgenommen werden. Ausführliche Informationen zu den Transkriptionskonventionen von GAT 2 sind in Selting et al. (2009) zu finden.

Während eine Transkription in Form der Partiturschreibweise in EXMARaLDA eine Möglichkeit darstellt, mit der auch zahlreiche Annotationen relativ übersichtlich in ein Transkript integriert werden und damit die quantitative Analyse größerer mehrsprachiger Korpora unterstützen können, ist für die Analyse prosodischer Phänomene eher das Transkriptionssystem GAT2 geeignet. Der Detaillierungsgrad hängt von dem eigenen Analyseinteresse ab und macht die Wahl zwischen den drei Detaillierungsstufen möglich. Damit können prosodische Analysen auch einem Leser / einer Leserin veranschaulicht werden, der/die das Sprachsignal nicht als Hörer/in wahrgenommen hat. Beispielsweise werden in einem Feintranskript nicht nur die akzentuierten Silben wiedergegeben, sondern es wird zwischen Haupt- und Nebenakzenten differenziert. Außerdem werden Feinheiten wie auffällige Tonhöhensprünge oder Veränderungen des Tonhöhenregisters erfasst. Weiterhin müssen bei der Feintranskription Veränderungen der Stimmqualität und Artikulationsweise, der Lautstärke- und Sprechgeschwindigkeit sowie Akzenttonhöhenbewegungen berücksichtigt werden.

(2c): Feintranskript

```
01    Gül:   (so/sogar) mein(e) EIgener brUder sAgt
             (das/des/es); WEISST du,
02           (1,6)
03           mein(e) ÄLtester;=
04           =er SAGT so-
05           geh DISko- (--)
06           geh PARty-
07    Zel:   LEB dein lEben;
08           (--)
09    Gül:   JA;
10           er SAGT so- (--)
11           SPÄter- (-)
12           kAnnst du das vielleischt ↑NISCHT mAchen; (.)
13           du hAst dann diese gelEgenheit ↑NISCHT (mehr);
14           (-)
15    Zel:   <<pp> ja;>
16    Gül:   WEIL- (.)
17           du KENNST doch türkische männer;=
18           =die erLAUben nIchts;
19           da=die VOLL EIfersüchtig sind <<p> (über/immer)
             jedesmal)>;
20    Zel:   JA;
21           (--)
22    Gül:   <<pp> TYPISCH tÜrken ey>;
```

Subjektivität beim Transkribieren   Um ein Feintranskript wie in Beispiel 3c zu erstellen, ist sicher Erfahrung im Transkribieren nötig. Eigenschaften des Sprechsignals, die perzeptiv bleiben, also den Höreindruck eines jeden Hörers ausmachen, wie Akzentuierung, sind auch nur durch Hör- und Transkriptionsübungen auszubilden, aber diejenigen Eigenschaften, denen ein akustischer Parameter zugrunde liegt, können beim Transkribieren durch entsprechende Software dargestellt und als Stütze beim Transkribieren genutzt werden.

Software   **Transkriptionssoftware:** Es gibt eine Vielzahl an meist frei zugänglicher Software, mit der verbale Äußerungen in eine schriftliche Form übertragen (transkribiert bzw. editiert) werden können. Die Software bietet auch jeweils die Möglichkeit, Video- oder Audiomaterial gemeinsam mit den verschrifteten Äußerungen zu bearbeiten, d. h. in allen gängigen Programmen ist ein Audio- oder Videopanel und ein Texteditor in einer Benutzeroberfläche vereint. Unterschiede bestehen in den Datenformaten, die bearbeitet werden können. Auch die Kompatibilität der erstellten Transkriptionen mit anderen Programmen ist zu beachten, insbesondere dann, wenn die Daten für unterschiedliche Fragestellungen genutzt oder für andere Nutzer zugänglich gemacht werden sollen (für

Möglichkeiten der Einbindung in andere Textprogramme oder andere Analyseprogramme vgl. Moritz 2011: 28).

Bereits einfachere, auch für weniger versierte Nutzer geeignete Programme wie F4 bzw. F5 erlauben das Transkribieren von Audio- oder Videodateien. In diesen beiden Programmen ermöglicht das Audiopanel die einfache Handhabung des Datenmaterials durch eine variable Abspielgeschwindigkeit und Rückspulintervalle. Das Einfügen von Zeitmarken schafft den schnellen Rückbezug zu den verschrifteten Äußerungen.

FOLKER dagegen bietet eine Benutzeroberfläche zur Transkription ausschließlich auditiver Daten nach den Transkriptionskonventionen von GAT2. Dabei hat der Nutzer die Wahl zwischen der für GAT typischen Sequenzschreibung oder der Partiturschreibung. Hervorzuheben ist bei FOLKER der implementierte Audioplayer, der es erlaubt, das Sprachsignal durch ein Oszillogramm darzustellen. Damit wird eine präzise Auswahl von Zeitmarken und der zu transkribierenden Segmente ermöglicht. Die weitere Bearbeitung des Datenmaterials, das Hinzufügen von Annotationen, ist nicht möglich (vgl. Schmidt/Schütte 2011: 5).

ELAN und EXMARaLDA sind anspruchsvollere Programme, deren Verwendung einen größeren Aufwand und Einarbeitungszeit erfordert. Es sind Mehrzweckeditoren. Sie erlauben nicht nur die Verschriftung von Äußerungen, sondern es können mit ihnen auch Daten gleichzeitig so technisch aufbereitet werden, dass sie weitere automatische Analysen, das Auszählen von Einheiten in allen Zeilen (Transkript- und Annotationszeilen) erlauben.

ELAN ist ein Transkriptions- und Annotationsprogramm zugleich, das speziell für die Transkription sowie die Verarbeitung und Analyse multimodaler Daten geeignet ist. Die Transkription wird gemäß der HIAT-Konventionen in Form der Partiturschreibweise vorgenommen (vgl. Moritz 2011: 29). ELAN geht somit über die reine Transkriptionsoberfläche hinaus und stellt eine Struktur zur linguistischen Analyse bereit, mittels derer beliebig viele Spuren für Annotationen angelegt werden können, die voneinander abhängig oder auf einander bezogen sein können (vgl. Tacchetti 2013: 16).

EXMARaLDA ist prinzipiell ähnlich aufgebaut. Dieses Programm stellt aber weitere Werkzeuge bereit, die sowohl zur Transkription und Annotation gesprochener Sprache und geschriebener Korpora als auch zur Korpuserstellung und zur Analyse dienen. In den Partitur-Editor ist ein Audioplayer sowie ein Oszillogramm integriert, mit dem eine Transkription nach einem vom Transkribenten ausgewählten Transkriptionssystem (GAT, HIAT oder andere Konventionen) erstellt werden kann, sowie beliebig viele Annotationen vorgenommen werden können.

Der Corpus Manager (COMA) unterstützt die Erstellung von Korpora aus EXMARaLDA-Transkripten und die Anreicherung der Sprachdaten mit den unterschiedlichsten außersprachlichen Beschreibungen der Daten (Metadaten). COMA ermöglicht auch die Erstellung von Korpora aus Transkripten, die mit einem anderen Programm (FOLKER oder ELAN) erstellt wurden. Mit dem Suchwerkzeug EXAKT lassen sich Korpora nach sprachlichen Phänomenen in den transkribierten und annotierten Spuren durchsuchen (vgl. Schmidt 2010), womit eine quantitative Analyse erleichtert wird.

7.1.3 | Datenanalyse/-aufbereitung (technisch)

Zwei alternative Vorgehensweisen stehen für die Analyse natürlicher Gesprächsdaten zur Verfügung, die auch der Methodik der ethnomethodologischen Konversationsanalyse bzw. der interaktionalen Linguistik entsprechen:
1. **Von einer konversationellen Aufgabe** ausgehend kann nach den sprachlichen Mitteln gesucht werden, die als Ressource bei der Erfüllung dieser Aufgabe verwendet werden, so können sich z. B. bei der Untersuchung von Bewertungen als konversationelle Aufgabe in Gesprächen von Jugendlichen Ausdrücke wie *krass*, *geil* oder *cool* als typische sprachliche Ressourcen erweisen.
2. **Von einer sprachlichen Struktur** ausgehend kann nach der Rolle geschaut werden, die diese Struktur in der sozialen Interaktion spielt, z. B. von den Ausdrücken wie *krass*, *geil*, *cool* etc. ausgehend wäre zu untersuchen, ob diese Ausdrücke tatsächlich immer die konversationelle Aufgabe des Bewertens übernehmen und wie sie diese erfüllen, in welchen Gesprächssequenzen und Gesprächskontexten diese vorkommen etc.

Annotationen   Ziel der Analyse ist letztlich immer der größere Zusammenhang, d. h. die linguistische Analyse sprachlicher Daten muss stets den Kontext eines Gesprächs berücksichtigen, aber dennoch müssen/können teilweise – wie bei dem genannten Beispiel der Analyse des Ausdrucks *krass* – quantitative Analysen den ersten Schritt der Analyse bilden und dazu genutzt werden, um sich einen differenzierten Einblick in die Daten zu verschaffen. Sind die Daten entsprechend gut aufbereitet, gelingt dies umso besser, d. h. je genauer und aufwendiger die Daten für die Analyse aufbereitet werden, umso besser kann die Analyse die Phänomene aufdecken, die in den Daten enthalten sind. Eine genaue Aufbereitung bedeutet also sowohl eine möglichst detaillierte Transkription, wenn es um die Analyse von sprachlichen Strukturen geht, als auch das Auffüllen der Transkription durch Annotationen.

Definition   Das Annotieren als Tätigkeit/Vorgang und die Annotation als Produkt meint die Anreicherung eines Transkripts mit zusätzlichen für die spätere Analyse relevanten Informationen.

Dabei können Gesprächsbeiträge (oder im Fall geschriebener Daten Texte) in Abhängigkeit von der Fragestellung in unterschiedlich große Einheiten segmentiert und mit zuvor festgelegten Kategorien versehen werden: Auf Äußerungsebene kann das die Gliederung in einzelne Bestandteile der Äußerungsstruktur, wie Reparaturen, semantischer Fokus der Äußerung etc. bedeuten. Auf Ebene des Satzes können abhängige Satzstrukturen oder Wortarten bestimmt werden. Annotationen können die einzelnen linguistischen Ebenen betreffen (z. B. Syntax, Morphologie, Phonetik) und in unterschiedlichen Detaillierungsgraden vorgenommen werden. Ziel bei der Auswahl der Ebenen und der Kategorien für Annotationen ist es, die Analyse möglichst zu vereinfachen und auch die quantitative Analyse einer größeren Datenmenge zu erlauben.

Wie oben bereits angemerkt, erlaubt es beispielsweise die Partiturschreibweise in EXMARaLDA mit den HIAT-Konventionen eine Transkription mit zahlreichen Annotationen zu ergänzen und lässt zudem die Beziehung der Annotationen zu den verbalen Äußerungen der an einem Gespräch beteiligten Sprecher/innen gut erkennen.

Partitur und Spur *Zur Vertiefung*

Innerhalb der Partitur können verschiedene Spuren angelegt und damit sowohl verschiedene Sprecher wie auch verschiedene Informationstypen voneinander unterschieden werden. Der für natürliche Gespräche zentrale Spurentyp ist die verbale Spur, je eine verbale Spur ist pro Sprecher vorgesehen, in der die geäußerten Wörter, Pausen und gewisse nicht-redebegleitende Handlungen (z. B. Husten) transkribiert, sowie Äußerungsgrenzen und Markierungen intrasegmentaler Phänomene festgehalten werden. Darüber hinaus kann es für jeden Sprecher weitere Spuren geben. Möglich sind:
- eine Spur, in der besondere Betonungen (Emphase, Akzent) festgehalten werden, eine Spur, in der suprasegmentale Phänomene wie Sprechgeschwindigkeit, Lautstärke und Sprechweise festgehalten werden, Kommentar-Spuren, in denen der Transkribent Phänomene kommentieren kann, für die die Konventionen keine formalisierte Repräsentation vorsehen,
- non-verbale Spuren, in denen non-verbale Kommunikation, die parallel zu verbalem Handeln erfolgt, festgehalten wird, Spuren für eine ergänzende phonetische Transkription der orthographisch transkribierten Einheiten,
- eine Spur, in der akustisch Wahrnehmbares festgehalten wird, das keinem Sprecher zugeordnet werden kann (sog. akustische Phänomene ohne Autorenschaft), z. B. »Pausenklingel«, Übersetzungs-Spuren für eine äußerungsbezogene Übersetzung fremdsprachlichen Handelns, Spuren für eine morphologische Transliteration.

Jeder Transkribent kann also nach seinen eigenen Daten und Intentionen für die spätere Analyse weitere Spuren für spezifische Gesprächsphänomene oder Annotationen hinzufügen (Rehbein et al. 2004).

Part-of-Speech-Tagging: Am häufigsten wird die Annotation morphosyntaktischer Informationen durchgeführt. Dabei wird mittels eines Tagsets jedem Wort seine Wortart zugeordnet. Das Stuttgart-Tübingen Tagset (STTS) gilt als Standard zur Analyse deutschsprachiger Korpora. Es wird nicht nur nach Wortklassen, sondern auch nach grammatischen Funktionen und morphosyntaktischen Eigenschaften eines Wortes kategori-

Abb. 7.2: Screenshot eines Beispiels aus dem Kiezdeutsch-Korpus (vgl. Rehbein/ Schalowski/Wiese 2013: 2)

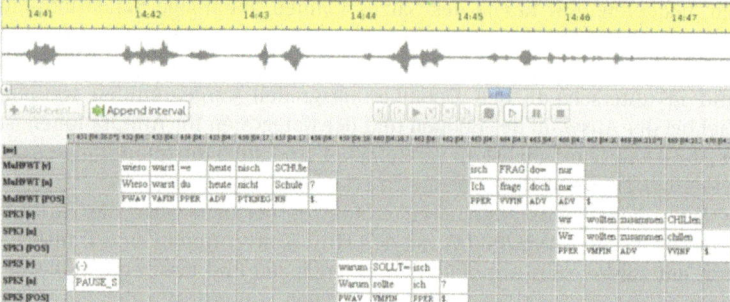

Richtlinien des Taggings

siert. Auch das Kiezdeutsch-Korpus nutzt, mit einigen Änderungen in Anpassung an das Korpus, das Stuttgart-Tübingen Tagset (STTS) (vgl. Rehbein/Schalowski/Wiese 2013).

Bei Abbildung 7.2 aus dem Kiezdeutsch-Korpus handelt es sich um ein Gespräch zwischen drei Sprechern (MuH9WT, SPK3, SPK5), das in EXMARaLDA transkribiert und nach den STTS Richtlinien annotiert worden ist. Die Abkürzungen für die Spuren zeigen jeweils an, um welche Art von Annotationen es sich handelt, also welche Informationen für die Analyse aus den Spuren jeweils herausgezogen werden können:

- non-verbale Handlungen (nv)
- verbale Äußerungen (v)
- normalisierte Form der Äußerungen (norm)
- Parts-of-Speech (POS)

Dabei wird deutlich, dass alle Annotationsspuren (hier *norm* und *POS*) jeweils pro Sprecher/in erstellt sind, also von den verbalen Äußerungen des jeweiligen Sprechers/der jeweiligen Sprecherin (Spur nv) abhängig sind.

Tag-Liste

Tagging bzw. Annotationen fremdsprachlicher Daten auf morphologischer Ebene werden oftmals in Anlehnung an die Tag-Liste »The Leipzig Glossing Rules« durchgeführt (vgl. https://www.eva.mpg.de/lingua/pdf/Glossing-Rules.pdf). Jedoch können für die eigenen Daten sowohl bei der Transkription als auch bei der Annotation eigene Konventionen erarbeitet und aufgestellt werden. Ergebnis eines solchen Vorgehens sind die Transkriptionen der Daten des Forschungsprojekts MULTILIT (s. Abb. 7.3).

In dieser Transkription wurden die verbalen Äußerungen (Spuren [v]) nach einer Mischung aus HIAT und GAT-Konventionen transkribiert und auf der Wortebene segmentiert. Der verbalen Spur (verbale Äußerungen eines Schülers SEL stehen im Mittelpunkt der Analyse, die verbale Spur des Interviewers wird nicht analysiert und erhält daher keine Annotationsspuren) werden eine ganze Reihe an Annotationsspuren zugeordnet, z. B. bedeutet die Spur SEL[ERRMORPH], dass hier die Fehler in den Äußerungen des Sprechers auf morphologischer Ebene annotiert sind. Dass die Annotationen sehr detailliert vorgenommen wurden, ist z. B. daran erkennbar, dass allein auf syntaktischer Ebene drei Annotationsspuren eingefügt wurden (für die Auflösung der Kürzel vgl. das Manual

7.1 Analyseverfahren

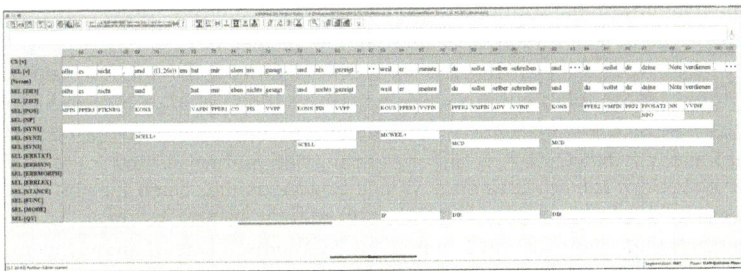

Abb. 7.3:
Screenshot eines
Transkripts aus
dem MULTILIT-
Korpus
(vgl. Schellhardt
Schroeder o. J.)

des Projekts unter https://www.uni-potsdam.de/fileadmin01/projects/daf/MULTILIT2010-2013_26_08_15.pdf).

Richtlinien: Bei der Erstellung von Annotationen und den zugehörigen Tagsets sollten die von Geoffrey Leech et al. (1997) formulierten sogenannten Annotationsmaximen eingehalten werden. Zentral dabei ist der Grundsatz, dass Annotation und Ursprungsäußerung unabhängig voneinander bleiben sollen. Darüber hinaus sollten die vorgenommenen Annotationen so dokumentiert werden, dass spätere Nutzer/innen die Analysen nachvollziehen können. Letztlich sollen Annotationsschemata theorieneutral sein und einer ständigen Überarbeitung durch deren Nutzer unterliegen (vgl. Lemnitzer/Zinsmeister 2010: 95–96).

Aufbereitung medienlinguistischer (digitaler) Daten: Ist die Korpuserstellung abgeschlossen, müssen die Daten zunächst bereinigt werden. Gerade bei der Korpuserstellung mithilfe digitaler Datenverarbeitung entstehen häufig Artefakte durch Konvertierungsprobleme. Diese Artefakte (Zeichenwiederholungen, Platzhaltersymbole, Quellcode) müssen zunächst entfernt werden, da sie die quantitative Auswertung (Auszählung der Wortformen) verfälschen würden.

Zusätzlich können die einzelnen Wortformen im Korpus mit sogenannten Tags, also kategoriellen Zusatzinformationen, annotiert werden. Die Annotation erfolgt anhand quantifizierbarer Analyseparameter (z. B. bestimmte Wortformen oder Wortarten, Abkürzungen, Emoticons, Hashtags usw.) die dann ausgezählt werden. Zur Annotation der Wortarten (Part-of-Speech-Tagging) können automatische Tagger genutzt werden wie der STTS-Tagger (Stuttgart-Tübingen-Tagger), für den auch ein spezielles Tagset für internetbasierte Kommunikation vorliegt.

Die statistische Aufbereitung der Auszählungsergebnisse erfolgt (im ersten Schritt) als relative Häufigkeiten in Abhängigkeit zur Größe des Gesamtkorpus (Summe aller Wortformen im Korpus). Weitere statistische Verfahren können sich anschließen, wenn quantitative Vergleiche gezogen werden sollen.

Statistik

Für die medienlinguistische Jugendsprachforschung relevant ist z. B. die Variationsanalyse, ein statistisches Verfahren zur Überprüfung von Stilvariation in Abhängigkeit von Variablen wie Peergroup, Rezipientengruppe usw. Mit diesem Verfahren können Koinzidenzen (gleichzeitiges Auftreten von Merkmalen) ermittelt werden, die aber nicht in jedem Fall Korrelationen darstellen. Problematisch bei der weiteren Auswertung medial vermittelter Kommunikation ist die extrem große Anzahl an Variablen, die in jede Interaktionssituation hineinspielen.

Weitere Verfahren, die sich in der Medienlinguistik etabliert haben, nehmen die traditionelle ›1 : viele-Kommunikation der Massenmedien‹ in den Fokus. Diese zeichnet sich dadurch aus, dass von einer Redaktion aufbereitete Formate wie z. B. Fernseh- oder Radiosendungen an eine große, nicht weiter bestimmte Menge von Rezipient/innen ausgestrahlt werden. Jugendliche treten allerdings in diesem Kontext häufiger als Adressat/innen, denn als Autor/innen auf. Methodisch kann man bei medial mündlichen Formaten (z. B. Radiosendungen für Jugendliche) dann auf Forschung zu gesprochener Sprache zurückgreifen, bei Print-Formaten (z. B. Jugendmagazine) auf die Textlinguistik. Zur Analyse massenmedial aufbereiteter Formate wird traditionell zunächst eine Textsorten- oder Gattungsbestimmung vorgenommen.

7.1.4 | Analyse prosodischer Phänomene mit Hilfe von PRAAT

Akustische Parameter

Ein Instrument für die Darstellung und Analyse akustischer Parameter des Sprechsignals ist das Programm PRAAT, eine frei verfügbare Software, die von Paul Boersma und David Weenink (Universität Amsterdam) entwickelt worden ist. Für die Aufbereitung von Gesprächsdaten kann PRAAT bei der Transkription, bei der Analyse, bei der Aufbereitung von Daten für Präsentationen, Hausarbeiten und Abschlussarbeiten sehr nützlich sein. Insbesondere wenn es darauf ankommt, Unterschiede im Vergleich zur gesprochenen Standardsprache aufzuzeigen, ist PRAAT als Instrument unerlässlich.

Es ist aber zu bedenken, dass sich nicht ganze Korpora sondern nur ausgewählte Ausschnitte von Daten mit PRAAT transkribieren lassen, da der Zeitaufwand, im Vergleich zu HIAT und GAT2, als sehr hoch einzuschätzen ist. Fragen zur Artikulation eines Mehrsprachigen im Deutschen, segmentale Eigenschaften des Sprechsignals, lassen sich nur mit einer Transkription (zumindest einzelner Äußerungen) nach dem IPA-System (International Phonetic Alphabet) und einer Analyse mit PRAAT beantworten.

Instruktionen zur Durchführung aller in PRAAT möglichen Analysen, insbesondere auch zu den vielschrittigen Möglichkeiten des Exports von Analysen (Grafiken), können hier nicht gegeben werden. Die folgenden Ausführungen und Darstellungen sollen nur dazu dienen, den grundlegenden Nutzen und die in PRAAT grundsätzlich möglichen Analysebereiche vorzustellen.

Die Darstellung des Sprechsignals in PRAAT kann grundsätzlich genutzt werden, folgende prosodische Phänomene in Transkriptionen besser zu repräsentieren oder sie zu untersuchen:
- Länge von Pausen
- akzentuierte Silben (die Platzierung von Haupt- und Nebenakzenten)
- Intonationsverläufe am Einheitenende
- akustische Merkmale wie Tonregisterwechsel

- akustische Merkmale auf Wort- /Silben- oder Phonemebene (Phonemqualitäten)

Fünf akustische Parameter der Sprechersignals sind in PRAAT darstellbar (s. Abb. 7.4):
- Die **Grundfrequenz** oder der F_0-*Verlauf* während der Dauer einer Äußerung oder einer kleineren Einheit (Wort oder Silbe). Dieser Parameter entspricht dem Höreindruck von Intonation (oder mit der englischen Bezeichnung *Pitch*). Die Anzeige in PRAAT ist eine blaue Linie oder eine blaue Punktekontur.
- Die **Intensität** bzw. die Energie, die beim Hören als Lautstärke wahrgenommen wird. Die Anzeige in PRAAT entspricht einer dünnen gelben Linie im Spektrogramm.
- Das **Spektrogramm**, d. h. die Darstellung des akustischen Spektrums eines Signals im zeitlichen Verlauf. Dabei handelt es sich also um die Messung der Frequenzen, mit denen die Schallwellen sich ausbreiten und aus denen Sprachschall zusammengesetzt ist.
- Die **Formanten**, d. h. die Messung der Konzentration von akustischer Energie in bestimmten Frequenzbereichen. Diese Messung bzw. die Anzeige als rote Punktekontur in PRAAT ist nur dann erforderlich, wenn Analysen auf der Ebene einzelner Phoneme durchgeführt werden sollen.
- Die **Perioden**, d. h. die Stellen im Signal, an denen periodische Schwingungen gemessen werden und an denen entsprechend auch eine F_0-Kurve berechnet werden kann.

PRAAT-Analysen, lassen sich als Grafik exportieren, z. B. lässt sich die Intonationskontur (der Verlauf der Grundfrequenz und eine nach Wörtern oder Silben segmentierte Äußerung) als Graphik zeichnen und abspeichern.

Messfehler: Bei allen Messungen akustischer Parameter, vor allem bei der Messung und Darstellung der Grundfrequenz, ist zu bedenken, dass auch Messfehler auftreten können. Dies ist meist dann verstärkt der Fall, wenn die Qualität der Aufnahme durch viele Nebengeräusche nicht gute

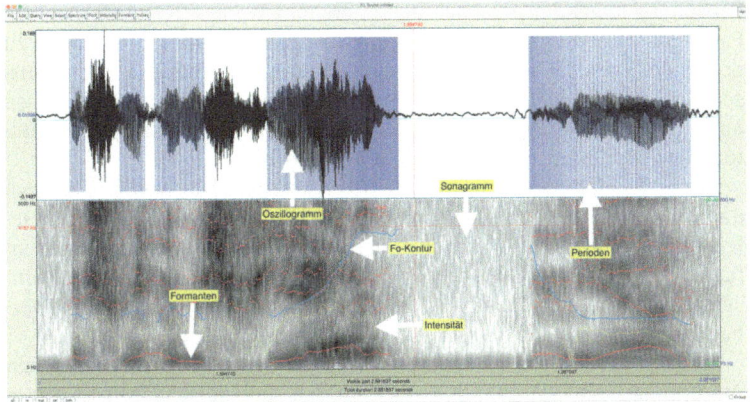

Abb. 7.4: Screenshot des PRAAT-Analysefensters

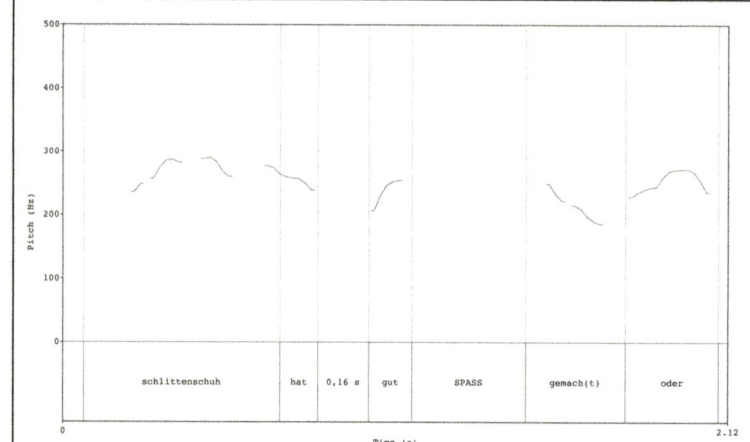

Abb. 7.5: Darstellung der Intonationskontur mit der zugehörigen in Wörter segmentierten Äußerung

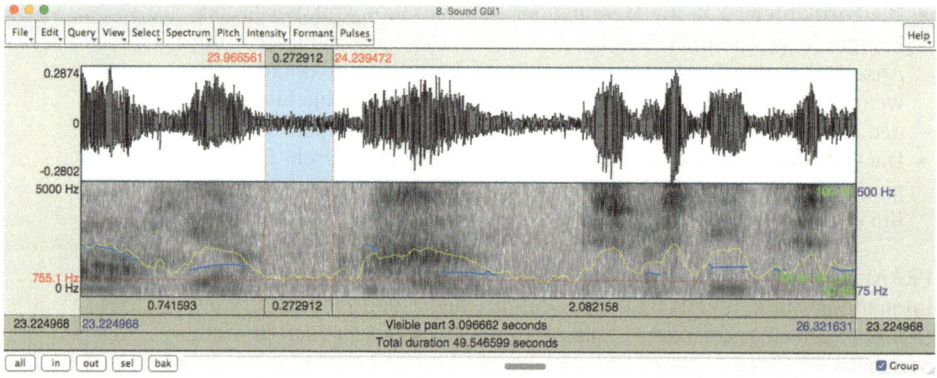

Abb. 7.6: Screenshot des PRAAT-Analysefensters mit blauer Markierung der Pause zwischen zwei Äußerungen

Messungen erlaubt oder wenn durch zu häufige überlappende Gesprächsbeiträge keine verlässlichen Messungen vorgenommen werden können.

Messung von Pausen: Im PRAAT-Analysefenster (mit der Darstellung des Spektrogramms, der Intensitätskurve und der F_0-Kurve) können die Pausen an folgenden Beobachtungen erkannt werden: (1) Jede Art von Pause, ob äußerungsintern oder beim Sprecherwechsel etc. ist daran zu erkennen, dass keine Grundfrequenz (keine F_0-Kurve und keine Ausschläge der Intensitätskurve) messbar ist. (2) Die Pausenlängen umfassen auch genau die Bereiche im Signal, in denen im Sonagramm keine Struktur, sondern nur eine graue Fläche erkennbar ist.

Diese Bereiche können im PRAAT-Fenster markiert werden, wonach dann die Angabe zur Pausenlänge im Rechteck unterhalb des Analysefensters erscheint. Die Messungen der Pausen ist nach den GAT-Konventionen bei Pausen von über einer Sekunde notwendig, jedoch wenn Unsicherheiten bei der Schätzung der Pausen unterhalb dieser Grenze vorhanden sind, kann die Messung in PRAAT hilfreich sein.

Segmentierung von Intonationseinheiten: Bei der Segmentierung von Äußerungen gibt der Tonhöhenverlauf das prosodische Muster eines

7.1 Analyseverfahren

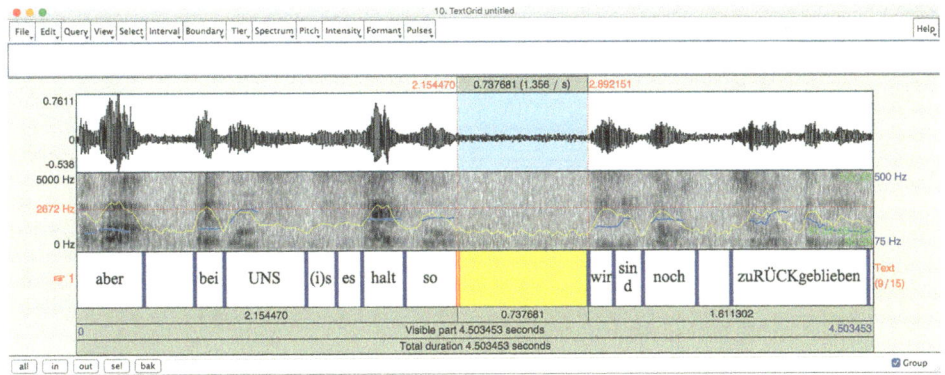

Abb. 7.7: Screenshot des PRAAT-Analysefensters mit der Segmentierung der Äußerung »aber bei UNS (i)s es halt so- (---) wir sind noch zuRÜCKgeblieben«

Tonhöhenverlauf

Sprecherbeitrags vor bzw. ist er der strukturierende akustische Parameter. Stellt man einen Sprecherbeitrag in PRAAT dar, so können die auditiv schwer erkennbaren tonalen Muster – das schnelle Anhängen eines Elementes wie *weißt du* – erkennbar werden; wie in Beispiel 3c zu sehen, ist das *weißt du* der Äußerung angehängt, hat aber eine eigene Tonhöhenkontur. Damit kann die Grundfrequenzanalyse in PRAAT besonders bei der Bestimmung der Segmentgrenzen eingesetzt werden und hilft dabei, GAT-Transkripte zu verfeinern, weil beispielsweise Tonhöhensprünge auf Anhieb im Sonagramm und am F_0-Verlauf erkennbar werden.

Um auch den Leser/innen eines Transkripts, denen der Höreindruck fehlt, deutlich zu machen, dass es in einem Sprecherbeitrag tatsächlich an bestimmten Grenzen zu bemerkenswerten oder unerwarteten Tonhöhenverläufen kommt (s. Beispiel 3c Zeile 11 und 12), können Äußerungen in PRAAT zusammen mit der akustischen Analyse abgebildet werden. Technisch geht es dabei also um die Transkription einer Äußerung mit gleichzeitiger Anbindung an das Sprechsignal, um später die Analyse in Form einer Grafik exportieren zu können.

Die Intensität kann als Orientierung bei der Transkription von Akzenten dienen, auch wenn beachtet werden muss, dass nicht jeder Höhepunkt der Intensität tatsächlich einer akzentuierten Silbe entspricht, denn Akzentuierung ist nicht mit einem akustischen Parameter verbunden, sondern stellt vielmehr eine Größe der Wahrnehmung des Sprechsignals dar.

Messung des Rhythmus: In Abbildung 7.8 wird die nach Silben segmentierte Äußerung *geh DISko (--) geh PARty* aus dem Gesprächsausschnitt in Beispiel 3a gezeigt. Bereits das Transkript lässt hier ein Intonationsmuster vermuten, da die Sprecherin relativ kurze Intonationseinheiten bildet, die zudem auch alle eine gleichbleibende Intonation am Einheitenende aufweisen. Wie in Kapitel 6 erläutert, sind rhythmische Einheiten bei mehrsprachigen Jugendlichen die aufeinanderfolgenden Äußerungen, die wie auch im Transkript grafisch, phonisch den Eindruck einer Folge gleicher Einheiten erzeugen.

Der Höreindruck und die im Feintranskript wiedergegebene gleiche Organisationsart der Intonationsphrasen – kurze Einheiten mit je einem Hauptakzent, gleiche Silbenzahl betonter und unbetonter Silben – kön-

Methoden der Jugendsprachforschung

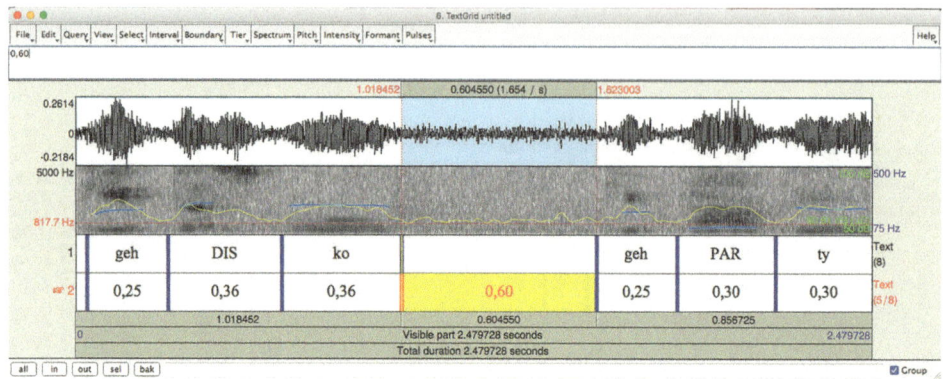

Abb. 7.8:
Screenshot des
PRAAT-Analyse-
fensters mit der
Segmentierung der
Äußerung »geh
DISko- (--) geh
PARty« in einzelne
Silben

nen mit der in Abbildung 7.5 gezeigten Messung der Artikulationsdauer der Silben überprüft werden. Hier zeigt sich, dass die Sprecherin Gül tatsächlich beide Einheiten ›geh DISko‹ und ›geh PARty‹ (trotz der Pause dazwischen) in etwa der gleichen Zeit artikuliert. Nicht nur die Gesamtdauer der Artikulation beider Einheiten stimmt überein, sondern ebenso die Artikulationsdauer von betonten und unbetonten Silben in beiden Einheiten, wodurch der Höreindruck einer Melodie entsteht. Dass beide Einheiten durch die gleichbleibende Intonation am Einheitenende als zugehörig signalisiert werden, unterstützt den Rhythmus.

(3): Party

```
01   Gül:   (so/sogar) mein(e) EIgener brUder sAgt
            (das/des/es); WEISST du,
02          (1,6)
03          mein(e) ÄLtester;=
04          =er SAGT so-
05          geh DISko- (--)
06          geh PARty-
07   Zel:   LEB dein lEben;
08          (--)
```

Qualitäten

Bestimmung von Vokalqualitäten: Da jede Lautklasse anders artikuliert und die Luft, die bei der Lautbildung aus dem Mundraum ausströmt, jeweils anders beeinflusst wird, ergeben sich für jede Lautklasse auch für sie spezifische Energieverteilungen, die im Sonagramm sichtbar werden. Die Form des Spektrogramms, die Form der Graustufen in der PRAAT-Darstellung, gibt Auskunft darüber, ob es sich zum Beispiel um einen Klang (harmonische Schwingungen bei der Produktion von Vokalen) oder um Friktionsschall (nicht-harmonische Schwingungen bei der Produktion von Konsonanten) handelt. Für diejenigen Konsonanten, die zu der Lautklasse der Frikative gehören, ist eine Verteilung der Energie im hohen Frequenzbereich (etwa 2500 Hz) typisch. Überhaupt lässt sich im Sonagramm der Unterschied zwischen Vokalen und Konsonanten besonders gut erkennen: Charakteristisch für Vokale sind die Formanten, Frequenz-

7.1 Analyseverfahren

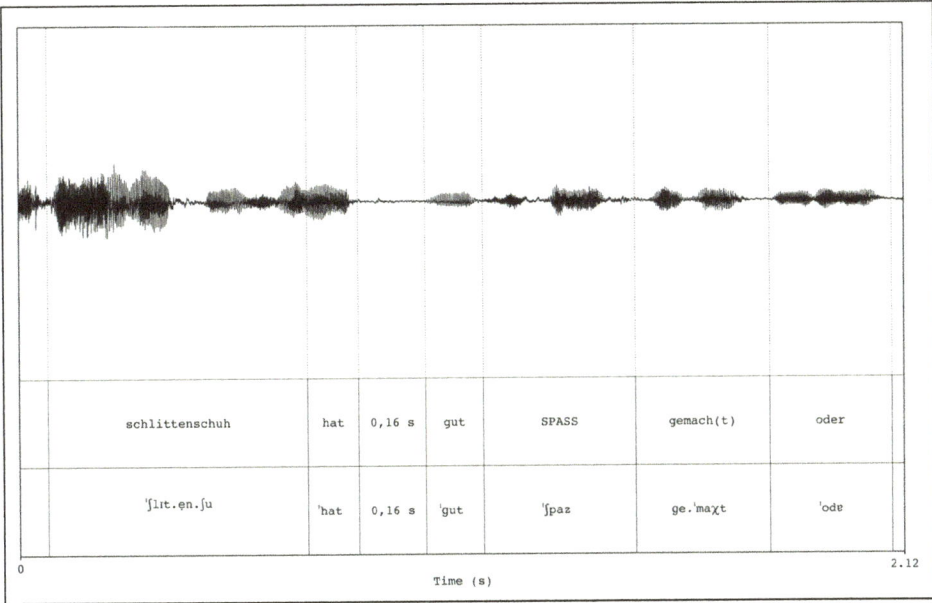

bereiche, die eine besonders hohe Energiekonzentration aufweisen. Sie sind im Sonagramm als schwarze Balken sichtbar. Die Formanten werden entsprechend ihrem Frequenzbereich aufsteigend nummeriert. Dabei bilden die ersten beiden Formanten die Frequenzbereiche, die die Vokalqualität bestimmen.

Will man also einzelne Phoneme in einem Sprechsignal untersuchen, um herauszufinden, ob ein mehrsprachiger Sprecher eine dem Deutschen fremde Artikulation hat, kann man bei Vokalen relativ einfach die Werte für die ersten beiden Formanten bestimmen und diese dann mit Durchschnittswerten bei Muttersprachlern (gesprochenes Standarddeutsch) vergleichen. Für den Vergleich kann natürlich auf eigene Analysen von Muttersprachlern zurückgegriffen werden, jedoch sind entsprechende Werte für das Standarddeutsche vielfach in der Literatur zu finden (vgl. z. B. Machelett 1996).

Abb. 7.9: Darstellung der in Wörter segmentierten Äußerung »schlittenschuh hat (.) gut SPASS gemach(t); oder;« mit zugehöriger IPA-Transkription

Sprechsignale

Hinweise auf Hilfen zur Datengewinnung, Transkriptionssystemen und Transkriptionssoftware im Netz

Informationen zur Datengewinnung (Aufnahme, Transkription etc.): http://prowiki.ids-mannheim.de/bin/view/GAIS/
Informationen zu EXMARALDA: http://www.exmaralda.org
Informationen zu ELAN: http://tla.mpi.nl/tools/tla-tools/elan/
Informationen zu PRAAT: http://www.fon.hum.uva.nl/praat/
Online verfügbare PRAAT-Tutorials:
https://web.stanford.edu/dept/linguistics/corpora/material/PRAAT_workshop_manual_v421.pdf
http://praatpfanne.lingphon.net

Zur Vertiefung

> IPA (International Phonetic Alphabet: https://www.internationalphoneti cassociation.org/redirected_home

7.2 | Forschungsansätze und Methoden

7.2.1 | Erforschung von Gesprächen

Sprechen = Handeln

Wenn wir sprechen, dann tun wir etwas: Wir handeln. Wenn wir keine Selbstgespräche führen, dann treten wir in Kontakt mit anderen. Wir beziehen unser Handeln auf Personen und Sachverhalte, reflektieren die Äußerungen anderer, wir *inter-agieren*.

Die **Ethnomethodologie** ist der Teilbereich der Sprachwissenschaft, der sich mit dem sprachlichen Handeln beschäftigt. Anders als die linguistische Pragmatik, die in ihren Anfängen nicht empirisch fundiert war, gingen ethnomethodologische Studien von Beginn an von sprachlichen Äußerungen in ihren tatsächlichen Verwendungskontexten aus. Die zentralen Fragestellungen betreffen den verbalen Ablauf menschlicher Interaktion. Innerhalb der deutschen Jugendsprachforschung hat die Ethnomethodologie – die ursprünglich aus der Soziologie stammt – über die Konversations-/Gesprächsanalyse und die Gattungsanalyse bis heute einen wichtigen Einfluss auf die Untersuchung der verbalen Interaktion.

Ethnomethoden bilden die Grundlagen unseres Alltagslebens. Sie stellen ein Repertoire an verfestigten Mustern, Handlungsroutinen usw. für das menschliche Interagieren bereit. Die Ethnomethodologie ist darum bemüht die sozialen Praktiken, die von den Teilnehmer/innen der Alltagsinteraktion selbst gestaltet werden, zu rekonstruieren. Dazu müssen sowohl die Beschreibungskategorien als auch die Fragestellungen am Datenmaterial selbst entwickelt werden. Das Ziel besteht darin, die Praktiken und die Struktur des Alltagslebens offenzulegen, d. h. »die als selbstverständlich hingenommenen Praktiken und Verfahren (Methoden) zu bestimmen, mittels derer die Mitglieder einer Gesellschaft (ethnos) in ihrem Handeln das eigene Tun wahrnehmbar und erkennbar machen und die Wirklichkeit um sich sinnhaft strukturieren und ordnen« (Bergmann 2000: 51).

Die Interaktionale Linguistik ist ein linguistischer Forschungsansatz, der auf der (ethnomethodologischen) Konversationsanalyse basiert. Sie widmet sich der Erforschung gesprochensprachlicher (auch medial schriftlicher/konzeptionell mündlicher) Strukturen mit einem besonderen Fokus auf phonologisch-phonetischen und grammatisch-syntaktischen Phänomenen (vgl. Stukenbrock 2013: 247; Imo/Lanwer im Druck).

7.2.2 | Konversations-/Gesprächsanalyse

Die (ethnomethodologische) Konversationsanalyse ist – wie die Ethnomethodologie – in den 1960er Jahren in der amerikanischen Soziologie entstanden. Sie hat sich als eigenständige Forschungsrichtung aus der Ethnomethodologie entwickelt. Da der Begriff ›Konversation‹ im Deutschen wertend gebraucht wird und eher elaborierte Gespräche bezeichnet, hat sich die Bezeichnung ›Gesprächsanalyse‹ weitestgehend durchgesetzt. Die Gesprächsanalyse untersucht alle Typen von Gesprächen.

Gegenstand und Vorgehen: Die Gesprächsanalyse interessiert sich dafür, wie Menschen Gespräche führen. Sie befasst sich mit den Prinzipien, sprachlichen Mitteln und kommunikativen Praktiken, mit denen Gesprächsteilnehmer/innen ihren Austausch systematisch gestalten und dabei soziale Wirklichkeit konstituieren. Dabei gehen Forschende sequenzanalytisch vor, d. h. sie wählen einzelne Gesprächssequenzen aus und untersuchen diese im Detail, statt große Stichproben zu nehmen. Deppermann nennt die detaillierte Sequenzanalyse auch das »Herzstück der Gesprächsanalyse« (2008: 53). Eine Äußerung wird nie isoliert betrachtet, sondern immer in Relation zur vorausgehenden und nachfolgenden Aktivität. Zudem darf die Analyse keine Äußerung auslassen, jede Zeile im Transkript muss berücksichtigt und beschrieben werden. Dieses Sequenzialitätsprinzip stellt sicher, dass der Gesprächsanalytiker sich auf gleicher Höhe mit den Handelnden bewegt und nicht vorgreift, um Früheres durch Späteres zu erklären (vgl. ebd.: 54). So gilt es, diejenigen Formen (Methoden, Praktiken, Ressourcen, Verfahren etc.) zu rekonstruieren, mit denen Menschen in konkreten Interaktionen Sinn herstellen und den Gesprächsverlauf organisieren. Wer sich wissenschaftlich mit Gesprächen beschäftigt, kann ihm zufolge davon ausgehen, dass es gewisse Eigenschaften gibt, die grundsätzlich für jedes Gespräch gelten. Dazu zählen:

Typen von Gesprächen

- **Konstitutivität:** Gesprächsereignisse werden von den Teilnehmer/innen aktiv hergestellt.
- **Prozessualität/Sequenzialität:** Gespräche sind zeitliche Prozesse und entstehen durch aufeinander folgende Aktivitäten.
- **Interaktivität:** Gespräche bestehen aus wechselseitig aufeinander folgenden Beiträgen der Gesprächsteilnehmer/innen.
- **Methodizität:** Gesprächsteilnehmer/innen benutzen typische, routinierte, mehr oder weniger kulturell verbreitete, also für andere erkennbare und verständliche (Ethno-)Methoden, mit Hilfe derer sie ihre Beiträge konstruieren, interpretieren und organisieren.
- **Pragmatizität:** Gespräche bestehen aus Handlungen, mit denen die Teilnehmer/innen gemeinsame und individuelle Zwecke verfolgen und Probleme und Aufgaben bearbeiten (die auch erst bei der Gesprächsorganisation selbst entstehen können).

Diese allgemeinen Eigenschaften können methodisch verwendet werden, um konkrete Interaktionen unter spezifischen Fragestellungen zu untersuchen. Eine empfehlenswerte Einführung in die Gesprächsanalyse bieten Deppermann (2008) und auch Stukenbrock (2013).

Ziel der Gesprächsanalyse ist die Aufdeckung der Mittel konversationeller Ordnung. Sie bedient sich dazu der Sequenzanalyse und lehnt eine A-priori-Thesenbildung ab. Das heißt, dass Hypothesen nicht auf Grundlage von Vorwissen gebildet werden. Sie sollen direkt aus dem Untersuchungsmaterial abgeleitet sein. In dem Zusammenhang muss auch auf Spekulationen verzichtet werden. Ergebnisse der Untersuchung dürfen nur direkt aus dem Datenmaterial abgelesen werden. Analysegegenstände waren in der vergangenen Zeit z. B. Begrüßungsrituale, Sprecherwechsel, Verstehensdokumentationen, Identitätskonstruktionen, Spiegelung von Status, Höflichkeit usw. Jüngere Untersuchungen arbeiten nicht allein an Audiomaterialen, sie beziehen Gestik, Mimik, Proxemik usw. durch Videoaufnahmen ein.

Der Terminus ›Gesprächsanalyse‹ steht somit für die Erweiterung der klassischen Konversationsanalyse: Deppermann (2008: 10) ergänzt Prozeduren der interaktionalen Soziolinguistik, der *discursive psychology*, der *grounded theory* und der objektiven Hermeneutik; oft werden auch Konzepte der Pragmatik, der Gesprächslinguistik und der soziologischen Interaktionsforschung einbezogen (vgl. Schmidt 2004: 145).

7.2.3 | Gattungsanalyse

Aus der Wissenssoziologie und der anthropologischen Linguistik stammt das Konzept der kommunikativen Gattungen bzw. Genres (vgl. u. a. Luckmann 1986; Bergmann 1987; Günthner/Knoblauch 1994). Es wird zur Untersuchung verfestigter kommunikativer Praktiken (wie ›dissen‹, ›begrüßen‹, ›witzeerzählen‹) in unterschiedlichen kulturellen Gruppen und Milieus eingesetzt.

Verfestigte Muster **Gattungen als Orientierungsmuster:** Kommunikative Gattungen bilden Muster, an denen sich die Interagierenden orientieren können. Diese mehr- oder weniger verfestigten Muster, die eine gewisse Komplexität aufweisen, werden in der Interaktion erworben und tradiert. Sie stellen jedoch keine fixierten Gebilde dar. Sprecher/innen können Gattungen in einem bestimmten Rahmen variieren. Die Analyse findet auf drei Ebenen statt.

Drei Ebenen der Gattungsanalyse:
1. **Zur Binnenstruktur** kommunikativer Gattungen zählen solche sprachlichen Merkmale, die in einzelnen Äußerungen und Äußerungsabfolgen auftreten können. Prosodie, Rhythmus, Akzentuierungen, Lautstärke etc. Neben diesen prosodischen Elementen werden auf der binnenstrukturellen Ebene Besonderheiten des Lexikons, der Morphologie, der Syntax, der Gestik/Mimik und der Rhetorik besprochen.
2. **Zur situativen Realisierungsebene** gehören die Merkmale, die von der Gesprächsanalyse besprochen werden. Dazu zählen: Sequenzialität (z. B. längere Passagen, die als zusammengehörig interpretiert werden können oder kleinere Paarsequenzen), Rederechtvergabe und die Organisation des Gesprächs.
3. **Die außenstrukturelle Ebene** besteht aus wechselseitiger Beziehung zwischen kommunikativem Milieu und kommunikativer Situation. Zu ihr zählen weiterhin die unterschiedlichen Akteurstypen und ihre Rol-

len in der Interaktion. So zeichnen sich bestimmte soziale Milieus (z. B. Familien, die Freundesclique, die Fußballmannschaft) durch immer wiederkehrende Veranstaltungen aus, die ähnliche kommunikative ›Probleme‹ aufwerfen.

Die Trennung dieser drei Ebenen ist jedoch nur rein theoretisch/methodischen Überlegungen verpflichtet. In der Realität greifen die Ebenen ineinander (vgl. Imo/Günthner 2006).

Die Funktion von kommunikativen Gattungen besteht in ihrer kommunikativen Entlastungsfunktion: Erkennbare Muster projizieren eine Erwartungshaltung, die u. a. das Rederecht regeln kann. Beginnt ein Gespräch mit den Worten »Ein Franzose, ein Deutscher und ein Ire sitzen auf einem Dach ...« erwarten die Hörer/innen einen Witz. Das Rederecht ist i. d. R. nun klar verteilt, da jeder die Pointe mitbekommen möchte. Bestimmte Gattungen, wie zum Beispiel Vorlesungen, öffnen Stellen für bestimmte Akteurstypen, die unterschiedliche Rollen innerhalb der Gattung einnehmen können. Durch die Verteilung der Rollen wird u. a. Status und Funktion gespiegelt. Interagierende können sich also auf das einstellen, was kommt.

|Entlastungsfunktion|

Das Erkenntnisinteresse kommunikativer Gattungsanalysen liegt nicht etwa in der Beweisführung, dass es sich bei einem eine gewisse Komplexität aufweisenden Muster um eine Gattung handelt oder nicht. Es geht eher darum, die verfestigten, wiederkehrenden Muster unterschiedlicher Komplexität ausfindig zu machen und zu beschreiben. Eine empfehlenswerte Einführung in die Gattungsanalyse bieten Günthner/Knoblauch (1994) sowie Günthner (2013).

7.2.4 | Medienlinguistische Methoden

Qualitative Verfahren der interaktionalen Linguistik eignen sich besonders gut, um kleine Stichproben auch medienlinguistischer Phänomene äußerst genau zu beschreiben. Diese Herangehensweise ist empfehlenswert für Erstbeschreibungen, Einzelfallstudien etc.

Die Transkription digitaler Kommunikation: Transkriptionen für gesprächs-/konversations- oder interaktionsanalytisch ausgerichtete Arbeiten können nach Parametern der Gesprächsforschung aufbereitet werden. Medial mündliche Sprachdaten (z. B. Sprachnachrichten) bedürfen zunächst einer Transkription, beispielsweise nach GAT2. Medial schriftliche Sprachdaten (SMS, Postings und Kommentare auf Social Media) müssen nicht transkribiert werden.

Digitale Kommunikation

Es gilt jedoch zu bedenken, dass wir gerade im Umfeld jugendlichen Sprachgebrauchs immer seltener ausschließlich mit schriftlichen Daten konfrontiert werden. Messengerbasierte Interaktion unter Jugendlichen zeichnet sich durch Multimodalität aus. Fotos, Memes, Sprachnachrichten, Texte oder kurze Filme sind konstitutive Elemente der Kommunikationsverläufe. Für die Transkription ergeben sich Herausforderungen, denen am besten durch multimodal erweiterte GAT2-Transkriptionen begegnet werden kann (vgl. Mondada 2014). Eine solche Erweiterung der

Transkriptionsmodalitäten ist auch anwendbar, wenn man sich audiovisuellen Formaten widmet, etwa YouTube-Kommunikaten.

Beispiel

Bibis Beauty-Palace

Das folgende Beispiel veranschaulicht eine solche Vorgehensweise. Der entsprechende Ausschnitt wird betitelt und sein Inhalt im Kopf des Transkripts kurz zusammengefasst. Zusätzlich zum gesprochenen Text (hier von der YouTuberin Bianca Heinicke, auch Bibi genannt) werden Bildschirmereignisse, wie das Einblenden von Schrift (hier in rot) und Geräusche, z. B. Klatschen, (hier in blau) mitnotiert. Je nach YouTube-Genre sind weitere Informationen notwendig (Marx/Schmidt 2017; Imo/Lanwer i. Dr.). Teil dieses Transkripts ist zudem eine Sequenz von Bildschirmfotos, die in diesem spezifischen Fall die typische Adressierung des imaginierten Publikums, die Reduplikation von YouTube-Funktionen als Referentialisierung von Bildschirmereignissen sowie die Verknüpfung von Produktionsraum und Präsentationsfläche sichtbar macht.

Die wichtigste Aufgabe bei multimodalen Transkripten ist die forschungsfragengeleitete Selektion, denn nicht jedes Bildschirmereignis kann in das Transkript aufgenommen werden. Derart aufbereitetes Material bietet eine hervorragende Grundlage für die Analysearbeit. Ob sie in dieser Form in Korpora integriert und für andere Forscher/innen zur Verfügung gestellt werden kann, ist derzeit Gegenstand der wissenschaftlichen Diskussion über digitale Forschungsinfrastrukturen.

Beispiel: BibisBeautyPalace, dm HAUL + riesige VERLOSUNG
Ausschnitt: »Hallihallo« (00:00–00:37 // 00:37)
Bibi wird neue dm-Produkte präsentieren. Sie heißt die Zuschauer/innen willkommen und kündigt eine Verlosung an.

```
1   B    %halLIhallo meine lieben,=
    b    %winkt mit beiden Händen in die Kamera
2        =und willKOMM zu meinem neuen VIdeo;
    G                &Klatschen
3   B    %und HEUte gibt es nach EIniger zeit,
         %hebt verschränkte Hände hoch und runter
4        %endlich mal wieder %einen DM HAUL.
         %nickt mit dem Kopf
5                          %große Augen, flache Hände
         links und rechts neben dem Gesicht, streckt sie aus
6        und (.)%ich war SO::! VIEL! einkaufen,
                %hebt volle Tüte in die Kamera
7        %die ganze TÜte ist <<lachend> voll;>
         %legt Tüte wieder weg
8        %ich bin einfach er%SCHLAGen worden,
         %hebt verschränkte Hände
                            %streckt Hände aus
9        von %NEUen produkten-=
10           %streckt Hände aus
```

```
11        =%LImited editions-=
          %streckt Hände aus
12        =%ich musste einfach alles MITnehmen,=
          %schüttelt Fäuste
13   B    *=%noch EIne kurze info vorab;
     BSE  *Schnitt/Überblendung
     b       %hebt ausgestreckte Hände neben den Kopf
14   B    ich werde am ende %diesen geSAMten dm haul-
                            %Ringgeste, bewegt Hände 2mal
          hoch und runter
15        den ich euch jetzt %präsentieren werde,
                             %schüttelt Fäuste
16   B    einmal an %EInen von euch da draußen *verlosen;
     b             %zeigt mit dem Zeigefinger direkt in die
          Kamera
     BSE                                     *Einblendung
          Schrift 1--->
17   B    %°h plus (.) noch %DIE:se geile überraschung hier,
          %greift neben sich
                            %hält Karton in die Kamera
18        %aber (.) DAzu **kommen wir am ende des videos.
          %legt Karton wieder weg
     BSE                   --->**
19   B    %BLEIBT auf jeden fall dran,
     b    %zeigt mit beiden Zeigefingern in die Kamera
20        und jetzt beginnen wir mal mit meinem %ALLerersten
          produkt.
                                                   %bewegt
          gestreckte Zeigefinger aneinander vorbei
```

Relevante Abkürzungen
- B   Abkürzung für Bibi
- b   nonverbale Handlungen von Bibi
- G   Geräusch
- BSE Bildschirmereignis

Abb. 7.10: Bibis Beauty-Palace. Ausschnitte (https://youtu.be/i1NbYlFC8pk)

Die quantitative Analyse interaktiver Online-Kommunikation: Wir haben bereits erwähnt, dass es auch in der medienlinguistischen Jugendsprachforschung quantitative Interessen gibt, z. B. wenn Vergleiche gezogen werden sollen zwischen Kommunikationsstrategien unterschiedlicher Peergroups im Netz. Wenn also die Forschungsfrage einen quantitativen Zugang nahelegt, können Methoden der Korpuslinguistik auf medial vermittelte Kommunikation unter Jugendlichen angewandt werden.

Die Korpuslinguistik arbeitet auch innerhalb der medienlinguistischen Jugendsprachforschung – und natürlich auch darüber hinaus – mit großen Sammlungen von Sprachdaten (z. B. alle Jugendblogs auf blogger.de), die je nach Datenlage aufbereitet und nach für die Forschungsfrage interessanten Phänomene durchsucht werden. Der Analyseansatz ist entweder *corpus-driven* (rein explorativ, z. B. als Suche nach juventulektalen Neologismen) oder *corpus-based* (anhand von Suchbegriffen, z. B. Lemma ›*chill*‹). Einführungen in die Korpuslinguistik bieten u. a. Lemnitzer/Zinsmeister 2006; Hirschmann 2019.

Datensammlungen

Online verfügbare Korpora: Es gibt inzwischen eine Reihe von Korpora, die für die Untersuchung von Online-Kommunikation frei genutzt werden können. Zu ihnen zählen u. a.:
- das Dortmunder Chat-Korpus
- das Wikipedia-Korpus in der DeReKo-Datenbank des Instituts für deutsche Sprache
- die Mobile Communication Database (MoCoDa) der Universität Hamburg
- die SMS-Datensammlung im Portal »mediensprache.net«
- die Datenbank des Projekts »www.sms4science.ch«

Dass es sich bei den Daten um Jugendsprache handelt, kann nur dann vorausgesetzt werden, wenn das Alter der Textproduzent/innen in den Metadaten zur Verfügung steht. Das ist zum Beispiel in der MoCoDa der Fall.

7.3 | Didaktische Vermittlungsmethoden

Forschungsmethoden spielen in Bezug auf die Auseinandersetzung und Behandlung von Jugendsprache im Kontext Schule eine eher sekundäre Rolle. Relevant werden hier vielmehr Fragen zu Vermittlungsmethoden. Allerdings gibt es eigentlich keine Vermittlungsmethoden, die spezifisch für die Thematisierung von Jugendsprache im Unterricht entwickelt worden wären. So bestehen zwar gegenwärtig viele Möglichkeiten und Methoden, bestimmte Lernbereiche zu bearbeiten, wie z. B. die Werkstattmethode, handlungs- und produktionsorientierter Unterricht oder auch integrativer Unterricht. Bei diesen mehr oder weniger fest umrissenen Konzepten handelt es sich aber meist um Methoden, die für die zentralen Lernbereiche (Lesen, Texte Schreiben etc.) entwickelt wurden. Auch der Grammatik- und Anfangsunterricht kennt viele verschiedene Methoden, möglicherweise wegen der Herausforderungen des Lerngegenstandes.

Auf den Lerngegenstand Jugendsprache lassen sich diese Methoden aber in der Regel nicht anwenden.

Wenn wir also Methoden vorstellen wollen, die eine Relevanz für den Unterrichtsgegenstand Jugendsprache besitzen, so müssen wir auf allgemeinere Vermittlungsmethoden zurückgreifen. Im Folgenden sollen die Konzepte ›deduktiv‹ und ›induktiv‹ näher betrachtet werden. Diese spielen in jedem Unterricht eine Rolle und können gerade auch im Hinblick auf die unterrichtliche Behandlung von Jugendsprache als besonders relevant begriffen werden.

Die Begriffe ›Deduktion‹ und ›Induktion‹ stammen ursprünglich aus dem Bereich der Logik. Sie bezeichnen Verfahren der logischen Schlussweisen. Für die Linguistik herangezogen wurden sie beispielsweise von Peirce (*Vorlesungen über Pragmatismus*, 1903). Unter anderen durch Günther Einecke (vgl. http://www.fachdidaktik-einecke.de) wurden sie dann für die Sprachdidaktik, genauer die Grammatikdidaktik auch als Lehr- und Lernmethoden fruchtbar gemacht.

Methoden der Unterrichtsgestaltung

Deduktive Unterrichtsmethoden bezeichnen Verfahren, die auf Deduktion beruhen, also auf der Schlussfolgerung vom Allgemeinen auf das Einzelne. Man geht dabei so vor, dass man den Lernenden ein Gesetz, eine Regel oder eine Definition vorgibt und erklärt. Die Lernenden sollen dann die Regel oder die Definition auf den Einzelfall anwenden. Die Herausforderung für die Lehrenden besteht dabei darin, dass die Regel oder Definition gut erklärt werden muss, damit die Lernenden sie verstehen und verinnerlichen können. Dieses Verfahren wird nicht unbedingt als motivierend eingestuft, da Vorgegebenes angewendet werden muss. Gerade die Anwendung gestaltet sich daher oft als schwierig.

Kritik an deduktiven Verfahren bietet z. B. das Beispiel in Kapitel 8.1.2. Den Schülerinnen und Schülern wird in einem Sprachbuch für die 7. Klasse eine Definition des Begriffs ›Jugendsprache‹ vorgegeben. Diese Definition müssen sie nun auf Textbeispiele anwenden. Problematisch ist dieses Vorgehen dann, wenn die Regel oder Definition wie hier auf eine Weise verkürzt wird, die Verfälschungen oder Missverständnisse mit sich bringen kann. Zudem ist so weder eine Anpassung an wissenschaftliche Entwicklungen noch an den Lern- und Wissensstand der Schülerinnen und Schüler möglich. Auch gegebenenfalls bestehende unterschiedliche theoretische Zugriffsweisen können kaum berücksichtigt werden. Handelt es sich wie bei Jugendsprache um einen eher offenen Begriff, ist weiterhin problematisch, dass bei einer ungenauen Definition die Anwendung, also der zu beschreibende Weg vom Allgemeinen zum Einzelfall, nicht unbedingt nachvollzogen werden kann. Mit der in Kapitel 8.1.2 gegebenen Definition dürfte es nicht leichtfallen, am konkreten Beispiel zu entscheiden, ob es sich um Jugendsprache handelt oder nicht. Schließlich treffen die dort gegebenen Merkmale (Anglizismen und Neologismen) auch auf bestimmte Fachsprachen zu.

Einsatzmöglichkeiten deduktiver Verfahren: Eine deduktive Vorgehensweise bietet sich dann an, wenn Regeln oder Definitionen vermittelt werden sollen, die für den Lernenden selbst schwer erschließbar sind, oder wenn deren Herleitung didaktisch sehr aufwändig wäre. Soll z. B. ein Transkript authentischer Jugendsprache im Deutschunterricht untersucht werden, kann es hilfreich sein, bestimmte Analysekategorien vorzugeben und diese dann auf eine deduktive Weise einzuführen. Wenn also, wie in Kapitel 8.2.1 vorgeschlagen, eine syntaktische Analyse vollzogen werden soll, so können bestimmte syntaktische Kategorien und Phänomene zunächst vorgestellt und erklärt werden. Die Schülerinnen und Schüler erproben dann am Beispiel ihre Anwendung.

Induktive Lehr-/Lernmethoden bezeichnen Verfahren, die auf Induktion beruhen. Hierbei schließt man vom beobachteten Einzelfall auf allgemeingültige Gesetzmäßigkeiten. Diese Methode wird in der Didaktik als motivierender angesehen, da die Lernenden bei diesem Lernweg eine aktivere Rolle einnehmen. Der Lehrende hat lediglich lenkende oder stützende Funktion. Beispiele für induktive Verfahren finden sich in Lehrwerken eher selten. Die in Kapitel 8.1.2 besprochenen Sprachbücher beginnen ihre Lerneinheit zwar zuweilen mit Texten oder anderem Datenmaterial; die dort vorgegebenen Bearbeitungsweisen entsprechen aber nicht unbedingt einem induktiven Lernweg.

Beispiel

Arbeitsaufträge

In *deutsch ideen* 9 (296–297) ist ein Pseudo-Dialog von Jugendlichen aus den 1980er Jahren abgedruckt. Der Arbeitsauftrag hierzu lautet:

Welche Ausdrücke waren wohl typisch für die Jugendlichen der 80er Jahre? Schreibe sie heraus. Inwieweit werden sie z. T. heute noch gebraucht? (*deutsch ideen* 9: 296)

Auf diese Weise arbeiten die Schülerinnen und Schüler zweifellos an einem ›Einzelfall‹, der Arbeitsauftrag dürfte aber kaum geeignet sein, Gesetzmäßigkeiten oder Definitionen abzuleiten.
Auch im *Deutschbuch* 10 erfolgt der Einstieg in das Thema Jugendsprache mit Beispielen. Hier wird eine Liste angeblich jugendsprachlicher Komposita gegeben:

Feinkostgewölbe (dicker Bauch), Männerabstellplatz (Bierzelt), Fummelbunker (Diskothek) ... (*Deutschbuch* 10: 91)

Die Schülerinnen und Schüler sollen diese Liste aber zunächst nur »ergänzen« durch »Formulierungen, die ihr in letzter Zeit gehört habt« (*Deutschbuch* 10: 91). Ein Weg zu verallgemeinerbaren Erkenntnissen wird damit aber nicht beschrieben. Das in dieser Einheit vorgeschlagene weitere Vorgehen muss als deduktiv bezeichnet werden, da im Folgenden eine Grafik aufgeführt wird, die verschiedene ›Aspekte‹ von Jugendsprache auflistet: »viele Metaphern, Umdeutung von Wörtern, Drastik, saloppe oder gar vulgäre Ausdrücke ...« Die folgende Aufgabe auf dieser Schulbuchseite lautet dann:

Welche der im Cluster genannten Aspekte kommen in den jugendsprachlichen Begriffen jeweils zum Tragen? (*Deutschbuch* 10: 91)

Es werden also wiederum Kategorien vorgegeben, die auf das Beispiel angewendet werden sollen, ohne dass eine eigene Erarbeitung stattfinden kann.

Einsatzmöglichkeiten induktiver Verfahren: Dabei ließe sich an authentischem Datenmaterial durchaus auch induktiv arbeiten. So kann das folgende Transkript genutzt werden, um eigenständig mögliche Kategorien, Merkmale oder Funktionen der Jugendsprache zu erarbeiten.

(4): Transkript #3.1 (aus Bahlo/Fladrich 2016)

```
0450    Dev:    <<p> isch geh RAUS,=
0451            =isch geh RAUS;>
0452            (-)
0453    Tim:    <<p> WAS (nich drauf;)>
0454            (---)
0455    Til:    wir ham schon wIEder nur
                toiLET[ten::;              ]
0456    Dev:           [<<all> was WILLST_d]u> denn
                drAUßen;
0457    Jus:    <<pp> mh: (.) er will da RUMschlendern;
0458            ((leise Stimmen im Hintergrund) (1.3))
0459    Unb:    ((Kreischen) (1.7))
0460            (1.1)
0461    Tim:    <<p> er_ist sOwas von MÜRbe-=
0462            =(ich hasse-)>
0463    Dev:    <<p> dAs_ist ein lAUtes BAby ey;>
0464            (---)
0465    Jus:    ((lacht) (0.3))
0466    Tim:    <<p> ich SCHWÖre er will nur
                AUfmerksamkeit (man);>
```

Es geht bei der induktiven Erarbeitung nicht immer unbedingt darum, bei allgemeingültigen Definitionen anzukommen, ein in Bezug auf Jugendsprache ohnehin schwieriges Unterfangen. Vielmehr sollen die Schülerinnen und Schüler sich über das entdeckende Lernen einerseits bestimmte Zusammenhänge selbst erarbeiten, eigene Beobachtungen machen, aber andererseits auch ganz allgemein über Sprachliches und Sprachgebrauch reflektieren. Dies ist im Übrigen durchaus konform mit den curricularen Vorgaben. Im obigen Transkript können Phänomene der gesprochenen Umgangssprache entdeckt werden, wie z. B. Klitisierungen, Satzabbrüche, regionale Aussprache und Reparaturen.

Folgende jugendsprachliche Phänomene können herausgearbeitet werden: Diskurspartikel, Phraseologismen (*isch schwöre*), Koronalisierung, Pejorativa und einiges mehr. Zudem kann über Funktionen und die funktionale Motivierung bestimmter Aspekte diskutiert werden. Auch hierbei ist es durchaus möglich, die Diskussion ergebnisoffen zu gestalten, da schließlich ein weiter Interpretationsspielraum gegeben ist. Auf diese Weise kann es gelingen, die Schülerinnen und Schüler nicht nur besonders zu motivieren, sondern ihnen auch einen Expertenstatus zuzuweisen, der ihnen in Bezug auf Jugendsprache eigentlich auch gebührt.

Induktive Erarbeitung

7.4 | Weiterführende Literatur

Qualitative Sozialforschung: Die *Einführung in die qualitative Sozialforschung* von Flick/Kardorff/Steinke (2000) bietet einen interdisziplinären Einstieg in Methoden, die hier nur am Rande oder wenig besprochen werden konnten: EDV gestützte Methoden werden ebenso thematisiert wie die Erstellung von Fragebögen oder Interviews. Eine gute Einführung in die qualitative Videoanalyse bieten Reichertz/Englert (2011).

Quantitative Sozialforschung: Nicole Burzan (2015) führt kompakt an anschaulichen Beispielen in die quantitative Sozialforschung ein. Die Methoden und Verfahren, die in den oben genannten Büchern vorgestellt werden, müssen teilweise für die Linguistik adaptiert werden.

Linguistische Methoden: Eine hervorragende Einführung und Übersicht zu verschiedenen linguistischen Methoden und Konzepten bietet Auer (Hg. 2013). Dieses Buch enthält eine Einführung in die Geolinguistik von Benedikt Szmrecsanyi, die bislang in der Jugendsprachforschung zu selten einen Platz gefunden hat (S. 270 ff.).

Die Einführung von Marx/Weidacher (2014) führt in die für die Jugendsprachforschung relevantesten Gebiete der Medienlinguistik ein.

Die Einführung in die Interaktionale Linguistik von Imo und Lanwer (im Druck) bietet den wohl aktuellsten Einstieg in die Gesprächsforschung.

Literatur

Albert, Ruth/Marx, Nicole (2016): *Empirisches Arbeiten in Linguistik und Sprachlehrforschung. Anleitung zu quantitativen Studien von der Planungsphase bis zum Forschungsbericht*. 3. Aufl. Tübingen: Narr.

Androutsopoulos, Jannis (2008): Research on Youth-Language / Jugendsprach-Forschung. In: Ammon, Ulrich/Dittmar, Norbert/Mattheier, Klaus J./Trudgill, Peter (Hg.): *An International Handbook of the Science of Language and Society / Ein internationales Handbuch zur Wissenschaft von Sprache und Gesellschaft* (Hsk 3/2). Berlin/New York: De Gruyter, 1496–1505.

Auer, Peter (Hg.) (2013): *Sprachwissenschaft: Grammatik – Interaktion – Kognition*. Stuttgart: J. B. Metzler.

Bahlo, Nils/Fladrich, Marcel (2016): *Transkriptband Jugendsprache. Gesprochene Sprache in der Peer-Group*. Berlin: Retorika.

Beißwenger, Michael/Lüngen, Harald/Schallaböck, Jan/Weitzmann, John H./Herold, Axel/Kamocki, Pawel/Storrer, Angelika/Wildgans, Julia (2017): Rechtliche Bedingungen für die Bereitstellung eines Chat-Korpus in CLARIN-D: Ergebnisse eines Rechtsgutachtens. In: Beißwenger, Michael (Hg.): *Empirische Erforschung internetbasierter Kommunikation*. Berlin/New York: De Gruyter, 7–46.

Bergmann, Jörg (1987): *Klatsch. Zur Sozialform der diskreten Indiskretion*. Berlin/New York: De Gruyter.

Bergmann, Jörg (2000): Harold Garfinkel und Harvey Sacks. In: Flick, Uwe/Von Kardorff, Ernst/Steinke, Ines (Hg.): *Qualitative Forschung. Ein Handbuch*. Hamburg: Rowohlt, 51–63.

Bergmann, Jörg (2001): Das Konzept der Konversationsanalyse. In: Brinker, Klaus/Antos, Gerd/Heinemann, Wolfgang/Sager, Sven S. (Hg.): *Text- und Gesprächslinguistik: Ein internationales Handbuch zeitgenössischer Forschung*, 2. Halbbd. Berlin/New York: De Gruyter, 919–927.

Burzan, Nicole (2015): *Quantitative Methoden kompakt*. Konstanz: UTB.

7.4 Weiterführende Literatur

Deppermann, Arnulf (2008). *Gespräche analysieren. Eine Einführung*. 4. Aufl. Wiesbaden: Verlag für Sozialwissenschaften.
Ehlich, Konrad/Rehbein, Jochen (1976): Halbinterpretative Arbeitstranskription (HIAT). In: *Linguistische Berichte* 45, 21–46.
Ehlich, Konrad/Rehbein, Jochen (1979): Erweiterte halbinterpretative Arbeitstranskription (HIAT 2): Intonation. In: *Linguistische Berichte* 59, 51–75.
Ehlich, Konrad/Rehbein, Jochen (1980): Sprache in Institutionen. In: Althaus, Hans Peter/Wiegand, Herbert/Henne, Helmut (Hg.): *Lexikon der Germanistischen Linguistik (LGL)*. Tübingen: Niemeyer, 338–345.
Ehlich, Konrad/Rehbein, Jochen (1981): Die Wiedergabe intonatorischer, nonverbaler und aktionaler Phänomene im Verfahren HIAT. In: Lange-Seidl, Annemarie (Hg.): *Zeichenkonstitution*, Bd. 2. Berlin/New York: De Gruyter, 174–186.
Flick, Uwe/von Kardorff, Ernst/Steinke, Ines (2000) (Hg.): *Qualitative Forschung. Ein Handbuch*. Hamburg: Rowohlt.
Günthner, Susanne (2013): Sprache und Kultur. In: Auer, Peter (Hg.): *Sprachwissenschaft: Grammatik – Interaktion – Kognition*. Stuttgart: J. B. Metzler, 347–369.
Günthner, Susanne/Knoblauch, Hubert (1994): ›Forms are the food of faith‹. Gattungen als Muster kommunikativen Handelns. In: *Kölner Zeitschrift für Soziologie und Sozialpsychologie* 4, 693–723.
Henne, Helmut (1986): *Jugend und ihre Sprache*. Berlin u.a.: De Gruyter.
Hirschmann, Hagen (2019): *Korpuslinguistik. Eine Einführung*. Stuttgart: J. B. Metzler.
Hopf, Christel (2004): Forschungsethik und qualitative Forschung. In: Flick, Uwe/von Kardorff, Ernst/Steinke, Ines (Hg.): *Qualitative Forschung: Ein Handbuch*. Hamburg: Rowohlt, 589–600.
Imo, Wolfgang/Günthner, Susanne (2006) (Hg.): *Konstruktionen in der Interaktion*. Berlin/New York: de Gruyter, 263–290.
Imo, Wolfgang/Lanwer, Jens Philipp (im Druck): *Interaktionale Linguistik. Eine Einführung*. Stuttgart: J. B. Metzler.
Januschek, Franz/Schlobinski, Peter (Hg.) (1989): Thema Jugendsprache. In: *Osnabrücker Beiträge zur Sprachtheorie* 41, 125–146.
Labov, William (1971): The study of language in social context. In: *Studium Generale* 23, 30–87.
Leech, Geoffrey/Garside, Roger/Mark McEnery, Anthony (1997): *Corpus Annotation: Linguistic Information from Computer Text Corpora*. London: Routledge.
Lemnitzer, Lothar/Zinsmeister, Heike (2010): *Korpuslinguistik. Eine Einführung*. Tübingen: Narr.
Luckmann, Thomas (1986): Grundformen der gesellschaftlichen Vermittlung des Wissens: Kommunikative Gattungen. In: *Kölner Zeitschrift für Soziologie und Sozialpsychologie* Sonderheft 27, 191–211.
Machelett, Kirsten (1996): *Übersicht über das Erscheinen aller deutschen Lautklassen im Sonagramm*. Institut für Phonetik und Sprachliche Kommunikation, Universität München. Online abrufbar unter: https://www.phonetik.uni-muenchen.de/studium/skripten/SGL/SGLKap2.html.
Marx, Konstanze/Schmidt, Axel (2017): Interaktion und Medien. In: *Sprachreport* 33 (4), 22–33.
Marx, Konstanze/Weidacher, Georg (2014): *Internetlinguistik. Ein Lehr- und Arbeitsbuch*. Tübingen: Narr.
Mondada, Lorenza (2014): Conventions for multimodal transcription. Online abrufbar unter: https://franz.unibas.ch/fileadmin/franz/user_upload/redaktion/Mondada_conv_multimodality.pdf; 6.2.2018.
Moritz, Christine (2011): Transkription von Videodaten über einer Zeitachse: die Feldpartitur in der musikpädagogischen Forschung. In: Clausen, Bernd (Hg.): *Vergleich in der musikpädagogischen Forschung*. Essen: Die Blaue Eule, 231–

260. Online abrufbar unter: https://www.pedocs.de/volltexte/2014/8979/pdf/ AMPF_2011_Band_32_Moritz_Transkription_von_Videodaten.pdf.

Neuland, Eva (1987): Spiegelung und Gegenspiegelung. In: *Zeitschrift für Germanistische Linguistik* 15, 58–82.

Neuland, Eva (1999): *Jugendsprache*. Heidelberg: Julius Groos Verlag.

Neuland, Eva (2015): »Hey, was geht?«. Beobachtungen zum Wandel und zur Differenzierung von Begrüßungsformen Jugendlicher. In: *IDS-Sprachreport* 1, 30–35.

Nothdurft, Werner/Schwitalla, Johannes (1995): Gemeinsam musizieren. Plädoyer für ein neues Leitbild für die Betrachtung mündlicher Kommunikation. In: *Der Deutschunterricht* 47 (1), 30–41.

Redder, A. (2001): Aufbau und Gestaltung von Transkriptionssystemen. In: Brinker, Klaus et al. (Hg.): *Text- und Gesprächslinguistik. Ein Internationales Handbuch zeitgenössischer Forschung*, Bd. 2: *Gesprächslinguistik*. Berlin/New York: De Gruyter, 1038–1059.

Rehbein, Ines/Schalowski, Sören/Wiese, Heike (2013): *The KiezDeutsch Korpus (KiDKo) Release 1.0. Proceedings of the 9th International Conference on Language Resources and Evaluation (LREC) May 24–31, 2014. Reykjavik, Iceland*. Online abrufbar unter: http://www.kiezdeutschkorpus.de/de/.

Rehbein, Jochen/Schmidt, Thomas/Meyer, Bernd/Watzke, Franziska/Herkenrath, Annette (2004): *Handbuch für das computergestützte Transkribieren nach HIAT*. Online abrufbar unter: https://ids-pub.bsz-bw.de/frontdoor/deliver/index/docId/2368/file/Schmidt_Handbuch+f%C3%BCr+das+computergest%C3%BCtzte+Transkribieren_2004.pdf.

Reichertz, Jo/Englert, Carina (2011): *Einführung in die qualitative Videoanalyse – eine hermeneutisch-wissenssoziologische Fallanalyse*. Wiesbaden: Verlag für Sozialwissenschaften.

Röbken, Heinke/Wetzel, Kathrin (2016): Qualitative und quantitative Forschungsmethoden. Olendburg: Carl von Ossietzky Universität. Nach: Litz/Rosemann (2010): Kapitel 2. Online abrufbar unter: https://uol.de/fileadmin/user_upload/c3 l/Studiengaenge/BABusinessAdmin/Download/Leseproben/bba_leseprobe_quli_quanti_forschungsmethoden.pdf.

Schlobinski, Peter (1988): Code-switching im Berlinischen. In: Dittmar, Norbert/Schlobinski, Peter (Hg.): *Wandlungen einer Stadtsprache. Berlinisch in Vergangenheit und Gegenwart*. Berlin: Spiess, 83–102.

Schmidt, Thomas (2004): *Computergestützte Transkription - Modellierung und Visualisierung gesprochener Sprache mit texttechnologischen Mitteln*. Dissertation: Universität Dortmund.

Schmidt Thomas (2010): Linguistic tool development between community practices and technology standards. Online abrufbar unter: https://www.exmaralda.org/files/LREC_Standards.pdf.

Schmidt, Thomas/Schütte, Wilfried (2011): *FOLKER. Transkriptionseditor für das »Forschungs- und Lehrkorpus gesprochenes Deutsch« (FOLK). Transkriptionshandbuch*. Online abrufbar unter: http://agd.ids-mannheim.de/download/FOLKER-Transkriptionshandbuch.pdf/.

Selting, Margret (2001): Probleme der Transkription verbalen und paraverbalen/prosodischen Verhaltens. In: Brinker, Klaus/Antos, Gerd/Heinemann, Wolfgang/Sager, Sven F. (Hg.): *Text- und Gesprächslinguistik. Ein internationales Handbuch zeitgenössischer Forschung*. 2. Halbbd. Berlin/New York: De Gruyter, 1059–1068.

Selting, Margret/Auer, Peter/Barden, Birgit/Bergmann, Jörg/Couper-Kuhlen, Elizabeth/Günthner, Susanne/Meier, Christoph/Quasthoff, Uta/Schlobinski, Peter/Uhmann, Susanne (2009): Gesprächsanalytisches Transkriptionssystem 2 (GAT 2). In: *Gesprächsforschung – Online-Zeitschrift zur verbalen Interaktion* 10, 353–402. Online abrufbar unter: http://www.gespraechsforschung-ozs.de/heft2009/px-gat2.pdf.

Şimşek, Yazgül (2012): *Sequenzielle und prosodische Aspekte der Organisation der Sprecher-Hörer-Interaktion im Türkendeutschen*. Münster: Waxmann.
Stukenbrock, Anja (2013): Sprachliche Interaktion. In: Auer, Peter (Hg.): *Sprachwissenschaft. Grammatik – Interaktion – Kognition*. Stuttgart: J. B. Metzler, 217–251.
Tacchetti, Maddalena (2013): *User Guide for ELAN Linguistic Annotator*. Online abrufbar unter: https://www.mpi.nl/corpus/manuals/manual-elan_ug.pdf.
Wiese, Heike (im Druck): Language Situations: A method for capturing variation within speakers' repertoires. In: Asahi, Yoshiyuki (Hg.): *Methods in Dialectology XVI*. Frankfurt a. M.: Peter Lang.

Nils Bahlo/Tabea Becker/Zeynek Kalkavan-Aydın/Netaya Lotze/ Konstanze Marx/Christian Schwarz/Yazgül Şimşek

8 Jugendsprache im Unterricht

8.1 Ziele und didaktische Grundlagen
8.2 Jugendsprache als Thema im Deutschunterricht
8.3 Jugendsprache und Sprachkompetenz

8.1 | Ziele und didaktische Grundlagen

In den vorangehenden Kapiteln wurde u. a. deutlich, dass Jugendsprache in der öffentlichen Wahrnehmung ein sehr ambivalentes und aus Forschungsperspektive schwer zu fassendes Phänomen ist. Taugt sie damit überhaupt als Thema für den Deutschunterricht?

Einerseits meint man, mit der Jugendsprache eine Thematik im Unterricht aufzugreifen, die sich an der Lebenswelt der Schülerinnen und Schüler orientiert. Andererseits ist es ja gerade eine charakteristische Funktion der Jugendsprache, sich von anderen, insbesondere von Erwachsenen abzugrenzen. Soll die Jugendsprache also ›nur der Jugend gehören‹? Außerdem bleibt zu fragen, mit welchem Lernziel und Erkenntnisgewinn die ›eigene Sprache‹ im Deutschunterricht thematisiert werden kann und soll. Schließlich müssten ja eigentlich die Schülerinnen und Schüler selbst die Experten sein.

Beginnen möchten wir dieses Kapitel daher mit einer Zusammenstellung der Vorgaben, die die Kerncurricula der verschiedenen Bundesländer in Bezug auf die Thematisierung von Jugendsprache im Deutschunterricht machen, und diese einer kritischen Prüfung unterziehen.

8.1.1 | Curriculare Vorgaben

Welche Inhalte im Unterricht behandelt werden und welche Kompetenzen dabei erworben werden sollen, schreiben die Kultusministerien der Bundesländer in Lehrplänen fest. Diese sind nach Schulform und Schulstufe unterschiedlich ausgewiesen. Vor allem innerhalb der Beschreibungen für die Sekundarstufe II, aber auch bereits in der Sekundarstufe I taucht in fast allen Bundesländern der Begriff ›Jugendsprache‹ auf. So heißt es z. B. im Lehrplan für Baden-Württemberg für Klasse 7 bis 8 unter dem Stichwort »Sprache und Identität«:

Funktion und Merkmale von Jugendsprache untersuchen und erläutern, auch in ihrer Wechselwirkung mit medialen Kommunikationssituationen. (Lehrplan Baden-Württemberg: 47)

Oder im Lehrplan für Bayern für Klasse 8:

Die Schülerinnen und Schüler [...] unterscheiden Merkmale und Leistungen von Jugendsprache und Standardsprache, beschreiben und reflektieren die Abhängigkeit mündlichen und schriftlichen Sprachgebrauchs vom verwendeten Medium und vertiefen so ihr Sprachbewusstsein. (Lehrplan Bayern: 46)

Häufig finden sich auch Formulierungen wie »Schülerinnen und Schüler ›unterscheiden‹ oder ›reflektieren‹ sprachliche Varietäten oder Sprache in unterschiedlichen Situationen«. Gegebenenfalls ist dann das Stichwort ›Jugendsprache‹ als Beispiel in Klammern dahinter gesetzt. Die Einordnung von Jugendsprache in die Behandlung soziolektaler Fragestellungen ist klar dominant. Wenn das Stichwort ›Jugendsprache‹ fällt, dann fast immer als eine mögliche zu behandelnde Varietät des Deutschen. Andere Verbindungen, die sich anbieten würden, wie zum Thema Medien oder zum Thema Sprachwandel, sind eher selten.

Da die Beschäftigung mit sprachlichen Varietäten aber in allen Bundesländern sowohl für Sekundarstufe I als auch für Sekundarstufe II vorgegeben ist, könnte Jugendsprache prinzipiell auch überall zum Thema werden. Die Art der Thematisierung bleibt jedoch meist recht vage: »reflektieren Sprachgebrauch« »erkennen/erschließen/unterscheiden Varietäten«, »thematisieren Erfahrungen«.

Konkretisierung im Lehrplan: Lediglich Bremen wird zumindest inhaltlich etwas konkreter, wenn es im Bereich »über Sprache nachdenken« heißt:

- »Sprachvarianten und Bedingungsfaktoren von Kommunikation: Sprache als Mittel für Nähe und Distanz zu Familie und Freunden« (Jahrgänge 5/6) (S. 15)
- »Grammatisches Wissen über Codes in der Jugendsprache« (Jahrgänge 9/10)
- »Sprachvarianten und Bedingungsfaktoren von Kommunikation« (Jahrgänge 5/6)
- »Varianten von ›Sprachen in der Sprache‹ (Fachsprache, Jugendsprache) analysieren« (Ende Jahrgang 10)

Auch erfolgt nicht unbedingt eine einheitliche klare Abgrenzung zwischen der Beschäftigungsweise in den verschiedenen Schulstufen. Tendenziell geht es in der Sekundarstufe I eher um »erkennen«, in der Sekundarstufe II mehr um »reflektieren« oder sogar »analysieren«. Während letzterer Begriff impliziert, dass eine intensive Auseinandersetzung auf Basis von Fachwissen stattfindet, ist der Begriff »reflektieren« wohl kaum mit eindeutigen Handlungsanweisungen oder Zielvorgaben zu verbinden.

Vielfach wird den Schülerinnen und Schülern auch abverlangt, die Funktionen und Wirkungsweisen von Jugendsprache zu erkennen. In Kapitel 4.6 konnten wir allerdings zeigen, dass dies ein sehr komplexes Thema ist, das eigentlich differenziertes soziolinguistisches Wissen erfordert.

Eher unterschwellig und nur in einzelnen Ländern erwartet man sich von der Beschäftigung und Auseinandersetzung mit Varietäten, und hier vor allem der Jugendsprache, die produktiven sprachlichen Fähigkeiten zu verbessern. So heißt es in Brandenburg etwa für Klasse 7/8:

[...] unterscheiden Sprachvarietäten (Standard-, Umgangs-, Jugendsprache, auch Fachsprache); verwenden sie zunehmend bewusst beim Schreiben von Texten sowie in mündlichen Kommunikationssituationen. (Lehrplan Brandenburg: 48)

8.1 Ziele und didaktische Grundlagen

oder auch Hessen für Klasse 8:

Sprachliche Mittel reflektieren und verwenden: sprachliche Varietäten unterscheiden (Lehrplan Hessen: 39)

Unklar bleibt allerdings, inwiefern das bloße Unterscheiden eine situationsangemessene Verwendung zur Folge hat. Vielfach erfährt die Jugendsprache eine Gegenüberstellung mit der Standardsprache; so in Hessen in der Sekundarstufe II unter dem Stichwort »Kommunikation im Wandel«, womit dann gleichzeitig ein Bezug zum Sprachwandel hergestellt wird:

Kritik an den Lehrplänen

Tendenzen der Gegenwartssprache (z. B. Kommunikation in den digitalen Medien im Vergleich zum traditionellen Brief, aktuelle Jugendsprache im Vergleich zur Standardsprache, Einfluss des Englischen auf die deutsche Sprache der Gegenwart) (Lehrplan Hessen: 31)

Gemeinsamkeiten der Curricula: In den meisten Curricula wird Jugendsprache als Varietät verstanden, die zudem von anderen Varietäten klar abgegrenzt werden kann. Diachrone, die historische, und synchrone, die gegenwärtige, Sichtweise werden dabei nicht deutlich unterschieden. Ebenso wird nicht deutlich, wie sich diese Vorstellung von Varietät zum Begriff der Register verhält. Ungeklärt ist letztlich auch, inwiefern die Beherrschung einer Varietät Voraussetzung oder Folge der unterrichtlichen Beschäftigung mit ihr sein soll. Bewusstwerdungsprozesse stehen im Fokus, ohne dass festgelegt wird, auf welcher Basis welche Art von Wissen bewusst gemacht werden soll. Für die Konzeption und Gestaltung von Unterricht ist diese Frage aber zentral. Derartige Formulierungen lassen zudem den Verdacht aufkommen, der so intendierte Unterricht thematisiere Jugendsprache und Standardsprache, um diesen dann spezifische situative Kontexte zuzuweisen.

Ein derartiger Zugang impliziert jedoch ein Verständnis, nach dem Jugendsprache und Standardsprache zunächst eine Mischung im Kopf der Jugendlichen eingehen, deren Entwirrung Aufgabe der Schule ist. Das aber widerspricht natürlich einem Verständnis der Jugendsprache als Varietät, die sich ja gerade durch situative Gebundenheit auszeichnet. Auch kann es nicht Ziel des Unterrichts sein, den Jugendlichen Jugendsprache, also ihre eigene Sprache, näherzubringen (Neuland 2003: 448). Wäre dagegen die standardsprachliche Verwendung spezifischer Mittel in Abgrenzung zu jugendsprachlichen Mitteln Unterrichtsziel, implizierte dies einen stark defizitären Blick auf Jugendsprache.

Die Frage, welche Art von Unterricht nun geeignet ist, um die geforderten Kompetenzen in den Schülerinnen und Schülern anzuregen, dürfte daher ebenfalls nicht leicht zu beantworten sein.

Zusammenfassung: Es kann festgehalten werden, dass die Curricula eher offen mit dem Thema Jugendsprache umgehen. Die dort gewählten Formulierungen lassen einen großen Interpretationsspielraum zu, der keine Vorgaben dazu macht, was unter ›Jugendsprache‹ grundsätzlich zu verstehen ist. Auch die Lernziele im Zusammenhang mit Jugendsprache sind mit Formulierungen wie »Sprachvarietäten in verschiedenen Erscheinungsformen (Soziolekt, Jugendsprache, Dialekt [...]) beschreiben und deren gesellschaftliche Bedeutsamkeit beurteilen« (Lehrplan Nordrhein-Westfalen: 25) so allgemein, dass sie eine große Bandbreite an Möglichkeiten eröffnen. Allerdings bergen derartige Formulierungen natürlich das Risiko von Oberflächlichkeit oder Beliebigkeit.

Wir wenden uns daher zunächst Lehrwerken und Unterrichtsmaterialien zu, um Aufschluss über die mögliche gängige Praxis zu erhalten.

8.1.2 | Jugendsprache in den Lehrwerken

Erste Unterrichtsvorschläge zum Thema Jugendsprache findet man Ende der 1970er Jahre, vermehrt dann Mitte der 1980er (Riegel 1979; Brenner 1983; Wendel 1985), allerdings nur im Rahmen von Fachzeitschriften oder Sammelbänden. In den zu dieser Zeit verbreiteten Lehrwerken (z. B. *Lesen, Darstellen, Begreifen*) sind zwar bereits sprachwissenschaftliche Aspekte enthalten, Jugendsprache allerdings sucht man dort vergebens. Dies hängt sicherlich damit zusammen, dass sich eine breitere linguistische Jugendsprachforschung erst in den 1980er Jahren etablierte (s. Kap. 2).

Lehrwerkskritik Ein erstes Resümee zu den Darstellungen und Thematisierungen aus Sprachbüchern der 1990er Jahre zieht Baurmann (2003). Er stellt positiv heraus, dass Jugendsprache nun grundsätzlich thematisiert wird (vornehmlich in Klasse 9) und dass für die unterrichtliche Behandlung nicht nur einzelne Redewendungen, sondern ganze Texte herangezogen werden. Er moniert jedoch, dass es sich bei diesen meist nicht um authentische Jugendsprache, sondern um literarische oder fingierte Texte handele. Zudem würde in eher deduktiver Weise meist eine Merkmalsliste abgearbeitet, die linguistisch nicht haltbar sei (Baurmann 2003: 486). Als wenig zielführend bewertet er das oft beobachtete »isolierte Sammeln, Ordnen und Analysieren von Wörtern und Redewendungen« und das Vorgehen, »einzelne Beispieltexte jeweils in ein anderes Register zu ›übersetzen‹« (Baurmann 2003: 488).

Kritik an den Schulbüchern: Dieses Übersetzen kritisiert Baurmann aus didaktischer Sicht als widersprüchlich, wenn Jugendliche in »anbiedernder Vereinnahmung« (2003: 491) zwar einerseits zu Experten für dieses Thema gemacht würden, andererseits aber diese Zuschreibung durch Benotung und Bewertung durch die Lehrkraft wieder entzogen würde.

Seit der Analyse von Baurmann ist weit mehr als ein Jahrzehnt vergangen – genügend Zeit eigentlich, um kritische Punkte zu überarbeiten. In vielerlei Hinsicht weist jedoch die aktuelle Schulbuchlandschaft Ähnliches auf. Eine Betrachtung einiger gängiger Schulbücher, z. B. *Deutschbuch* (Cornelsen), *deutsch kompetent* (Klett) oder auch *Praxis Sprache & Literatur* (Westermann), ergibt folgendes Bild:

Verortung in Lehrwerken: Das Thema Jugendsprache wird nur eher sporadisch aufgenommen, je nach Schulbuchreihe in anderen Schulstufen (*deutsch kompetent* in Jahrgang 7, *Praxis Sprache & Literatur* in Jahrgang 8, *Paul D.* in der Sekundarstufe II), wobei jedoch die Jahrgangsstufe 8 dominiert (was übrigens nicht unbedingt die Curricula reflektiert und im Vergleich zu den 1990er Jahren eine Verschiebung nach unten bedeutet; vgl. Baurmann 2003). In manchen anderen Reihen sucht man es auch vergebens. Insgesamt geben die Lehrwerke diesem Thema also nicht unbedingt den Stellenwert, den es in den curricularen Vorgaben hat. Zudem dominiert ein deduktives Vorgehen (s. auch Methodenkapitel), bei dem Definitionen oder Merkmale von Jugendsprache vorgegeben werden, die dann anhand von Textbeispielen abgearbeitet werden sollen. Folgende Vorgabe findet sich z. B. zu Beginn der Unterrichtseinheit in *deutsch kompetent*:

Jugendsprache untersuchen
Jugendsprache ist die Bezeichnung für unterschiedliche Sprechweisen von Jugendlichen. Vor allem wird sie benutzt, um sich von der Welt der Erwachsenen abzugrenzen und um im Freundeskreis verstanden zu werden. Wörter aus der Umgangssprache erhalten neue Bedeutungen (zum Beispiel *angraben*) und sind oft wertend. Außerdem werden viele englischsprachige Wörter (zum Beispiel *chillen*) verwendet. Ausdrücke aus der Jugendsprache verändern sich innerhalb sehr kurzer Zeit. Jugendsprache kommt vor allem in der gesprochenen Sprache vor, sie existiert nur selten in geschriebener Sprache. (*Deutsch kompetent* 7: 169)

Kritik an Definition und Begriff: Kritisch an dieser Definition ist nicht nur das deduktive Vorgehen, bei dem den Schülerinnen und Schülern die Möglichkeit genommen wird, ihr eigenes Wissen einzubringen und sich selbst eine Vorstellung zu erarbeiten, sondern die sehr oberflächliche, verkürzte Perspektive auf ausschließlich lexikalische Aspekte. Diese Fokussierung und Reduzierung auf die Lexik ist übrigens immer noch in einzelnen Lehrwerken zu finden (z. B. in deutsch ideen 8), auch wenn mittlerweile durchaus Funktionen erwähnt werden oder erarbeitet werden sollen (Deutschbuch 8: 137). Immer wieder finden sich fragwürdige und unwissenschaftliche Pauschalisierungen wie: »Kanak Sprak ist die Sprache von Jungen und Männern türkischer Abstammung« (deutsch ideen 9: 300) oder »Die Jugendsprache verändert sich auch durch den Einfluss der neuen Medien. Sie wird kurz und pointiert in der SMS« (deutsch ideen 9: 301).

Sicherlich sind in gewissem Umfang didaktische Reduktionen geboten; die obige Definition (auch andere Lehrwerke bieten hier kaum differenziertere oder angemessenere) kann aber in ihrer Verkürzung nur allzu leicht zu Missverständnissen und unangebrachten Vereinfachungen führen. Es ist in diesem Zusammenhang zu fragen, ob es sinnvoll ist, ein Thema in Klasse 7 zu behandeln, wenn der Preis dafür eine verfälschende Vereinfachung ist. In höheren Jahrgängen dagegen, wenn das nötige fachliche Wissen und bessere analytische Fähigkeiten zu erwarten sind, wird das Thema kaum noch aufgegriffen.

Forderung nach authentischen Texten: Entsprechend der Forderung von Baurmann finden sich zwar tatsächlich meist Texte zur Themenerarbeitung, so dass auf den ersten Blick durchaus die Ebene von Einzelwörtern oder Redewendungen erweitert wurde. Bei den Textbeispielen für Jugendsprache handelt es sich aber nach wie vor in erster Linie um literarische Texte oder auch um fingierte Dialoge, die zwar möglicherweise authentisch wirken sollen, aber eine wohl eher unfreiwillige Komik entfalten:

Der folgende Dialog wird als Ausschnitt aus einem Chat einer »interaktiven Jugendzeitschrift« angekündigt und soll auf »typische Ausdrücke« hin untersucht werden:

Bettina: Habe mit meinem Freund Schluss gemacht. Sein Blubber-blubber ödete mich an, allein dammele ich jedoch nur blöd rum, suche daher labundige Leute zum Ausgehen!
Carsten: Hi, ich bin Carsten und würde dich gern in meine Klause einladen. Ich habe den ganzen Tag rumgemuddelt, freue mich auf etwas Superlustiges mit dir!
(deutsch ideen 9: 297)

Kritikpunkt Authentizität Interessant wäre wohl vielmehr zu analysieren, warum es sich hier offensichtlich um ein fiktives oder zumindest verändertes Beispiel handelt (z. B. nicht zeitgemäße Vornamen, korrekte Orthographie, Themenwahl, übertrieben gehäufte jugendsprachliche Lexik). Der Anforderung, »Sprachgebrauch untersuchen« (ggf. sogar den eigenen), kann so allerdings nicht entsprochen werden. Wenn dann – wie vielfach geschieht – darauf hingewiesen wird, Jugendsprache komme vor allem in gesprochener Sprache vor (vgl. Deutsch kompetent 7: 169), als repräsentativer Beispieltext aber ein literarischer Text oder ein schriftlicher Diskurs bearbeitet werden soll, impliziert dies eine linguistisch nicht haltbare Vorstellung von gesprochener und geschriebener Sprache.

Auch im *Deutschbuch* (Klasse 8), wo sich eine umfangreiche Unterrichtseinheit zur Jugendsprache findet, soll ein Text, bei dem es sich angeblich um ein verschriftlichtes Interview handelt, auf seine gesprochensprachlichen Eigenschaften hin untersucht werden und der schriftlichen Sprache (die aber nicht näher spezifiziert wird) gegenübergestellt werden. Ob auf zwei Buchseiten der Zusammenhang von gesprochener, geschriebener und Jugendsprache linguistisch angemessen bearbeitet werden kann oder ob nicht eher sachunangemessene Vermischungen und Verwirrungen entstehen, sei dahingestellt.

In einigen Lehrwerken findet sich sogar die Anregung, eigenes Material zu erheben, so in *deutsch kompetent* für Jahrgang 8; jedoch erst am Ende der Unterrichtseinheit als Differenzierung.

Kritikpunkt Jugendsprache als Fremdsprache: Ein weiterer Kritikpunkt, wie er auch schon bei Baurmann erwähnt wird (vgl. auch Balsliemke 2016), ist folgender: In vielen Lehrwerken zeigt sich die Vorstellung, bei Jugendsprache handele es sich um eine Art Fremdsprache, die man in Standardsprache ›übersetzen‹ könne und umgekehrt (vgl. auch *deutsch ideen 8*: 291). So wird in *deutsch kompetent* die Aufgabe gegeben, jugendsprachliche Ausdrücke in »neutrale Ausdrücke mit der gleichen Bedeutung« (*deutsch ideen 8*: 169) zu übersetzen: eine Aufforderung, die nicht nur grundsätzliche semantische Zusammenhänge verkennt, sondern auch die Kontextualisierung von sprachlichen Handlungen ignoriert. An diesen und anderen Übungen wird außerdem deutlich, dass in vielen Lehrwerken die Jugendsprache als etwas Abweichendes, nicht Normgerechtes betrachtet wird. Sie steht der »normalen« Sprache, dem Standard gegenüber. Das zeigt ein traditionelles Verständnis, welches »allgemein

›korrektes Sprechen‹ in den Vordergrund stellt, ohne den Kontext zu beachten« (Balsliemke 2016: 172).

Einbindung fachwissenschaftlicher Inhalte: Zumindest im *Deutschbuch* (Klasse 8) werden jedoch auch Linguisten (vgl. *Deutschbuch*: 140) oder linguistische Definitionen (*Deutschbuch:* 129) zitiert. Allerdings sollen sich die Achtklässler den Fachtext selbst erschließen und daraus z. B. Wortbildungsverfahren entnehmen. Auch hier ist zu fragen, ob es sich dabei um eine altersangemessene Bearbeitung des Themas handelt.

Eine differenzierte und auch linguistische Zugangsweise bieten lediglich Themenhefte für die Oberstufe (vgl. z. B. Themenheft *Zentralabitur: Sprache*). Hier finden sich zumindest auch sprachwissenschaftliche Fachtexte. Sicherlich ist eine Auseinandersetzung mit wissenschaftlichen Texten in diesem Zusammenhang grundsätzlich zu begrüßen, eröffnet möglicherweise aber das Dilemma, dass der Text entweder zu einfach oder zu kurz gehalten ist, um die nötige fachliche Basis und Breite zu bieten, oder so ausführlich und fachspezifisch, dass er die Schülerinnen und Schüler überfordern könnte. Zumal diese Texte meist mit der Aufforderung zum selbstständigen Erschließen und Erarbeiten versehen sind. Darüber hinaus sind selbst in der Oberstufe »Übersetzungsaufgaben« nicht selten oder präsentieren sich als lapidare Vorschläge wie: »Diskutieren/Erörtern Sie die Aussage: »Jugendsprache« – Ausdruck des Sprach- und Kulturverfalls?« (Themenheft *Deutsche Sprache der Gegenwart*: 21). Zudem sucht man auch hier authentische Beispiele von Jugendsprache vergebens.

Kritikpunkte zusammengefasst: Selbst wenn einige Lehrwerke das Thema Jugendsprache ausführlich behandeln und vor allem für die Oberstufe einiges an konstruktivem, didaktisch aufbereitetem Material bieten, bleiben doch diverse Kritikpunkte bestehen:

- Dominant wird das Thema Jugendsprache in Jahrgang 8 behandelt, in höheren Jahrgängen, wenn eine differenziertere Auseinandersetzung möglich wäre, jedoch kaum mehr.
- Deduktives Vorgehen herrscht in fast allen Aufgaben vor.
- Es werden meist reduzierte Definitionen aus lexikalischer Perspektive gegeben.
- Nach wie vor wird kein authentisches Material verwendet, sondern vorwiegend literarische oder fiktive Texte.
- Es herrscht die Vorstellung der ›Übersetzbarkeit‹.

Diese Kritikpunkte sind auch das Ergebnis anderer aktueller Analysen von Deutschlehrwerken sowohl für den muttersprachlichen Gebrauch (vgl. Steffin-Özlük 2013), aber auch für den Gebrauch im DaF-Unterricht (vgl. Wichmann 2013). Ebenso wurde der dort und anderswo immer wieder erhobenen Forderung nach authentischem Material (Baurmann 2003: 492) keines der Lehrwerke gerecht. Bedacht werden muss sicherlich, dass von der Konzeption bis zur Verbreitung eines Schulbuchs einige Jahre vergehen, die es fast unmöglich machen, aktuelles Material zu bieten. Welche Möglichkeiten aber dennoch bestehen, zumindest mit authentischem, aber auch mit aktuellem Material zu arbeiten, soll weiter unten besprochen werden. Bestehen bleibt dabei sicherlich die Herausforderung, dass gerade bei der Arbeit mit aktuellem Material letztlich die Jugendlichen selbst die Experten sind. Dies erfordert nicht nur einen veränderten Umgang mit dem Unterrichtsmaterial, sondern wohl auch eine veränderte Unterrichtskonzeption.

8.2 | Jugendsprache als Thema im Deutschunterricht

Die Auswertung der curricularen Vorgaben hat gezeigt, dass Jugendsprache in allen Bundesländern ein für die weiterführenden Schulen mögliches, wenn nicht verpflichtendes Unterrichtsthema darstellt. Zudem gibt es Argumente, die dafür sprechen, dass sich Lehrpersonen intensiv mit diesem Thema auseinandersetzen. So postuliert Neuland (2008: 170): »Erkenntnisse der Jugendsprachforschung vermitteln Handlungswissen für angehende und praktizierende Deutschlehrkräfte, zu deren Alltagspraxis die Beurteilung des Sprachgebrauchs Jugendlicher in Relation zu den unterrichtlichen Lernzielen gehört«. Wissen um die Sprache, die sprachliche Entwicklung und die sprachlichen Möglichkeiten ihrer Schülerinnen und Schüler stellt einen wichtigen Bestandteil des Fachwissens von Lehrkräften dar. Es bildet die Basis für ihre unterrichtliche (sprachliche) Handlungsfähigkeit (Neuland 2003: 448–449). Der Umstand, dass es sich bei diesem für die Unterrichtsvorbereitung nötigen Fachwissen zum großen Teil eben auch um linguistisches Fachwissen handelt, lässt möglicherweise die eine oder andere Lehrkraft vor der Konzeption einer entsprechenden Unterrichtseinheit zurückschrecken – zumal wenn man sich nicht auf die weiter oben kritisierten fachlich meist mangelhaften Vorschläge in den Lehrwerken verlassen möchte.

Motivationsfrage: Dass die Jugendlichen aber überhaupt besonders motiviert sind, sich mit Jugendsprache, also ›ihrer eigenen Sprache‹ im Deutschunterricht auseinanderzusetzen, kann auch nicht vorausgesetzt werden. In der Fachliteratur veröffentlichte Unterrichtsentwürfe und -vorschläge berichten vielfach von positiver, ja begeisterter Beteiligung (vgl. Steffin-Özlük 2013 oder auch Neuland 2003: 450; wobei aber wohl kaum ein misslungenes Unterrichtskonzept veröffentlicht werden würde oder zumindest die mangelnde Motivation der Schülerinnen und Schüler nicht erwähnt würde). Auf die Voraussetzungen für eine konstruktive und motivierende Auseinandersetzung im Unterricht werden wir daher im Folgenden eingehen.

Sprache und Sprachgebrauch reflektieren: Auch wenn sicherlich die curriculare Vorgabe »Sprache und Sprachgebrauch reflektieren«, unter der das Thema Jugendsprache meist bearbeitet werden soll, eine eher offene Formulierung darstellt, so sollte dies dennoch als wichtige Aufgabe des Deutschunterrichts wahrgenommen werden. Zudem bieten sich prinzipiell eine ganze Reihe von Anknüpfungspunkten, Oberthemen oder auch Möglichkeiten für ein integratives Arbeiten. Die im Folgenden vertieften Zugänge sind also aus unserer Sicht am besten geeignet, das Thema Jugendsprache im Deutschunterricht aufzugreifen, sollen aber andere Zugänge natürlich nicht ausschließen.

Jugendsprache als Thema im Deutschunterricht

Zunächst einmal kann Jugendsprache an sich als ›juventulektaler Stil‹ betrachtet und linguistisch analysiert werden. In Kooperation mit dem Fremdsprache- oder Herkunftsspracheunterricht könnte hier auch mit kontrastiven Analysen gearbeitet werden. Ein besonderes Merkmal von Jugendsprache ist ihre Wandelbarkeit; damit eignet sie sich gut für einen historischen Blick auf Sprache und auf Sprachwandelprozesse. Als wichtiges sprachliches Phänomen der Gegenwart ist das ›Kiezdeutsch‹ zu werten mit seinen engen Bezügen zur Jugendsprache (s. Kap. 6.2.2). Besonders soziolinguistische Aspekte können hier bearbeitet werden. Einen weiteren auch in den Lehrwerken vereinzelt genutzten Zugang stellen natürlich die neuen Medien dar. Wechselwirkungen medialer Einflüsse auf Sprache bieten aktuelle, alltagsnahe Themen.

Sechs beachtenswerte Punkte für Jugendsprache im Deutschunterricht: Jugendsprache bietet damit ein nahezu unverzichtbares Themengebiet für den Deutschunterricht. Für die unterrichtliche Bearbeitung sollten jedoch folgende Punkte berücksichtigt werden:

1. Die unterrichtliche Thematisierung sollte nicht erfolgen, ohne dass ein Konzept davon besteht, was unter ›Jugendsprache‹ zu verstehen sei, und ohne dass bewusst eine Betrachtungsperspektive gewählt worden wäre. Hierbei sollte ein Verständnis vorherrschen, das dem aktuellen sprachwissenschaftlichen Stand entspricht. Traditionelle, stark normative und statische Konzepte von Sprache können hier kontraproduktiv sein.
2. Die im Curriculum vielfach geforderten Bewusstmachungsprozesse bedürfen einer gewissen Distanzierung. Stehen diese als Lernziel im Vordergrund, empfiehlt es sich, eher ältere oder historische Sprachen Jugendlicher zu betrachten und nicht die ›eigene‹.
3. Ist die ›eigene‹ Sprache der Schülerinnen und Schüler Thema, sollte darauf geachtet werden, dass diese auch tatsächlich ihren Expertenstatus behalten.
4. Die Berücksichtigung der drei oben genannten Punkte impliziert zudem, dass Anschauungsmaterial sorgfältig ausgewählt wird, nämlich eben unter Berücksichtigung von Lernziel, Konzept und Zugangsweise.
5. Bei der Konzeption von Unterrichtseinheiten ist unbedingt in den Blick zu nehmen, über welche sprachlichen Register die Schülerinnen und Schüler verfügen und wie ausgebaut diese sind (s. Kap. 8.3).
6. Zuletzt soll an dieser Stelle noch einmal betont werden, dass die Nutzung geeigneten (Daten-)Materials zentral ist für das Gelingen der unterrichtlichen Thematisierung. Die Beispiele von Jugendsprache (sowohl in älteren als auch in aktuellen Lehrwerken) umfassen zwar mittlerweile auch Beispiele von Gesprächen, diese sind jedoch meist fiktional und zeichnen »ein Zerrbild der Kommunikation, das auch nicht der kommunikativen Erfahrung der Schüler entsprechen dürfte« (Wichmann 2013: 90).

Beachtenswerte Punkte

8.2.1 | Jugendsprache: Eigenschaften und Funktionen

Sowohl im Rahmen der curricularen Vorgaben als auch innerhalb der praktischen Umsetzung in den Lehrwerken nimmt die Erarbeitung der Eigenschaften und der Funktionen der Jugendsprache eine zentrale Rolle ein. Dies ist vor allem dann geboten, wenn man Jugendsprache um ihrer selbst willen in den Blick nehmen will. Um dies jedoch auf eine (linguistisch) angemessene Weise zu tun, sind grammatische und soziolinguistische Grundlagen Voraussetzung, zumindest auf Seiten der Lehrkraft. Gerade die Nähe zum alltagsweltlichen, wenig ›akademischen‹ Sprachgebrauch suggeriert möglicherweise, es handele sich um einen Gegenstand, der nur wenig wissenschaftlicher Kenntnisse bedarf.

Ansprüche an eine vertiefende Behandlung: Das Gegenteil ist jedoch der Fall: Die Beschreibung der Charakteristiken von Jugendsprache erfordert differenziertes grammatisches Fachwissen. Funktionale Aspekte wiederum sind ohne die Berücksichtigung interaktionaler Zusammenhänge nicht zu bearbeiten. Für beides ist authentisches Datenmaterial unabdingbar. Literarische Stilisierungen, und seien sie noch so gut gelungen, sind fiktionale Konstrukte, die sich nicht für soziolinguistische Analysen eignen. Dies würde durch einen Vergleich authentischen Datenmaterials mit literarischen Formen auch schnell offensichtlich – eine unterrichtliche Bearbeitung, die sich übrigens durchaus anbietet.

Eine vertiefende Behandlung des Themas Jugendsprache bedeutet unbedingt also auch, dass die formalen und funktionalen Charakteristika und Phänomene untersucht werden. Auf die einzelnen Merkmale – formale und funktionale – waren wir in vorausgegangenen Kapiteln ausführlich eingegangen.

Themenvorschläge

In Kapitel 8.1.2 konnte gezeigt werden, dass in den Lehrwerken meist lediglich lexikalische Charakteristiken genannt werden. Sicherlich ist dies ein wichtiger Aspekt, der eine gute Einstiegsmöglichkeit in das Thema bietet. Allerdings würde hier das einfache Sammeln oder Übersetzen, wie es meist vorgeschlagen wird, nur eine oberflächliche Auseinandersetzung ergeben.

Inhaltliche Analysen sollten als Ausgangspunkt genutzt werden, um den semantischen Phänomenen genauer auf die Spur zu kommen. Eine selbst gesammelte Wortliste oder eine aus einem jugendsprachlichen Wörterbuch zusammengestellte kann im Klassengespräch daraufhin untersucht werden, was mit den Bedeutungen der Wörter ›passiert‹. Dazu ist es nicht unbedingt nötig, dass die linguistischen Fachbegriffe verwendet werden. Die Schülerinnen und Schüler können auch mit eigenen Worten beschreiben. Beispielsweise könnten Wörter wie *Opfer* besprochen werden, wobei sich untersuchen ließe, welches der standardsprachliche Gebrauch ist, woher das Wort grundsätzlich kommt und wie es sich entwickelt hat (evtl. mit Hilfe des *Grimmschen Wörterbuchs*, das online verfügbar ist), wie, wann und warum es in der Jugendsprache verwendet wird etc.

Mit Wörtern wie *chillen* könnte ähnlich vorgegangen werden, hier ließe sich zudem weiter beobachten, inwiefern das Wort lexikalisch, phonologisch und morphologisch in die deutsche Sprache integriert wird.

Morphologische Analysen: Ein ähnliches Vorgehen kann für die Bearbeitung der morphologischen Merkmale der Jugendsprache genutzt werden. Allerdings sollte hier ein gewisses Grundverständnis vom Aufbau der Wörter gegeben sein. Gerade Jugendsprache lässt sich gut nutzen, um die implizit vorhandene morphologische Sprachkompetenz bewusst zu machen: Die Schülerinnen und Schüler können – ebenfalls an selbst gesammelten – Beispielen die verschiedenen ›Techniken‹ erarbeiten, mit denen man neue Wörter produzieren kann. Analytische und produktive Aufgaben können hierbei kombiniert werden. So könnte z. B. erarbeitet werden, dass und wie das Suffix -*mäßig* in der Jugendsprache genutzt wird. Die Schülerinnen und Schüler könnten sich nun selbst neue Bildungen ausdenken und sammeln.

Für weitere Analysen z. B. der Kurzwortbildung eignet sich Material aus der Messenger-Kommunikation, welches natürlich ebenfalls von den Jugendlichen selbst bereitgestellt werden könnte.

Wortlisten erstellen: Für die Erarbeitung der Charakteristika von Jugendsprache hat das eigenständige Sammeln von Wörtern den Vorteil, dass auf diese Weise aktuelle Wortlisten entstehen. Die Lehrkraft ist nicht auf in den Lehrwerken vorgegebenes Material angewiesen, das möglicherweise veraltet oder eben nicht authentisch ist. Zudem ist es sicherlich motivationssteigernd, wenn die Schülerinnen und Schüler selbst zusammengestelltes Material bearbeiten. Den Schülerinnen und Schülern wird auf diese Weise die Rolle der Experten zugewiesen, die das zu untersuchende Material beschaffen. Aber auch die Lehrkraft verliert ihren Expertenstatus nicht, da sie das linguistische Fachwissen bereitstellt, um das Material zu untersuchen. Die Analyse des Materials stellt die eigentliche sprachanalytische Beschäftigung mit dem Thema dar und bietet eine gute Möglichkeit, nicht nur vorhandenes sprachanalytisches Wissen anzuwenden, sondern sich auch weiteres linguistisches (grammatisches) Wissen anzueignen.

Syntaktische Untersuchungen: Um syntaktische Charakteristika zu untersuchen, kann natürlich nicht auf Wortlisten zurückgegriffen werden, hierzu müssen transkribierte Gesprächsdaten vorliegen. Diese von den Jugendlichen selbst erheben zu lassen, dürfte auch in der Oberstufe noch zu anspruchsvoll und im Unterrichtsalltag wenig praktikabel sein. Mittlerweile liegen allerdings nicht nur zahlreiche Publikationen mit Transkriptbeispielen oder ganze Transkriptbände vor, sondern auch Datenbanken im Netz bieten Zugriff auf authentisches Material. Zur Nutzung im Unterricht müssen allerdings ggf. Transkriptionskonventionen vereinfacht werden. Die Untersuchung der Syntax bringt diverse Herausforderungen mit sich. Zunächst ist es in Bezug auf syntaktische Eigenschaften besonders schwer, Abgrenzungen zu Phänomenen der gesprochenen Sprache im Allgemeinen vorzunehmen. Wir hatten bereits erwähnt, dass dies auch in den Lehrwerken nicht gelingt. Zudem kann in der Regel Wissen um syntaktische Zusammenhänge bei den Schülerinnen und Schülern nicht vorausgesetzt werden, zumindest Wissen jenseits der traditionellen schulgrammatischen Kategorien.

Weitere Möglichkeiten: Geeignet für eine unterrichtliche Besprechung könnten jedoch der Partikelgebrauch und der Gebrauch von Floskeln und Routineformeln sein (s. Kap. 4.4). Transkripte könnten daraufhin analysiert und deren Gebrauch sowie deren Funktion oder Motivation untersucht werden. Prinzipiell lassen sich an Transkripten auch Aspekte untersuchen, die im Diskurs auftauchen, wie die Bricolage oder das Erzählen. Allerdings ist die Bearbeitung dieser Aspekte wohl fachlich noch voraussetzungsreicher und nur zu leisten, wenn generell im Unterricht gesprächsanalytisch gearbeitet würde.

Die Funktionen, die Jugendsprache übernehmen kann, werden zwar vereinzelt in den Deutschlehrwerken angesprochen, erfahren dort aber keine besondere Behandlungstiefe. In Kapitel 4.6 haben wir einige Funktionen benannt, die typischerweise in der Forschung diskutiert werden. Eine wissenschaftlich fundierte Erarbeitung von funktionalen Aspekten ist jedoch nur möglich, wenn der Blick auf Interaktionen und Diskurszusammenhänge gerichtet wird. Voraussetzung dafür ist daher die Arbeit mit Transkripten, für welche es allerdings einiger soziolinguistischer und gesprächsanalytischer Kenntnisse bedarf.

In den Lehrwerken wird vor allem die Abgrenzungsfunktion gegenüber der Sprache der Erwachsenen herausgestellt (*Deutsch kompetent 7*, *P. A. U. L. D.* für die Oberstufe). Diese als dominante oder gar einzige Funktion von Jugendsprache zu benennen dürfte gerade dem heutigen Gebrauch bei Jugendlichen nicht mehr gerecht werden.

Möchte man den Aspekt der Funktion von Jugendsprache im Unterricht bearbeiten, bietet sich außerdem an, die Kommunikation von Jugendlichen in den digitalen Medien in den Blick zu nehmen (s. Kap. 8.2.4).

8.2.2 | Sprache und Sprachwandel = Sprachverfall?

In den Curricula ist das Thema Jugendsprache zwar mehrheitlich unter dem Stichwort »Varietät« zu finden, aber gerade im Rahmen der oben geforderten Distanzierung bietet es sich an, den Gegenstand im Bereich ›Sprachwandel‹ zu thematisieren.

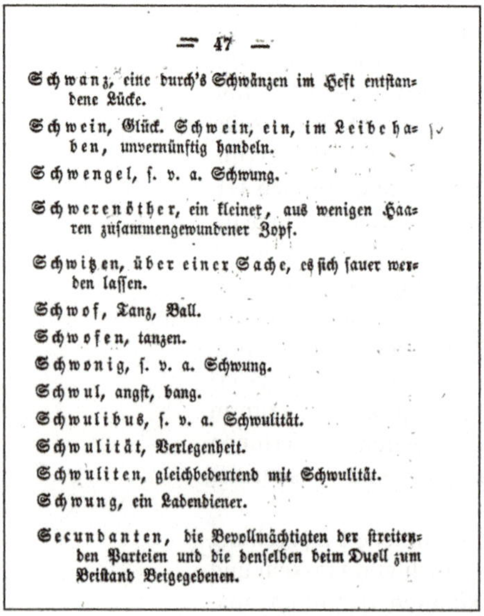
— 47 —

Schwanz, eine durch's Schwänzen im Heft entstandene Lücke.

Schwein, Glück. Schwein, ein, im Leibe haben, unvernünftig handeln.

Schwengel, s. v. a. Schwung.

Schwerenöther, ein kleiner, aus wenigen Haaren zusammengewundener Zopf.

Schwitzen, über einer Sache, es sich sauer werden lassen.

Schwof, Tanz, Ball.

Schwofen, tanzen.

Schwonig, s. v. a. Schwung.

Schwul, angst, bang.

Schwulibus, s. v. a. Schwulität.

Schwulität, Verlegenheit.

Schwuliten, gleichbedeutend mit Schwulität.

Schwung, ein Ladendiener.

Secundanten, die Bevollmächtigten der streitenden Parteien und die denselben beim Duell zum Beistand Beigegebenen.

Abb. 8.1: Beispiele für Begriffe aus der Studentensprache des 18. Jh.s (aus: Allgemeine Deutsche Studentensprache. Hg. von A. H. Jena 1860)

In Kapitel 2 konnte herausgearbeitet werden, dass mit Jugendsprache eine diachrone Perspektive zu verbinden ist. Mittlerweile bietet die Forschung eine sehr gute Aufarbeitung nicht nur der historischen Studenten- und Schülersprache, sondern auch der Jugendsprache der 1960er oder 1980er Jahre.

Die Studentensprache des 18. Jahrhunderts ist durch zahlreiche Wörterbücher gut dokumentiert. Zwar impliziert dies eine stark lexikalische Perspektive, es erleichtert aber sicher den Einstieg in die historische Sprachbetrachtung. Das Arbeiten mit Studentensprache-Wörterbüchern bietet sich gerade für entdeckendes Lernen gut an, da sich aus ihnen – ohne allzu viel Vorwissen – viele interessante und amüsante Informationen filtern lassen. Zudem eröffnen sie natürlich die Möglichkeit zu morphologischen oder etymologischen Analysen.

Historische Perspektive

Ein mögliches unterrichtliches Vorgehen kann entwickelt werden anhand der Ausführungen in Kapitel 2. Die Schülerinnen und Schüler könnten positive und negative Ausdrücke sammeln, Herkunft und Wortbildung untersuchen. Auch könnten die Wörterbücherauszüge dazu genutzt werden, Vermutungen darüber anzustellen, wie das soziale Leben der damaligen Studenten aussah. Einträge wie »Schürzenstipendium« oder »Schwerenöther« bieten hier Hinweise oder Ausgangspunkt für Überlegungen. Schließlich könnte ein Vergleich zur Gegenwartssprache unternommen werden, wobei untersucht werden könnte, welche Ausdrücke eine Standardisierung erfahren haben (wie z. B. »Schwänzen«).

1960er bis 1970er Jahre: Ebenfalls gut über Jugendsprache-Wörterbücher erschließbar sind die 1960 bis 1980er Jahre. Dadurch lässt sich die lexikalische Perspektive sogar weiterverfolgen. Es könnte nicht nur untersucht werden, inwiefern sich das Wortmaterial geändert hat, sondern auch welche Einflüsse und Bildungsweisen vorherrschen.

Als Beispiel sei hier *Die Sprache der Teenager und Twens* von Ernst Günther Welter aus dem Jahr 1968 genannt. Hier finden sich sowohl die onomasiologische (also auf das Wort geschaut) als auch die semasiologische (also auf die Bedeutung geschaut) Perspektive wieder (s. Abb. 8.2).

Eine gute, zusagende Sache bezeichnet man als:

Anblick, das Allergrößte, Bediene, Bombe, Faß, das Letzte, das Prä, Wolke, Wucht, Zentralschaffe -

und alles, was gut, günstig oder vorteilhaft ist, als

angebrüht, bedient, bombig, bopmäßig, dick, dufte, edeldufte, extra, flott, gebracht, glatt, groß, höchstes, kantig, Klasse, klotzig, knafte, ein Koffer, leider, nervlich, raabig, rasch, schau, schnaffte, senkrecht, spitz, steil, super, wolkig, wonnig, Zucker.

Ankratz haben	Verehrer haben, Zuspruch haben
anreißen	benachrichtigen, zusammenholen
Anschaffe	Partnersuche
auf Anschaffe gehen	sich ein Mädchen suchen
anschaffen	sorgen für, sich zulegen
auf die Anschleiche bringen	mit jemend tanzen
auf die Anschmeiße bringen	eng angeschmiegt tanzen; auf enge Tuchfühlung gehen
Anschmiß	Flirt, Koketterie
Apparat	umfangreicher Gegenstand; stark gebauter Mensch, besonders: stabiles oder wuchtiges Mädchen
Apparatur	starker Busen; Muskelpakete
Aquarium	Tanzvergnügen mit Mädchen in der Überzahl
Arche	Fahrzeug (Auto)
unter den Arm nehmen	einen Menschen mitnehmen, in die Obhut nehmen

Abb. 8.2: Beispiele aus der Jugendsprache der 1960er Jahre (aus: Ernst Günther Welter: *Die Sprache der Teenager und Twens*. 3. Aufl. 1968, S. 12 und 18)

Die Schülerinnen und Schüler könnten – ähnlich wie in Kapitel 2.2 vorgestellt – Herkunft, Bildung und Verwendungsweise der Wörter untersuchen.

Die onomasiologischen Einträge wiederum lassen sich auf ähnliche Weise bearbeiten. Hier ließe sich vor allem auf Sprachwandelprozesse eingehen. So sind einerseits Standardisierungen zu verzeichnen, andererseits verschwinden manche Wörter wieder vollständig aus dem Wortschatz. Dieses lässt sich einfach bearbeiten, indem die Einträge mit einem aktuellen Wörterbuch abgeglichen werden.

An diesem Beispiel könnte besprochen werden, dass einige Wörter aus heutiger Sicht als recht kurios empfunden werden, da sie heute gar nicht mehr (z. B. *raabig*) oder nicht mit dieser Bedeutung (*Anschaffe, Arche*) gebraucht werden. Bei anderen Wörtern ist ebenso kurios, sie in einem Jugendsprachewörterbuch zu finden, da sie heute selbstverständlich der Standardsprache angehören (z. B. *Super*).

Im Anschluss daran ließen sich nun die Wörterbücher des 18. und 20. Jahrhunderts einem Vergleich unterziehen. So könnte nicht nur erarbeitet werden, dass nur sehr wenige Wörter die Jahrhunderte überdauern und dass sich die Gebersprachen gewandelt haben, sondern auch, dass Bildungsweisen und zum Teil auch Denotate und Funktionen gleich geblieben sind.

8.2.3 | Multiethnische Stile: Kiezdeutsch

In Kapitel 6 wurde gezeigt, dass Jugendsprache in Deutschland sehr stark mit Sprachen, Kulturen und Ethnien in Kontakt tritt. Der historische Blick hatte ergeben, dass gerade Jugendsprache sehr offen für Einflüsse aus anderen Sprachen und Kulturen ist. Eine besonders große Rolle spielt heute das in Kapitel 6 vorgestellte Kiezdeutsch. Im Rahmen von Unterrichtsvorschlägen und Aufgabenstellungen wurde dieser Bereich in den letzten Jahren vermehrt aufgegriffen. Er scheint sich gegenwärtig einiger Beliebtheit zu erfreuen, was insofern begrüßenswert ist, als es sich hierbei ja tatsächlich um ein aktuelles Forschungsgebiet handelt. Es ist daher wohl nicht nötig, Kiezdeutsch als Unterrichtsthema besonders zu bewerben. Da jedoch dieses Thema gerade wegen seiner Aktualität, Beliebtheit und Medienpräsenz oft allzu schnell undifferenziert und ohne den nötigen wissenschaftlichen Hintergrund behandelt wird, wollen wir hier einige Vorschläge machen, die dies vermeiden helfen.

Kiezdeutsch und Co.: Kritisch zu bewerten ist zunächst, dass in den Medien, aber auch in Unterrichtsmaterialien eher selten eine Abgrenzung zwischen Kiezdeutsch und Jugendsprache stattfindet, ja zuweilen scheinen beide Begriffe synonym verwendet zu werden. Der Begriff ›Kiezdeutsch‹ wiederum wird auch nicht von ›Türkendeutsch‹ oder ›Kanak Sprak‹ abgegrenzt (s. dazu Kap. 6.1.1). Weiterhin wird in Begleitmaterial, Unterrichtsvorschlägen, aber auch im Unterricht selbst gerne folgendes Vorgehen praktiziert: Die Schülerinnen und Schüler bearbeiten die folgende oder eine ähnliche Diskussionsfrage: »Führt Kiezdeutsch zu Sprachverfall?« Dazu erhalten sie meist eher plakative oder polemisierende Texte aus der Tagespresse, denen dann ein differenzierender Text eines Sprachwissenschaftlers gegenübergestellt wird. Aus diesen Texten sollen Argumente gesammelt werden, die wiederum als Basis einer Diskussionsrunde genutzt werden.

In den folgenden Auszügen aus einem Unterrichtstranskript aus einer Oberstufe mit einer Unterrichtseinheit zum Thema Kiezdeutsch wird ein derartiges Vorgehen deutlich. Zunächst wird die Frage in den Raum gestellt, ob Jugendsprache zu Sprachverfall führe und es ergeht ein Arbeitsauftrag an die Schülerinnen und Schüler:

(1) Unterrichtstranskript (Datenmaterial der Autorin)

```
21  L: s!IE! verfOlgen bitte die frAge eher (.) in dIE
       richtu:ng, n!EI!n, es: ist eigentlich k!EI!n (-)
       abgrund der deutschen sprAche, sOndern (.) es is
       EI:gentlich (.) nUr ein sprach- (-) w!A!ndel, (h)
       also es=ist ein normaler sprachwAndel, (hh) dazu
       bekommen sie gleich=nen A:rbeitsauftra:g,
22     u:nd (-) s!IE! (--) die hier auf dEr seite sitzen,
       sie verfolgen bitte (hh) e:::hm, die (-) mEI:nung,
       dass es tatsÄchlich ein ABgrund (h) der deutschen
       sprache !I!st, dass sich hier ein abgrund der
       deutschen sprache Auf- (.) m!A!cht, nÄ:mlich, dass
       kIEzdeutsch (.) EIgentlich (h) total der
```

```
             sprachverf!A!ll (-) ist. also ABgrund der deutschen
             sprache.
23           auch sIE bekomm=jetzt von mir einen (-)
             A:rbeitsauftrag,(hh)
24           e:::hm, lesen sie sich den bitte in ruhe dU:rch,
25           sie haben dafÜ:r jetzt (.) sIEbzehn minUten; jetzt
             ist es kurz vor [zEHn, najA,                      ]
26   S:                      [    sIEbzehn minUten?           ]
27   L:                      [           najA ist=ein bIsschen,]
```

In einem weiteren Ausschnitt präsentiert eine Schülerin die Argumente der Gruppe ›pro Sprachverfallsmerkmal‹:

(2) Unterrichtstranskript (Datenmaterial der Autorin)

```
01   S: ja also wIr haben e::hm v!IE!r  argumente auf-
        e:hm (.)gebrAcht, um zu zeigen dass e::hm
        kiezdeutsch eben ABgrund der deutschen sprache
        Is, (h)
02      e:hm zum einen der vulgäre wOrtschatz, das wurde
        hIEr (.)in dem kleinen tExt gesagt e:hm (hh)
        dass (.) der wOrtschatz schrUmpft,
03      wir finden eher, dass er sich verÄndert, im
        nEgativen sinne, dass (-) wOrte benutzt we:rden,
        die:(---) ein (.) sag ich mal normA:ler mensch, der
        nicht dieses kiezdeutsch spricht, gar nich
        verstE:ht, e::hm;
04      zum ANdern wird eine falsche grammAtik und falscher
        sAtzbau angewendet, hier nur als bEIspiel, zum
        beispiel Ich bin (--) alexAnderplatz, wo (-) e:hm in
        Einem satz eben die präpositiOn Und der artIkel
        fehlen; e::hm.
05      U::nd man kann sA:gen, was ja auch im prinzIp dann
        klAr iss wenn man diese argumEnte hat,(h) e::hm,
        dass: (-) kIEzdeutsch eben gesprOchen wird (-)
        von (.) meist bIldungsfernen jUgendlichen, (h)
        e:hm beispielsweise in berlin-krEUzberg, (h)
06      e::hm, und dass sich dAs dann insgesAm:t e:hm
        nEgativ (.) e:hm (-) AUswirkt (h) auf die
        stAndardsprache oder (.) insgesamt auch auf die
        schrIftform, weil wenn man (-) eben so sprIcht,
        wirkt sich das ebend auch (hh) dArauf aus, e::hm,
        dass man ebend auch (-) in der schrIftform, die man
        in der schUle benutzt=dann (.) ehm eben auch
        n=falschen sAtzbau oder die falsche grammAtik
        verwEndet, (hh) und dass das e::hm (--) insgesAmt
        eh insgesAmt dann ebend (-) nE:gativ anzusehen
        und=um=auf
```

Wir haben dieses Transkript ausgewählt, da es unserer Meinung nach sehr gut für sich selbst spricht, und das Phänomen »falscher Satzbau und falsche Grammatik« als eben das entlarvt, was es ist: ein Phänomen der Mündlichkeit. Wie konstruktiv und lernförderlich derartig ›inszenierte‹ Diskussionen sind, wollen wir hier nicht weiter vertiefen.

Problematische Aspekte: Grundsätzlich aber erscheint uns Folgendes als problematisch in dieser Unterrichtsstunde:

1. Um eine Frage wie »handelt es sich bei Kiezdeutsch um ein Phänomen, das Sprachverfall anzeigt?« fachlich und sachlich fundiert bearbeiten zu können, bedarf es umfangreichen linguistischen, insbesondere auch soziolinguistischen Fachwissens. Es muss angezweifelt werden, dass dieses Wissen bereits bei den Schülerinnen und Schülern vorhanden ist bzw. dass es mithilfe kurzer Texte erworben werden kann. Es besteht die Gefahr der Trivialisierung.
2. Die Frage, ob Kiezdeutsch Sprachverfall auslöst oder nicht, ist keine Meinungsfrage, sondern ausgehend von wissenschaftlichen Erkenntnissen zu beantworten. Sie ist daher eigentlich nicht geeignet für eine offene Diskussion. Die Fragestellung kann außerdem leicht dazu führen, dass eine falsche Vorstellung der Sachverhalte und Zusammenhänge entsteht.
3. Eine gleichwertige (!) Gegenüberstellung von wissenschaftlichen Fachtexten und journalistischen Texten wertet die Wissenschaftlichkeit ab.

Kiezdeutsch

Sprachwissenschaftliche Perspektive als Folgerung: Die unterrichtliche Thematisierung von Kiezdeutsch sollte daher unbedingt aus einer sprachwissenschaftlichen Perspektive heraus geschehen. Das Phänomen selbst und die damit verbundenen Eigenschaften und Funktionen (s. Kap. 6) sollten einer fachlichen, präzisen Analyse unterzogen werden. Erst unter dieser Voraussetzung empfiehlt sich im Weiteren z. B. eine Auseinandersetzung mit Diskussionen oder Repräsentation in den Medien. Türkendeutsch oder Kiezdeutsch stellen einen gut geeigneten Anlass dar, um die mediale Verbreitung, Bewertung und Gestaltung von Sprache kritisch zu bearbeiten. Die Internetseite ›Kiezdeutsch‹ von Heike Wiese bietet im Übrigen linguistisches Grundlagenwissen, Hörbeispiele und Unterrichtsmaterial (für weitere Materialquellen im Netz s. Kap. 6).

Kiezdeutsch soziolinguistisch: In Bezug auf das Lernziel ›Sprachgebrauch reflektieren‹ erscheint es zudem ergiebiger, aus soziologischer und soziolinguistischer Perspektive aufzuarbeiten und zu diskutieren, warum Kiezdeutsch oder auch Ethnolekte ein solch geringes soziales Prestige aufweisen und im allgemeinen Bewusstsein so bereitwillig mit gesellschaftlichem Verfall in Verbindung gebracht werden. In diesem Zusammenhang ließe sich auch eine ›echte‹ Diskussion anregen, da diese eher ergebnisoffen wäre und zu eigenen Reflexionen anregen könnte. Denn schließlich besteht ein großer Unterschied darin, ob Ausgangspunkt der Diskussion ist, dass Ethnolekte Sprachverfall *sind* oder eben nur als solcher wahrgenommen werden. Aus soziolinguistischer Perspektive kann das Kiezdeutsche als soziales Phänomen betrachtet werden. Die sprachlichen Eigenschaften und Strukturen werden in Verbindung mit den sozialen Strukturen und Kontexten analysiert.

Weiterhin ließe sich eine Verbindung zum Thema Dialekte herstellen. So könnten einzelne Phänomene wie die Koronalisierung, Kasusnivellierung oder die Reduktion der Nominalphrase untersucht und ihre Vorkommen und Funktionen in Dialekt und Ethnolekt gegenübergestellt werden.

8.2.4 | WhatsApp und Co: Kommunizieren im Netz

Einige Sprachbücher haben den Anspruch, besonders aktuell zu sein, und thematisieren unter dem Stichwort ›Jugendsprache‹ auch die Sprache in den digitalen Medien. Da dies ja tatsächlich ein unverkennbarer Aspekt von Jugendsprache ist, haben wir dem Thema in diesem Band ein ganzes Kapitel gewidmet. Allerdings unterliegt die digitale Entwicklung und damit das Medienverhalten Jugendlicher heute einem derartig schnellen Wandel, dass sich diesem Anspruch kaum gerecht werden lässt. Es ist zu befürchten, dass das Medienwissen und Medienverhalten der Jugendlichen stets den Darstellungen in Sprachbüchern und auch der Expertise der Lehrkräfte voraus ist.

Um dieses Thema daher dennoch gewinnbringend in den Deutschunterricht zu integrieren, scheinen uns zwei Aspekte unabdingbar: erstens die schon in Kapitel 8.2 angesprochene Bereitschaft, die Jugendlichen selbst als Experten anzuerkennen, und zweitens fachliches Grundlagenwissen über Medien und Medienkommunikation. Hierbei möchten wir besonders vor einer vorschnellen Verurteilung neuer Kommunikationswege und -stile warnen. Diese werden oft von der älteren Generation als defizitär abgewertet. Es lässt sich jedoch immer wieder beobachten, dass neue Kommunikationsformen stets mit neuen Konventionen einhergehen, die meist sehr komplex sind. Eine Wertschätzung jugendlicher medialer Kommunikationsformen entbindet allerdings nicht von der Aufgabe, Kindern und Jugendlichen ein reflektiertes und verantwortungsvolles Medienverhalten nahezubringen. Die Medienerziehung kann und sollte durchaus im Zusammenhang mit Fragen zu jugendlicher Kommunikation allgemein stattfinden. Unter diesem Aspekt und zudem weitgehend unabhängig von Fragen der Aktualität ließe sich erstens über die medialen Eigenschaften der Kommunikationsformen und -modalitäten sprechen. Zweitens könnte man vor allem Aspekte der Funktionen und kommunikativen Gebrauchsweisen thematisieren.

Digitale Medien in Sprachbüchern: Auch in aktuellen Sprachbüchern und bestehenden Materialien werden die digitalen Medien genutzt, um an ihnen Eigenschaften konzeptioneller Mündlichkeit im schriftlichen Medium zu erarbeiten (z. B. *Deutschbuch 8*: 138–140). Meist werden hier Chats oder SMS-Botschaften als Beispiele herangezogen (im übrigen Kommunikationsformen, die mittlerweile unter Jugendlichen kaum noch eine Rolle spielen). In einigen Sprachbüchern wird dabei versucht, die Voreingenommenheit gegenüber Mündlichkeitsmarkern im schriftlichen Medium zu überwinden. So wird im *Deutschbuch 8* angeregt, sich mit Vorurteilen wie »Durch häufiges SMS-Schreiben verschlechtert sich die Schriftsprache von Jugendlichen« (*Deutschbuch 8*: 140) auseinanderzusetzen. Gegenargumente müssen allerdings selbst gesucht werden.

Schriftlichkeits-Bias: Eine derartige Aussage erfolgt auf der Folie des Schriftlichkeits-Bias, also der Annahme, die Schriftlichkeit sei das Normgerechtere, Wertvollere, Kultiviertere. Für die Schule als Vermittlerin und Trägerin der Schriftkultur ist dies eine nachvollziehbare Perspektive. Die umgekehrte Perspektive wird nicht eingenommen, ließe sich aber – zumindest unserer Meinung nach – als provokante These formuliert sehr gewinnbringend und innovativ diskutieren: »Die Mündlichkeit setzt die kommunikative Norm; die Schriftlichkeit ist das Defizitäre«.

Wir wollen hier als Beispiel für eine Diskussion und Bearbeitung dieser These die Kommunikation per WhatsApp heranziehen. In Anlehnung an Kapitel 5 soll sie erneut aufgegriffen und genauer analysiert werden auf eine Weise, die für eine Thematisierung im Deutschunterricht stehen kann.

(3) Datenbeispiel Whatsapp-Kommunikation zweier 14-jähriger Mädchen (Datenmaterial der Autorin)

Das obige Beispiel weist folgende Phänomene auf:
- Kurzwörter und Abkürzungen
- Emojis
- Graphostilistische Elemente
- Chunking
- Gesprochensprachliche Syntax

Im Unterricht ließen sich solche Phänomene induktiv herausarbeiten, um im Anschluss deren Motiviertheit und Funktionen im Medium Schrift zu diskutieren. Denn an einem derartigen Beispiel lässt sich sehr gut reflektieren, was die Schrift zu leisten und nicht zu leisten vermag und worin die Vorteile der Face-to-face-Kommunikation liegen. Um einen anschaulichen Vergleich zu haben, ließe sich der vorliegende Dialog als mündliches Gespräch inszenieren. Dabei könnte herausgearbeitet werden, dass in der direkten Kommunikation eine Vielzahl an parasprachlichen Mitteln genutzt werden: Gestik, Mimik, Augenkontakt, Körperhaltung, aber vor allem auch Intonation und Prosodie und letztlich parasprachliche Äußerungen wie Lachen, Seufzen, Stöhnen. Zudem ist sie ›kontextualisiert‹, d. h. viele Informationen müssen nicht auf sprachlicher Ebene fließen, sie lassen sich in der Situation erschließen.

Im Schriftlichen dagegen ist die Kommunikation ›dekontextualisiert‹ in der Weise, dass Sender und Empfänger nicht die gleiche physische Umgebung teilen und also nicht auf diese parasprachlich zugreifen können. So muss sich der Sender z. B. zunächst einmal identifizieren, bei WhatsApp geschieht dies automatisch, dadurch werden dann elliptische Äußerungen möglich wie: *War gerade Fallschirmspringen*. Trotz dieser hier ebenfalls möglichen Reduktionen bindet das Medium Schrift weit mehr Verarbeitungskapazität: Schreiben ist aufwändiger und ›anstrengender‹ als Sprechen, es nimmt mehr Zeit in Anspruch. Auch dies lässt sich am Beispiel einfach besprechen, vielleicht durch einen kleinen Selbstversuch.

Weiterhin lässt sich erarbeiten, dass die Möglichkeiten, über die der Sender in der Face-to-face-Kommunikation verfügt, im Schriftlichen nicht zugänglich sind. Der Sender versucht daher, dies zu kompensieren (s. Kap. 5). Im vorliegenden Beispiel übernehmen Emojis einen Teil dieser Aufgaben, ebenso typographische und orthographische Mittel (Interpunktion, Majuskeln, Zeichenwiederholung etc.). Alle diese Phänomene haben darüber hinaus Funktionen, die dem schriftlichen Medium immanent sind (s. Kap. 5: z. B. Sichtbar-/Auffälligmachen des eigenen Beitrags durch Emojis und Sticker). Im Gebrauch mit diesen entstehen erstaunlich schnell neue Konventionen. In unserem Beispiel signalisieren sie emotionale Anteilnahme. Im Übrigen stellen sie den unmarkierten Fall dar. Weglassbar sind sie nur bei sehr sachlichen Themen. Ansonsten deutet ihr Fehlen auf eine Konfliktsituation hin. Auch dieser Aspekt kann mit den Schülerinnen und Schülern diskutiert werden. Welche Konventionen haben sich in den von ihnen genutzten Medien und Diensten entwickelt, wie gehen sie damit um?

Mündlichkeit/ Schriftlichkeit

Mediendidaktik: In Verbindung zur Mediendidaktik lässt sich die zweite Frage bearbeiten: Welche Funktionen und Anwendungsfelder kommen den unterschiedlichen Medien und Medienformaten zu? Da diese Funktionen aber alters- und gruppenspezifisch sehr variabel sind und sich möglicherweise bereits mit Veröffentlichung dieses Bandes wieder verschoben haben könnten, sollte bei der Thematisierung der Mediennutzung den Schülerinnen und Schülern immer der Expertenstatus zugewiesen werden.

Jugendsprache im Unterricht

Zur Vertiefung

Mediennutzung von Schülerinnen und Schülern

Die folgende Darstellung kann dazu dienen, die Thematisierung der Mediennutzung anschaulich zu gestalten. Beispielhaft wird die Situation einer (realen) Achtklässlerin im Jahr 2017 skizziert; als Basis diente ein ausführliches Interview mit der Schülerin:

Johanna (Pseudonym) besitzt ein Smartphone, hat zuhause Zugang zu PCs; die Schule bietet Smartboards, einen Computerraum, mittlerweile aber auch Tablets. Sie nutzt die Dienste Whatsapp, Snapchat und Instagram und über die Schule IServ, nicht aber Facebook und Twitter. Tablets und PCs dienen ihr in erster Linie zur Unterstützung schulischer Recherchen für Referate und Präsentationen, für die allgemeine ›Informationsbeschaffung‹ reicht allerdings das Smartphone. Für die Kommunikation spielen PCs daher anders als noch vor 15 Jahren keine Rolle mehr.

IServ: Der Schulalltag wird über IServ organisiert, Johanna kann ihren Stunden- und Vertretungsplan einsehen, Nachrichten an Lehrerinnen und Lehrer schreiben und von ihnen empfangen. Ebenso können diese darüber z. B. Hausaufgaben oder Materialien verschicken. Schließlich werden dort Fotos von Schulveranstaltungen hochgeladen.

WhatsApp: Zur Organisation von Freizeit, aber auch dem Schülerleben dient in erster Linie Whatsapp. Darüber werden Verabredungen getroffen, Hausaufgaben ausgetauscht, Neuigkeiten mitgeteilt. An die Stelle der kurzen Textnachricht tritt hier übrigens mehr und mehr die Sprachnachricht.

Instagram dient vor allem der sozialen Profilierung, Positionierung und Inszenierung. Johanna besitzt ein ›Profil‹, auf welchem sie Bilder von sich hochgeladen hat. Sie kann unter die Fotos eine ›Bio‹ posten mit persönlichen Informationen und Daten. Diese sind möglichst kurz und mit Icons und Kurzwörtern versehen, da die Zeichenzahl begrenzt ist. Johannas Profil ist ›semi-öffentlich‹ und kann nur von anderen Personen eingesehen werden, die man ›freigeschaltet‹ hat. Unter diesen 110 freigeschalteten Personen sind Schulfreund/innen, die sie persönlich kennt, aber auch Freunde von Freunden und sogar Lehrer/innen! Andere Freundinnen schalten ihre Profile jedoch auch öffentlich mit oft hochprofessionell gestalteten Fotos, so wie dies bekannte/öffentliche Personen tun.

Eine zentrale Funktion von Instagram liegt darin, dass sich Johanna durch ihr Profil ›inszenieren‹ kann. Sie lädt z. B. schöne Fotos von sich hoch, auf denen sie (im Profil oder von hinten) vor Sehenswürdigkeiten oder tollen ›Locations‹ zu sehen ist, oder von anderen Dingen, die ihr wichtig sind und mit deren Hilfe sie ihre soziale Identität konstruiert. Das geschieht natürlich in den Profilen ihrer Freundinnen. Hier ist es Johannas sozial verpflichtende ›Aufgabe‹, deren Fotos zu betrachten und zu ›liken‹. Zum Kommentieren ist sie meist ›zu faul‹, auch wenn dies sozial erwünscht wäre. Ein Bild nicht zu liken, sei ›voll fies‹ und würde demgemäß von ihrer Peergroup sanktioniert. Entsprechend wird ein Foto auch dann geliket, wenn es ihr eigentlich nicht gefällt, lediglich das Kommentieren unterlässt sie in diesem Fall.

Snapchat: Schließlich ist sie seit einiger Zeit auch auf Snapchat aktiv. Auch bei Snapchat verfügt sie über eine Art Adressbuch, in das sie Kontakte (Handynummern oder Benutzernamen) ›adden‹ kann. Ihren Kontakten schickt Johanna dann Fotos, die meist bearbeitet sind, oder kurze Videos, aber auch Textnachrichten, dies jedoch eher selten. Diese sollen repräsentieren, »was man gerade so macht, wenn einem langweilig ist oder wenn was Cooles passiert ist«. Da das Gesendete nach Abruf durch den Empfänger wieder gelöscht wird, geht es hier weniger um Inszenierung. Das Bearbeiten der Fotos z. B. dient eher der eigenen Unterhaltung, es geschieht spielerisch. Ebenso haben die Snapchat-Nachrichten eher Unterhaltungscharakter. Nicht nur Johannas Freundeskreis schickt ihr Nachrichten, sie ist auch als ›Follower‹ eingetragen, z. B. bei Celine, Julienco oder Bibisbeautypalace: berühmte Youtuber, die ebenfalls Fotos oder Filmchen ihres (inszenierten) Alltags posten.

Eine besondere soziale Verpflichtung ergibt sich dadurch, dass Snapchat eine Art Statistik oder Dokumentation der Interaktionen bereithält. So gibt es eine Statistik über die Tage des ununterbrochenen Kontaktes (alle 24 Stunden mindestens ein Austausch). Hier ist Johannas Spitzenwert 162, aber Werte in den Tausendern sind durchaus nicht unüblich. Zudem kann man Punkte und ›Flammen‹ sammeln. Die Interaktionspaare bekommen Flammen für Interaktionen, die aber gelöscht werden, wenn 24 Stunden lang keine Interaktion stattgefunden hat. Da der Besitz dieser Flammen in der Freundinnengruppe sozial erwünscht ist, sorgt die ›peer pressure‹ dafür, dass Johanna täglich mit ihren 14 engeren Freundinnen einen Austausch auf Snapchat hat. Ein derartiger sozialer Druck und damit verbundene Konventionen sind im Übrigen typisch für die Kommunikation in Peergroups (vgl. Branner 2001). Vermutlich gelingt es aber auch nicht allen Erwachsenen, derartige Funktionen als perfide Taktiken der Dienstanbieter zu durchschauen, ihre Nutzer zu binden und aktiv zu halten.

Insgesamt kann man die Funktion von Snapchat wohl am besten dadurch charakterisieren, dass es ermöglicht, am Alltag der anderen zu partizipieren, Nähe suggeriert und soziale Verbindungen unterstützt. Gleichzeitig besitzt es eine dezidierte Unterhaltungsfunktion.

Diese exemplarische Zusammenstellung soll veranschaulichen, wie vielfältig, wandelbar, multimodal (Text, Icons, Fotos, Filme, Audios) und komplex die Mediennutzung der Jugendlichen heute ist und vor allem, wie sehr sie auch selbst schon Experten in der Mediennutzung sind. Die digitale Kommunikation erfüllt vielerlei Funktionen: Unterhaltung, Alltagsorganisation, Profilierung und Inszenierung sind sicher nur einige von ihnen.

In Johannas Deutschunterricht wurde das Thema ›Mediennutzung und -kommunikation‹ bislang allerdings noch nicht aufgegriffen, lediglich zum Thema ›Mobbing‹ gab es einen Schulvortrag. Aber gerade dadurch, dass Johanna genau wie die anderen Jugendlichen in ihrer Klasse eine versierte Mediennutzerin ist, zu deren Alltagsleben das Smartphone gehört, könnte mit Johanna und ihrer Klasse ausführlich und reflektiert über diese Nutzung diskutiert werden. Die Jugendlichen könnten zusammentragen, welche Medien sie wie nutzen.

Diskussionsansätze im Unterricht: Es ließe sich z. B. über die folgenden Fragen diskutieren:

- Wie empfinden wir die Vermischung von Schul- und Freizeitkommunikation? (Wollen wir sonntagabends Hausaufgaben bekommen?)
- Was ist private Kommunikation, was öffentliche und welche Konsequenzen hat die Vermischung beider Kommunikationsformen? (Was bedeutet es, wenn wir auf Instagram Fotos von uns in einem öffent-

lichen Profil posten? Möchten wir, dass unser Arbeitgeber später unser ›Teenie-Instagram-Profil‹ sieht?)
- Welche sozialen Konventionen und damit auch Zwänge bestehen durch die und in der digitalen Kommunikation? (Brauche ich ›Flammen‹ bei Snapchat?)
- Was bedeutet die kommerzielle Nutzbarmachung von persönlichen Daten für die Sicherheit von Jugendlichen im digitalen Raum? (Wer liest noch mit? Was geschieht mit meinen Daten?)

Eine Thematisierung von Medienkommunikation und -funktion im Unterricht ist hier umso mehr empfohlen, als offensichtlich viele Schulen die Zusammenhänge (noch) nicht genügend reflektieren, denn schließlich sind oft die technischen Entwicklungen ethischen und sozial-psychologischen Fragestellungen weit voraus.

8.2.5 | Jugendsprache in der Literatur

Da Jugendsprache nun mal zum sprachlichen Repertoire des Deutschen gehört, ist es nur konsequent, dass sie auch für die literarische Bearbeitung aufgegriffen wird. Autoren und Autorinnen bedienen sich stilistischer Elemente aus der Jugendsprache und überformen diese. Allerdings stellt die literarische Bearbeitung natürlich keine objektive Nachbildung dar. Vielmehr handelt es sich um literarische Kunstformen, die ebenso viel oder wenig mit gesprochener Alltagssprache gemein haben wie andere Literaturformen auch. Nur vereinzelt sind die Autoren selbst Jugendliche (etwa Helene Hegemann), meist aber, wie Ulrich Plenzdorf oder Wolfgang Herrndorf, haben diese das Jugendalter längst überschritten. Gerade als Thema für den Deutschunterricht sind deren Romane jedoch äußerst beliebt. So galt in den 1980er und 1990er Jahren *Die neuen Leiden des jungen W.* als Standardwerk für den Deutschunterricht. Heute hat *Tschick* diese Rolle übernommen. Inwiefern diese Bücher aus literaturdidaktischer Sicht für die Behandlung im Unterricht geeignet sind, soll hier nicht zur Diskussion stehen. Vollkommen fehlgeleitet ist jedoch der Anspruch, diese Werke als authentische Beispiele von Jugendsprache zu behandeln.

»Hast du jetzt endgültig den Arsch offen?«
»Ist nur geliehen, nicht geklaut«, sagte Tschick. »Stell ich nachher wieder hin. Haben wir schon öfter gemacht.«
»Wer wir?«
»Mein Bruder. Hat den auch entdeckt. Die Karre steht da auf der Straße und ist praktisch Schrott. Kann man leihen. Der Besitzer merkt das gar nicht.«
(Herrndorf, *Tschick*: 82)

Kunstprodukt ›Jugendsprache‹: Unbedingt bewusst machen sollte man sich, dass es sich bei einem derartigen Beispiel von Jugendsprache um eine doppelte Versetzung handelt. Zunächst einmal haben wir es mit einer Fiktion zu tun, deren Autor sich zwar aus einem möglichen (jugend-)

sprachlichen Repertoire (Vulgarismen, umgangssprachliche Lexik) bedient. Die Figuren und ihre Sprechweise sind jedoch erfunden und nicht ›echt‹. Dazu kommt, dass der Autor sich zwar bemüht, Merkmale gesprochener Sprache aufzunehmen (elliptische, parataktische Satzstrukturen). Das Medium Schrift bedingt jedoch, dass es sich hier um eine strukturell andere Sprachform handelt. An dieser Stelle ist anzumerken, dass in der unterrichtlichen Praxis generell unzureichend zwischen mündlicher und schriftlicher Sprache, Alltagssprache und literarischer Sprache differenziert wird. Meist bleibt die Orientierung an schriftlicher, literarischer Sprache implizit, was nicht nur in Bezug auf die unterrichtliche Behandlung von Jugendsprache zu Problemen und Missverständnissen führen kann.

Denn nicht nur formal, sondern auch funktional sind literarische Sprache und Alltagssprache verschieden. Die sprachlichen Funktionen, die Jugendsprache innerhalb einer Jugendgruppe erfüllt, sind oft inkompatibel mit Anforderungen an einen Roman. Hier wäre z. B. der spielerische Gebrauch der Sprache um ›ihrer selbst willen‹ zu nennen. Aber derartiges in einem Roman zu lesen ist, als würde man Fußballern bei Dehnübungen zuschauen, obwohl man ein Spiel sehen möchte.

Wenn also Romane im Zusammenhang mit dem Thema Jugendsprache im Unterricht betrachtet werden, sollte unbedingt reflektiert werden, dass es sich hierbei um eine ›künstliche‹ Form handelt, auch wenn in Schulbüchern oft fiktionale und authentische Jugendsprache verwechselt wird (s. o.) und selbst in den Curricula irreführende Formulierungen zu finden sind.

8.3 | Jugendsprache und Sprachkompetenz

Aktuell wird die Frage, inwiefern das sprachliche Handeln Jugendlicher ihre sprachliche Kompetenz reflektiert, wieder aufgegriffen und in verschiedenen Studien untersucht. Bereits 2001 diskutierten Deppermann und Schmidt, ob das kommunikative Verhalten der Jugendlichen überhaupt bewusst gesteuert wird. Schließlich muss gerade für curriculare Fragen geklärt werden, über welches sprachliche Repertoire Jugendliche verfügen und verfügen sollten. Weder die Curricula noch die Lehrwerke nehmen diesbezüglich eine transparente und eindeutige Position ein. Eng damit verbunden ist letztlich auch der Vorwurf an Jugendsprache, sie stelle eine defizitäre Sprachform dar.

Stilvielfalt: Der Tenor der meisten aktuellen Studien ist, dass die Schülerinnen und Schüler »über ein Repertoire verschiedener sprachlicher Praktiken oder Stile [verfügen] und [...] in der Lage [seien], diese situationsangemessen einzusetzen« (Morek 2016: 50). Jugendliche sprechen also nicht ausschließlich Jugendsprache, sondern passen ihre Ausdrucksweise der Situation an. Dies bestätigt auch Katrin Hee in einer Fallanalyse eines unterrichtlichen Gruppenarbeitsgesprächs und einer anschließenden Präsentation. Sie kommt zu dem Ergebnis:

Angemessene Sprache

Jugendliche Schülerinnen und Schüler gehen souverän mit dem Umgang von distanzsprachlichen Fähigkeiten um, d. h. sie können jugendsprachliche Ausdrucksformen als Gruppensprachphänomen verwenden, um Spaß zu haben, sich darzustellen, sich wohl zu fühlen, und gleichzeitig in der Präsentationssituation in eine der Präsentation »angemessenere« Sprache »umswitchen«, ohne dass dies in der Gruppenarbeit zuvor verbal vorbereitet werden musste. (Hee 2016: 84)

Morek untersucht ebenfalls die oben aufgeworfene Frage, indem sie das Gesprächsverhalten der Schülerinnen und Schüler innerhalb von Unterrichtssituationen analysiert. Für den Sechstklässler Yannik kommt sie zu der Erkenntnis, dass er die

Gattungsanforderungen für die narrative Wiedergabe zurückliegender Ereignisse unter Zuschnitt auf den spezifischen Interaktionskontext so um[setzt], dass sie sowohl zu den lokalen, gesprächssequenziellen Relevanzen als auch zu den übergeordneten kommunikativen Zwecksetzungen des sozialen Kontexts passen. (Morek 2016: 61)

Morek arbeitet deutlich heraus, dass nicht eine bestimmte Art von Sprachstilen oder gar Wörtern als »korrektes, normales Sprechen« bezeichnet werden kann, so wie dies im traditionellen Verständnis in den Lehrwerken der Fall ist, sondern dass die Anpassung an die kommunikative Situation und die Erfüllung der kontextuell erzeugten Anforderungen entscheidend sind und für das Gelingen der kommunikativen Handlung bestimmend. Denn die Passung der Schülerbeiträge an die Situation kann durchaus misslingen, wie Morek weiter zeigt.

Morek sieht auf Seiten der Lehrperson die Verantwortung für das Erlernen angemessenen sprachlichen Agierens im Unterricht, und zwar indem die Kontextualisierungskompetenz der Schülerinnen und Schüler gefördert wird:

Es ist Aufgabe der Lehrperson, Anknüpfungspunkte im Unterrichtsgespräch zu schaffen, bei denen sich den Schülerinnen und Schülern der kommunikative Zweck zu produzierender Diskurseinheiten möglichst deutlich erschließt. (Morek 2016: 67)

Notwendige Abgrenzung von Standard- und Bildungssprache: An diesen Ausführungen wird ein weiterer wichtiger Aspekt deutlich: Um zu beurteilen, ob Jugendliche neben ihren jugendsprachlichen Äußerungen auch ›standardsprachlich korrekte‹ sprachliche Handlungen produzieren, müsste zunächst definiert werden, was ›standardsprachlich‹ oder ›bildungssprachlich‹ überhaupt bedeutet. Wie wir gesehen haben, lässt sich dies aber eben nicht absolut bestimmen, sondern muss in einer sprachlichen Situation ›ausgehandelt‹ werden (Morek/Heller 2012). Denn wie Lehrende die sprachlichen Beiträge der Schülerinnen und Schüler bewerten, hängt auch davon ab, mit welcher Haltung sie eingebracht werden. So werden selbst jugendsprachliche Äußerungen mitunter von Lehrern »honoriert und aufgegriffen«, wenn diese in die Unterrichtsaktivität und den diskursiven Rahmen, der von der Lehrkraft etabliert wurde, passen (Heller 2016: 104).

Zwar plädiert Neuland dafür, »dass Schule und Öffentlichkeit die außerschulischen Spracherfahrungen und Sprachentwicklungen der Jugendlichen stärker in ihrer Differenz würdigen und jugendtypische Sprachstile als Bestandteile der kommunikativen Kompetenzen von Jugendlichen anerkennen sollten« (Neuland 2008: 169). Inwiefern sich dies aber mit dem Bildungsauftrag der Schule, des bereits erwähnten »angemessenen sprachlichen Agierens« vereinbaren lässt, ist nicht einfach zu beantworten.

Aufgaben

1. Analysieren Sie in aktuellen Lehrplänen, inwiefern das Thema ›Jugendsprache‹ aufgegriffen wird. Diskutieren Sie, für welche Schulstufen Sie das Thema vorsehen würden.

2. Untersuchen Sie, ob in aktuellen Lehrwerken die in diesem Kapitel gemachten Vorschläge und Bedingungen für die Thematisierung im Deutschunterricht berücksichtigt werden.

3. Gerade der (Jugend-)Sprache in den digitalen Medien wird immer wieder vorgeworfen, defizitär und normmissachtend zu sein. Es finden sich aber regelmäßig Strategien innerhalb der Kommunikation im Netz, Normverletzungen zu sanktionieren (vgl. Bahlo et al. 2016). Konzipieren Sie eine Unterrichtsreihe zum Thema ›Normverletzungen in der digitalen Kommunikation‹.

Themenvorschläge für Hausarbeiten

1. Lehrwerksanalysen in Bezug auf das Thema Jugendsprache

2. Authentische vs. Literarische Jugendsprache im Deutschunterricht

3. Chancen und Herausforderungen beim Umgang mit authentischen Gesprächsdaten im Deutschunterricht

4. Jugendsprache und Mediendidaktik

Literatur
Bahlo, Nils/Becker, Tabea/Steckbauer, Daniel (2016): Von »Klugscheißern« und Grammatik-Nazis« – Grammatische Normierung im Internet. In: Spiegel, Carmen/Gysin, Daniel (Hg.): *Jugendsprache in Schule, Medien und Alltag*. Frankfurt a. M.: Peter Lang, 275–286.
Balsliemke, Petra (2016): Verbesserung des Sprachbewusstseins durch die Reflexion über Jugendsprache? – Umfrageergebnisse, Lehrwerkanalyse und Unter-

richtsbeispiele. In: Spiegel, Carmen/Gysin, Daniel (Hg.): *Jugendsprache in Schule, Medien und Alltag*. Frankfurt a. M.: Peter Lang, 165–178.

Baradaranossadat, Anka (2016): Erscheinungsweisen von Jugendsprache im Schulalltag und Perspektiven. In: Spiegel, Carmen/Gysin, Daniel (Hg.): *Jugendsprache in Schule, Medien und Alltag*. Frankfurt a. M.: Peter Lang, 149–164.

Baurmann, Jürgen (2003): Jugendsprachen im Schulbuch. In: Neuland, Eva (Hg.): *Jugendsprachen – Spiegel der Zeit*. Frankfurt a. M.: Peter Lang, 485–496.

Branner, Rebecca (2003): *Scherzkommunikation unter Mädchen*. Frankfurt a. M.: Peter Lang.

Brenner, Gerd (1983): Eigene Wörter. Sondersprachliche Tendenzen Jugendlicher als Unterrichtsgegenstand. In: *Der Deutschunterricht* 35, 37–54.

Deppermann, Arnulf/Schmidt, Axel (2001): Hauptsache Spaß. Zur Eigenart der Unterhaltungskultur Jugendlicher. In: *Der Deutschunterricht* 6, 27–37.

Grimm, Harald/Sontheimer, Ingrid (1980): Pennälersprache – »Schülerdeutsch«. In: *Praxis Deutsch* 40, 45–49.

Hee, Katrin (2016): Die Sprache Jugendlicher in schulischen Kontexten – eine Fallanalyse. In: Spiegel, Carmen/Gysin, Daniel (Hg.): *Jugendsprache in Schule, Medien und Alltag*. Frankfurt a. M.: Peter Lang, 71–90.

Heller, Vivien (2016): »das_s VOLL verARsche hier«: Alignment und Disalignment mit jugendsprachlichen Praktiken in der Unterrichtsinteraktion. In: Spiegel, Carmen/Gysin, Daniel (Hg.): *Jugendsprache in Schule, Medien und Alltag*. Frankfurt a. M.: Peter Lang, 91–108.

Morek, Miriam (2016): Lernziel »Situationsangemessen kommunizieren« – Schüler zwischen Unterrichtssprache und Jugendsprache. In: Spiegel, Carmen/Gysin, Daniel (Hg.): *Jugendsprache in Schule, Medien und Alltag*. Frankfurt a. M.: Peter Lang, 49–70.

Morek, Miriam/Heller, Vivien (2012): Bildungssprache – Kommunikative, epistemische, soziale und interaktive Aspekte ihres Gebrauchs. In: *Zeitschrift für Angewandte Linguistik* 57 (1), 67–101.

Neuland, Eva (2003): Jugendsprachen – Perspektiven für den Unterricht Deutsch als Muttersprache und Deutsch als Fremdsprache. In: Neuland, Eva (Hg.): *Jugendsprachen – Spiegel der Zeit*. Frankfurt a. M.: Peter Lang, 447–462.

Neuland, Eva (2008): *Jugendsprache. Eine Einführung*. Tübingen: Francke.

Riegel, Paul (1979): Lernziel: Verständigung. Lerninhalt: Sprache der Generationen. Überlegungen und Materialien zu einer Unterrichtseinheit auf der Sekundarstufe I. In: *Der Deutschunterricht* 31, 25–38.

Steffin-Özlük, Hanne (2013): Verständigung zwischen den Generationen. In: *Der Deutschunterricht* 2, 78–85.

Wendel, Petra (1985): Eine Unterrichtseinheit über den Sprachgebrauch Jugendlicher der achtziger Jahre. In: *Diskussion Deutsch* 16, 502–522.

Wichmann, Martin (2013): Wie lässt sich Jugendsprache in Lehrwerken ohne linguistische Bedenken vermitteln? In: *Der Deutschunterricht* 2, 90–93.

Material
Lehrplan Baden Württemberg unter http://www.bildungsplaene-bw.de
Lehrplan Bayern unter http://www.isb.bayern.de
Lehrplan Brandenburg unter http://bildungsserver.berlin-brandenburg.de
Lehrplan Bremen unter http://www.lis.bremen.de
Lehrplan Hessen unter http://kulturministerium.hessen.de
Lehrplan NRW unter http://www.schulentwicklung.nrw.de

Untersuchte Lehrwerke
Deutschbuch, Cornelsen
Deutsch ideen, Schroedel
Deutsch kompetent, Klett

P. A. U. L. D., Schöningh
Praxis Sprache & Literatur, Westermann
Themenheft *Zentralabitur: Sprache*, 2010
Themenheft *Deutsche Sprache der Gegenwart*, Klösel, 2009

Tabea Becker

9 Sachregister

A
Abgrenzungsfunktion 222
Abkürzung 20, 228
Adoleszenz 55, 83
Adressatenorientierung 163
Akronym 60, 98, 104
Akzente 152
Alltagserzählung 66
Alteritätserfahrung 109
Anerkennung 15
Anglizismus 57
Anredeform 173
Apokope 60
Arbeitsschritt 174
Aufnahme 176
außersprachliche Dimension 46
Authentizität 216

B
Bedeutungsveränderung 61
Beleidigung 16
Beobachterparadoxon 9
Bildungssprache 234
biologische Dimension 2
Bricolage 222

C
Chunking 98, 228
COMA 185
Comicsprache 57
Curriculare Vorgaben 211
Cybermobbing 88

D
Datenerhebung 29, 174, 176
Datengewinnung 195
DDR 18, 24
deduktive Unterrichtsmethodik 203
Derivation 59, 104
Desemantisierung 61
Deutsch als Fremdsprache 26
Deutsches Kaiserreich 18
diachrone Dimension 46
Dialekt 157–158, 227
diaphasische Dimension 46
diastratische Dimension 46
diatopische Dimension 46
Didaktik 202
Distanz 69

E
Einheitenbildung 152
ELAN 185
Emoji 97, 228
Empirie 174
Entwicklungsaufgabe 3
Entwicklungsschritt 2
Erstsprache 144
Erwachsenenstatus 3
Erzählung 138
Eskalation 16
Ethno-Comedy 160
Ethnographie 13
Ethnokategorie 65
Ethnolekt 227
Ethnomethodologie 196
Existenzmarker 146
EXMARaLDA 185

F
Face 69
Facebook 83, 99
Face-to-face-Kommunikation 229
Facework 85
Feldforschung 175
Fernsehen 110, 173
Film 107, 110, 159, 161
FOLKER 185
formale Merkmale 56
Forschungsethik 178
Forschungsmethode 26
Fragebogen 177
Fremdwort 57
Funktion 34, 73
funktionale Ebene 5
Funktionswort 141

G
GAT 181
Gattung 1
Gattungsanalyse 198
Gebärdensprache 67
Gender 36
Geschichte 66
Geschlecht 15
Geschlechtsidentität 1
geschriebenene Sprache 55
Gesprächspartikel 173
gesprochene Jugendsprache 56
gesprochene Sprache 62
Gestik 67
Gothic 117

Sachregister

Grammatik 136, 145, 156
graphostilistisches Element 228
grobe Wörter 20
Gruppe 2, 22–23, 49, 173

H
Halbstarker 37
Haul 94
Heckenausdruck 62
Hedge 105
HIAT 180
HipHop 115
Hobby 69
Humor 20
Hypothesen 174

I
Identität 23, 69, 84, 86
Ideologie 118
Ikonisierung 163
innere Mehrsprachigkeit 6
Instrumentalisierung 28
Inszenierung 112
internationale Jugendsprachforschung 8
Interpretation 175

J
Jugendliteratur 108
Jugendphase 14
Jugendschutz 117
Jugendsprachforschung 173
Jugendwort 82

K
Kerncurricula 211
Kiezdeutsch 157–158, 224
Kleidung 22, 67
Kollokation 64
Kommunikationsmuster 15
kommunikative Gattung 65, 199
Komposition 59, 104
Konfession 21
Kontext 56
kontrastive Analyse 219
Konvention 173
Konversationsanalyse 197
Konzept 45
Kookkurrenz 139
Koronalisierung 140, 151
Korpus 137
Kurzform 98
Kurzwortbildung 60, 228

L
Lautvertauschung 17

Lehrplan 212
Let's Play 94
Lexik 102, 137, 173, 221
Lexikographie 13
Lexikon 56, 68, 102
Linksherausstellung 148

M
Massenmedien 83
Mediatisierung 79
Medien 79, 132, 177, 224, 227
Medienausstattung 80
Mediendidaktik 229
Medienkommunikation 227
Medienkontext 81
Mehrsprachigkeit 129–131, 145
Meme 94
Metal 117
Metaphorisierung 61
Methode 31, 40
Methodik 29
Metonymisierung 61
Migration 130
Milieu 22
Mimik 67
Modifikation 60
Morphologie 59, 68, 104, 140
morphologisches Merkmal 220
Morphosyntax 68
Mündlichkeit 142, 164
Musik 22–23, 113
Muster 24

N
Nationalsozialismus 18
Neue Medien 95

O
Ökonomie 137, 146
Online-Communities 86–87
Onlinespiel 81
Onomatopoesie 57
Outgroup 70

P
Partikel 62, 105
Pauschalisierungen 215
Pausen 192
Peergroup 48
Pennälersprache 17
Phraseolexem 65
Pimprap 115
Pluralverwendung 141
Politik 21
Pornorap 115
Postadoleszenz 4

Sachregister

PRAAT 191
pragmatische Ebene 5
Praktik 27, 91
Präposition 142
Primärvarietät 48
Printmedien 162
Prosodie 150

Q
qualitatives Vorgehen 174, 199
quantitatives Vorgehen 174

R
Rap 163
Rechtsherausstellung 149
Rechtsrock 118
Reduktion 98, 152
Reduzierungen 215
Reflexion 212, 218
Regionalsprache 57, 103
Rhythmus 154
Routine 158
Routineformel 63, 221
Routinekonstruktion 62, 105

S
Schriftlichkeits-Bias 228
Schülerdeutsch 36
Scripted Reality 113
sekundäre Varietät 47
Semantik 220
semantische Verschiebung 61
Silbenvertauschung 18
Slang 24
SMS 227
Snapchat 230
Solidarität 69
Sondersprache 16
soziale Dimension 2
Soziale Medien 91
soziales Alter 2
Sozialforschung 206
Splitting 97
Spracheinstellung 30
Spracherwerb 1
Sprachkontakt 129
Sprachökonomie 68
Sprachreflexion 14
Sprachverfall 222
Sprachwandel 213, 222
sprecherorientierter Zugang 45
Standard 79

Standardsprache 213
Status 66
Stigmatisierung 160
Stil 15–16, 33, 49–50, 81, 111–112, 136
Stilbastelei 65, 106
Stilisierung 160–161
Stilvielfalt 233
strukturelle Ebene 4
Studenten 16
Studentensprache 14, 222
Syntax 62, 105, 147, 221
systemorientierter Zugang 45
Szene 33

T
Talkshow 159
Tradition 15
Trivialisierung 226
Türkendeutsch 135
Tutorial 94
TV-Medien 165

U
Übersetzbarkeit 217
Übertreibung 20
Umgangssprache 34
Unterricht 211
Unterrichtsmaterial 214
Unterrichtsmedien 165

V
Variation 7, 19
Varietät 34, 46, 50, 134, 136, 212–213
Verkürzung 96
Verstärkungswort 173
Vulgarismus 233

W
Wandel 13
WhatsApp 96, 227, 230
Wörterbuch 38
Wortkreationen 140
Wortschatz 15, 56
Wortspiel 104
Wortverkürzung 17
Wortverlängerung 17

Y
YouTube 81, 94

Z
Zweitspracherwerb 133

GPSR Compliance

The European Union's (EU) General Product Safety Regulation (GPSR) is a set of rules that requires consumer products to be safe and our obligations to ensure this.

If you have any concerns about our products, you can contact us on ProductSafety@springernature.com

In case Publisher is established outside the EU, the EU authorized representative is:

Springer Nature Customer Service Center GmbH
Europaplatz 3
69115 Heidelberg, Germany

Batch number: 08872195

Printed by Printforce, the Netherlands